제5판

Employment Relations

고용관계론

김동원 · 이규용 · 권순식 · 김동주 · 김승호 · 김윤호 · 김주희
정경은 · 손동희 · 송민수 · 유병홍 · 이수영 · 정흥준 · 이원희

박영사

EMPLOYMENT RELATIONS

서 문

　　2023년 봄 이 책의 제4판이 발간된 시기는 전 세계가 COVID−19 팬데믹 이후 나타난 새로운 경제 질서에 적응해 나가는 시기였다고 할 수 있다. 4차산업혁명 등 기술의 변화와 COVID−19 팬데믹은 비대면 경제 활동을 활성화시켰고 특수고용형태 및 플랫폼 노동형태 등 다양한 고용의 등장을 촉진하였다. 이번 제5판에서는 2023년 이후의 고용관계 변화상의 흐름을 반영하고 제4판의 내용과 구조를 유지하지만 최근 2년(2023년, 2024년)간의 노동통계와 노사관계 동향을 일부 추가하는 수준으로 수정을 가하였다. 그래서 제4판이 구성하는 각 장의 구조와 골격을 그대로 유지하면서 최근 2년간 달라진 노사관계 동향을 새로이 보충하고 보완하는 것에 방점을 두었다.

　　그렇지만 거의 모든 장에서 매년 경제상황과 고용구조를 반영하는 노동통계와 최신 소식을 중심으로 내용을 보완하였으며 일부 pre−case와 post−case를 최근의 사례로 보완하거나 수정하였다.

　　이같이 4차산업혁명 등 기술의 변화, 고용의 플랫폼화, 팬데믹 등이 야기한 사회와 고용관계의 변화를 본서가 충분히 담으려고 노력을 해오고 있으나 아직도 개선할 내용이 많아서 독자 여러분의 의견과 지적이 필요한 상황이다. 향후에도 독자 여러분의 많은 관심과 지도편달이 있기를 바란다.

　　본서는 노사관계의 각 분야에서 일하고 있는 열네 명의 전문가들이 자신의 역할을 분담하고 상호 협력하여 완성해나가는 구조를 가진다. 그러다 보니 본서의 개정에 기여하지만 보이지 않는 다수의 손길이 숨어 있다. 이 숨은 노력에 기초하여 본서의 개정까지 완료되었다.

먼저 묵묵하게 자신의 집필을 담당한 공저자들의 노력과 수고에 감사를 표한다. 또한 자료확보를 위해 많은 도움을 준 고려대학교 대학원에 재학 중인 여러 조교들의 도움에 감사를 드린다. 그리고 무엇보다 본서의 출간을 위해 노력을 기울인 박영사 관계자들에게도 심심한 감사를 표한다.

2025년 2월
안암동 연구실에서
저자들을 대표하여 김동원

EMPLOYMENT RELATIONS

차 례

04 단체교섭과 단체협약

07 임금제도와 성과참가

08 무노조기업의 고용관계

10 주요국의 고용관계

Employment Relations

고용관계론

CHAPTER
01

고용관계에 대하여

Employment Relations

고용관계론

COVID-19 팬데믹으로 인한 고용충격[1]

2020년 이래 전 세계를 강타한 COVID-19 팬데믹은 재화와 용역의 생산분만 아니라 소비와 투자에도 영향을 주면서 경제 및 노동시장에 대한 커다란 충격으로 나타났다. 이로 인해서 세계의 경제 상황과 고용의 양과 질은 급격히 악화되고 있다. 펜데믹 초기에 아시아에서 시작된 생산 중단과 지연은 전 세계로 확산되어 규모에 상관없이 모든 기업들이 심각한 문제에 직면하고 있다. 특히 항공, 여행업, 병원산업들은 수입 감소의 위협에 직면하고 있고, 특정 부문에서는 파산이나 실직의 위협이 증가하고 있다. 여행금지, 국경폐쇄 및 격리조치에 따라 많은 노동자들이 작업장으로 이동할 수 없거나 업무를 수행할 수 없게 되었다. 특히, 비정형, 비정규 고용 노동자의 경우에는 고용안정과 수입에 부정적인 파급효과가 나타나게 되었다. ILO(국제노동기구)는 COVID-19 팬데믹으로 인해서 실업과 불완전 고용이 대폭 증가할 것으로 추정했으며, 노동수요에 대한 충격은 급여 감소와 노동시간의 축소로 나타날 것으로 예상하고 있다.

ILO가 발표한 '2020년 상반기 COVID-19 모니터링 보고서'에 따르면 각국 정부가 COVID-19 확산 방지를 위해 봉쇄령을 내린 2020년 2분기(4~6월) 전 세계 노동시간이 14% 감소한 것으로 나타났다. 또한 2분기 동안 주당 48시간 일자리를 기준으로 4억 개의 정규직 일자리에 해당하는 노동시간이 감소했다. 이는 무려 4억 개의 일자리가 증발한 것과 같다. 지역별로 노동시간이 줄어든 비율은 미주(18.3%), 유럽 및 중앙아시아(13.9%), 아시아·태평양(13.5%), 아랍권(13.2%), 아프리카(12.1%) 등으로 나타났다. 이 기간 세계 노동자 10명 중 9명이 COVID-19 관련 국가 봉쇄조치를 경험했으며, 미국이 가장 큰 제약을 받은 것으로 조사됐다. 가이 라이더 ILO 사무총장은 "COVID-19에 따른 노동시장의 피해는 예상보다 컸으며, 빠른 회복은 어려울 것"이라고 말했다.

---

1 조선비즈, "ILO, 코로나 팬데믹으로 전 세계 노동시간 14% 감소", 2020-07-01; 경향신문, "ILO, 코로나19로 전 세계 일자리 2,470만개 감소", 2020-03-19 등 코로나 팬데믹에 대하여 2020년 봄과 여름에 ILO가 발표한 고용충격에 대한 기사를 종합하여 재작성함.

ILO는 이번 보고서에서 COVID-19가 특히 여성 일자리에 더 많은 타격을 가했다고 지적했다. 음식·숙박·소매·부동산중개업 등에 종사하는 여성 중 40%(약 5억 1,000만 명)가 실직했다고 분석했다. 남성은 36.6%가 COVID-19로 일자리를 잃었다. 또 여성들의 일자리가 보건·사회복지 분야에서 많은 만큼, 여성 노동자들이 COVID-19 전염 위험에 노출됐다고 ILO는 전했다. ILO는 "COVID-19는 기존의 양성 불균형을 악화시키고 최근 몇 년간 노동시장의 양성평등 측면에서 달성한 다소의 진전을 후퇴시킬 수 있는 추세를 보여주고 있다"고 밝혔다. 코로나19로 인해서 여성의 고용이 남성보다 더 큰 위험에 처했다는 분석이다.

역사적으로 흑사병, 스페인 독감 등 팬데믹은 고용관계에 많은 영향을 미쳤고 COVID-19도 예외는 아니었다. 위 사례에서 보듯이 고용관계의 변동은 세계적으로 사용자와 피고용자의 주요 관심사이며 직원들의 생계와 기업경쟁력에도 중요한 영향을 미친다. 고용관계는 세계 각국의 정부, 사용자, 피고용인의 주요 관심사이며, 고용관계의 궁극적인 목표는 다원화된 사회에서 다양한 계층의 이해관계를 대변하고 갈등을 조정하고 효율적인 사회시스템을 유지하는 것이라고 할 수 있다. 본 장에서는 먼저 학문으로서 고용관계론의 기본적인 성격을 살펴보고자 한다.

1 고용관계의 배경

학문적인 의미에서 고용관계는 동전의 양면과 같은 두 가지 측면으로 구성된다. 우선, 고충처리나 노동쟁의 등과 같이 노사간의 갈등으로 인한 부정적인 측면을 줄여나가는 것은 고용관계의 전통적인 연구분야인 갈등관리측면으로 볼 수 있다. 반면, 성과배분·경영참가 등을 통하여 경영성과와 근로자복지의 향상이라는 노사공동의 목표를 추구하는 것은 고용관계의 긍정적인 측면을 확대하는 생산적인 고용관계의 측면이라고 할 수 있다. 과거 고용관계의 초점은 산업사회하에서의 계층간 갈등관리라는 개념이 주가 되었으나, 무한경쟁의 기업환경과 정보화사회로의 진전은 고용관계의 초점을 급속히 생산적 고용관계라는 개념으로 옮겨가게 하고 있다.

1.1 산업사회와 노동문제

일반적으로 파업 등 노동문제는 산업화와 자본주의의 산물인 것으로 오해하는 경우가 있다. 그러나 이는 사실이 아니다. 인류 최초의 파업은 고대 이집트 피라미드 축조과정에서 근로조건의 열악함에 항의하는 노동자들에 의해서 발생하였다는 기록이 있다. 또한 공산권국가인 구 소련에서도 파업은 발생하였고, 현재의 중국에서도 파업이 수시로 발생한다. 이러한 사실은 파업 등의 노동문제는 자본주의나 산업화와는 무관하게 발생한다는 것을 보여준다. 즉, 노동문제는 왕정, 자본주의, 공산주의 등 어떠한 사회체제든간에 작업명령을 내리는 사용자와 그 명령을 받아 일을 하는 노동자간의 노사관계가 존재하는 상황에서는 항상 발생가능한 현상인 것이다.

노동문제는 노사관계가 존재하는 상황에서는 항상 발생가능한 현상

그러나 노동자들이 체계적으로 노동조합을 조직하여 집단적인 권리를 주장하기 시작한 것은 산업혁명이 잉태되던 시기인 17세기 말에 이르러서였다. 즉, 상시적인 임금노동자의 숫자가 증가하고 있던 17세기 말에 원시적인 형태의 노동조합이 처음 영국에서 등장한 것이다. 18세기에 들어 영국에서는 꾸준히 임금노동자와 노동조합의 수가 늘어났고, 산업혁명이 본격적으로 시작되는 18세기 말에 랭카셔의 면방적공들을 중심으로 체계적인 노동조합 운동이 시작되었다. 즉, 파업 등의 노동문제는 고대 이집트, 공산권이나 시장주의국가 등 어떠한 사회체제하에서도 발생하는 것이지만, 체계적인 노동조합운동은 다수의 노동자가 임금노동자 계층으로 형성되는 산업혁명시기에 시작된 것이다.

노동조합을 조직하여 집단적인 권리를 주장하기 시작한 것은 산업혁명이 잉태되던 시기인 17세기말

가내수공업 단계에 머물러 있던 제조업은 산업혁명 이후 대규모 공장제 공업으로 발달하게 되었다. 19세기에 들어와 대규모 공장에서 많은 노동자를 고용하게 되고 고용된 노동자들은 노동을 제공하는 반대급부로서 임금을 지급받는 취업형태가 크게 증가하게 된다. 임금노동자의 증가는 노사간의 분배를 둘러싼 갈등을 촉발시켰고, 노동조합의 결성과 노동운동을 더욱 가속화시키게 된다. 20세기에 들어와 두 번의 세계대전을 겪으면서 제조업이 시장경제의 가장 중심산업으로 자리잡게 되었다. 다수의 임금노동자가 제조업에서 종사하게 됨에 따라 자연스럽게 20세기 후반까지 생산직(블루 컬러) 직원을 주 대상으로 하는 제조업 중심의 블루칼라 노동조합 운동이 크게 발전하게 되었다.

그러나 20세기 후반부터 자본주의 사회의 고도화와 탈산업화현상이 일어나면서 농림어업과 제조업의 비중이 서서히 줄어들고 서비스업과 공공부문의 비중이 커지는 경향이 대부분의 선진국에서 나타나게 되었다. 또한, 생산직 못지않게 사무관리직의 중요성이 부각되는 현상도 함께 진행되게 되었다. 결국 20세기 후반부터는 늘어나는 사무관리직을 대상으로 한 화이트칼라 노동조합과 서비스업 종사자들이 주축이 된 핑크칼라 노동조합 운동이 등장하게 된다.

▲ 서비스산업에서의 고객응대 교육장면

탈산업화 현상은 우리나라에서도 뚜렷이 나타나는데 경제 발전의 단계에 따라 제1차 산업과 제2차 산업에 종사하는 사람들의 비중은 줄어드는 반면 제3차 산업에 종사하는 사람들의 비중은 획기적으로 증가한 것이다.

<도표 1-1>에서 보면 1963년에는 제1차 산업(농림어업)의 비중이 전체 취업자의 63.9%에 달했던 것이 2023년 5.3%로 낮아졌으며, 제2차 산업(광공업)에 종사하

	1차산업		2차산업		3차산업		전 산업	
	취업자	비율	취업자	비율	취업자	비율	취업자	비율
1963	4,963	63.9%	657	8.5%	2,144	27.6%	7,764	100.0%
1970	4,846	50.4%	1,377	14.3%	3,395	35.3%	9,618	100.0%
1975	5,339	45.7%	2,235	19.1%	4,118	35.2%	11,692	100.0%
1980	4,654	34.0%	3,079	22.5%	5,951	43.5%	13,684	100.0%
1985	3,733	24.9%	3,659	24.4%	7,578	50.6%	14,970	100.0%
1990	3,237	17.9%	4,990	27.6%	9,858	54.5%	18,085	100.0%
1995	2,403	11.8%	4,844	23.7%	13,168	64.5%	20,415	100.0%
2000	2,243	10.6%	4,311	20.4%	14,602	69.0%	21,156	100.0%
2001	2,148	10.0%	4,285	19.9%	15,139	70.2%	21,572	100.0%
2002	2,069	9.3%	4,259	19.2%	15,841	71.5%	22,169	100.0%
2003	1,950	8.8%	4,222	19.1%	15,967	72.1%	22,139	100.0%
2004	1,825	8.1%	4,306	19.1%	16,427	72.8%	22,558	100.0%
2005	1,815	7.9%	4,251	18.6%	16,789	73.4%	22,855	100.0%
2006	1,785	7.7%	4,185	18.1%	17,181	74.2%	23,151	100.0%
2007	1,726	7.4%	4,137	17.7%	17,569	75.0%	23,433	100.0%
2011	1,542	6.4%	4,091	16.9%	18,595	76.8%	24,228	100.0%
2012	1,528	6.2%	4,105	16.6%	19,033	77.2%	24,666	100.0%
2013	1,520	6.1%	4,184	16.7%	19,347	77.2%	25,066	100.0%
2014	1,452	5.7%	4,330	16.9%	19,805	77.4%	25,599	100.0%
2015	1,337	5.1%	4,618	17.6%	20,222	77.2%	26,178	100.0%
2016	1,273	4.8%	4,603	17.4%	20,534	77.8%	26,409	100.0%
2017	1,279	4.8%	4,589	17.2%	20,857	78.0%	26,725	100.0%
2018	1,340	5.0%	4,529	16.9%	20,953	78.1%	26,822	100.0%
2019	1,395	5.1%	4,444	16.4%	21,284	78.5%	27,123	100.0%
2020	1,445	5.4%	4,389	16.3%	21,071	78.3%	26,904	100.0%
2021	1,458	5.3%	4,380	16.1%	21,435	78.6%	27,273	100.0%
2022	1,526	5.4%	4,512	16.1%	22,051	78.5%	28,089	100.0%
2023	1,513	5.3%	4,468	15.7%	22,435	79.0%	28,416	100.0%

주: 1차산업(=농림어업), 2차산업(=광공업), 3차산업(=사회간접자본 및 기타 서비스업)
자료: 통계청, 『각년도 경제활동인구연보』; http://www.nso.go.kr

는 사람들의 비중도 산업화가 시작되던 1963년의 8.5%에서 1990년 27.6%까지 높아
졌으나, 그 이후 탈산업화가 진행되면서 제2차 산업의 비중이 지속적으로 하락하여
2023년 15.7%까지 하락하였다. 반면, 제3차 산업(사회간접자본 및 기타 서비스업)에 종

사하는 사람들의 비중은 1963년의 27.3%에서 꾸준히 증가하여 2023년 79.0%에 이르고 있다. 이러한 산업구조의 변화에 따라서 고용관계에서 제조업이 차지하는 비중도 상대적으로 줄어들고 서비스업 고용관계의 중요성이 점차 커지고 있다.

고용관계에서 제조업이 차지하는 비중도 상대적으로 줄어들고 서비스업 고용관계의 중요성이 커짐

1.2 정보화·세계화와 고용관계

20세기 말부터 시작된 정보화·세계화는 국경을 초월한 무한경쟁의 시대를 활짝 열었다. 즉, 지구촌의 거의 모든 시장에서 모든 국가와 기업이 함께 경쟁하는 극한 경쟁의 상황으로 치닫고 있는 것이다. 이처럼 국가간·기업간의 치열한 경쟁상황으로 인해서 노사간의 참여와 협력의 중요성은 더욱 부각되고 있는 한편,[2] 새로운 형태의 노사갈등을 촉발하는 진원이 되기도 한다.

정보화·세계화는 협력의 중요성이 강조되고 새로운 형태의 노사갈등을 촉발하는 진원

첫째, 국제화·개방화·세계화의 급속한 진전과 함께 기업은 무한경쟁에 내몰리고 있으며 근로자와 노동조합 역시 고용안정이라는 측면에서 기업과 똑같은 무한경쟁의 도전에 직면해 있기 때문이다. 무한경쟁에서 생존하기 위해서는 대립으로 인한 자원의 낭비보다는 참여와 협력을 통하여 노사간의 시너지를 극대화하는 것이 무엇보다도 중요하다. 즉, 정보화와 세계화는 극한경쟁의 시대를 열었으며, 생산적·협조적 고용관계의 정립 여부가 국가의 경쟁력을 좌우하는 시대가 시작된 것이다.

경쟁격화와 함께 대두된 생산적 고용관계의 정립

둘째, 정보화와 세계화의 시대에도 전통적인 갈등관리의 중요성은 여전히 간과할 수 없으며, 오히려 새로운 형태의 노사갈등이 생겨나고 있다. 즉, 대부분의 국가에서 인적자원의 유연한 활용을 위한 기업의 움직임은 대량의 실직자와 비정규직을 양산하였고, 우버택시 운전사, 대리기사, 골프장 경기보조원, 학습지교사 등 피고용인과 자영업자의 중간에 속하는 특수고용직들이 대거 증가하고 있고, 기업들의 상시적인 구조조정의 여파로 거의 모든 근로자들이 고용불안의 두려움을 안고 있다. 특히, 실직자와 비정규직, 특수고용직들은 실업자단체나 비정규직 노동조합, 준노조 등을 통하여 새로운 노사갈등의 진원이 되고 있으며, 과거에는 안정된 직장으로 여겨져서 노동운동에 적극적이지 않던 중간관리자나 의사 등도 고용불안을 극복하려 노동조합을 결성하여 새로운 형태의 노사갈등을 불러일으키고 있다. 즉, 정보화와 세계화 시대의 노사정은 ① 경쟁격화와 함께 대두된 생산적 고용관계의 정립과 ② 비정규직 등으로 촉발된 새로운 형태의 노사간 갈등관리 등의 두 가지 과제를 동시에 안고 있는 것이다.

비정규직 등으로 촉발된 새로운 형태의 노사간 갈등관리

2 이원덕, 『노사개혁: 미래를 위한 선택』(서울: 한국노동연구원, 1997), p. 16.

1.3 4차 산업혁명·코비드19와 고용관계

최근 들어 4차 산업혁명이 고용관계에 미치는 영향이 중요한 관심사로 부각되고 있다. 인공지능으로 상징되는 4차 산업혁명은 고용문제에 태풍을 불러올 것으로 보인다. 전문가들은 4차 산업혁명이 노동시장의 심각한 양극화를 낳을 것으로 본다. 즉, 컴퓨터정보기술(ICT)에 익숙한 지식근로자에 대한 수요는 느는 반면, 대부분의 제조업 노동자나 단순노동인력은 로봇으로 대체될 것으로 예상되지만, 가까운 미래에는 늘어나는 지식근로자의 숫자보다는 줄어드는 노동인력이 더 많을 것으로 보인다. 특히, 제조업 분야에서는 업무방식의 자동화, 디지털화와 함께 노동방식이 더 통합되고 있으며, 그에 따른 급격한 일자리의 감소가 예상된다.[3] 자동차·중공업·제철·전자·화학 등 전통적인 제조업이 주를 이루는 한국의 경우 4차 산업혁명으로 인한 기술변화 폭이 더욱 클 것으로 예상되며, 노동시장이 받는 충격이 심대할 것으로 보인다. 제대로 대응하지 않으면 구조조정·대량해고·노사분규 등 최악의 시나리오를 겪을 가능성이 크다. 하지만 그간 국내에서는 기술진보와 고용위기에 대한 우려 목소리가 간혹 있었지만 실질적인 대응은 미흡한 편이다. 더 늦기 전에 국가·산업·지역·기업 단위에서 노사정이 머리를 맞대고 장기 대비책을 세워야 할 것이다.[4]

한편 2020년에 전 세계적으로 확산되고 있는 COVID-19 팬데믹으로 향후 고용관계도 크게 달라질 것으로 예상된다. 단기적으로 경제활동의 위축으로 인한 경기부진이 고용관계에 부정적인 영향을 미치게 될 것이다. 즉, 신규채용이 줄어들면서 청년들의 장기 실업난이 우려되고 유동성 부족으로 인해 기업들의 구조조정과 정리해고가 증가할 것으로 보인다.

장기적으로는 사람 간의 비대면 풍조가 확산하면서 사업장에서 로봇과 인공지능의 활용이 증가해 기계가 인간을 빠르게 대체하는 현상이 벌어질 것이다. 개별적인 비대면 고용이 보편화한다면 노동시장도 집단적 관계 중심에서 벗어나 개별적 관계로 무게중심이 이동할 것이다. 노동운동도 다중 집회가 어려워지면서 디지털 기술을 응용한 사이버 노동조합주의가 더 활성화할 것이다. 장기적으로 기업의 인적자원 관리에도 많은 변화가 예상된다. 외주화가 일상화되면서 다층결제의 비효율성이 부각되면서 조직 내의 구조가 단순하고 수평적으로 바뀔 것으로 보인다. 인공지능 채용이 활성화되고, 교육훈련은 집체교육보다는 주로 온라인으로 이뤄지고,

---

3 이장원·김기정, 『4차 산업혁명의 노사관계 차원 과제와 대응전략』(서울: 한국노동연구원, 2017), p. 83.
4 김동원, 「4차 산업혁명과 고용 충격」(매일노동신문, 2016. 11. 21).

평가는 인간성·협조성 등 관계 측면에서 객관적인 과업수행 위주로 전환하게 될 것이다.[5]

 ## 고용관계의 의의

이하에서는 고용관계의 개념, 용어, 목적, 행동논리, 특질 등 고용관계의 성격에 대한 기본적인 이해를 돕는 여러 사항들에 대하여 알아보기로 한다.

2.1 고용관계의 개념

고용관계는 우선 '직원과 사용자'로서의 관계와 '노동조합과 사용자'라는 두 가지 측면으로 구분하여 살펴보아야 한다. '직원과 사용자' 사이의 관계는 사용자와 노동자 개개인과의 개별적 고용계약에 바탕을 둔 관계로서 개별적 고용관계인 반면 '노동조합과 사용자' 사이의 관계는 집단적인 계약에 바탕을 둔 집단적 고용관계를 말한다. 고용관계는 개별적 고용관계와 집단적 고용관계를 모두 포함하는 개념이다.

2.2 고용관계라는 용어

초기 고용관계를 의미하는 용어는 '노자관계'(labor−capital relations)였다. 여기서는 자본의 '資'를 사용하고 있다. 우리나라의 경우 노자관계라는 용어는 특히 일제강점시기(1910~1945)의 노동운동을 기술한 문헌에 주로 나타난다. 이러한 경향은 그 당시 학자들 사이에 자본주의를 자본가계급과 무산자계급 간의 갈등으로 보는 마르크스주의의 영향이 있었기 때문이며 이 당시에는 노사관계라는 용어보다는 노자관계라는 용어가 더 자연스럽게 쓰였다. 마르크스주의자들은 자본주의하에서의 노자관계를 자본가와 노동자 간의 적대관계로 파악하고, 노동조합을 자본주의 경제체제에 대한 대항기구로 보고 있기 때문에 노자관계라는 용어가 노동자계급과 자본가계급 간의 계급적 대립을 정확히 보여준다는 것이다.[6] 그러나 계급대립이라는 관점만

초기 고용관계를 의미하는 용어는 '노자관계'

5 김동원, 「코로나 이후 노동시장의 향배」(서울경제신문, 2020. 04. 28).
6 배무기, 『노동경제학』(서울: 경문사, 1987), p. 295.

으로는 복잡다단한 노사관계를 설명할 수 없다는 견지에서 노자관계라는 용어는 1950년대 이후부터는 더 이상 사용되지 않고 있다.[7]

노사관계라는 용어는 1950년대 이후부터 점차 일반화되었는데, 이때의 '使'는 사용자를 의미하는 것이다. 현대의 기업은 자본과 경영이 분리되고 규모가 거대화되고 복잡성을 갖게 되는 한편, 급변하는 경영환경에 전문경영자의 역할이 날로 증대된다는 점을 고려하여 노자관계 대신 노사관계라는 용어를 사용하게 된 것이다. 한편 일부 기업에서는 자본과 경영의 분리를 더욱 강조하기 위하여 노경관계라는 용어를 쓰기도 하지만[8] 일반화되지는 않고 있다.

반면 미국과 유럽의 국가에서는 노사간의 문제를 산업화와 더불어 발생한 문제로 파악하여 '산업관계'(industrial relations)라는 용어를 사용하였다. 미국이나 유럽에서는 labor-management relations, labor relations, employer-employee relations, union-management relations 등도 비슷한 의미로 쓰였으나, industrial relations처럼 일반화되지는 못하였다. 그러나 한국의 경우에는 산업관계보다는 노사관계라는 용어가 더 빨리 일반화되어 널리 사용되어 왔고 지금도 industrial relations를 산업관계보다는 노사관계로 번역하고 있다.

1990년대 이후부터는 고용관계라는 용어가 확산

1990년대 이후부터는 고용관계(employment relations)라는 용어가 확산되고 있다. 이는 고용관계시스템의 당사자라고 할 수 있는 피고용인의 성격변화에서 그 이유를 찾을 수 있다. 과거 고용관계시스템은 육체근로자(blue-collar workers)와 노동조합을 중심으로 단결권과 단체교섭권 및 단체행동권 등의 노동3권을 근간으로 이루어졌다고 할 수 있다. 그러나 최근의 고용형태는 과거와는 크게 다른 형태로 나타나고 있다. 예를 들어 사무직, 관리직, 전문직, 교사와 공무원 등 공공부문 피고용인, 비정규직에서의 노동운동이 더욱 중요시되는 추세를 보인다. 또한 노동조합 조직률이 하락하는 일부 국가에서는 노조 없는 무노조고용관계를 주창하는 움직임도 일어나고 있다. 따라서 육체노동자와 노동조합의 이미지를 강하게 지닌 노사관계라는 용어보다는 사무직, 공공부문, 무노조부문을 모두 포괄하는 의미를 지닌 고용관계라는 용어의 사용이 늘어나는 추세이다. 이미, 미국, 영국, 호주 등 서양권에서는 대부분의 학문명칭과 교과서의 제목이 과거의 노사관계 혹은 산업관계(labor relations or industrial relations)에서 고용관계(employment relations)로 바뀌고 있다. 고용관계라는 본서의 제목도 이러한 추세를 반영하고 있는 것이다.

---

7 隅谷三喜男, 『勞動經濟の理論』(東京: 東京大學出版會, 1976), pp. 99-101.
8 LG그룹과 POSCO의 경우 노경관계라는 용어를 사용하고 있음.

2.3 고용관계의 목적

고용관계가 추구하는 목적은 효율성과 공정성의 균형(balance)을 이루는 것이다. 즉, 재화의 용역이 수익적·효과적으로 생산되고(효율성), 결과물이 공정하게 분배되도록(공정성) 하는 것이 고용관계의 궁극적인 목적이라고 할 수 있다. 이들 중 효율성은 사용자의 이해관계를 주로 반영하며, 공정성은 피고용자와 노동조합의 이해관계를 반영하는 것이다. 즉, 고용관계는 노사의 서로 상충되는 이해관계를 조화롭게 모두 충족시키는 것을 목표로 하는 다원주의(pluralism)의 관점을 지니고 있다. 이하에서는 효율성과 공정성을 보다 상세하게 설명하고자 한다.

효율성, 공정성

(1) 효율성(efficiency)

인간의 재화에 대한 욕구는 무한하지만 이를 충족시킬 자원은 항상 부족한 편이므로 자원의 효율적 배분방식과 효과적인 생산방식을 개발하고 지속적으로 발전시키는 것이 경영자의 주요 임무가 되어 왔다. 더구나 세계화의 영향으로 기업간의 극심한 경쟁을 겪고 있는 현재, 가장 효율적인 기업이 생존한다는 절박한 상황에서, 경영인의 가장 큰 책무는 효율성의 추구인 것이다. 효율적이지 않은 기업은 결국 도태되기 마련이므로 경영자의 가장 큰 관심사 중 하나가 기업의 효율성을 유지하는 것이다.[9]

효율성이란 자원의 효율적 배분방식과 효과적인 생산방식을 개발하고 지속적으로 발전시키는 것

(2) 공정성(equity)

고용관계가 추구하는 목적으로 공정성이란 인간의 존엄성과 자유를 발현시킬 수 있는 일련의 근로기준을 확보하는 것이라고 할 수 있다. 예를 들어 최저 근로조건(최저 임금, 최고 근로시간, 최저 안전조건, 사용자의 일방적 해고 및 아동노동 금지 등)의 제정을 통해 인간다운 삶을 영위할 수 있는 상태를 만들고 투입과 산출간의 공정한 관계를 통해 '분배정의'(distributive justice)를 실현하고자 하는 것이다. 또한 기회 평등 및 차별금지 등 공정한 대우는 사회적인 평등을 구축하고 인간이 인간답게 살 수 있는 기본권인 것이다. 공정성의 실현은 피고용인과 노동조합의 주된 관심사로 볼 수 있다.[10]

공정성이란 인간의 존엄성과 자유를 발현시킬 수 있는 일련의 근로기준을 확보하는 것

---

9 John W. Budd, Labor Relations: Striking a Balance(Boston: McGraw-Hill Irwin, 2003), pp. 7-9.
10 상계서, pp. 9-13.

2.4 고용관계의 특질

고용관계는 피고용인과 사용자 간의 관계로서 여러 측면에서 이중적인(양면적) 성격을 가진다.[11] 이러한 고용관계의 양면성은 협동적 관계와 대립적 관계, 정치적 관계와 사회적 관계, 종속관계와 대등관계 등으로 구분하여 살펴볼 수 있다.

(1) 협동적 관계와 대립적 관계

▲ 사무직 직원의 경영참가 회의

피고용인은 분배의 근원이 되는 부가가치를 창출하는 데 있어서는 사용자 또는 경영자와 협력적 관계를 형성한다. 부가가치 중 피고용인들에게 분배되는 몫이 일정하더라도 부가가치가 커질수록 피고용인들에게 돌아가는 몫이 커질 뿐 아니라, 부가가치의 생산에 차질이 생겨서 기업이 파산에 이르게 되는 극단적인 경우에는 근로자들도 실업의 위험에 노출되므로 근로자들은 자신들의 이익을 위해서도 부가가치의 생산과정에서는 경영자와 협력할 필요가 있다.

그러나 생산된 성과 또는 부가가치의 배분에 있어서 노동자들은 경영자와 대립적 입장에 처하게 된다. 피고용인들은 성과 또는 부가가치 창출에 있어서 자신들의 공헌도를 강조하고 보다 많은 몫을 요구하는 반면 경영자는 피고용인들이 주장하는 공헌도를 인정하더라도 자본제공자에 대한 몫이나 기업자체를 위한 재투자 또는 신규투자에 보다 많은 몫을 배분하고자 한다. 이에 따라 성과의 분배에 있어서는 피고용인과 경영자 사이는 대립적 관계가 된다.

(2) 경제적 관계와 사회적 관계

고용관계는 경제적 관계인 동시에 사회적 관계라는 이중성을 가진다. 피고용인들이 경영자의 경제적 목적을 달성하는 데 자신들의 노동력을 제공하고 그 대가로 임금 등의 경제적 보상을 받는다는 점에서 고용관계는 일차적으로 경제적 관계라는 특성을 가진다. 그러나 기업은 사람들로 구성되므로 집단생활에 따른 사회적 관계 내지 인간관계가 필연적으로 수반되기 마련이며 이러한 인간간의 사회적인 요소가 한 기업의 고용관계에 영향을 미치게 된다. 따라서 고용관계는 경제적 관계인 동시에 사회적 관계라는 이중성을 띤다.

11 최종태, 「현대노사관계론」(서울: 경문사, 1981), 이준범, 「현대노사관계론(제2전전판)」(서울: 박영사, 1997).

(3) 종속관계와 대등관계

피고용인은 노동력의 공급자로서 근로조건의 설정과 그 운영에 관해 경영자와 대등한 입장에서 교섭하고 고용계약을 체결할 권리가 있다. 이런 측면에서 본다면 피고용인들은 경영자와 대등한 관계에 있는 것이다. 반면, 일단 고용계약을 체결한 피고용인은 기업의 업무수행과정에서는 사용자의 명령이나 지시를 따라야 할 의무를 진다. 이는 고용계약에 따르는 명령복종의무이고 이를 이행하는 직원들에게는 그 대가로 임금 등의 보상이 주어진다. 따라서 고용관계는 대등관계이면서도 종속관계적인 성격을 지니는 것이다.

고용관계가 이렇게 다양하고도 이중적인 특징을 지닌다는 점은 고용관계의 이론과 실무의 다양성과 복잡성을 상징하고 있다. 고용관계론의 이러한 다중적인 특징은 고용관계론이 다양한 인접학문의 영향을 많이 받은 종합적인 사회과학(interdisciplinary social science)으로 형성된 것과 밀접한 관련성을 지니고 있다.

3 고용관계의 당사자와 고용관계시스템의 구성

3.1 고용관계의 당사자

18세기 말부터 시작된 산업혁명의 초기단계에서는 산업 및 직업의 분화가 이루어지고, 직능의 분화와 더불어 사람들의 지위와 권한에서의 분화도 나타났다. 따라서 한 직장 내에서 명령과 복종의 관계 또는 감독자와 작업자의 계층이 분명해지고, 한 사람의 감독이나 지휘하에 여러 사람에 의해 작업이 행하여졌다. 다른 한편으로 피고용인은 노동조합을 형성하고 이를 통하여 피고용인들의 권익과 지위의 신장을 꾀하게 된다. 따라서 산업화 초기 고용관계는 피고용인과 사용자 사이의 양자관계로 파악되었고 이들이 바로 고용관계의 주요 두 당사자들이었다.

그러나 19세기 말부터 종래의 고용관계에서는 보지 못했던 새로운 문제가 나타나게 되고 정부가 고용관계에 대한 공공정책의 담당자로 등장하게 된다. 즉 자본주의체제하의 빈곤과 실업의 문제가 커다란 사회문제로 대두하게 됨에 따라 정부가 최저임금제나 실업보험이라는 형태로 노사문제에 관여하게 된다. 또한, 노동조합의 세력이 점차 강성해짐에 따라 그 활동이 자본주의체제의 범위를 벗어나지 못하게 하고, 노사간의 충돌과 분쟁이 적절한 수준에서 통제할 수 있도록 하는 규칙의 제정이 필요하게 되어 정부가 노사간의 중재자로서의 역할을 담당하게 된다. 따라서 20세기 이후부터는 피고용인(노동조합)과 사용자(경영자), 정부가 고용관계의 주요 세 당사자로 대두하게 되었다. 이러한 현상을 사회·경제사적 배경에 중점을 두어 좀 더 구체적으로 살펴보면 다음과 같다.[12]

(1) 노동조합의 발전

산업혁명 이후 공업화가 발전됨에 따라 노동자계급은 양적·질적으로 성장·발전하였다. 특히 18세기 말 이래 취업인구 중 피고용인의 양적인 비중은 점진적으로 확대되었고 산업 및 직업상의 구성도 매우 다양하게 되었다. 영국에서 처음 직종별 노조로 시작된 노동조합은 이러한 다양한 피고용인을 포용하는 단체로 변신하며 여러 국가에서 일반노조, 산별노조, 기업별노조 등의 형태로 발전하게 된다.

역사적으로 보면 노동조합운동은 확대와 침체의 사이클을 반복하면서 발전해 왔다. 예를 들면, 1920년대 노동조합운동은 대공황과 더불어 직종별 노조를 중심으로 한 노동조합의 조직률은 급격한 하락하는 위기를 맞았으나, 1930년대 이후 산업별 노조형태가 대두되면서 재반등하게 되었다. 1930년대 이후 노동조합운동의 확산은 자본주의 사회에서 노동자 계급의 지위향상이나 근무여건 개선을 가져오는 데에 결정적인 역할을 하였다. 산업혁명 직후 사용자나 자본가에 종속되어 고용·노동조건을 일방적으로 강요받던 노동자는 1930년대 이후 급성장한 노동조합운동을 통하여 사용자나 자본가와 대등한 관계로까지 그 지위가 향상되었으며 스웨덴, 독일 등 일부 국가에서는 노동조합이 경영에 깊이 간여하는 실질적 산업민주화를 요구하는 수준까지 노동조합의 권한이 강화되었다. 1950~1970년대는 주요 국가들을 중심으로 노동조합의 힘이 막강함을 실감할 수 있는 시간이었다.

그러나 1980년대 이후 영국, 미국, 독일, 일본 등 선진 시장경제국가에서는 노조 조직률 및 영향력의 쇠퇴 추세가 뚜렷하게 나타난 반면에 브라질, 남아공, 중국 및 인도네시아 등 개발도상국에서는 노동운동이 활발하게 진행되고 있다. 또한 스웨덴, 핀란드, 노르웨이 등 북유럽국가에서는 노조의 영향력이 큰 변화가 없는 것으로 나타났다. 세계적으로 노동조합 조직율이 하락하는 경향이 강한 가운데 국가별로 노동운동의 부침은 다양한 현상을 보여주고 있다.

---

12 白井泰四郎, 『勞使關係論』(東京: 日本勞動協會, 1983), pp. 1-27; 정재훈, 『고용관계의 이해』(서울: 대영문화사, 1988), pp. 40-46.

세계적으로 노동조합의 세력이 약화되는 추세가 지속되면서 이민자, 노인, 청소년, 여성, 프리랜서나 특수고용직 등을 보호하고 대변하기 위한 조직으로 준노조 등 비노조 노동단체가 생겨나고 있다. 이 조직들은 법적으로는 노조가 아니지만 향후 기존 노조의 역할을 보완할 가능성이 있다. 그에 따라 노사관계나 노사분규의 양상도 달라질 전망이다.

(2) 경영자지배의 확립

20세기 들어 자본주의의 발전과 더불어 종래의 자본가 개념과는 다른 경영자라는 직업과 직능의 발전이 진행되었다. 즉, 소유와 경영의 분리를 통하여 기업에 대한 전문경영자의 지배가 시작된 것이다. 전문경영인이 등장하기까지는 주식의 분산과 기업소유의 대중화를 가능하게 하였던 주식회사제도의 역할이 컸다. 즉, 후기 산업사회에서 사용자측에서 고용관계의 당사자로서 주도적인 역할을 수행하는 것은 자본가가 아니라 전문경영인인 것이다. 현대의 고용관계가 '노동조합과 경영자와의 관계'(union-management relations)로 간주되는 이유는 바로 이 때문이다.

소유와 경영의 분리를 통하여 기업에 대한 전문경영자의 지배가 시작

1980년대 이후 시장의 중요성을 강조하는 신자유주의가 전 세계를 풍미하면서 시장기능을 저해하는 것으로 여겨 온 노동조합은 위축되고 상대적으로 경영자의 세력이 강성해지는 결과를 낳게 되었다. 고용관계의 변화도 사용자가 주도하고 노동조합은 이에 반응하는 현상이 지속되고 있다. 그 결과, 21세기 초 현재 노동조합에 대한 경영자의 상대적인 협상력은 최근 수십년 동안에 가장 강한 상태이다.

(3) 정부역할의 증대

자본주의의 발전과 더불어 고용관계에 있어서 정부의 역할이 현저하게 증대하고 있다. 여기에서 말하는 정부란 중앙정부는 물론 지방자치단체나 국·공영기업, 그리고 중앙 지방정부에 의존하는 교육·의료·사회복지·연구기관 등의 공공서비스기관을 모두 망라한다.

정부는 고용관계에 있어서 크게 중재자와 사용자의 두 가지 역할을 수행한다. 첫째, 정부는 경제, 사회, 산업, 노동 분야에 대한 입법이나 행정을 통하여 고용관계에 적용되는 제도적인 체계를 만들어 내고, 또한 국민경제의 운영이나 사회질서를 유지하고 계층간의 갈등을 조율하기 위하여 고용문제·임금결정·노동쟁의 등에 대하여 법안을 통과시키고 정책을 시행한다. 이러한 기능은 노사 양측으로부터 중립적인 중재자로서의 역할이라고 할 수 있다. 둘째, 고용관계에 있어서 정부역할의 또 다른 측면은 사용자로서의 정부이다. 정부는 많은 수의 공공기관 종사자들을 고용

주요 노동대학원 Web site

고려대학교 노동대학원
Korea University
Graduate School of Labor Studies
http://www.korealabor.ac.kr/

창원대학교 노동대학원
http://labor.changwon.ac.kr/

WISCONSIN
SCHOOL OF BUSINESS
UNIVERSITY OF WISCONSIN-MADISON
http://www.bus.wisc.edu/mba/hr/

ILR School
http://www.ilr.cornell.edu/

SCHOOL OF LABOR AND EMPLOYMENT RELATIONS
UNIVERSITY OF ILLINOIS AT URBANA CHAMPAIGN
http://www.ler.illinois.edu/

함으로써 스스로 사용자의 역할을 수행하게 되며 민간기업의 고용관계를 선도하는 사용자의 역할을 한다. 사용자로서 정부의 기능은 민간부분의 사용자들에게 모범적 사례를 제공하는 역할을 한다.

최근 들어 노동조합의 위축추세는 고용관계에 있어서 정부의 역할을 더욱 강화시키게 된다. 예를 들어, 정부가 입법한 차별금지법, 성희롱예방법 등은 전통적인 노동조합의 역할을 정부가 대신하는 것으로 볼 수도 있다. 즉, 전통적으로 노조가 수행하던 취약근로계층의 보호기능을 노조가 약화되어 효과적으로 수행할 수 없게 되자 정부가 법령으로 보호기능을 대신하게 된 것이다.

3.2 고용관계시스템의 구성

고용관계의 제요소를 모두 망라한 이론적 틀이 〈도표 1-2〉에 제시되어 있다. 이 이론적인 틀은 John Dunlop(1958)이 1950년대 말에 고안한 노사관계시스템이론을 Kochan, Katz와 McKersie(1986) 등이 더욱 발전시킨 것이다. 이 이론적 틀은 기존의 고용관계의 전통적인 이론에 기업전략과 의사결정에 관한 요소들을 통합시킨 특징을 갖고 있다. 이 이론적인 틀을 간단히 요약하여 설명하면 다음과 같다. 우선, 고용관계에 영향을 주는 환경요인으로서 기술, 노동시장과 상품시장, 사회에서 노사 간의 힘의 배분등이 있다. 이 환경요인은 사회의 지배적인 이데올로기와 함께 노사정 당사자에게 영향을 미치게 된다. 노사정 당사자는 사업장/기업수준, 산업/직업/

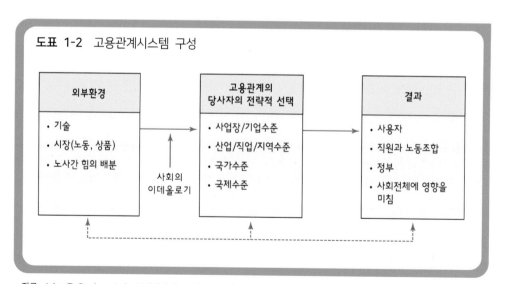

도표 1-2 고용관계시스템 구성

자료: John T. Dunlop, *Industrial Relations System*, (Harvard Business School Press, 1958). Thomas A. Kochan, Harry C. Katz & Robert B. McKersie, *The Transformation of American Industrial Relations*, (New York: Basic Books, 1986), p. 11.

IRLE
Institute for
Research on
Labor and
Employment
http://www.irle.berkeley.edu/

RUTGERS School of Management and Labor Relations
http://smlr.rutgers.edu/

UCLA Anderson
School of Management
http://www.anderson.ucla.edu/

MIT MANAGEMENT
http://mitsloan.mit.edu/

Wharton
UNIVERSITY of PENNSYLVANIA
http://mba.wharton.upenn.edu/mba/

WARWICK
THE UNIVERSITY OF WARWICK
http://www2.warwick.ac.uk/

LSE THE LONDON SCHOOL OF ECONOMICS AND POLITICAL SCIENCE
http://econ.lse.ac.uk/

THE UNIVERSITY OF SYDNEY
http://usyd.edu.au/

지역수준, 국가수준, 국제수준의 4단계에서 각각 전략적인 선택을 하고 상호작용을 하게 된다. 최종적으로 고용관계의 상호작용의 결과는 이루어지고 사용자, 직원과 노동조합, 정부, 그리고 사회 전체에 영향을 미친다.

이 이론적인 모델의 특징으로는 ① 당사자의 전략적 선택을 중시하고, ② 고용 관계가 이루어지는 수준을 네 단계로 구분하여 명시한 점을 들 수 있다. 첫째, 외부 환경이 고용관계 당사자의 의사결정에 중요한 영향을 미치지만 고용관계시스템의 과정과 구조를 결정하는 것은 고용관계시스템의 당사자의 선택이라고 할 수 있다. 즉 사용자, 노동조합 및 피고용인, 정부가 갖고 있는 전략적 선택이 고용관계를 결정하는 가장 중요한 요인인 것이다. 예를 들어 과거 고용관계의 역사는 기업의 고용전략을 선택하거나 수립하는 데 제약조건으로 작용할 수 있지만, 결국은 경영자의 전략적인 선택이 최종적인 고용전략을 결정하는 가장 중요한 요인으로 작용한다. 마찬가지로 높은 실업률 등 노동시장의 환경이 단체교섭에 있어서 노동조합의 의사결정에 영향을 미치지만 구체적인 임금인상률을 정하여 요구하는 것은 노동조합의 전략적인 선택에 의한 것이다.

고용관계시스템의 과정과 구조를 결정하는 것은 고용관계시스템의 당사자의 선택

둘째, 과거의 고용관계이론의 연구범위는 주로 사업장수준에서 노사간에 이루어지는 단체교섭이나 인적자원관리에 한정되었으나, 이제는 분석수준이 사업장/기업수준, 산업/직업/지역수준, 국가수준 및 국제수준 등 모든 범위에서 발생하는 것으로 가정하고 이론을 형성하고 있다. 예를 들어 사업장/기업수준의 연구에서는 작업장 내 대의성, 단체교섭 및 쟁의조정 등과 같은 이슈를 해결함으로써 노동생산성, 혁신 및 품질 향상, 노동의 질 및 종업원의 웰빙 등의 개선을 추구하고자 한다. 산업/직업/지역수준의 연구는 특정 산업/직업/지역별 노사 단체교섭에 관심을 가지며 특히 공공부문의 고용관계에 대하여 관심을 갖고 있다. 국가수준의 연구는 국가단위의 노동조합과 노동운동, 이에 대응하는 사용자조직 및 정부의 노동정책 등의 관계에 대하여 집중한다. 마지막으로 국제수준 연구는 국가간 고용관계 비교분석은 물론 다국적기업의 노동기준 및 경제발전, 국제노동기준의 확산과 효과 제고 등의 이슈에 대하여 관심을 보이고 있다. 이를 정리하면 〈도표 1-3〉과 같다.

고용관계가 사업장/기업수준, 산업/직업/지역수준, 국가수준 및 국제수준 등에서 발생함

분석수준	고용관계 당사자			과정			결과	
	피고용인/노조	사용자	정부	경영의사결정	공동결정	정부규제	사업/성과	사회/정의
사업장/기업수준	작업집단, 노조간부 및 노측 위원	노무담당, 경영자	노동감독관, 조정/중재위원	인적자원관리 전략 및 관행	사업장/기업수준 단체교섭	제3자 조정 및 중재	노동생산성, 혁신 및 품질향상, 재무성과	노동 질, 종업원 웰빙
산업/직업/지역 수준	산별/직업별 노조, 전문가 단체, 지역연대	사용자단체, 컨설팅회사, 노동시장 중개인	산업/직업 규제단체, 직업면허발급기관	사용자단체의 전략, 공공부문 경영	산별교섭 및 패턴 교섭	교육훈련, 경제 발전프로그램	산업내 고성과 관리 관행 확산	노동기준의 규제 완화 및 향상
국가 수준	전국단위 노조, 노동 관련 사회 단체	전국단위 사용자조직	정부, 법률기관	기업지배구조와 고용관계 영향	국가단위(노사정위) 교섭 및 산별교섭 결과 조정	노동법, 직업교육훈련 등의 국가시스템	노동시장성과와 국가 경제성과	성별, 민족 등에 의한 임금불평등 해소
국제 수준	국제노동조직(연합), 노동 관련 국제적 NGO	국제사용자 조직, 다국적 기업	범정부적 기구(EU, ILO, WTO)	다국적기업 내 경영정책 확산	다국적기업의 교섭 및 협의	국제적 노동조건의 수립 및 규제	국제적 경제발전 정도	국제노동기준의 확산 및 효과 제고

자료: Paul Blyton, Edmund Heery, Nicolas Bacon, and Jack Fiorito, *The SAGE Handbook of Industrial Relations*, (2008), p. 7

4 고용관계론의 학문적 성격

4.1 고용관계론의 연구접근방법

고용관계론은 기업이나 노동조합 등 집단을 연구대상으로 함

고용관계론의 연구접근방법상의 큰 특징은 ① 기업수준과 국가수준의 이슈들을 함께 다룬다는 점, ② 국제비교노사관계가 중시되는 점, ③ 이론의 개발과 현실 문제의 해결이 동등한 비중으로 중시된다는 점의 세 가지로 요약할 수 있다.

첫째, 고용관계론의 연구영역은 기업수준과 국가수준의 이슈들을 망라하는 특징을 지니고 있다. 기업수준에서는 단체협상·임금협상·고충처리·경영참가 등 미시적 주제를 다루지만, 국가나 사회전체의 차원에서 고용관계의 역할과 기능을 분석하고 국가간 고용관계제도와 관습의 차이를 비교분석하는 거시적인 주제를 다루기

도 한다.

둘째, 고용관계를 연구함에 있어서는 외국의 경우를 연구하고 국가간의 비교를 중시하는 경향이 있는데, 이러한 국제비교고용관계의 분야가 발전한 데는 다음과 같은 이유가 있다.[13] 우선, 국제비교고용관계를 연구함으로써 각국의 고용관계 형태를 결정하는 데 영향을 미치는 기술, 경제정책, 법 그리고 문화와 같은 다양한 요인의 상대적 중요성을 이해할 수 있게 되고, 국가별 차이점을 분석·설명함으로써 고용관계의 보편적인 원칙을 찾기 위해서이다. 또한 무역 및 산업의 국가간 연계가 증대하고 있기 때문에 정부, 사용자 및 노동조합은 외국 노동시장의 형태와 특징을 이해하여야 할 필요성이 증가하였고, 외국의 고용관계 정책과 관행을 연구하는 것은 자국제도의 개선을 위한 기초를 마련해 주어 정부정책의 결정에도 중요한 시사점을 갖기 때문이다.

고용관계론는 국가간의 비교를 중시하는 경향이 있음

셋째, 고용관계론은 이론개발을 위한 순수학문이 아니고, 사회에 존재하는 현실적인 문제를 해결하기 위한 응용과학의 성격이 강하다. 즉 경제학, 심리학, 법학, 사학, 사회학, 정치학의 이론을 고용문제에 응용하여 사회가 당면한 문제를 해결하려는 시도로서 고용관계론이 발전하여 온 것이다.

고용관계론은 응용과학의 성격이 강함

4.2 고용관계론의 인접학문

고용관계론은 실용적인 학문으로서 급속한 산업화과정에서 발생되는 여러 문제를 해결하기 위하여 처음 시작되었다. 따라서 고용관계론은 강한 학제적(interdisciplinary) 성격을 띠고 있으며, 고용관계의 연구를 위해서는 필연적으로 인적자원관리·노동경제학·산업사회학·산업심리학·노동법학에 대한 어느 정도의 이해가 필요하다. 이하에서는 고용관계론과 인접학문 간의 관계를 살펴보고자 한다.

(1) 고용관계론과 인적자원관리

기업의 효율적인 경영을 위하여 인적자원의 획득과 유지, 활용을 주된 관심사로 하는 인적자원관리(Human Resource Management)는 고용관계론과 밀접한 관련을 지니고 있다. 두 학문분야가 모두 기업에서의 인적자원을 주된 관심사로 다룬다는 점에서는 공통적이지만, 여러 측면에서 차이점을 보이고 있다. 하지만 두 학문분야

기업의 효율적인 경영을 위하여 인적자원의 획득과 유지, 활용을 주된 관심사로 하는 인적자원관리

---

13 Greg J. Bamber, and Russell D. Lansbury, eds., *International and Comparative Employment Relations*, 3rd Ed., (London: Unwin Hyman Inc., 1999), 박영범·우석훈 공역, 『국제비교 고용관계』(서울: 한국노동연구원, 2000), pp. 2-5.

는 여러 측면에서 차이점을 보이고 있다. 첫째, 초기의 인적자원관리는 심리학의 영향을 강하게 받았지만 고용관계론은 학문의 발전과정에서 경제학의 영향을 많이 받았다. 둘째, 인적자원관리는 경영자의 관점에서 기업의 효율성을 높이는 것을 주목적으로 하지만, 고용관계론은 사회전체적인 관점에서 보아 기업의 효율성 향상, 피고용인의 공정한 보상과 처우 등 형평성, 그리고 기업의 고용관계가 사회전체에 미치는 영향 등을 함께 강조하므로 보다 포괄적인 시각을 지닌다고 볼 수 있다. 셋째, 산업사회에서의 갈등에 대하여 인적자원관리의 경우 노사간의 갈등은 경영자의 경영실패로부터 잉태한다고 보아 경영자가 올바른 경영을 한다면 노동문제가 발생하지 않는 것으로 가정한다. 따라서 노동조합의 긍정적인 역할을 인정하지 않는 편이다. 반면, 고용관계론의 경우에는 노사간의 갈등은 필연적으로 발생하며 다만 노사간의 협상 등 상호작용을 통하여 간헐적으로 해소될 뿐인 것으로 간주하며 이 갈등해소의 과정에서 노동조합의 역할을 적극적으로 인정하고 있다. 넷째, 인적자원관리는 사용자와 피고용인 간의 관계를 개인적 차원에서 주로 다루며, 고용관계론에서는 사용자와 노동조합 등 피고용인집단 간의 집단적 관계에 주된 관심을 가지고 있다.

(2) 고용관계론과 노동경제학

노동경제학은 일반경제학보다 고용문제에 관하여 더욱 구체적으로 다루지만 고용관계론과는 그 접근방법과 관심사를 달리한다.[14] 노동경제학에서는 시장을 주된 연구대상으로 하지만, 고용관계론에서는 제도적인 이슈들, 즉 노동자와 노동조합, 사용자와 사용자단체, 그리고 노동문제에 관계되는 정부기관 등에 관한 문제가 연구의 핵심이 된다. 예를 들어 고용관계론에서는 근로조건을 정하기 위하여 노사간에 형성된 여러 규칙이 주요 연구대상으로 다루어지는 반면, 노동경제학에서는 이러한 규칙을 전제로 하여 생산량과 임금 등 보다 일반적이고 시장의 기능과 관련된 주제를 주된 관심사로 하고 있다. 고용관계론은 노동경제학의 영역에서 많이 다루는 내용, 이를테면 노동시장의 수급사정 등의 변수들을 주어진 조건(외생변수)으로 취급하며, 임금의 결정제도나 그에 관련되는 규칙 그 자체를 규명하는 것을 중시한다. 이러한 차이점에도 불구하고, 두 학문은 서로의 연구성과를 활용하고 있기 때문에 상호보완적으로 볼 수 있다.

노동경제학에서는 시장이 주된 연구대상

---

14 배무기, 전게서, pp. 297-298.

(3) 고용관계론과 산업사회학

산업사회학은 산업화과정에서 파생되는 여러 사회문제, 특히 노동문제를 중점적으로 다루는 사회학의 한 분야이다. 특히, 기업의 고용관계와 사회현상이 서로 영향을 미치는 상호작용을 주된 관심의 대상으로 삼는다. 구체적으로, 산업화가 사회구성원에 미치는 영향, 빈곤근로자들의 삶에 대한 연구, 산업화와 계층간의 갈등 등을 사회전체의 시각에서 연구하는 점이 큰 특징이다. 산업화가 사회 전체에 미치는 다양한 영향을 분석의 대상으로 한다는 의미에서 산업사회학은 고용관계론보다 관심의 대상이 더 거시적이라고 할 수 있다. 이에 반하여 고용관계론은 노사관계에 집중하여 연구하는 경향이 강하다. 즉 산업사회학은 산업발달이 사회 전체에 미치는 다양한 영향에 대하여 연구하는 반면에 고용관계는 기업 내 노사간의 관계나 국가별 고용관계시스템의 차이 등에 대하여 중점을 둔다는 측면에서 차이점이 있다고 하겠다.

산업사회학은 산업화과정에서 파생되는 여러 사회문제, 특히 노동문제를 중점적으로 다루는 사회학의 한 분야

(4) 고용관계론과 산업심리학

산업심리학은 20세기 초에 시작되어 두 차례의 세계대전을 거치며 급격히 발전하게 되었으며, 인적자원관리론의 원류가 된 학문이기도 하다. 산업심리학은 심리학적 방법·사실·원리를 산업현장과 연결시켜 직장구성원에게 적용시킴으로써 조직의 유효성 제고와 근로자의 생활의 질을 높여 주는 것이 주된 관심사였다. 예를 들면 동기유발효과를 극대화하고 직무만족을 향상시키기 위해 효율적인 직무설계방법을 고안하며, 근로자들의 관심, 고민, 그리고 직무와 작업환경을 어떻게 개선할 것인가에 대한 그들의 의견을 알아보기 위해 면접·설문을 실시하는 것이 모두 산업심리학에서 시작된 연구주제들이다.

산업심리학은 심리학적 방법·사실·원리를 산업현장과 연결시켜 직장구성원에게 적용시킴으로써 조직의 유효성 제고와 근로자의 생활의 질을 높여 주는 것이 주된 관심사

반면, 고용관계론은 출발이 제도경제학이었다는 점에서 초기의 산업심리학과는 뚜렷이 구분되는 특징을 지니고 있었다. 그러나 최근 들어 고용관계론에서도 심리학적인 연구방법이나 주제가 많이 도입되어, 지금의 고용관계론은 경제학적 전통과 심리학적인 영향이 혼재된 형태를 이루고 있다. 예를 들면, 최근 고용관계의 주요 이슈 가운데 하나는 경영참가를 통하여 노동생활의 질(Quality of Working Life: QWL)을 향상시키는 일이었고 이러한 연구는 산업심리학에 그 뿌리를 두고 있는 것이다.[15]

---

15 D. P. Schultz, *Psychology and Industry Today* (New York: MacMillan Publishing Co., 1978), 이훈구 옮김, 『산업 및 조직심리학』 (서울: 법문사, 1985), p. 46.

(5) 고용관계론과 노동법

노동법은 사용자와 근로자의 자유로운 거래에 의하여 생산수단과 노동력의 결합이 실현되도록 하는 수단으로서 개별적인 근로계약이나 집단적 단체협약의 법적인 성격을 주로 연구하는 학문이다. 노동법에서는 근로의 의사와 능력을 가진 자가 사용자와 맺게 되는 근로계약관계가 가장 중요한 연구대상이다. 최근에는 입법을 통한 정부의 역할이 고용관계에 있어서 갈수록 중요해지는 추세를 보임에 따라 노동자를 보호하기 위한 다양한 법적수단에 대한 연구가 중요해지고 있다. 노동법에서는 법 그 자체가 주된 연구대상인 반면, 고용관계론은 노동법의 테두리와는 상관없이 노사간의 상호작용을 연구한다는 점에서 노동법과 구분된다.

주요 저널 Web site

Industrial Relations
Journal
http://www.blackwellpublis
hing.com/journal.asp?
ref=0019-862& ite=1

British Journal of
Industrial Relations
http://www.blackwellpublis
hing.com/journal.asp?
ref=0007-1080&site=1

Industrial Relations
http://www.riir.ulaval.ca

Monthly Labor Review
http://www.bls.gov/opub/mlr/
welcome.htm

Journal of Industria
Relations
http://jir.sagepub.com/

European Journal of
Industrial Relations
http://ejd.sagepub.com/

Industrial & Labor
Relations Review
http://www.ilr.cornell.edu/
ilr review/subscribe.html

KEYWORD

산업사회, 정보화사회, 노동조합, 효율성, 공정성, 고용관계의 이중성, 고용관계시스템, 4차산업혁명, COVID-19, 노자관계, 노사관계, 산업관계, 고용관계, 고용관계론의 연구접근방법, 인적자원관리, 노동경제학, 노동법, 산업사회학, 산업심리학, 고용관계의 목적

POST
CASE
1-1

코로나 이후 노동시장의 향배[16]

14세기 유럽을 휩쓸었던 흑사병으로 유럽 인구의 3분의1이 사망했다. 그 결과 농촌 인구가 노동력이 부족한 도시로 진출해 농노가 없어졌으며 임금이 대폭 증가하고 노동자의 발언권이 현저히 향상됐다. 팬데믹(세계적 대유행)이 노동시장에 심대한 영향을 미친 것이다. 신종 코로나바이러스 감염증(코로나19) 팬데믹으로 BC(Before Corona)와 AD(After Disease) 시기 노동시장도 크게 달라질 것으로 예상된다.

단기적으로 팬데믹이 세계화의 후퇴와 장기불황으로 전이됨에 따라 신규채용이 줄어들면서 청년들의 장기 실업난이 우려되고 유동성 부족을 모면하기 위한 기업들의 구조조정과 정리해고가 잇따를 것으로 보인다. 경제위기 때 항상 그렇듯이 여성·비정규직·고령자 등 취약계층이 가장 먼저 해고되는 등 피해가 더 클 것이다. 외환위기 때와 같이 구조조정을 둘러싼 노사갈등은 증가하고 취약계층이 빈민으로 전락하는 양극화 현상은 더욱 심해질 것으로 예상된다. 여행과 이동이 제한되면서 외국인 고용에 어려움을 겪어 3D 업종의 구인난이 심각해지는 반면 글로벌 공급 사슬의 위축으로 해외 공장이 국내로 되돌아오는 리쇼어링(re-shoring)이 일부 이뤄져 대규모 제조업은 고용활동이 소폭 증가할 수도 있다.

전반적으로 인간 간의 접촉을 기피하는 풍조가 확산하면서 사업장의 기계화와 자동화가 가속하고 로봇과 인공지능의 활용이 증가해 기계가 인간을 바르게 대체하는 현상이 벌어질 것이다. 실업문제의 장기화, 고용 없는 성장이 예상된다. 반면 모르는 사람과의 접촉을 피하게 돼 우버·에어비앤비·대리기사 등 공유경제와 플랫폼 이코노미는 위축될 것으로 예상된다. 4차 산업혁명은 분야에 따라 다른 결과를 초래하게 될 것이다.

재택근무와 비대면 회의가 활성화되면 온라인으로 과업을 주고받는 프리랜서를 적극 활용하게 돼 노동유랑민(labor nomad) 계층이 증가할 것으로 보인다. 전 세계적으로 상용직 비중이 줄고 임시직과 비정규직 비중이 늘어날 가능성도 크다. 개별적인 비대면 고용이 보편화한다면 노동시장도 집단적 관계 중심에서 벗어나 개별적 관계로 무게중심이 이동할 것이다. 노동운동도 다중 집회가 어려워지면서 디지털 기술을 응용한 네트워크상에서 단체활동이 증가하는 사이버 노동조합주의가 더 활성화할 것이다.

16 김동원, 「코로나 이후 노동시장의 향배」(서울경제신문, 2020. 04. 28).

장기적으로 기업의 인적자원 관리에 많은 변화가 예상된다. 외주화가 일상화되면서 조직 내의 구조가 단순하고 수평적으로 바뀔 것으로 보인다. 인공지능 채용이 활성화되고, 비대면 업무가 활성화되면서 채용에서도 여성·외국인·고령자·장애인에 대한 차별이 감소하며, 교육훈련은 집체교육보다는 주로 온라인으로 이뤄지고, 평가는 인간성·협조성 등 관계 측면에서 객관적인 과업수행 위주로 전환하게 될 것이다. 원격지에서 근무자의 근무실적을 정확히 판단하기 위한 직무급과 성과급이 증가하고 호봉제도 줄어들 것으로 전망된다. 재택근무는 장기적으로 여성의 경제활동을 증가시키고 일과 생활의 균형과 부부 사이의 가사분담 등을 재정립하는 기회가 될 것이다.

AD 시대 노동시장의 키워드는 비대면화·기계화·온라인화·개별화·객관화다. 하지만 같은 환경에서도 주체의 전략적 선택에 따라 결과는 다르게 나타난다. 경쟁 중심의 사회에서는 코로나19 팬데믹으로 양극화가 확산하고 사회갈등이 극심해질 것이며 인간에 대한 배려가 강한 사회에서는 이러한 부작용이 적을 것이다. 코로나19 팬데믹 이후 새 시대가 인간의 얼굴을 한, 인간을 위한 사회가 되도록 노사정 모두가 힘을 합쳐야 할 때이다.

토의과제

1. COVID 19 팬데믹이 정치, 종교, 사회, 경제 분야에 미칠 영향에 대하여 논하라.
2. COVID 19 팬데믹이 현재 진행 중인 4차산업혁명을 더욱 빠르게 혹은 늦게 진전시킬지, 혹은 분야에 따라 영향이 다르게 나타날지를 설명하라.
3. COVID 19 팬데믹이 노동시장과 고용관계에 미칠 영향에 대하여 논하라.

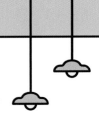

「4차 산업혁명과 고용 충격」 중[17]

 4차 산업혁명이 진행되면서 기술의 진보가 고용에 미치는 영향에 대한 사회의 관심이 커지고 있다. 18세기 증기기관으로 시작된 급격한 기계화 현상을 1차 산업혁명으로 부르고, 19세기 전기 도입이 촉발한 대량생산을 2차 산업혁명으로 간주하며, 20세기 중반 이후 컴퓨터 확산으로 시작된 자동화 현상을 3차 산업혁명으로 본다면, 2000년대 들어 진행 중인 IT와 소프트파워를 통한 지능형 공장과 제품 탄생은 4차 산업혁명으로 본다. 사실 혁명이라고 부르지만 이러한 현상들의 전후가 뚜렷이 단절된 것은 아니므로 연속선상에서 나타난 현상으로 보는 것이 타당할 것이다.

 1차 산업혁명 이후 거의 250년 동안 기술발전은 주로 인간의 노동을 대체하고 고용을 위협하는 존재로 인식돼 왔다. 가장 대표적인 예가 18세기 말 영국의 기계파괴 운동(Ludite Movement)일 것이다. 러다이트 운동은 비밀결사로서 무장훈련과 기계파괴 활동을 자행했다. 당시 산업혁명으로 인해 영국의 주된 산업이던 직물공업에 기계가 보급돼 임금인하와 해고가 증가하는 상황이었다. 노팅엄에서 시작된 러다이트 운동은 랭커셔·체셔·요크셔 등 직물공업이 왕성하던 북부의 여러 주(州)로 확대됐다. 19세기 초까지 이어지던 러다이트 운동은 결국 정부에 의해 진압됐다. 노동계가 그 후 투쟁 방향을 의회를 통한 개혁운동으로 전환하면서 러다이트 운동은 종료됐다. 하지만 기술진보로 인한 노동자들의 고통은 많은 지식인들의 공감을 샀다. 시인 바이런은 러다이트 운동에 가담한 노동자들의 편에 서서 그들을 변호하기도 했다.

● 기계 vs 인간, 반복되는 반목과 공존

 러다이트 운동이 종료된 이후에도 첨단 기계문명의 발달이 인류를 파멸로 이끌 수 있다는 우려가 여전히 존재했다. 이를 행동으로 연결시킨 사례들이 있다. 즉 컴퓨터나 텔레비전 등 전자제품을 사용하지 않고 첨단문명을 거부한 채 외딴 곳에서 은둔하는 집단도 있으며, 보다 과격한 경우로는 1980년대에 유나보머(Una Bomber)라는 가명으로 현대기술의 상징인 공장과 연구소를 우편물 폭탄을 써서 파괴하려 한 미국의 카진스키(T. J. Kaczynski) 사례가 있다. 이와 같은 소극적 거부운동이나 적극적인 파괴운동을 통칭해 네오러다이트 운동이라 부른다.

 일단의 미래학자들은 과학기술의 급속한 발전이 세계화로 인한 경쟁 격화 현상과 더불어 현재 노동시장 구조를 근본적으로 바꿔 놓을 것으로 본다. 드러커(Drucker)는 기술진보로 말미암아 새로운 기술에 정통한 지식근로자(Knowledge Workers)가 미래 노동시장에서 주된 역할을 할 것으로 예견했다. 리프킨(Rifkin)은 더 나아가 미래 사회는 새로운 기술을 익힌 소수의 정보엘리트집단

---

17 김동원, 「4차 산업혁명과 고용 충격」(매일노동신문, 2016. 11. 21).

과 거대한 영구실업자집단으로 양분될 것으로 봤으며, 자원봉사자로 구성된 제3부문이 등장을 예상했다. 이러한 미래학자들의 우려는 최근 인공지능을 가진 로봇의 본격적인 등장을 의미하는 4차 산업혁명의 진전으로 일반인까지 확산되는 추세를 보이고 있다. 이세돌과의 바둑대결에서 완승한 알파고의 등장은 기계가 인간을 궁극적으로는 대체하고야 말 것이라는 국민의 우려를 극대화시키기에 이르렀다.

학계에서도 많은 학자들이 '기술진보가 사회와 고용에 미치는 영향'을 연구 대상으로 삼았다. 기존 학계의 대체적인 결론은 기술진보로 한 부문의 고용이 축소되는 만큼 다른 부문에서는 새로운 고용이 창출되고, 이 두 가지 효과가 장기적으로 서로 상쇄한다. 다시 말해 새로운 기계의 도입으로 인해 노동력이 절감돼 구시대 기술에 의존하는 직원이 일자리를 잃게 되지만 기계 도입에 수반해 새로운 직종이 창출된다. 경영자는 인력절감으로 발생하는 추가 재원을 새로운 분야에 투자하고 이 새로운 분야에서 창출되는 고용효과가 신기술로 인한 고용축소를 상쇄하게 된다. 예를 들면 퍼스널컴퓨터의 발전은 많은 타자수와 인쇄공의 직업을 앗아 갔지만 컴퓨터 하드웨어와 소프트웨어 산업이 확장되면서 새로운 고용이 증가해 장기적으로, 사회 전체적으로는 고용 총량에 큰 차이가 없다는 것이다.

● 기술진보, 고용 충격 불가피

이러한 학계의 연구 결과는 지난 수십년간의 실업률 통계가 뒷받침한다. 기술의 급속한 발달과 인간을 대체하는 로봇의 등장에도 세계 실업률은 지속적인 상승세를 보이고 있지 않다. 수십년간 각국에서 실업률은 몇 년을 주기로 상승과 하락을 되풀이하는 사이클을 보인다. 따라서 현재의 기술발전이 노동의 종말을 가져올 것이라는 가설은 아직은 확정적인 증거로 뒷받침되지 않고 있다.

하지만 기술진보가 장기적·총량적으로 고용감소를 가져오지 않는다고 하는 것이 기술진보에 따른 고용문제를 경감시켜 주지는 않는다. 왜냐하면 기술진보로 직접적인 영향을 받는 부문의 근로자들은 예나 지금이나 심각한 희생과 고통을 겪을 가능성이 크기 때문이다. 기술진보로 대체될 부문의 근로자들은 고용을 유지하기 위해 재교육을 통해 새롭게 생성되는 부문으로 옮겨 가야 한다.

과거 일자리와 새로운 일자리 간 직무의 큰 차이와 새로운 산업이 고용을 활발하게 창출할 때까지 장기간이 걸린다는 사실을 감안한다면 실제로 구제를 받을 근로자들이 많지는 않을 것이다. 우리 사회는 지난 수년간 보험과 증권·금융업계에서 기계 발달로 인해 직무가 축소된 많은 근로자들이 다른 일자리를 구하지 못한 채 실업 상태로 내몰리는 것을 봤다.

또한 학계의 기존 연구 결과는 과거 경험을 대상으로 한 것이다. 4차 산업혁명으로 대변되는 미래 현상을 정확히 예견하고 있는지에 대해서는 의문이 제기된다. 1·2차 산업혁명 때와 비교해 현재의 기술진보 속도는 수십 배에 달한다고 한다. 급격한 기술진보는 과거와는 달리 엄청난 속도와 규모로 노동시장 환경을 바꿔 놓을 가능성이 있다. 급격한 기술진보로 없어지는 일자리가 새로 생기는 일자리보다 월등히 많아질 수도 있다. 예를 들면 올해 1월 다보스포럼에서는 4차 산업혁명으로 선진국에서 일자리 700만개가 소멸하고 새로 창출되는 일자리는 200만개에 불과해 결국 500만개의 일자

리가 줄어들 것으로 예측했다. 같은 해 7월 국제노동기구(ILO)는 인간의 수작업을 대체하는 로봇의 등장으로 앞으로 20년간 아시아 근로자 1억 3천 700만명이 일자리를 잃을 것으로 내다봤다.

● 노사정 머리 맞대고 해법 찾아야

인공지능으로 상징되는 4차 산업혁명은 고용문제에 태풍을 불러올 것으로 보인다. 전문가들은 4차 산업혁명이 노동시장의 심각한 양극화를 낳아 IT에 익숙한 지식근로자에 대한 수요는 느는 반면 대부분의 저숙련 노동자나 단순노동인력은 로봇으로 대체될 것으로 예상한다. 증가하는 지식근로자 숫자에 비해 소멸되는 저숙련 혹은 단순노동자 숫자가 월등히 많으므로 실업의 급격한 증가도 동시에 우려한다.

4차 산업혁명이 고용에 미칠 큰 충격파가 너무나 분명한 까닭에 주요 국가들은 선제적인 대응에 나서고 있다. 독일을 비롯한 선진국에서는 스마트공장(Smart Factory) 전략을 통해 4차 산업혁명으로 예견되는 충격에 대응하기 위해 노사정이 머리를 맞대고 대책을 찾고 있다. 4차 산업혁명 시대에 적합한 기술과 지식으로 신규인력을 양성하기 위해 학교교육을 획기적으로 바꾸는 한편, 기존 인력은 사회 전체의 노력으로 적극적인 재교육을 통해 새로운 환경에 적응하게 만드는 청사진을 그리고 있다.

자동차·중공업·제철·전자·화학 등 전통적인 제조업이 주를 이루는 한국의 경우 4차 산업혁명으로 인한 기술변화 폭이 더욱 크다. 노동시장이 받는 충격이 심대할 것으로 보인다. 제대로 대응하지 않으면 구조조정·대량해고·노사분규 등 최악의 시나리오를 겪을 가능성이 크다.

하지만 그간 국내에서는 기술진보와 고용위기에 대한 우려 목소리가 간혹 있었지만 실질적인 대응은 거의 없었다. 눈앞에 떨어진 노동이슈에 매몰돼 4차 산업혁명 같은 장기 이슈를 신경 쓰지 못하는 형국이다. 더늦기 전에 국가·산업·지역·기업 단위에서 노사정이 머리를 맞대고 장기 대비책을 세워야 한다. 멀리서 몰려오는 쓰나미를 보지 못하고 눈앞의 잔파도만 보다가는 큰 파국을 면하기 어렵다. 노사정이 모여 미리 연구하고 협의하며 대비하는 것만이 해법일 것이다.

토의과제

1. 4차산업혁명의 진전이 인간과 기계와의 관계를 어떻게 바꿀지 설명하라.
2. 4차산업혁명의 진전에 따른 기술진보가 고용충격에 미치는 영향에 대하여 설명하라.
3. 4차산업혁명에 대응하는 바람직한 정부의 정책방향에 대하여 논하라.

CHAPTER
02

한국의 고용관계

Section 01
한국 고용관계의 발전과정

Section 02
한국고용관계의 동향과 당면 과제

Employment Relations

고용관계론

모빌리티 플랫폼기업 혁신인가? 약탈인가?[1]

2000년 이후 토론되어온 노사관계의 주요 화두 중 하나는 비정규직 노동일 것이다. 고용의 보장이 없거나 제한되는 비정규직 노동은 해가 갈수록 특수고용형태, 그리고 최근의 플랫폼 노동 등으로 진화되고 있다. 이와 관련하여 최근 급격히 증가하고 있는 플랫폼 기업과 노동에 대해서 이것이 혁신의 새로운 형태인지 아니면 규제의 빈틈을 파고드는 약탈적 기업활동인지에 대한 논쟁이 일고 있다. 학계에서도 이 입장은 양분되고 있는 것으로 보인다.

미국 경영학계를 대표하는 학회인 Academy of management가 발행하는 다양한 저명학술지에서 플랫폼 조직과 기업에 대한 다양한 논문들이 게재되고 있는데 주로 새로운 조직형태인 플랫폼 기업과 생태계의 형태와 내용, 그리고 새로운 기회와 위협 등의 핵심적 주제를 다루고 있다. 반면 노동사회학이나 산업사회학 등 노동과 노사 정책 문제를 부각하는 학술지 등에서는 플랫폼 기업의 독점화가 초래하는 현상이나 이를 규제하는 방안, 그리고 플랫폼을 기반으로 하는 노동의 부정적인 특징 등을 다룸으로써 다소 대조적인 인상을 주고 있다. 이런 추세는 기업의 플랫폼 조직화나 그로 인해 증가하는 플랫폼 노동에 대하여 새로운 학문적 입장과 정체성에 대한 논쟁을 부추긴다. 우리는 기업의 플랫폼 조직화로의 전환과 노동의 플랫폼 변화를 어떤 시각으로 바라보고 포용해야 하는가.

플랫폼 기업은 크게 성공한 플랫폼 기업과 성장 단계의 플랫폼 기업으로 나눌 수 있다. 구글이나 아마존닷컴, 애플 등의 회사들은 다양한 하부시스템에 다양한 플랫폼을 소유하고 있어 다면적인 플랫폼 조직으로 구성되어 운영되고 있다. 이들 기업들은 이미 크게 성공한 부류에 속하고 이미 산업에서 상당한 독점력을 가지고 플랫폼 참여자들에 대해 막강한 권력을 행사하고 있다. 반면 우버, Lyft 등 모빌리티 플랫폼 기업들은 글로벌 기업화를 시도하였지만 북미와 영국 등 일부 지역에서만 성공하였고 한국을 비롯한 아시아 등의 시장에서는 규제의 충돌로 말미암아 진출이 다소 부진한 상태이다.

구글이나 아마존닷컴, 애플 등의 플랫폼 회사 등에서는 플랫폼 기업의 독점적 지위가 초래하는 참여자와의 갈등 등이 소개되면서 이에 대한 법적 분쟁이나 합리적 규제 방안 등에 대한 논의가 진행되고 있다. 반면 우버 등을 비롯한 모빌리티 플랫폼 기업들에서는 드라이버의 노동자성에 대한 정책적인 판단이 지역별로 다양한 결론이 나고 있고 드라이버의 노동인권 관련 분쟁이 여기저기에서 끊임없이 발생하고 있다. 이 같은 현상은 모빌리티 기업이 사회변혁을 주도하는 진정한 혁신의 아이콘인지 아니면 법적 규제의 빈틈을 노리고 진입하여 규제차익만을 노린 약탈적 조직인지에 대한 판단

1 저자가 작성함

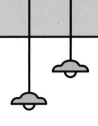

을 흐리게 한다.

이와 대조되는 한국의 사례로 우리는 타다의 사례를 들 수 있다. 타다는 기존 택시업계와는 구분되는 법적 빈틈을 파고들어 영업을 시작하였다. 타다는 11인승 이상 타는 자동차에 대하여서는 택시영업에 대한 규제가 없다는 빈틈을 파고들어 11인승 이상의 카니발을 이용, 택시업계와는 색다른 프리미엄 서비스를 제공함으로써 모빌리티 소비자들의 큰 호응을 불러일으켰다. 그러나 대신 기존 택시업계의 거센 반발을 사게 되었다. 결국 택시업계의 의견을 반영한 수정법안을 국회에 상정하여 기존 운송법 자체를 급하게 변경함으로써 타다의 프리미엄 서비스는 바로 중지되었다.

우리는 이 사례를 보며 타다의 프리미엄 서비스 사례를 파괴적인 혁신으로 봐야 하는지 아니면 규제차익거래를 목적으로 한 약탈적 행위로 봐야 하는지에 대한 고민을 해야 한다. 특히 모빌리티산업에서 파괴적인 혁신과 규제 차익 거래는 거의 종이 한 장 정도의 차이가 날 뿐이다. 우리나라 대부분의 스타트업들은 이와 같은 법제도적 빈틈의 시장영역에서 사업을 시작하였다. 그럼에도 타다의 경영진들은 과거 우버의 경영자들이 늘 그렇게 해 왔듯이 기존 운수업체와는 차원이 다른 혁신가로 자신들을 간주하고 처우해야 할 것을 주장한다. 타다와 우버 등 모빌리티 기업들은 이들이 기존 운수업계나 택시업계와는 다른 차원의 산업이며 정보통신에 기반한 혁신가로 각인되고 인정받기를 원한다. 이런 입장은 다른 스타트업에서도 일반화되어 있는 것이다.

이 사례를 통해 우리는 모빌리티 기업이 진정한 혁신가인지 아니면 규제차익만 노리는 약탈적 기업가인지에 대하여 냉철하게 가치 판단을 해야 할 것이다. 그 기준으로 필자는 그 파괴적인 혁신이 이해당사자 모두의 가치를 위한 혁신인지? 아니면 많은 이해당사자의 이익을 저해하면서 주주와 자본만을 위한 혁신인지를 따져봐야 할 것으로 본다. 즉 모빌리티 기업이 혁신가인지 아니면 약탈자인지에 대하여 판단하는 리트머스 시험지로써 모빌리티 기업의 주주와 모빌리티 소비자, 그리고 모빌리티를 근간으로 서비스를 제공한 노동공여자와 기타 참여자, 기존 운수업체 등의 관계를 모두 포함한 사회적 후생을 따져야 한다고 본다. 특히 모빌리티 플랫폼이 양산하는 노동공여자와의 관계와 직업적인 품질이 판단의 중요한 근거가 될 수 있을 것이다. 이 점에서 우리는 플랫폼 노동에 보다 많이 주목해야 하며 향후 지속적인 관찰의 대상으로 삼아야 한다.

한국의 고용관계는 19세기 말 개항과 더불어 노동운동이 시작된 지 100년 이상의 역사를 지니고 있다. 한국은 1960년부터 산업화가 진행되었고 노사문제가 본격적으로 한국 사회에 대두되기 시작하였다. 1980년대 말부터 민주화가 진전이 되면서 노사 간의 갈등수위가 높아진 이래, 노동에 관련된 다양한 이슈들이 노사정위원회와 국회 등에서 첨예하게 대립하는 사례가 많았다. 위 사례에서 보듯이 현재도 노사정간의 의견이 첨예하게 맞부딪치는 상황이 계속되고 있으며 심지어 노동계 내부에서도 사안별로 의견이 다른 상황이 지속되고 있다. 본 장에서는 우리나라 고용관계 상황에 대한 이해를 넓히기 위하여 19세기 말부터 현재까지 한국 고용관계의 역사를 살펴보고, 한국 노동계와 고용관계의 최신 동향 등을 정리하여 보고자 한다.

1 한국 고용관계의 발전과정

고용관계는 기업외적 요인과 기업내적 요인에 의하여 고용관계의 형태와 내용이 영향을 받는 복합적인 성격을 띠고 있다. 즉, 기업외적 요인인 사회문화적, 기술적, 정치적, 경제적 요인과 기업내적 요인인 경영의 규모, 조직형태, 생산업종 등의 요인에 의하여 고용관계의 형태와 내용이 좌우된다. 우리나라 고용관계의 발전도 시대에 따른 내적·외적 환경변화에 큰 영향을 받으면서 발전하여 왔다. 이하에서는 우리나라의 고용관계를 노동운동 태동기, 일제강점기, 미군정기, 제1공화국, 경제개발기, 민주화이행기, 외환위기 이후 시기 등으로 구분하여 검토해 보기로 한다.

1.1 노동운동 태동기의 고용관계

우리나라의 노동운동은 1876년 강화도 조약이 체결된 이후 출발

우리나라의 노동운동은 1876년 강화도조약이 체결된 이후 일본인 소유 공장체제의 출현과 임금노동자의 성장과 더불어 그 역사적 출발을 하였다. 최초의 노동쟁의는 1888년 함경도 갑산군 초산역에서 광산노동자인 광점군들에 의하여 일어난 파업이다. 한편, 우리나라 최초의 노동운동 조직은 1898년 함경도 성진에서 47명의 부두노동자들이 조직한 노동조합이었다. 이러한 조직들은 다른 개항장에서도 부두노동자들에 의하여 조직되었고, 경우에 따라서는 변두(弁頭)·접장(接長)·십장(什長) 등

의 통솔하에 무형의 조직으로 단결되어 있었다.[2] 이 조직들은 아직은 원시적인 형태의 노동조합이었다.

개항 이래 1919년까지의 기간에 있어 일본자본주의의 침투에 따르는 임금노동의 형성과정은 각 개항장의 물동량 증대에 따르는 부두노동자의 성장과정이며 상품 및 원료시장으로서의 식민지에 있어서 이에 필요한 가공업의 점차적 발달에 따르는 공장노동자의 형성과정이라고 할 수 있다. 이러한 배경하에서 한국의 노동운동이 태동되었다.

1.2 일제하의 고용관계

1910년 한일강제합병으로 한국의 노동자들은 대부분 일본사용자의 지배하에 들어가게 되었다. 일본자본주의는 1920년을 전후하여 독점자본을 확립하고 제1차 세계대전 기간을 통하여 축적한 자본력을 가지고 1920년에 들어 적극적인 자본수출의 단계에 들어서게 되었다. 즉, 일본은 자국 내에서 급격하게 자본축적이 진행되어 투자여력을 갖게 되자 조선을 단순한 상품시장 및 식량·원료공급지로서가 아니라 보다 많은 초과이윤을 보장할 수 있는 자본수출시장으로 개척할 필요성이 절박하게 되었다. 이에 일본은 조선에서 「조선회사령」에 의하여 회사설립의 허가주의를 채택하고 있던 종래의 정책을 지양하고 1920년 조선회사령 철폐와 아울러 보다 적극적인 자본수출정책을 쓰게 된다. 따라서 한반도에서의 공업시설도 급증하였고, 임금노동자의 숫자와 노동운동도 함께 증가하였다.[3] 당시의 고용관계는 단순한 노동자와 사용자의 관계가 아니라, 식민지지배에 대항하는 민족독립투쟁의 정치적 목적과 자본에 대항하는 노동자의 투쟁이라는 경제적 목적을 동시에 가지고 있었다. 따라서 당시의 노동운동은 매우 투쟁적이었으며, 일제의 격렬한 탄압을 받았으므로 노동운동은 표면화되고 합법화되지 못하였으며, 말기에는 지하운동화하여 공산주의와 연계되는 현상을 나타냈다.

▲ 1929년 원산총파업 사진

일제하 민족독립투쟁의 정치적 목적과 자본에 대항하는 노동자의 투쟁이라는 경제적 목적을 동시에 추구

(1) 1920년대 전반기까지(1910~1922/23)

한일합방 초기에 일제는 조선의 노동운동을 탄압하였으나 1919년의 3·1만세운동 이후 유화적인 정책으로 전환하였다. 즉, 1920년대 전반기는 일제에 의한 이른바

2 김윤환, 「한국노동운동사 I: 일제하 편」(서울: 청사, 1982), p. 39.
3 상게서, p. 89.

문화정치의 시행을 배경으로 노동운동이 발전하기 시작하였다. 한편, 일본에서 조선인의 노동운동도 활발하였는데 1922년 11월에 최초의 조선인 노동조합(조선인노동동맹회)이 결성되어 1920년대 중반 무렵까지 활동이 지속되었다.

(2) 1920년대 중·후반기(1924~1928/29)

두 번째의 시기는 노동자들의 전국 조직인 조선노농총동맹이 1924년에 결성되고 사회주의 사상이 본격적으로 보급되었던 것을 배경으로, 합법적인 형태의 노동운동이 가장 활발하게 전개된 시기였다. 이 시기에는 일본에서도 한국인에 의한 노동운동이 활발히 전개되었는데 조선인노동동맹회가 활동을 계속하는 가운데 1925년 2월에 재일본조선노동총동맹이 조직되어 활동하였다.

(3) 비합법운동기(1930~1937/38)

세 번째의 비합법운동기는 1928년 공산계열인 코민테른이 '12월 테제'를 발표한 것에 영향을 받아 본격적인 비합법, 혁명적 노동조합운동이 전개되었던 1930년 무렵부터 시작되었다. 이 해 발표된 조선의 노동운동에 대한 프로핀테른(적색노동조합인터내셔널)의 '방침'(이른바 9월 테제)과 이듬해의 범태평양노동조합에서 보낸 '지도부 서신'(이른바 태로 10월 서신)을 배경으로 전국의 각 공장과 사업장에서 비합법 노동조합 건설이 운동의 주류를 이루었으며, 이는 전시체제로 이행하는 1938년 무렵까지 지속되었다. 일본에서는 이 시기에 재일본조선노동총동맹이 해산된 이후 노동운동가에 대한 대규모 강제연행이 시작되기 직전까지의 시기로서, 일본에서 조선인 노동운동이 가장 활발히 전개된 시기이다. 이 시기에 조선인 노동자들은 일본노동조합과 별도로 독자적으로 활동하면서, 특히 지역운동으로서의 노동운동을 주도하였다.

(4) 종전기(1939~1945)

이 시기는 일제의 만주침략과 중일전쟁의 발발에 따라 조성된 전시동원 체제로부터 일제의 패망에 이르는 기간까지이다. 일제의 극심한 탄압으로 노동운동은 사실상 지하로 잠적하여 활동하던 시절이었다. 일본의 경우에는 강제연행당한 조선인들이 대거 일본으로 유입하면서 1930년대 후반에 일시 정체되는 현상을 보였던 노동운동이 다시 활발하게 전개되었다. 이와 같이 새로운 노동층의 유입은 일본 국내에서 일본인에 의한 노동운동이 사실상 절멸한 상태에서 조선인에 의한 노동운동이 일본에서의 노동운동을 주도하게 하였다.

이와 같은 식민지시기의 노동운동은 노동자의 사회적·경제적 이익을 수호하는 생활보호라는 경제적 임무와 식민지주의에 대항하는 정치적 임무라는 이중의 과제를 목표로 하고 있다. 이에 따라 노동자의 생활보호를 위한 경제적 임무는 단결권·단체교섭권·쟁의권을 중심으로 하는 노동자계급의 민주적 권리확립과 연결되며, 식민지주의에 대한 투쟁은 노동운동의 국제적 연대강화를 바탕으로 한 것이었다.[4] 이러한 점에서 보자면 일제하의 노동운동은 확실히 다른 시기에는 찾아볼 수 없는 정치·경제적 요인들의 상호작용을 통해 이 시기에 독특한 노동운동의 양상과 성격을 만들어 내었다고 볼 수 있을 것이다. 역사상 유례를 찾아보기 힘들 정도로 혹독하였던 일제 식민통치하에서 자라난 노동운동은 다른 어느 시기의 노동운동보다도 현실비판적이었고 또 정치지향적이었다. 일제치하에서는 전반적인 노동운동이념의 다양성과 복잡성에도 불구하고 노동운동은 폭넓은 대중적 기반을 가지고 있었다.[5]

▲ 일제 시대 노동자들의 모습들

1.3 미군정하의 고용관계

제2차대전 종전 후 3년간 미군정하에서 노조의 활동은 비교적 자유롭게 활성화되었다. 일제하의 많은 제약이 일시에 풀림에 따라 정치·경제·사회의 혼란 속에 노동조합도 무질서하게 난립되었으며 그들의 요구도 매우 다양하였다. 1945년 11월 산별노조가 급진좌경 색채를 띤 '조선노동조합전국평의회'(전평)를 결성하여 총파업을 주도하는 등의 노동운동을 주도해 갔으며, 이에 대응하여 우익의 지도층은 1946년 3월 10일 대한독립촉성노동총연맹(대한노총)을 결성하여 반공을 정면에 내세운 노동운동을 전개하여, 노동운동 내에서도 공산주의자 대 반공산주의자의 분파가 형성되었다.

그 결과 광복 직후부터 정부수립까지의 3년 동안은 정치적인 소용돌이 속에서 노조간·노사간의 대립과 충돌이 심하였다. 이 시기에 대한노총은 전평과의 유혈적인 투쟁을 지속하였다. 대한노총은 미군정, 과도정부, 각 정당, 사회단체의 적극적인 후원에 힘입어 결국은 전평을 압도하게 되었으나 노동자의 지위향상보다도 조직의 확대와 정치적 영향력 강화에 노력을 기울였다. 따라서 이 시기의 노동운동은 지나치게 정치적이어서 근로자의 실질적인 생활수준향상과는 거리가 먼 것이었다. 기업

노동자의 지위 향상보다도 조직의 확대와 정치적 영향력을 강화

4 상게서, p.349.
5 김경일·곽건홍·정혜경, 「일제하의 노동운동: 1920-1945」(서울: 고려대학교 노동문제연구소, 2004).

가도 노동운동에 대한 이해부족과 혈연중심의 전제주의적 관리방식으로 노사의 대립적 의식이 심화된 시기였다고 할 수 있다.

1.4 제1공화국의 고용관계

1948년 정부수립으로 어느 정도 정국은 안정되고 동시에 미국의 신탁통치의 영향으로 미국식 단체교섭중심의 고용관계방식을 택하기 시작했으나, 당시의 우리나라 정치·경제·사회·문화적 여건으로 볼 때 이를 수용하는 데에는 문제가 많았다. 그리고 전평을 타도한 대한노총은 강한 친정부적 정치성향과 내부의 파벌로 노동운동을 적극적으로 전개하기 어려운 상황을 만들고 있어서 노동자의 사회적 지위와 경제적 복지에 기여하지 못하였다. 정부수립 후부터 추진중이던 노동관계법이 한국전쟁 중인 1953년에 임시수도인 부산에서 제정·공포되었다. 이와 함께 대한노총은 1954년 4월 '대한노동조합 총연합회'로 개칭되었으나 정부수립 이후 노동자의 이익을 대변하기보다는 정치권력과의 밀접한 관계로 그 본래의 기능을 수행하지 못하였다. 1959년 대한노총의 어용적인 성격에 반대하는 단체인 전국노동조합협회가 결성되기도 하였다. 대한노총은 자유당 말기에 정치에 종속되어 자유당의 기간 단체화하였고 4·19혁명이 발발하여 이승만 정권이 몰락하면서 동시에 해체되었다.[6]

대한노총은 자유당 정치권력에 종속되어 노동자들의 이익을 대변하지 못함

이 시기의 노동쟁의는 주로 인플레이션으로 인한 물가상승에 못 미치는 실질임금의 보상요구, 체불임금의 지급요구 등 주로 임금문제로 인하여 일어났다. 또한 기업가는 종업원의 능력개발이나 창의력 개발, 혁신에 의한 기업성장보다는 저임금에 의한 이윤획득에 치중하는 경영방침을 가지고 있었다.

1960년 4·19혁명 이후 들어선 민주당이 경제제일주의를 표방하면서 고용관계는 일대 전환의 계기가 마련되는 듯하였다. 4·19혁명 직후 민주화의 바람을 타고 전국노동조합협회 등의 조직을 중심으로 노동조합이 폭발적으로 결성되었으며 노동쟁의가 빈발하고 단체협약과 임금인상이 뒤따르기도 하였다. 그러나 이러한 여건 속에 민주당 파벌간의 권력투쟁으로 경제제일주의도 아무런 성과를 거두지 못하고 경기침체로 인한 민생고가 가중되었으며 4·19학생혁명 후 불과 1년 만인 1961년 5·16군사쿠데타를 맞이하게 되었다.

---

6 박영기·김정한, 「미군정기 노동관계와 노동운동」(서울: 고려대학교 노동문제연구소, 2004).

1.5 경제개발기의 고용관계

경제개발기의 고용관계기간은 1961년 5·16군사쿠데타 발발로부터 1987년 여름 노동쟁의가 폭발하기 전까지의 약 26년간에 걸쳐 있다. 이 기간은 군부가 권력을 장악하고 경제개발이 본격화한 시기이며 이를 위한 강압적인 노동통제가 일관되게 관철된 권위적 노동정책이 주도하는 시기였다. 그러나 각 시기별로 노동운동에 대한 구체적인 제약조건이 변화하고 있고 그에 대한 노동자와 노동조합의 대응양식이 달라졌기 때문에 다음의 네 시기로 구분이 가능하다.[7]

(1) 경제개발과 노동운동(1961~1969)

이 기간은 노동운동의 재출발기이다. 이 시기에는 군사정권이 들어서고 두 차례 경제개발계획이 추진되었다. 이 기간 동안 노동운동은 5·16군사쿠데타에 의한 노동조합 해산으로 단절되었다가 군사정부로부터의 노동조합 재편을 통해 한국노총 체제가 출범하였다. 조직체계는 이전의 기업별 노조체제에서 독일을 모델로 한 산업별 체계로 재편성되었으며 개정된 노동관계법의 테두리 안에서 합법적인 쟁의가 가능하였다.

5·16군사쿠데타로 노동운동은 일시적인 공백이 있었으나 곧 정상화되었으며, 노동조합의 형태도 산업별 노조형태로 바뀌고 기업가측에서도 경영자단체를 결성하였다. 또한 1960년 이후 경제개발5개년계획의 입안에 따라 인력관리가 경제개발에 중요한 전략적 요소로 인식됨에 따라, 노동행정의 효율화를 위하여 1963년에 기존의 보건사회부 노동국을 노동청으로 개편, 승격시켰다. 이 시기에 정부는 노사의 대립이 경제개발의 저해요인으로 작용할 것을 우려하여 노동관계법을 수차례 개정하였다. 이러한 개정법은 노동보호입법과 사회보장입법의 강화, 노동조합의 산업별 체제로의 전환, 그리고 노조의 노동쟁의에 대해 제약을 가하는 대신 노사협조를 목적으로 한 노사협의제의 신설 등의 특징을 가졌다. 그러나 정부주도의 고도경제성장 추진 앞에서 노동정책은 경제정책을 위한 수단으로 인식되었으며, 기업도 대체로 인력에 대한 저투자, 저임금의 고용정책을 유지하였다. 노동조합 역시 1950년대에 이어 정부의 노동정책에 종속되는 경향을 보였다.[8]

> 정부주도의 고도경제성장 추진 앞에서 노동정책은 경제개발정책을 위한 수단으로 인식

> 노조는 정부의 노동정책에 종속

---

7 이원보, 「경제개발기의 노동운동(1961-1987)」(서울: 고려대학교 노동문제연구소, 2004).
8 상게서.

(2) 노동기본권 제약하의 노동운동(1970~1979)

1970년대는 중화학공업의 육성이 강력히 추진되었고 국가안보가 우선시되던 시대로서 이러한 정치·경제상황으로부터 고용관계도 중요한 영향을 받았다. 박정희 정권의 유지를 위하여 1971년 12월에 비상사태가 선포되고 「국가보위법」이 공포되었으며 1972년 유신헌법이 제정·공포되었다. 그리고 노동관계법률이 개정되어 노동운동을 엄격히 규제·탄압하는 한편, 정부가 근로자를 보호하는 데 주도적인 역할을 수행하는 정부주도적 고용관계가 형성되었다. 정부가 주도적으로 노사문제를 해결하려는 목적은 지속적인 경제성장의 장애요인을 제거하려는 데 있다고 볼 수 있으나 결과적으로는 노동운동을 제약하는 방향으로 일관되었다. 1976년 1월부터는 5인 이상의 영세사업장에도 「근로기준법」을 적용하였으며, 공장새마을운동을 통한 노사간의 협조를 강조하는 시도도 있었으나 근로자의 생활의 질과 고용관계의 향상에 별 뚜렷한 성과를 거두지 못하였다.

1976년부터 5인 이상 영세사업장에도 근로기준법을 적용

1970년대의 고용관계는 국가안보와 '선 경제성장 후 배분정책'으로 단체행동권에 제약을 가하는 한편, 노사협력 중심의 고용관계를 유지하기 위하여 노사협의회 기능을 강화하는 정부주도주의로 이끌어가 노사문제는 표면상으로 안정적이라고 할 수 있다. 그러나 근로자의 근로조건은 실질적으로 개선되지 못하였으며 산업간·학력간·남녀간의 임금격차가 심화되는 등 근로자의 불만이 표면화되기 시작하였다. 이런 이유로 1970년의 전태일열사 분신사건으로 시작된 노동자들의 투쟁은 1979년 정치적 요인과 함께 YH노동쟁의사건이 일어나고 1979년의 10·26사태 이후에는 사북탄광, 동국제강 등에서 폭력적인 노동쟁의가 발생하는 등 극한적인 노사문제가 발생하였다.[9]

YH노동쟁의, 사북탄광노동쟁의, 동국제강노동쟁의

(3) 신군부정권의 억압과 노동운동(1980~1983)

1980년대는 10·26사태와 12·12쿠데타 등 정치적인 혼란과 대기업의 노사분규, 중화학공업의 과잉투자로 인한 경제의 침체 등으로 어려운 출발을 하였다. 정치적·경제적으로 불안한 상태 속에서 출발한 신군부정권은 근로자 복지나 경제적 편익에서 정책을 펴나가기보다는, 사회안정을 위하여 노동운동을 과거보다 더 제약하는 방향으로 노동관계법을 개정하여 1980년말 공포·실시하였다. 「노동조합법」 개정의 주요 내용은 유니온 숍제도의 불인정, 기업단위 노동조합체제로의 전환, 단체교섭 위임금지, 제3자 개입금지, 노동조합 결성요건의 강화, 단체협약 유효기간의

9 상게서.

연장, 임원의 자격제한 등을 들 수 있다. 「노동쟁의조정법」에서도 국가, 지방자치단체, 국공영기업체 및 방위산업 근로자에 대해서는 쟁의행위를 금지시켜 쟁의행위를 더욱 억제하였다. 한편, 신군부정부는 노동운동에 대한 유화책도 동시에 실시하였다. 즉, 새로 제정된 「노사협의회법」은 노사협의제를 제도화시켜 노사 쌍방의 이해와 협조를 통해 산업평화의 유지에 기여하도록 하였고, 노동청을 1981년 노동부로 승격시켜 노동행정을 체계적으로 강화시키고자 하였다. 반면, 노동운동은 광주민중항쟁을 유혈진압한 신군부의 노동조합 정화조치와 노동관계법의 전면적 개정, 민주노조에 대한 당국의 극심한 탄압 등을 거치면서 침체국면에 빠졌다.

정치적·사회적 혼란 속에서 전개된 1980년 초의 노동운동의 특징은 다음 몇 가지로 요약할 수 있다. 첫째, 기업별 단위노조의 기능이 강화되었으며, 이로 인해 노조 하부조직의 상부조직에 대한 노선비판이 자주 일어났다. 둘째, 노사문제는 경제적 기반이 약하여 종업원에 대한 처우가 미약하였던 중소기업에서 더 첨예화되었다. 셋째, 근로자들의 연대강화가 이루어지는 가운데 자연발생적인 노동운동이 조직화되면서 한국노총과는 거리를 둔 재야노동운동세력을 형성해 나갔다.[10]

1980년대 초반 이후부터 자연발생적인 노동운동이 조직화됨

(4) 유화국면과 노동운동의 활성화(1984~1987초)

80년대 중반의 노동운동은 신군부정권이 정치적 유화책을 쓰면서 다시 활기를 되찾았다. 신규조직이 늘어나고 쟁의도 격화되었으며 많은 대학출신 지식인들이 위장취업자로서 노동현장에 투신하였다. 이런 가운데 여러 갈래의 노동운동조직들이 출현하여 새로운 운동양식을 모색하였다. 이들 조직과 활동가들은 노동운동을 사회변혁의 중심으로 부각시키고 노동운동의 조직과 투쟁노선을 둘러싼 치열한 논쟁과 실천활동을 전개하였다. 그러나 이들 논쟁과 실천활동은 1987년 여름 노동자대투쟁 이후에 통일된 모습을 보이게 된다.[11]

1.6 민주화 이행기의 고용관계

1987년 이후 노동운동 전개는 대략 세 시기로 구분할 수 있다. 첫 번째 시기는 1987~1988년의 기간으로서 노동운동의 폭발적 고양과 '민주노조운동'의 기반 구축을 특징으로 한다. 두 번째 시기는 1989~1995년의 기간으로서 노동운동의 침체와 새로운 방향의 모색기라 할 수 있으며, 민주노총이 출범한 시기이다. 세 번째

---

10 상게서.
11 상게서.

시기는 1996~1997년의 기간으로서 노동법 개정과 총파업투쟁의 시기라고 할 것이다.[12]

(1) 노조 조직역량의 확대와 '민주노조운동'의 기반 구축(1987~1988)

1987년 노동자대투쟁

한국 노동운동은 1987년 '노동자대투쟁'을 경과하면서 확장단계로 전환하게 되었다. 1987년의 노동자투쟁은 한국 역사상 전무후무한 대규모의 집단봉기로서 일정 규모이상의 거의 모든 사업장에서 노동자들의 집단투쟁이 전개되어 1987년에만 3700여 건의 파업이 발생하였다. 이것은 1960년대와 70년대에 걸쳐 노동자계층의 잠재적 기반이 축적되면서 1980년대 전반기의 준비기를 거쳐 진행된 노동운동확장의 결과라고 할 수 있다. 그런 점에서 대투쟁은 노동운동확장에 획기적인 계기가 되었다. 1987년 이후의 노동운동은 특히 조직과 활동(투쟁), 운동노선, 정치세력화의 면에서 괄목할 만한 성장을 실현했다.[13]

1987년 노동자대투쟁이 갖는 특징은 다음과 같다. 첫째, 우리나라에서 노동자계급이 형성된 이래 최대 규모의 파업투쟁이었으며, 대중적 항쟁의 성격을 띠었다. 따라서 전국적·전산업적 범위에 걸친 노동자의 투쟁은 오랫동안 억눌려 왔던 노동자들의 불만과 요구가 폭발적으로 거의 동시적으로 표출되었음을 의미한다.

둘째, 임금·노동조건 개선을 비롯한 현장 내의 다양한 요구가 주요 쟁점으로 떠올랐고, "인간답게 살고 싶다"는 투쟁의 슬로건이 표현하듯 기본권리 보장이 강력하게 제기되었다. 이런 가운데 투쟁이 확대 진행됨에 따라 노조조직과 기존노조의 민주적 개편이 주요 목표로 떠올랐다.

셋째, 종래의 투쟁들에 비해 훨씬 더 대중적이고 대규모적이었으며, 장기성과 전투성을 보여주었다. 대부분의 파업투쟁은 노동자들이 노동조합이 없는 상황에서 '자생적'으로 조직했으며, 운수부문의 지역적 파업이나 현대그룹계열사 노조들의 경우에 있어서와 같이 노동조합간의 연대투쟁들이 시도되었다.

넷째, 중화학공업부문 대규모 사업장의 생산직 남성노동자층이 노동자 투쟁의 선도세력으로 등장하게 되었다. 이런 사실은 중화학공업부문이 전체 산업을 주도함에 따라 대규모 사업장이 생산의 중심부로 정착되었다는 것과 그런 생산과정에서 결합·훈련·조직된 생산직노동자들이 노동운동의 주력으로 대두되었음을 말해 주는 것이다.

---

12 김금수, 「민주화 이행기의 노동운동: 87년 노동자대투쟁과 노동운동의 고양」(서울: 고려대학교 노동문제연구소, 2004).

13 김금수, 전게서.

다섯째, 노동자투쟁은 1987년 6월의 민주화투쟁과 연계되면서, 다른 민중운동이나 사회운동 발전을 촉진하는 계기가 되었다. 민주화 투쟁과정에서 노동자들은 조직적인 형태로 참여하지는 못했지만, 광범위한 참여를 통해 자신들의 요구를 확인하고 요구해결을 위한 행동을 곧바로 제기하게 되었다. 또한 노동운동이 중요 사회운동의 하나로 자리잡게 되었다. 1987년 노동자대투쟁 이후 미조직 사업장에 대한 조직화가 급속히 진행되었으며, 미조직부문에서 노조결성이 한꺼번에 확대되었다.

(2) 노동운동의 침체와 새로운 방향의 모색기(1989~1995)

1987년 이후 급속히 팽창한 노동운동에 대한 정부와 사용자의 견제와 통제가 1989년경부터 본격적으로 취해지는 가운데 노동운동은 일시적인 침체기로 접어들게 된다. 한편, 민주노조진영은 이에 대한 대응책으로 '전국노동조합협의회'(전노협)를 결성하였다. 민주노조세력을 총괄하는 느슨한 연합체로서의 역할을 하였다. 1993년 김영삼정권의 등장으로 노동운동에 대한 강압적 통제가 다소 완화된 가운데 노동운동이 조직개편과 활동강화 등을 통한 재정비에 나서게 되었고, 결국 전노협의 후신으로서 전국중앙조직인 '전국민주노동조합총연맹'(민주노총)이 1995년 결성되었다.

전노협 결성

1995년 민주노총 결성

(3) 노동법 개정과 총파업 투쟁(1996~1997)

1996년 김영삼정부는 노동기본권의 인정을 통해 고용관계제도를 선진화하고 노동시장의 유연성을 높여 국제경쟁력을 강화하는 제도개선을 추진하였다. 이를 위해 노사단체와 정부 및 공익단체가 참여하는 노사관계개혁위원회를 설치하여 노사관계제도의 개선(예: 복수노조 금지조항, 제3자 개입금지조항 및 노동조합 정치활동금지조항, 정리해고제, 근로자파견제 및 변형근로시간제 등의 허용)을 논의하였다. 그러나 노사관계개혁위원회에서 노사간의 협상이 결렬되자 정부는 일방적으로 사용자에게 유리한 방향으로 법개정을 진행하였고 결국은 여당의원들만이 모인 가운데 법안을 통과시켰다. 이에 항의하여 양대 노총에서는 연대총파업을 2주간 실시하였고, 결국 정부가 노동계의 요구를 받아들여 이미 통과된 법을 다시 개정한 법안을 제시하여 1997년 3월 노동관계법 개정안이 최종적으로 국회를 통과하게 된다.[14] 이 사태는 노동분야에 대한 정부의 권위가 상당히 약화되었음을 보여주는 것으로서 과거의 권위주의

1996년 12월과 1997년 3월 두 차례에 걸친 노동법 개정의 내용

---

14 이성희, "노사관계 개관: '87 이후 15년 동안 노사관계의 변화," 이원덕 편, 「한국의 노동: 1987~2002」, (한국 노동연구, 2003), pp. 33-34.

정부하에서는 상상하기 힘든 사건이었다.

1996년 12월과 1997년 3월 두 차례에 걸쳐 통과된 법안의 주요 개정내용은 노조활동에 대한 제3자 개입금지조항 삭제, 노동조합의 정치활동금지조항 삭제, 복수노조설립을 단계적으로 허용, 노조전임자 임금지급금지, 무노동·무임금 원칙의 명문화, 정리해고제의 법제화, 변형근로시간제의 도입 등으로서, 집단적 노동기본권을 강화하는 한편 노동시장 유연화 등의 제도적 기반을 확보하여 노사 양당사자의 입장을 모두 반영하는 것이었다.

1.7 외환위기 이후 미국발 금융위기 이전까지(1998~2007년)

1990년대 중반 이후 국내 경제상황이 급속도로 악화되기 시작하여 급기야 국제통화기금(IMF)로부터 구제금융을 받는 사태로까지 이어졌다. 이에 김대중 정부는 외환부족사태를 IMF 및 국제자본의 금융지원을 통해 해결하고, 금융기관의 부실화와 실물경제의 위기는 외자유치와 내국기업의 국제경쟁력 강화 및 국민의 고통분담 등을 통해 극복해야 한다는 방향에서 위기에 대처하였다. 위기대처방안 중의 하나로 경제주체의 참여와 협력을 기반으로 하는 사회적 협의기구(노사정위원회)를 설치·운영하였으며 또 한편으로는 기업경쟁력을 제고하기 위하여 신자유주의적 개혁을 확대·시행하였다. 노사정위원회는 1998년 2월 '경제위기 극복을 위한 노사정 대타협'을 도출하여, 노동자의 집단적 권리의 강화와 정리해고의 법제화를 노사가 맞교환하는 방식으로 타협을 이루었다. 1998년의 대타협은 경제위기극복에 큰 도움이 되었다. 그러나 대타협직후 민주노총이 노사정위원회를 탈퇴하였고, 그 후 노사정위원회는 더 이상 의미 있는 합의를 도출하지 못한 채 노동정책적인 중요도가 축소되었다. 2000년대 들어 기업의 상시적인 구조조정으로 노동자들의 고용이 불안정해졌고 비정규직의 양산으로 사회적 빈부 및 양극화는 갈수록 악화되었다. 2007년부터 비정규직을 보호하자는 취지로 비정규직 보호법을 시행하였으나 그 취지가 제대로 달성되고 있는지에 대해선 노사 간 많은 이견이 상존하여 오고 있는 실정이다.

- 경제위기 극복을 위한 노사정 대타협

- 비정규직 보호법 시행

1.8 미국발 금융위기 이후(2008~현재)

2008년 이후 미국발 금융위기를 겪으면서 기업 구조조정, 노동시장 유연화에 대한 사회적 압력이 더욱 거세졌다. 전반적으로 기업 인수합병으로 인한 고용승계

- 노동시장 유연화에 대한 사회적 압력

불확실성, 구조조정 등으로 인한 고용 불안 등으로 촉발된 노사분쟁, 비정규직과 특수고용직 관련 분규가 증가하는 한편, 대기업의 정규직은 분규가 줄어드는 등 상대적으로 안정된 노사관계를 보여주어, 노사갈등의 양극화현상이 심화되었다. 또한 기업 인수 합병, 상시적 구조조정 등 고용불안으로 야기된 노사 갈등 등은 2009년 쌍용 자동차 분규사태 등에서 보듯이 장기적 분쟁으로 치달아 비극적인 결과를 초래하기도 하였다. 쌍용자동차 노사분규사태는 인수합병 등이 초래한 구조조정에 반발한 노사 갈등의 정점에 있는 사건이다. 2009년 5월 22일부터 8월 6일까지 약 76일간 쌍용자동차 노조원들이 회사 측의 구조조정 단행에 반발해 평택 공장을 점거하고 농성을 벌였다. 경찰이 적극적으로 진압 작전을 펼치면서 약 76일간의 공장 점거와 파업이 진압되었는데, 그 과정에서 노조원 90여 명이 경찰에 연행되거나 구속되었으며 100여 명의 경찰이 부상을 입었다. 이후 쌍용차 분규 사건은 경찰의 진상조사위원회가 쌍용차 파업 진압작전이 과잉진압이라는 결과를 발표하고 2019년 9월 해고자들을 복직시키겠다는 경제사회노동위원회의 합의가 이루어지기 전까지, 해고된 조합원들이 연달아 자살 또는 지병으로 사망하는 사태로 이어지고 해고된 조합원들이 가정파탄으로 이르는 등 심각한 후유증을 양산했다.[15]

노사갈등의 양극화

쌍용자동차 노사분규사태

▲ 경찰이 시위중인 쌍용차 조합원을 진압하는 모습

2011년부터 사업장내 복수노조가 허용되었고 노조전임자 임금지급금지제도(타임오프제도)[16]가 시행되었다. 그러나 이런 제도의 시행에도 불구하고 노조 조직률은 유의하게 반등하지 못하고 1989년 19.8%의 조직률을 기록한 이래 2004년 10.6%로 감소한 이후 2017년 10.7%까지 10%대의 조직률로 정체되어 해마다 약간의 등락을 반복하는 수준이었다.

사업장내 복수노조 허용, 노조전임자 임금지급금지

경제적 빈부의 격차심화, 청년실업심화, 대기업과 중소기업의 종속적 갑을관계, 연금 개혁, 임금피크제를 포함한 임금체계 개편, 근로시간 단축, 정규직과 비정규직의 이중노동시장구조개편, 노동경직성을 완화시키는 쉬운 해고 등 다양한 사안들에서 노사 간 이해관계와 갈등이 뒤엉켜 있는 가운데, 2015년 5월 공무원연금법

공무원연금법 개정

15 http://www.hani.co.kr/arti/society/labor/600708.html
16 이를 근로시간면제제도, 또는 타임오프(time off)제도라고도 하며 노조활동에 전념하는 노조 전임자에 대하여 사용자가 임금을 지급하는 것을 원칙적으로 금지하는 내용을 담고 있다. 다만 단체 교섭, 산업 안전, 고충 처리 등 노사 공통의 이익이 걸려있는 노무적 활동 등에 대해서는 근무 시간으로 인정해 임금을 지급할 수 있게 하였다. 즉 회사 업무와 상관없는 노조 활동을 임금 지급의 대상에서 제외하고 회사의 노무관리와 관련되는 활동, 노사 공통의 이해관계가 걸려있는 활동에 종사한 시간만을 근무 시간으로 인정해 임금을 지급하는 제도라 할 수 있다. 또한 이 제도는 노조전임자 임금지급금지를 어기는 사용자에 대해서는 벌칙 조항을 두고 있다.

9·15 노사정대타협의 배경

개정안이 국회를 통과하였으며 2015년 9월 15일 경제사회발전노사정위원회에서 노동개혁을 중심내용으로 한 9·15 노사정 대타협이 이루어졌다. 박근혜 정부 당시 고용노동부에서는 노동 시장 유연화를 위해 저성과자를 해고할 수 있도록 한 일반해고 지침과 근로자 과반수의 동의가 없어도 임금피크제, 성과 연봉제 등을 도입할 수 있도록 한 취업규칙완화 지침 등 양대 지침을 만들어 이를 경제사회발전노사정위원회를 통해 실현하고자 시도하였다. 9·15 노사정 대타협은 이 맥락에서 타결된 것으로 노동계(한국노총)의 불편한 참여와 함께 정부 주도로 성사되었으나, 극기야 2016년 1월 그 동안 사회적 대화에 참여했던 한국노총마저 9·15 노사정 대타협의 파기를 선언하였다.

경제사회노동위원회

주당 법정근로시간 단축

2016년부터 표출된 최순실 게이트의 여파로 다음해 박근혜 대통령이 탄핵됨에 따라 2017년 5월에 출범한 문재인정부에서는 이전 정부에서 만들어진 양대 지침의 폐기를 선언하였고 2018년 6월에는 사회적 대화 기능을 기존의 노사정 단체뿐 아니라 청년, 비정규직, 여성 등 다양한 사회주체로까지 확대하고자 기존의 경제사회발전노사정위원회를 경제사회노동위원회로 개편하였다. 또한 2018년 7월부터 주당 법정 근로시간을 이전 68시간에서 52시간으로 단축하는 내용을 골자로 하여 개정된 근로기준법을 종업원 300명 이상의 사업장과 공공기관을 시작으로 2년에 걸쳐 단계적으로 시행하게 된다.

공공부문 비정규직의 정규직화 등 공공부문 친 노동정책 시행, 노조조직률의 상승

2017년 이후 등장한 문재인 정부는 공공부문 비정규직의 정규직화 사업, 공무원 및 공공부문 직접 채용 확대 등 공공부문 중심의 친 노동정책 등을 시행하여 그간 정체되었던 노조 조직률이 급속히 증가하였다.[17] 2017년까지 10%대에 머물러왔던 전체 노조조직률은 2018년 11.8%(민간 9.7%, 공공 68.4%)로 전년도보다 1.1%가 증가하여 비로소 과거 10년 동안 10% 정도에서 등락을 거듭하는 기존 사이클로부터 벗어나게 되었다. 이 와중에서 민주노총의 조합원수가 획기적으로 불어나 2017년 71만에서 2018년 96만 8,000여 명으로 증가하였고 2018년 동기의 한국노총의 조합원수(2017년 87만명 → 2018년 93만 3천명)를 추월하게 된다.

2018년 민주노총이 제1노총으로 등장

한편 최저임금은 2017년 시급 6,470원에서 2018년 7,530원으로 올라 그 증가폭이 약 16.4%로 매우 가파르게 상승하였다. 이런 가파른 상승은 중소기업과 상공인, 영세자영업자들의 거센 반발에 부딪히면서 2019년과 2020년에는 상승폭이 다소 둔

---

17 노조조직률의 반등이 정부 주도성 정책의 영향이라는 주장의 근거로 2017년과 2018년의 민간부문과 공공부문의 노조조직률 변화에 대한 비교 통계를 제시할 수 있다. 먼저 민간부문 노조조직률은 2017년 9.0%에서 2018년 9.7%를 기록, 약 0.7%가 증가한 반면, 공공부문 노조조직률은 2017년 63.2%에서 2018년 68.4%로 약 5.2%가 증가하였다. 즉 노조조직률은 민간부문에 비해 공공부문에서 획기적으로 증가했다(고용노동부, 「2018년 전국노동조합조직현황」).

화되었다. 아울러 최저임금 산입범위에 임금성 복리와 각종 수당 등을 단계적으로 포함하게 되었다.

2020년 초부터 전 세계로 번진 코로나 19로 인해 발생한 경제적 위기에 직면하여 우리나라의 경우에도 재택근무가 일상화하는 한편 무급휴직과 구조조정이 광범위하게 진행되고 소외계층을 중심으로 실업이 급속히 늘어나는 현상이 발생하였다. 민주노총 위원장의 제안에 의해 경제사회노동위원회에서 원포인트 방식으로 노사정의 사회적 대화가 진행되었으나 합의안 발표를 앞두고 민주노총이 내부 갈등으로 빠지게 되었다. 결국 2020년 7월 28일 정작 노사정 대화를 제안한 민주노총은 빠진 상태에서 코로나 19 위기 극복을 위한 노사정 대타협안이 발표되었다. 이 타협안에는

▲ 2020년 사용자의 최저임금 삭감안에 대한 규탄 시위 장면

● 코로나19 위기 극복을 위한 노사정 협약

고용유지를 위한 노사의 고통 분담, 유동성위기를 겪는 기업과 영세 소상공인에 대한 정부의 지원, 전국민 고용 보험 등 사회안전망 확충, 공공의료 인프라 확대 등의 내용이 포함되었다.

2020년 이후부터 본격적으로 시작한 코로나 19 팬데믹은 기존 노사관계를 비롯한 전 생활영역에 지대한 영향을 미쳤다. 집단적 자치의 영역으로 존재하였던 노사관계의 영역에도 방역지침 등과 같이 팬데믹을 극복하기 위한 강제적인 규범들이 들어왔고, 노사관계 등 소통 방식 등이 대면방식에서 비대면방식으로 대체되었다. 이런 변화는 노사관계의 당사자 모두에게 기회이자 위협인 양날의 칼로 작용하고 있으며 향후 이런 변화의 특징을 지속적으로 관찰할 필요성이 대두되고 있다.

한편 잇따른 산업재해로 인해 발생한 젊은 노동자들의 죽음[18]은 산업재해를 야기한 위험의 외주화 현상에 대한 사회적 경각심을 고취시켰다. 2021년 1월부터 중대재해가 발생한 사업체의 경영자와 사업자에 대하여 징벌적 내용을 강화한 중대재해처벌법이 시행되고 있지만 우리 사회에서 산업재해가 감소한다는 징후는 아직도 명확하지 않다.

2022년 3월에 출범한 윤석열정부는 이전 정부에서 추진해왔던 노동정책과는 다소 다른 방향으로 진행하였다. 대통령직 인수위원회가 작성한 국정과제 이행계획서에서의 노동정책 내용에는 '중대재해법을 전향적으로 개편', '선택적 근로시간제를 보다 유연하게 실행', '직무급급여제 도입을 통해 급여의 연공성과 경직성을 완화'

---

18 2016년 5월 구의역 스크린도어 수리 중 하청업체 직원이 사망한 사건과 2018년 12월 한국서부발전(주) 태안화력발전소에서 컨베이어벨트 점검 작업 중에 하청업체의 직원이 사망한 사건 등을 지칭한다.

등의 방향이 적시되어 있지만 이런 개혁 방향이 향후 어떻게 구체적으로 구현될 수 있을 지는 명확하지 않다. 다만 2023년 10월부터 시행된 노동조합 회계공시제도는 초기 노동조합의 극심한 반발을 초래하엿으나 2024년 10월 기준으로 조합원수 1000인 이상 노조조직의 90%가 이에 참여하고 있는 바 나름 안착하고 있는 것으로 보인다.[19]

도표 2-1 한국 고용관계 연표

시대구분	연도	고용관계
노동운동태동기의 고용관계 (1876~1919)	1876 1888 1898 1910 1919	• 강화도조약으로 조선 강제 개국 • 함경도 초산금광에서 최초의 노동쟁의 발생 • 성진에서 최초의 노동조합(47명의 부두노동조합) 설립 • 한일합방 • 3·1독립운동
일제하의 고용관계 (1920~1945)	1920 1922 1924 1925 1928 1929 1938	• 최초의 전국 노동단체인 조선노동공제회 결성 • 사회주의 계열의 조선노동연맹 결성 • 농민을 포함하는 조선노농총연맹 결성 • 치안유지법/공산당 검거 • 영흥 총파업(한국최초의 총파업)/일제 노동운동 사실상 금지 • 원산 근로자 총파업(일제하의 가장 대규모 파업) • 중일전쟁의 발발로 노동조합 활동이 금지됨
미군정하의 고용관계 (1945~1948)	1945 1946 1947	• 8·15 해방/미군정 개시/미군정 노동쟁의 중재를 포함한 노동보호에 관한 법령 공포/좌익계 전평 결성 • 최고 근로시간과 연소노동에 관한 법령 공포(주당 48시간)/대한노총 결성/ 9월 전국파업 발생 • 전평이 미군정에 의해 불법시 됨/보건사회부 산하에 노동국 설립
제1공화국의 고용관계 (1948~1960)	1948 1950~1953 1953 1959 1960	• 제1공화국 탄생/생필품 지원으로부터의 경제적 독립을 성취하기 위해 경제재건 5개년 계획 개시 • 한국전쟁 • 노동조합법, 노동쟁의조정법, 노동위원회법, 근로기준법 제정/부산 조선섬유의 분규로 대한노총 분열 • 전국노동조합협회(전노협) 결성 • 4·19학생혁명으로 제1공화국 종식/장면 정부 출범/대한노총과 전노협이 전노협으로 결합
경제개발기의 고용관계 (1961~1986)	1961 1970 1971 1972 1975 1979 1980 1981 1986	• 5·16쿠데타로 제2공화국 종식 • 모든 노동조합 해체/노동조합 구조가 산업별 노조로 전환/제3공화국 출범/ 한국노동조합총연맹 설립 • 외국인소유기업 내의 노조활동과 노동쟁의를 규제하는 임시특례법 제정 • 국가보위에 관한 특별조치법에 따라 강제중재가 전산업으로 확대 • 한국경영자총협회 설립 • 근로기준법 개정(5인 이상 사업에 적용/일부규정은 15인 이상에만 적용) • 박정희 대통령 서거 • 노동조합법, 노동쟁의조정법, 노동위원회 개정/5·17로 제4공화국 종식 • 산업안전보건법 제정/노동청이 노동부로 승격 • 최저임금법 제정

19 고용노동부 보도자료, 2024. 10. 31. "노조회계공시, 성공적인 현장 안착"

시대구분	연도	고용관계
민주화 이행기의 고용관계 (1987~1996)	1987 1990 1991 1995 1996	• 6·29 민주화 선언 • 전국노동조합협의회 결성 • 국제노동기구(ILO) 가입 • 민주노총 결성 • 대통령 직속 노사관계개혁위원회 출범/노동법개정으로 대규모 시위 발생
IMF외환위기에서 미국발 금융위기 전까지 (1997~2007)	1997 1998 1999 2000 2001 2006 2007	• 대규모 파업으로 노동관계법 재개정/IMF 구제금융 • 대통령직속 노사정위원회 설치, 노동시장 유연화대책 시행 합의 • 교원노조 합법화, 민주노총 공식 인정 • 노사정위(복수노조 및 노조 전임자 임금지급금지 시행 연기 합의) • 노사정위(주 40시간 근로제 원칙적 합의) • 공무원노동조합 합법화 • 비정규직 보호법 시행/노사정위원회가 경제사회발전노사정위원회로 개편
미국발 금융위기 이후~COVID 19 팬데믹 (2008~ 2022)	2008 2009 2011 2013 2015 2016 2017 2018 2020 2021 2022	• 미국발 세계 금융 위기 발생/이명박정부 출범 • 「경제위기 극복을 위한 노사민정 합의문」 채택 • 기업 내 복수노조허용/노조전임자 임금 지급금지(타임오프제도) 시행 • 박근혜정부 출범 • 공무원연금개정법안 국회 통과/9·15 노사정 대타협 • 한국노총 9·15 노사정 대타협 파기 선언 • 박근혜대통령 탄핵/문재인정부 출범/고용노동부 양대 지침 폐기 선언 • 최저임금의 급격한 상승(2017년 시급 6,470원에서 2018년 7,530원으로 16.4% 인상) • 경제사회발전노사정위원회를 경제사회노동위원회로 개편/주 52시간 근무시간제 실시 • 「코로나 19 위기 극복을 위한 노사정 협약」 체결/ 사회적 거리두기 시행 • 중대재해처벌법 시행 • 윤석열정부 출범
POST-COVID 19	2023	• 노동조합회계공시 실시

주: Young-bum Park and Chris Leggett, "한국의 고용관계," *International and Comparative Employment Relations: Globalisation and the Developed Market Economies*, 4th. Ed., 박영범·우석훈 공역, 「국제비교 고용관계」(서울: 한국노동연구원, 2005), pp. 360-362. 수정게재.

2 한국고용관계의 동향과 당면 과제

이하에서는 한국 고용관계가 당면한 여러 문제점과 과제들을 노동력의 공급과 수요측면에서 살펴보기로 한다.

2.1 노동공급측면

노동력 구조의 변화에서 우선 예측되는 것은 인구 증가율의 둔화와 고령화이며, 이에 따라서 노동력 구조의 고령화 및 청년층 노동력의 감소 등이 예상된다. 통계청이 발표한 장래인구추계자료에 의하면 2050년의 한국 인구는 지금보다 줄어든 4천 8백 1십 2만여 명으로 이때의 인구성장률은 −0.76%로 예상된다. 또한 65세 이상 인구비중은 2001년 7.6%, 2015년 13.1% 등 꾸준히 증가하고 2018년 14%를 넘어 고령사회로 진입한 후 2020년 15.6%, 2022년 17.5%를 기록하였으며, 2030년 24.3%, 2050년 37.4%, 2060년 41%로 급격하게 고령인력이 증가될 것으로 전망된다.[20] 실제 2024년 12월에 이미 65세 이상 인구비율이 20%를 넘은 초고령사회에 진입하였고 향후 저출산·고령화로 인하여 부족한 노동력 공급을 충족시키기 위해 장애인, 외국인, 고령층 및 여성의 경제활동참가율이 불가피하게 증가할 것으로 전망된다.

● 저출산·고령화

고질적인 저출산·고령화의 늪은 연금기금 고갈, 노인빈곤 증가를 야기할 뿐 아니라 전반적인 경제의 활력을 떨어뜨릴 것으로 보인다. 따라서 향후 저출산과 고령화 사회에 대비하고 이를 극복하는 다양한 노력 등이 요구된다. 저출산 극복을 위해서는 노사정이 여성의 모성 보호, 일과 가정의 양립 등을 지원하기 위한 노력 등을 경주하여야 하며 고령화로 인한 노인빈곤과 연금 고갈, 그리고 사회적 부담을 완화하기 위한 다양한 방법 등을 모색하여야 한다. 이런 주제들은 향후 한국의 노사정 당사자가 반드시 풀어나가야 할 과제이다.

2.2 노동수요측면

노동력 수요 측면에서 보면 글로벌 경쟁으로 인한 환경불확실성이 증가함에 따

---

20 http://news.chosun.com/site/data/html_dir/2018/09/28/2018092800123.html?utm_source=daum& utm_medium=original&utm_campaign=news, 한국노동연구원, 「2017 KLI 노동통계」(서울: 한국노동연구원, 2017)과 2022년 통계청 자료를 참조하여 결합함.

라 지식노동자에 대한 수요증대, 서비스 취업 비중의 증가, 비정규직, 특수고용근로형태, 플랫폼 노동형태 등 다양한 유연노동형태의 등장 및 확산 등이 전망되고 있다. 특히 정보통신기술의 발달로 말미암아 노동의 공간적이고 시간적인 환경 등이 전통적 고용관계와 다른 노동형태가 증가하고 있다. 특히, 디지털 플랫폼의 중개를 통해 일감을 구하고 단속적인 형태로 건당 보수를 받으며 생활하는 노동 인력이 나타나기 시작하였는데 이를 플랫폼 노동종사자라 한다. 한국고용정보원(2018)에 의하면 우리나라 플랫폼 노동종사자의 규모는 약 47~54만 명 정도로 추산되며 이는 전체 취업자의 1.7~1.8%에 해당된다.[21] 플랫폼 노동종사자는 2020년부터 코로나팬데믹으로 비대면 경제가 활성화되면서 그 숫자가 향후 지속적으로 늘어나는 추세이다. 플랫폼 노동의 증가는 정보통신기술의 발전과 더불어 진행되고 있으나 일자리 만족도는 그다지 높지 않은 것으로 나타나고 있다.[22]

산업별 취업구조전망을 보면, 대부분의 선진국과 마찬가지로 건설 및 농림어업 종사자, 그리고 제조업종의 종사자 비중은 지속적으로 감소하는 한편, 서비스업종 종사자의 비중은 지속적으로 늘어나고 있다. 또한 기업을 둘러싸고 있는 환경의 불확실성이 날로 증가함에 따라 기업들은 비용 절감과 환경적 적응성, 고용 유연성 등을 추구하는 경향이 높아졌다. 이는 비정규직 등을 비롯한 다양한 고용형태의 출현을 가속화하였고 비정규직, 플랫폼 노동 등 다양한 노동형태에 대한 기업의 의존도를 향후에도 지속시킬 것으로 예상된다. 인력 수요 측면에서의 변화는 향후 노동자들에게는 고용 불안 요인으로 작용할 수 있고 고용형태에 따른 급여 및 근로 조건 차별 대우 등 다양한 불만을 야기할 수 있어 새로운 갈등의 불씨가 되고 있다.

비정규직, 특수고용근로형태, 플랫폼 노동 등 유연노동형태의 증가

KEYWORD

전태일, YH사건, 전평, 대한노총, 한국노총, 민주노총, 노사정위원회, 경제사회발전노사정위원회, 경제사회노동위원회, IMF 외환위기, 6.29 민주화 선언, 87년 노동자대투쟁, 노동시장 및 고용 유연성, 정리해고, 최저임금, 노조조직률, 특수고용근로형태, 플랫폼 노동종사자, 저출산고령화, 코로나 19 극복을 위한 노사정 대타협

---

21 김준영·권혜자·최기성·연보라·박비곤(2018), 우리나라 플랫폼경제종사자 규모추정, 한국고용정보원.
22 https://www.labortoday.co.kr/news/articleView.html?idxno=222988

POST CASE 2

우리나라 고용관계의 방향을 바꾼 주요 사건들

(가) 전태일[23]

1948년 대구에서 2남 2녀의 장남으로 태어난 전태일은 가난 때문에 17살(1965년)에 평화시장 봉재공장에서 일하게 되었다. 처음에는 보조원(시다)로 출발하였으나 이후 재봉사, 재단사 등으로 일하였다.

당시 평화시장은 1층은 상가, 2~3층은 500여 개의 영세한 봉제업체가 밀집되어 근로조건이 매우 열악하였다. 13~17살의 어린 소녀들이 햇빛도 비추지 않고 환기장치도 거의 없는 좁은 실내에서 하루 14시간씩의 장시간 노동과 저임금 노동에 시달려야 했다. 이를 안타깝게 여긴 전태일은 이들을 돕기 위해 애쓰다가 자신도 해고되기도 하였다. 1968년 근로기준법의 존재를 알고 법이 준수되지 않는 현실을 개선하기 위하여 노력하였으나 이 사실이 사업주에게 알려지자 전태일은 해고되었다. 한동안 공사장에서 막노동을 하던 전태일은 1970년 9월 평화시장으로 다시 돌아와 '삼동회'를 조직하여 평화시장의 근로조건에 대한 설문조사 결과를 노동청, 서울시, 청와대 등에 제출하였고 이 내용이 언론에 알려지면서 사회적 주목을 받았다. 그러나 행정기관과 사업주의 조직적 방해로 노동환경 개선과 노동조합 결성이 무산되자 1970년 11월 13일 근로기준법 화형식을 벌이고 "근로기준법을 준수하라!, 우리는 기계가 아니라!" 등의 구호를 외치며 분신하였고 당일 세상을 떠났다.

전태일의 죽음은 최소한의 법적 보호도 받지 못한 채 저임금 장시간 근로에 시달리던 노동자들의 현실에 대한 사회적 관심을 높이고 노동자 스스로 근로환경 개선을 위해 노력하여야 한다는 깨달음의 계기가 되었다. 2005년 청계천 6가 버들다리 위에 그의 정신을 기리려 전태일 동상이 설치되었다.

(나) 동일방직사건[24]

인천시 만석동에 있었던 동일방직은 당시 종업원 수 1,370여 명 규모의 섬유업체로 노동조합은 전국섬유노조의 한 지부로 예속되어 한국노총의 감독하에 있었다. 섬유산업의 특성상 종업원 중 여성근로자는 1,000여 명 이상으로 전체의 73%를 차지하고 있었으나 노동조합은 소수의 남성근로자가 중심이 되어 어용노조로 타락하였다.

이 당시 도시산업선교회 목사가 6개월간 취업하면서 여성근로자들과 저임금, 장시간노동, 열악한

23 http://terms.naver.com/entry.nhn?docId=1256959&cid=40942&categoryId=33385; http://ko.wikipedia.org/wiki/%EC%A0%84%ED%83%9C%EC%9D%BC 등의 내용을 재작성함.
24 http://terms.naver.com/entry.nhn?docId=920463&cid=830&categoryId=830 http://terms.naver.com/entry.nhn?docId=920576&cid=2342&categoryId=2342 등의 내용을 재작성함.

작업환경 등에 대한 의견을 나누었다. 그 결과 동일방직 여성근로자는 자신의 권리를 획득하기 위해서는 노동조합을 민주적으로 운영할 필요성을 인식하게 되었다. 그래서 1972년 노조 집행부의 선거에서 여성근로자가 22대 노조지부장으로 선출되었고 이후 1978년까지 지속되었다. 특히 1976년 7월 노조지부장이 경찰에 연행된 틈에 사측에 우호적인 24명의 대의원만 모아 사측 인물을 지부장으로 선출하였다. 이에 수백명이 즉각 농성에 돌입하여 회사측의 비열한 처사에 항의하였다. 농성 4일째 사측은 경찰을 투입하였고 농성 중이던 조합원은 작업복을 벗어 던지고 알몸으로 저항했으나 경찰은 대의원을 포함한 72명을 무차별 연행하였다.

한편 1978년 2월 새지도부 선출을 위한 대의원 선거 날 4~5명의 남성근로자가 방화수통에 분뇨를 담아 와서 선거하려는 여성근로자들에게 마구 뿌렸고 탈의장, 여성기숙사까지 난입하였다. 이후 동일방직 분규는 데모, 단식투쟁, 농성 등이 장기화되었으나 사측은 이를 '노노갈등'이라고 하여 결국 4월 여성 근로자 124명을 집단 해고하였다.

(다) 도시산업선교회[25]

개신교의 산업선교 단체로 1950년대이후 산업화과정에서 발생한 노동문제와 도시빈민 문제를 해결하고 노동자의 인권을 보호하기 위하여 서울을 중심으로 활동해온 단체이다.

1970년대 도시화와 산업화 과정에서 소외된 도시 빈민과 직장인, 노동자들의 선교와 교양 교육, 구호 활동을 전개하였다. 초기 한국노총과 협조적 관계를 갖고 있었으나 한국노총이 유신헌법을 지지하자 관계를 단절하고 민주노동운동 지원사업을 추진하였다. 도시산업선교회가 지원한 노동쟁의와 민주노조 건설 사례로는 동일방직, 해태제과, 한국모방, 대일화학 등이 있다. 이런 산업선교 및 지원사업 진행과정에서 인천산업선교회, 영등포 산업선교회 등의 목사, 실무자 등이 노동자들과 함께 구속되고 고문, 해고 등을 당하였다. 도시산업선교회는 1980년대 신군부의 노동운동 탄압과 노동운동의 성장으로 노동자 지원활동이 거의 사라지게 되었고, 2000년대 들어서부터는 외국인 이주 노동자 지원활동 등에 참여하고 있다

(라) 가톨릭 노동청년회[26]

가톨릭 노동청년단체로 1958년 설립되었다. 1958년 1월 서울대학교 부속병원 간호사 10명이, 가톨릭노동청년회(JOC)에 대한 책자를 연구하다가 가톨릭 신학대학의 박성종 교수를 지도신부로 하여 모임을 가진 데서 시작하였다. 1960년 서울교구 연합회가 결성되고 1961년부터는 점차 지방교구로 확산되어 전국 가톨릭 노동청년회 평의회가 조직되었다.

초기에는 빈민촌 무료진료, 윤락여성 선도, 파독 간호원과 광부들을 위한 활동, 가정부 생활실태

---

25 http://terms.naver.com/entry.nhn?docId=1820705&cid=1605&categoryId=1605\ 내용 정리.
26 http://terms.naver.com/entry.nhn?docId=532281&cid=1618&categoryId=1618 http://terms.naver.com/entry.nhn?docId=920465&cid=1018&categoryId=1018 등의 내용을 정리.

조사 등을 주요 수행하였으나 1960~1970년대 산업화가 이루어지자 근로청녀들을 활동대상으로 각 산업체의 노동조합 결성, 임금인상 등 처우개선 활동, 노동강좌, 직업여성실태조사 등 노동자의 인권 신장과 복지향상을 위한 활동이 중심이 되었다.

이 와중에서 청년회는 1968년의 강화도 심도직물사건, 1970년대의 전태일 분신사건 등을 겪으면서 그 활동이 노동 인권 운동의 성격을 강하게 나타내면서 정권의 탄압을 받게 되었다. 그럼에도 불구하고 노동법 개정, 노동 현장 실태조사, 노동자의 권익 문제 등에 깊이 개입하고 참여하였으며 정권의 탄압 등 여러 어려운 여건 속에서도 단결을 유지하였다.

(마) YH무역 노사분규[27]

YH무역은 1966년 설립되어 가발을 가공하여 수출하는 업체로 1970년대 후반 가발 산업이 사양산업이 되자 최고경영자는 경영부실 상황에서 자금을 해외로 유출하였고 노동자 감축과 폐업 등을 단행하였다. 이에 반발하여 여성 노동자들이 중심이 된 YH노조가 폐업 철회 등을 요구하며 파업을 벌인 사건으로 회사가 계속하여 노조를 압박하자 노조는 도시산업선교회 등 종교 및 시민단체에 도움을 요청하였고 1979년 8월 9일 신민당사에 187명의 노동자들을 결집하여 농성을 벌였다. 8월 11일 경찰이 신민당사에 진입하여 농성 중인 여성 노동자들을 강제 진입하였고 이 와중에 1명의 여성노동자가 사망하였다. YH무역 여성노동자들의 신민당사 농성 사건은 1970년대 노동자 억압을 통한 경제성장의 한계를 드러낸 사건으로 이후 부마 항쟁 등을 촉발하고 박정희 정권의 몰락을 가져온 도화선이 되었다.

(바) 사북탄광 노사분규[28]

1980년 4월 21일부터 4월 24일까지 4일에 걸쳐 국내 최대의 민영탄광인 강원도 정선군 사북읍의 동원탄좌 사북 영업소에서 광부와 그 가족 6,000여 명이 어용노조의 비리와 낮은 임금 등에 항의해 시위를 벌인 사건이다. 이 과정에서 경찰과 충돌하면서 유혈사태로 번진 대규모 노사분규이다.

한마디로 사북탄광 노사분규는 당시 국내 최대의 민영광산에서 일하는 광부 노동자들이 열악한 노동 조건 때문에 일어난 사건이다. 79년 10·26사태 이후 민주화 흐름에 맞추어 노조가 임금 인상을 요구하고 협상을 추진하는 와중에 노조 지부장이 회사측과 비밀리에 타협하면서 농성 사태가 벌어져 초기엔 노노 갈등의 양상을 띠기 시작하였다. 타협에 반발한 노조원들이 80년 4월 21일 농성에 진입하였고 이를 경찰들이 진압하는 과정에서 4명의 광부들이 경찰들의 지프차에 치이는 사고가 발생했다. 이에 흥분한 광부들이 폭력적으로 사북 지역을 장악하는 소요사태로 번지게 된 것이 사북탄광 노사분규의 요지이다.

---

27 이원보, 2004, 한국노동운동사: 경제개발기의 노동운동 1961~1967, 지식마당.
28 https://news.joins.com/article/4129440#none

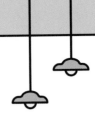

당시 계엄사령부는 이 분규사태를 진압하면서 관련 인물 31명을 구속하고, 50명을 불구속 기소하는 등 총 81명을 군법회의에 송치하였다. 이 분규는 어용노조가 주도하는 경직된 노사관계가 파생하는 문제점과 광부들의 누적된 불만 등이 표출된 것으로 이후 전국 각지에서 노사 분규가 잇따라 일어나는 등 1980년대 대표적인 노사문제를 보여주는 사건이다.

(사) 87년 노동자대투쟁[29]

87년 1월 박종철군 고문치사사건과 4월 정부의 간선제 호헌선언 등은 신군부정권에 대한 노동자투쟁 운동을 촉발하였다. 신군부는 물리적 공권력으로 이 투쟁 운동을 탄압하였으나 진압에 한계를 보이다가 결국 한발 물러서서 6.29선언을 하게 된다. 87년 노동자 대투쟁은 6.29선언 이후 1987년 7월부터 9월까지 전국의 모든 산업현장에서 촉발된 대규모 파업투쟁을 말한다.

6.29선언 이후 노동자들의 생존권 확보와 노조 결성 움직임 등이 촉발되어 현대그룹에서 현대엔진이 노조결성에 성공하고 이어 7월 16일에는 현대미포조선에서 노조결성을 위한 서류 탈취 사건이 발생하면서 대기업에 대한 파업투쟁이 본격화되었다. 7월 하순에는 마산과 창원 지역을 중심으로 파업이 확산되었으며 현대그룹 노조연합가두시위에서 절정을 이루게 된다. 공권력의 물리적 개입에도 불구하고 초기에는 제조업을 중심으로 파업이 확산되다가 8월 중순 이후에는 운수, 광산, 사무, 판매, 서비스 등 다양한 비제조업 분야까지 전국적인 범위로 파업투쟁이 확산되어 9월 이후까지 지속되었다.

이 같은 투쟁은 노동자들의 생존권확보 및 노동조합 조직결성으로 연계되었고 그 결과 7월에서 9월까지 파업 참가 노동자수는 2백만명, 파업건수 3,300건이었으며 이때 약 1,200개의 신규노조가 결성되었다.

87년 노동자 대투쟁은 무려 3개월동안 전지역, 전산업에 걸쳐 일어난 최대규모의 노동자투쟁이었으며 대부분 당시 노동법의 규율 범위를 넘어 선파업, 후협상을 관철시킨 방식이었다. 이로 인해 많은 노동조합 등이 설립되었으며 이는 향후 민주노조운동의 물적인 토대를 형성하게 된다.

(아) IMF경제위기와 노동[30]

IMF경제위기는 1997년 우리나라 기업들의 자금 유동성이 급격히 나빠지고 경제가 어려워지면서 국제통화기금(IMF)의 긴급 자금 수혈을 받은 사건으로 이로 인해 한국은 경제구조 개선, 고용 유연화 등 IMF의 적극적인 관리 및 간섭을 받게 된다. 즉 한국은 IMF의 자금을 지원받으면서 약 4년

---

29 한국 근현대사 사전, http://terms.naver.com/entry.nhn?docId=920582&cid=830&categoryId=830; http://ko.wikipedia.org/wiki/%EB%85%B8%EB%8F%99%EC%9E%90_%EB%8C%80%ED%88%AC%EC%9F%81 등의 내용을 정리.

30 황수경 외 5인(2010)이 저술한 「경제위기와 고용(한국노동연구원)」과 IMF위기 직후 각 언론사 보도를 참고, 종합하여 정리함.

동안 IMF가 요구하는 경제구조 및 노동유연화 정책 등을 시행하게 된다.

IMF외환위기는 30여년간 급격한 성장 과정에서 나타난 과도한 차입경영의 관습, 국민들의 과소비 성향 등이 원인으로 지적되었다. 그러나 우리 국민들은 이 위기를 극복하기 위해 금모으기 운동, 아나바다 운동(아껴 쓰고, 나눠쓰고, 바꿔쓰고, 다시쓰기를 실천하는 운동)을 펼쳤으며 기업들은 구조조정 등을 통해 불필요한 경비를 줄이고 자산을 매각함으로써 현금 확보에 노력하였다.

이 당시 강도 높은 사업 구조조정 등으로 대우 그룹 등 많은 기업들이 해체되었으며 대규모 실직 사태가 만연하였다. 기업들은 IMF위기 이전 평균 부채 비율 450%에서 IMF이후 200% 이내로 낮추었으며 주식 등 자본시장을 외국인들에게 전면적으로 개방하게 된다. 이같이 각고의 노력 이후 2001년 한국은 IMF에서 차입한 자금을 모두 갚고 IMF의 간섭으로부터 완전히 벗어나게 된다. 그러나 이로 인해 대규모 실직 등 노동자들의 고용불안이 심해지고 경영상 해고가 이전보다 쉬워졌으며 비정규직, 특수고용근로형태종사자 등 유연 노동 인력 등이 대거 증가하게 된다.

토의과제

1. 경제개발기에 강압적인 노동정책을 사용한 정치적, 경제적 이유를 논하라.
2. 87년 노동자 대투쟁이 우리나라의 노동운동에 어떠한 영향을 미쳤는지 설명하라.
3. IMF경제위기가 우리나라의 노동운동과 고용관계에 어떠한 영향을 미쳤는지 설명하라.

CHAPTER

03

노동조합과 경영자 조직 및 정부

Employment Relations

Employment Relations

고용관계론

특수형태고용종사자와 노동조합

정보통신 기술이 발전하고 서비스 산업이 확대되면서 개인 사업자이지만 타인의 사업을 위해 노동을 제공하고 그 대가로 얻은 수입으로 생활하는 특수형태고용종사자가 늘어나고 있다. 골프장 캐디, 학습지 교사, 대리기사, 택배기사 등 자영업자이면서 노동자의 성격을 갖고 '회색지대'의 고용에 종사하고 있는 사람들이 있는데, 이들은 특수형태근로종사자, 특수고용관계종사자, 특수고용직 등으로 불리며 줄여서 '특고'라고도 한다.

그간 특수형태고용종사자들은 특정 사업주에게 소속되어 있지 않거나 지휘감독관계에 있지 않다는 이유로 근로기준법상 노동자로 보호받지 못하였고, 온라인 플랫폼 등에서 여러 사업주에게 노무를 제공하는 경우 산업재해보험의 적용을 받지 못하였었다. 따라서 개정된 산재보험법(2023. 7. 1. 시행)에서는 특정사업에 대한 전속성 요건을 삭제하고 기존 특수형태근로종사자 및 플랫폼 종사자 등을 모두 포함하는 개념인 '노무제공자'에 대해 새로 규정하였다. 이들 노무제공자들은 근로기준법상 노동자로는 인정받지 못하지만 노동조합법상 노동자로 인정되는 사례가 늘어나고 있다. 노동조합은 원칙적으로 노동조합법상 노동자가 조직하거나 가입할 수 있다.

골프장캐디는 근로기준법상 또는 노동조합법상 보호를 받는 노동자로 인정을 받지 못하였으나 2014년에 대법원에서 사용자로 부터 상당한 지휘감독을 받고, 독립사업자로 보기 어렵다는 이유 등으로 노동조합법상 노동자로 인정을 받았다.

학습지 교사도 근로기준법상 노동자로 인정을 받지 못했지만 2018년에 대법원에서 계약관계가 지속적이고 회사에 상당한 정도 전속되어 있었다는 점 등을 이유로 노동조합법상 노동자성을 인정받았다.

최근 디지털 기술의 발달 등에 따라 증가하고 있는 플랫폼 종사자들에 대해 노동조합법상 노동자성이 인정되고 있다. '전국대리운전노동조합(대리운전노조)'은 2020년 8월에 고용노동부 서울서부지청으로부터 노동조합 설립신고필증을 발급받아 합법적인 노동조합으로 인정받았다. 따라서 대리운전노조는 노조 설립신고서를 제출한지 428일, 전국단위노조가 설립된 지 8년 만에 단결권, 단체교섭권과 단체행동권 등 '노동 3권'을 갖게 된 것이다.

2017년에 전국택배연대노조, 2020년 11월 라이더유니온이 전국 단위 노조로 설립필증을 받았고, 또한 지역단위 노동조합으로만 활동 중에 있는 서울지역퀵서비스노조도 2019년 4월에 노조 설립필증을 받았다.

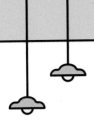

그러나 사용자들은 대리운전노조와 택배연대노조가 요구하는 단체교섭에 대해 거부를 하면서 소송을 진행하였다. 이에 대해 2024년 9월 대법원은 대리운전 기사에 대해 노동조합법상 노동자성을 인정하고, 사용자가 이들 노동조합의 단체교섭 요구에 응해야 한다고 판결하였다. 그리고 전국택배노동조합도 고등법원에서 노동조합법상 노동자로 인정을 받았고(2024년 1월) 소송이 진행 중이다. 고등법원에서는 사용자가 단체교섭 의무를 이행하더라도 반드시 단체협약을 체결할 의무까지 강제되는 것은 아니라고 판단하고 있다.[1]

한편, 2022년 안전운임제 일몰 기한 연장을 주장하며 두 차례 파업(집단운송거부)에 돌입했던 화물연대는 화물차량을 갖고 위수탁 계약에 의해 개인사업을 하는 화물차주로 조직되어 있다. 민주노총 산하의 공공운수노동조합에 소속되어 있으나 노동조합으로서의 요건을 갖추고 있지 못하므로 노동조합은 아니다. 따라서 헌법상 집회·결사의 자유는 인정되나 노동조합법상 노동3권은 보장되지 않으므로 노동법상 파업은 아니다.

---

[1] 이 사례는 이수영 외, 「개별 노동관계법: 인사노무관리 실무」(중앙경제, 2024); 이수영 외, 「노사관계법 실무」(박영사, 2022); 박은정, "특수형태고용종사자에 대한 법적 보호". 「사회적 대화」 5·6월호, 경제사회노동위원회, 2019. 6.; 대법원 2024. 9. 27. 2020다267491; 노동법률, "2심도 CJ대한통운이 택배노조 사용자…게임체인저는 없었다"(2024. 1. 26). 등을 참조하여 작성함.

위 사례에서 보는 바와 같이 고용관계가 복잡해지면서 정규직 노동자 이외에 특수형태고용종사자, 플랫폼 종사자 등 비정규직 노동자와 같은 다양한 고용형태가 발생하고 있다. 우리나라의 노동조합은 정규직 노동자와 더불어 특수형태고용종사자 등 비정규직 노동자들을 조직하려고 노력 중이며, 노동조합은 이들의 권익을 보호하는 유력한 수단이 될 것으로 보인다.

본 장에서는 노동자의 집합단체로서 노동조합의 본질, 정의, 기능과 조직형태를 살펴보고, 노동자들의 조직인 노동조합에 대응하기 위하여 사용자들이 조직한 경영자 조직을 설명한 후, 마지막으로 정부의 역할과 조직에 대하여 살펴보고자 한다.

1 노동조합의 이데올로기, 역할 및 기능

1.1 노동조합의 이데올로기

노동조합은 노동자가 집단적으로 단결하여 요구 조건을 달성하고자 자주적으로 조직한 단체

노동조합은 노동자가 집단적으로 단결하여 요구 조건을 달성하고자 자주적으로 조직한 단체이다. 노동조합은 이러한 공통적인 특징을 갖고 있지만, 각 국가가 처한 역사적 상황과 지배적인 사상에 따라 노동조합의 이데올로기는 차이를 보이게 된다. 노동조합의 이데올로기는 대체로 사회주의적 노동조합주의, 경제적 노동조합주의, 혁명적 노동조합주의 등 세 가지로 구분할 수 있다.

(1) 경제적 노동조합주의(business unionism)

경제적 노동조합주의는 온건하고 보수적인 노동운동을 대표하며 자본주의 체제와 시장경제 체제를 인정하는 특징을 지닌다. 경제적 노동조합주의의 행동적 특징으로는 노동조합원의 임금 등 노동조건의 개선을 가장 직접적이며 중요한 목표로 삼는다는 점이다. 사용자가 주식을 보유한 주주의 경제적 이익을 위하여 최선을 다하듯이 노동조합은 조합비를 내는 노동조합원의 경제적 이익의 극대화를 위하여 노력하고, 입법을 통한 정치적인 수단보다는 단체협상 등 순수한 경제적인 수단을 중시한다. 즉, 노동계층 전부를 위한 최저 노동기준을 입법으로 정하기보다는 노동조합원들만의 경제적인 지위향상을 위한 단체협상을 더 중시하는 특징을 갖고 있다. 미국의 AFL-CIO, 일본의 렌고(連合) 및 한국의 한국노총 등이 대표적인 예이다.

(2) 사회주의적 노동조합주의(social unionism)

사회주의적 노동조합주의는 진보적인 성격이 강한 스웨덴, 덴마크 등 북유럽의 노동조합이 신봉하고 있다. 정치체제로서 자본주의보다는 사회민주주의를 선호하며, 선거 등의 정치적 수단을 통하여 자본주의 사회체제를 점진적으로 변혁시키고자 한다. 의회를 통한 로비, 입법활동과 같은 정치적인 수단 및 단체협상과 같은 경제적 수단을 병행하여 사용한다. 주로 사회민주당 등 정당과 노동운동을 연계하여 활동하고 있다. 노동조합원뿐만 아니라 노동계층 전부를 위한 노동운동으로서, 정부가 국민의 무덤에서 요람까지를 책임지는 사회 전체의 복지체제 구축, 인간다운 삶과 양질의 일자리 창출을 목표로 한다. 핀란드, 스웨덴의 LO, 한국의 민주노총 등이 대표적인 예이다.

(3) 혁명적 노동조합주의(revolutionary unionism)

혁명적 노동조합주의는 현재의 경제, 정치적인 상황을 바람직하지 않은 것으로 평가하고 급격한 개혁을 도모하는 노동운동이다. 이들은 자본주의 체제를 전복시키고, 공산주의나 무정부주의 등에 바탕한 새로운 사회를 건설하는 것을 목표로 한다. 부의 재분배, 체제 변화 등 극단적인 구호와 정치적인 주장을 내세우고, 자본주의 체제 내에서 노동자들의 지위와 대우가 향상되는 것을 거부하는 특징을 지닌다. 평소 노동조합 조직과 재정을 관리하는 것보다는 유사시 투쟁을 위한 대중 선동과 동원에 더 치중하는 경향을 보인다. 유럽과 남미의 노동조합 총연맹들이 이러한 노동운동의 전통을 따르고 있다. 프랑스노동총연맹(CGT)이 대표적인 예이다.

1.2 노동조합의 역할

노동자가 사용자와의 개별적인 교섭을 통해서 노동조건을 협상하는 것은 협상력에서 불리하기 때문에 노동자에게 유리한 노동조건을 획득하기가 어렵다. 따라서 노동자들은 가능한 경우 노동조합을 결성하여 강화된 협상력을 바탕으로 집단적으로 사용자와 교섭하게 된다. 노동조합의 역할은 크게 조직화 역할과 서비스 역할로 구분할 수 있다.

(1) 조직화 역할(organizing model)

노동조합은 노동조합의 존립과 발전을 위하여 노조원을 조직하고 조직된 조합원들을 동원하여 자신들의 주장을 관철하는 조직화 역할을 수행한다. 즉 노동조합은 조합원들의 다양한 요구 조건을 민주적으로 수용하고, 조합원들을 지속적으로 조직·관리·동원하여 노동조합의 영향력을 유지하여야 한다.

노조원을 조직하고 조합원들을 동원하여 주장 관철

만약 노동조합이 조합원들의 요구를 달성할 수 없다면 노동조합의 역할을 제대로 수행한다고 할 수 없다. 따라서 노동조합은 조합원들의 권익과 사회적 지위 향상을 실현할 수 있도록 영향력을 유지하는 조직화, 동원 및 요구 관철 역할이 중요하다. 이때 조합원들은 노동조합의 조직화 과정과 내부운영에 참여한다.[2]

(2) 서비스 역할(servicing model)

노동조합은 조합원들의 구성체이며 노조의 대표자들이 조합원을 위하여 각종 서비스를 제공하므로 서비스 역할을 수행한다. 마치 보험회사의 피보험자가 보험수수료를 납부하고 보험사고가 발생하였을 경우 이에 대한 보상을 받는 것처럼, 노동조합원은 조합비를 납부하고 노조 대표자들로부터 고용안정이나 임금인상, 고충처리 등 각종 서비스의 혜택을 받는 것이다. 즉, 노동조합원이 노동조합의 서비스를 소비하는 것으로 보는 시각이다.

조합원을 위한 서비스 제공

경제적 조합주의하에서 노동조합은 전통적으로 서비스 모델을 사용하여 노조원들을 대표해 왔다. 서비스 모델은 주로 단체교섭이나 계약관리, 그리고 노조원에게 제공하는 서비스 관련 규정을 강조한다. 노동조합의 서비스가 노조원의 요구를 만족시킨다면 노동조합은 노조원의 지속적인 지지를 받을 수 있지만, 반대의 경우에는 조합원의 외면을 받게 된다. 따라서 노동조합의 서비스 역할은 노동조합의 운명을 결정하는 중요한 역할 중의 하나이다.[3]

1.3　노동조합의 기능

노동조합의 기능은 노동조합을 조직하고 유지·확장하는 기본적 기능, 조합이

---

2 John W. Budd, Labor Relations: Striking a Balance, 4th edition (Boston: McGraw-Hill Irwin, 2013), pp. 158-159.

3 John W. Budd, Labor Relations: Striking a Balance, 4th edition (Boston: McGraw-Hill Irwin, 2013), p. 159; Harry C. Katz, Thomas A. Kochan, and Alexander J. S. Colvin, An Introduction to Collective Bargaining and Industrial Relations, 4th edition (New York: McGraw-Hill/Irwin, 2008), pp. 143-144.

결성된 후에 조합원을 위한 노동조건의 유지·향상을 위한 집행기능, 그리고 앞의 두 기능을 보조하는 참모기능으로 분류할 수 있다.[4]

첫째, 노동조합의 기본기능은 조직기능이다. 이는 노동조합을 형성하기 위하여 비조합원인 노동자를 조직하는 1차적 기능과 노동조합이 조직된 후에 그 조합원들을 관리하는 2차적 기능으로 나누어진다.

조직기능

둘째, 집행기능은 크게 단체교섭 기능, 경제적 기능, 그리고 정치적 기능으로 나누어진다. 단체교섭 기능은 노동조합이 단체교섭을 통하여 노동조건을 유지하거나 개선하고자 하는 것으로, 노조의 가장 본질적이고 핵심적인 기능이다. 노사간에 의견이 일치하면 단체협약을 맺으며, 의견이 일치하지 않는 경우에는 쟁의행위를 통해서 노동조건의 유지·개선을 시도하게 된다. 경제적 기능은 노동조합이 단체교섭 이외의 활동을 통해서 조합원들의 복지와 경제적 이익을 달성하는 것으로서 공제 활동과 협동조합 활동을 그 예로 들 수 있다. 한편, 노동조합과 노동조합원의 활동이 노동관계법의 통제를 받으므로 정치적 기능은 노동조합과 노동운동에 유리한 법률을 제정하고 불리한 법률을 폐지하려는 노력을 말한다.

집행기능

셋째, 참모기능은 노동조합의 기본기능과 집행기능이 더욱 효과적으로 수행될 수 있도록 보조하는 기능이다. 여기에는 조합간부 및 조합원에 대한 교육훈련(리더십 개발 훈련, 단체교섭 대비 훈련, 직업훈련 등), 조사연구활동, 사회사업활동 등이 포함된다.

참모기능

2 노동조합의 조직형태

노동조합은 노동자들의 노동조건을 유지·향상시키기 위한 조직이지만 그 힘과 효율성은 조직의 기반이나 노동시장을 통제하는 방법 등에 따라 달라질 수 있다.[5] 그러므로 노동조합 측에서는 어떤 조직형태를 갖느냐가 영향력을 좌우할 수 있는 중요한 사항이 된다. 아래에서는 노동조합의 유형을 조직형태에 따라 분류하고, 유형별 특징, 조직원리 및 장·단점을 중심으로 정리하였다. 노동조합의 조직형태는 직업별 노동조합(craft union), 일반노동조합(general union), 기업별 노동조합(enterprize union),

4 김성진, 「노동경제론」(법문사, 1973), p. 99.
5 이준범, 「현대노사관계론(제2전정판)」(박영사, 1997), p. 250.

산업별 노동조합(industrial union) 등으로 나누어 볼 수 있다.[6]

2.1 직업별 노동조합(craft union)

직업별 노동조합(직업별 조합)은 동일한 직능을 갖는 숙련 노동자들이 자신들의 경제적 이익을 확보하기 위하여 만든 조직체로서 가장 일찍 발달한 노동조합 형태이다. 이것은 직능별 또는 직종별 조합이라고도 불리며, 인쇄공조합, 선반공조합, 목공조합, 전기공조합 등이 이에 속한다.

직업별 노동조합은 동일한 직능을 갖는 숙련 노동자들이 자신들의 경제적 이익 확보를 위해 만든 조직체

▲ 전교조의 지도부 석방요구 집회 장면

직업별 조합은 '직업독점'과 '노동력 공급제한'을 통해서 노동시장을 통제함으로써 숙련 노동자들의 경제적 이익을 보장하고자 한다. 즉, 일정한 자격을 가진 조합원들만이 특정 직업을 가질 수 있게 함으로써 그 직업에 관한 노동시장을 독점하고, 도제제도를 엄격하게 시행함으로써 숙련 노동인력의 과잉 공급을 제한하여 임금수준의 하락을 방지하였다. 그러므로 직업별 조합은 노동조합의 기득권을 중시하는 조직논리(doctrine of vested interest)를 가지고 있다.[7]

직업별 조합은 ① 동일한 직종에 종사하는 노동자들로 조직되기 때문에 단체교섭 사항과 그 내용이 명확하고, ② 유대의식이 강하기 때문에 조직의 단결력이 공고하여 사용자에게 종속될 우려가 없으며, ③ 직장단위가 조직의 중심이 아니므로 실업자라 하더라도 조합의 가입이 가능하고 조합원의 실업을 예방할 수 있는 등의 장점이 있다.

직업별 조합의 단점으로는 ① 숙련 노동자 중심의 배타적이고 독점적인 조직이기 때문에 조직대상이 한정되어 있고, ② 미숙련 노동자 등의 반발을 불러일으켜 전체 노동자의 분열을 가져올 수 있으며, ③ 기업을 초월한 조직이기 때문에 조합의 자주성을 지킬 수 있으나 사용자와의 관계가 희박하다는 점 등을 들 수 있다.

대체로 산업화 초기의 노동조합들은 직업별 조합의 형태를 띠고 있었다. 그러나 산업 발달에 따라 작업의 기계 대체, 기술의 단순화 및 새로운 직업의 등장 등으로 조합원들의 직능 중요도가 점차 감소하여 전통적인 직업별 조합의 상대적 협상력은 약화되는 추세이다.

6 Robert Hoxie, Trade Unionism in the United States (New York: Appleton, Century, Crofts Inc., 1921).
7 김성진, 전게서, p. 89.

그러나 공무원, 교사 등 공공기관의 화이트칼라 노조가 20세기 중후반부터 등장하면서 화이트칼라 중심의 직업별 노조가 새로이 부상하고 있다. 현재 우리나라의 직업별 노동조합은 대한민국공무원노동조합총연맹(공노총)과 초·중등학교의 교원들로 구성된 전국교직원노동조합(전교조) 등이 있다.

2.2 일반노동조합(general union, omnibus union)

일반노동조합(일반조합)은 숙련공들을 주로 조직하는 직업별 노동조합에 대응하여 형성되었다. 숙련이나 직능, 산업과 관계없이 모든 노동자들이 가입자격을 갖고 있으며, 지역이나 전국에 걸쳐 조직하는 노동조합을 말한다. 초기 단계에서는 직업별 조합에서 배제되었던 미숙련 노동자들과 단순 노동에 종사하는 노동자들이 중심이 되어 결성되었으나, 최근에는 특정 대상 집단을 정하지 않고 누구나 가입이 가능한 일반조합이 생겨나고 있다.

일반조합은 주로 미숙련자들이 중심인 조직이므로 지켜야 할 기득권도 없으며, 노동력의 만성적 과잉 때문에 노동력의 공급을 제한한다는 것도 불가능하다. 그러므로 일반조합에서는 전체 노동자를 위한 최저 노동기준의 준수, 안정된 고용의 확보, 노동시간의 최고한도 규제, 임금의 최저한도 준수 등을 중요한 요구조건으로 한다.[8] 일반조합은 이러한 요구조건의 실현을 위해 입법활동을 중시하는데, 입법을 통해 최저생활을 확보하려고 한 이유는 다양한 조합원을 포괄하는 일반조합의 조직성격상 노동조합 내적으로 통일과 단결을 꾀하기 어렵고 노동조합 수준에서는 협상력이 상대적으로 약하기 때문이다.

또한 체계적인 훈련을 받지 않은 수동적이고 미숙련상태인 노동자들을 중심으로 한 조합원들을 결속시키기 위해서는 중앙집권적 관료체제가 불가피해지는데, 이는 조합민주주의의 실현을 저해하는 요인이 될 수 있다. 또한 이해관계가 다른 이질적 노동자들을 조직하기 때문에 조합원간 의견의 조정 및 통합이 곤란하며 단체교섭기능이 약화될 수 있다.

일반조합은 영국의 경우 직업별 조합에 뒤이어 일찍부터 발달했으며, 미국의 노동기사단(Knights of Labor)을 비롯하여 현재의 AFL-CIO 산하의 일부 노동조합에서도 그 예를 찾아볼 수 있다. 우리나라의 경우에도 전국연합노동조합연맹이나 전국여성노동조합연맹 등이 이에 해당된다.

일반노동조합은 모든 노동자들이 가입자격을 갖고, 지역이나 전국에 걸쳐 조직하는 단일노동조합

8 김성진, 전게서, p. 93.

2.3 산업별 노동조합(industrial union)

산업별 노동조합은 동일산업에 종사하는 노동자들이 하나의 노동조합을 구성하는 조직형태

산업별 노동조합(산업별 조합)은 직종과 계층에 관계없이 동일 산업에 종사하는 노동자들이 하나의 노동조합을 구성하는 조직형태이다. 역사적으로 볼 때 산업별 조합은 직업별 조합이나 일반조합보다 늦게 발달했으며, 사회적 분업과 기계화의 진전에 따라 철강이나 자동차산업이 등장하면서 단일 공장에 많은 미숙련 노동자들이 출현함에 따라 결성되었다.

산업별 조합은 기업 또는 공장을 넘어서 조직을 결성하고 다수 노동자의 단결력을 바탕으로 단체교섭을 통해 산업단위의 노동조건을 성취하고자 하였다. 산업별 조합은 대체로 '1산업 1조합'을 조직원리로 하는데, 이는 산업 내에서 노동조건의 균일화를 이루어 한 산업 내에서 사용자간의 노동조건 악화를 향한 경쟁을 막는 것을 목표로 하고 있다.

일반적으로 산업별 조합은 산업 전체의 이슈를 다루는 정부의 산업정책과도 밀접한 관련을 가지게 되므로 압력단체 및 로비단체로서 정치적 성향을 강하게 보인다. 산업별 조합은 ① 조합원수에 있어서 거대한 조직이므로 커다란 압력단체로서의 지위를 확보할 수 있어서 자본의 집중화에 따른 거대 자본의 출현에 대응할 수 있고, ② 산업내 노동조건의 통일화를 유지할 수 있는 장점이 있다. 그러나 이와 반대로 각 산업별 조직의 내부에서 직종간 이해의 대립과 반목을 초래할 우려가 있다.

대표적인 산업별 노조를 보면 미국의 트럭운송노조, 전미자동차노조, 전미철강노조, 독일의 금속노조등이 있다. 한국의 경우, 한국노총에 전국금속노동조합연맹, 전국금융산업노동조합, 전국자동차노동조합연맹, 전국택시노동조합연맹 등이 소속되어 있고, 민주노총에 전국금속노동조합, 전국공공운수사회서비스노동조합연맹, 전국사무금융노동조합연맹, 전국보건의료산업노동조합, 전국대학노동조합 등이 소속되어 있다.

2.4 기업별 노동조합(enterprise union)

기업별 노동조합은 동일한 기업에 종사하는 노동자들로 조직되는 노동조합

기업별 노동조합(기업별 조합)[9]은 동일한 기업에 종사하는 노동자들로 조직되는 노동조합을 의미한다. 기업별 조합은 일반적으로 노동자들의 의식이 아직 횡단적(계급별, 산업별) 연대의식을 뚜렷이 갖지 못하는 단계에서 조직되거나, 동종산업 또는

---

9 기업별 조합을 'company union'이라고 잘못 사용하는 경우가 있는데 엄격한 의미에서 'company union'이란 어용 노동조합을 지칭할 때 사용된다.

동일직종이라 하더라도 단위기업간의 시설규모나 지불능력의 차이 등 기업 격차가 심한 곳에서 많이 나타난다. 기업별 조합은 일본 등 기업중심의 문화가 강한 환경이 거나 정부주도의 경제개발로 인해 거대 기업이 먼저 생성되는 신흥공업국에서 나타 난다.

　　기업별 조합은 개별 기업을 존립의 기반으로 하기 때문에 노동시장에 대한 지 배력은 거의 없고 조직으로서의 역량도 비교적 약하다. 즉, 기업별 조합은 ① 당해 기업 내 각 직종간의 요구조건이 상충할 수 있고, ② 직원만이 노동조합에 가입할 수 있으므로 중소기업의 경우에는 직원의 수가 많지 않아 뚜렷한 자기 기능을 발휘 하기 어려우며, ③ 조합원이 모두 사용자와 종속관계에 있는 직원이기 때문에 사용 자의 영향력이 강해져 조합이 어용화될 가능성이 있다는 단점이 있다.

　　기업별 조합은 일본에서 발달하였는데, 이는 일본의 종신고용제와 '家' 중심의 노 사화합적 사고방식에 기인하였다고 볼 수 있다.[10] 대표적인 기업별 노조로는 일본의 도요타자동차노동조합, 한국의 미래에셋증권노동조합 등이 있다.

3 노동조합의 설립과 운영

3.1 노동조합의 설립

　　한국의 노동법상 노동조합은 "근로자가 주체가 되어 자주적으 로 단결하여 노동조건의 유지·개선 기타 근로자의 경제적·사회적 지위의 향상을 도모함을 목적으로 조직하는 단체 또는 연합단체"[11]이 다. 우리나라의 노동법에서는 노동조합의 설립과 관련하여 신고주의 를 채택하고 있다. 즉, 노동조합이 노동법의 보호를 받기 위해서는 행정관청에 설립신고서와 규약을 제출·신고하고 신고증을 교부받아 야 한다.[12]

▲ 노동조합의 집회 장면

10 이준범, 전게서, p. 256.
11 「노동조합및노동관계조정법」 제2조 제4호.
12 「노동조합및노동관계조정법」 제10조, 제11조, 제12조.

3.2 노동조합의 운영과 노동조합 규약

선거를 통하여 선출되는 모든 정치적 조직과 함께 노동조합도 지도자의 독재로부터 자유로울 수 없었다. 과거 영국이나 미국에서 전국노동조합의 요직을 1인이 종신 동안 독재하였던 사례[13]도 있었고, 노동자들의 이익을 옹호하기 위하여 등장한 노동조합 조직이 오히려 소수의 노조 지도자들의 이익만을 옹호하고 노동자들을 지배하고 착취하는 노동조합의 귀족화 현상도 노동조합사에 존재하였다. 따라서 노동조합의 민주적 운영(union democracy)은 전통적으로 노동조합원들에게는 중요한 이슈가 되었다.

(1) 노동조합 규약

노동조합의 민주적 운영의 중요성을 고려할 때, 이의 초석이 될 수 있는 민주적인 노동조합 규약은 필수적이라고 할 수 있다.[14] 노동조합 규약은 통상 노동조합의 조직과 운영에 관하여 기본적인 사항을 정해 놓은 기본 규범이다.[15]

● 노동조합 규약은 노동조합의 조직과 운영에 관하여 기본적인 사항을 정해 놓은 기본규범

또한 노동조합의 규약에는 조합의 능률성과 효율성을 지향하고 그의 조직이 탄력적으로 운영될 수 있는 길이 모색되어야 한다. 그러나 노동조합의 규약이 민주성만을 고려하여 과도하게 효율성을 저해하거나, 규약의 능률성이 조합운영의 민주성을 저해하는 것도 곤란하다.

노동조합의 규약에는 민주성과 능률성 모두 중요하게 고려되어야 하지만, 조합운영은 조합의 민주성이 대전제가 되고 그를 보장하는 한도 내에서만 능률성이 인정된다고 하여야 할 것이다.[16] 노동법에서는 노동조합의 규약에 명칭, 목적과 사업, 조합원, 소속 연합단체, 대의원회, 조합비 기타회계, 쟁의행위, 임원 및 대의원의 선거절차 등에 관한 사항을 기재하도록 하고 있다.[17]

(2) 노동조합의 기관

노동조합의 기관으로는 결의기관, 집행기관 및 감사기관 등이 있다.

① **결의기관**　　　　　노동조합의 기본적 결의기관으로는 총회와 대의원회 등이

---

13 영국의 경우 전국노동조합의 위원장은 종신제가 많고 미국의 경우 AFL의 S. Gompers는 38년간, W. Green은 28년간, AFL-CIO의 G. Meany는 24년간 재임하였다. 또한 W. Kirkland는 1980년부터 1995년까지 15년간 재임했다. 정종진·이덕로, 「신노사관계론」(법문사, 1998), p. 148.
14 정종진·이덕로, 「신노사관계론」(법문사, 1998), pp. 148-149.
15 하갑래, 「집단적 노동관계법(제7판)」(중앙경제, 2021), p. 106.
16 이준범, 전게서, p. 291.
17 「노동조합 및 노동관계조정법」 제11조.

있다. 일반적으로 총회는 조합원 전원에 의해 구성되지만 조합원 전원의 참가가 어려운 대규모의 조합에서는 총회를 대신하여 대의원회를 두기도 한다. 총회는 정기적으로 열리는 정기총회와 필요시 수시로 개최하는 임시총회가 있다. 총회의 의결사항으로는 규약의 제정과 변경, 임원의 선거와 해임, 단체협약, 예산·결산, 기금의 설치·관리 또는 처분, 연합단체의 설립·가입 또는 탈퇴, 합병·분할 또는 해산, 조직형태의 변경, 기타 주요한 사항 등이 있다.[18]

② **집행기관**　　　　　「노동조합 및 노동관계조정법」(제23조)에 의하면 집행기관으로서 노동조합의 임원은 그 조합원들 중에서 선출되어야 하며, 임원의 임기는 규약으로 정하되 3년을 초과할 수 없다.

③ **감사기관**　　　　　현행 「노동조합 및 노동관계조정법」(제25조)에 의하면 조합의 대표자는 그 회계감사원으로 하여금 적어도 6개월에 한 번 이상 당해 노동조합의 모든 재원 및 용도, 주요한 기부자의 성명 및 현재의 경리상황 등에 대한 회계감사를 실시하게 하고 그 내용과 감사결과를 전체 조합원에게 공개해야 한다.

(3) 노동조합의 재정

노동조합을 유지하고 그 목적하는 기능을 수행하기 위해서는 일정한 조합 재정수입이 필요하다. 조합 재정수입의 원천은 조합원이 납부하는 조합비가 대부분이며, 그 이외에 교부금, 임시징수금, 기부금, 사업수익 등이 있다.

① **조합비**　　　　　조합비를 징수할 때 사용자가 노동조합의 요청에 따라 조합비를 급료 계산시에 일괄공제하여 노동조합에 전달해 주는 방법이 체크오프시스템(조합비 일괄공제제도: check off system)이다. 이 제도가 없다면 노동조합은 조합비를 거두기 위하여 많은 행정력을 사용하더라도 조합비의 완전한 징수가 어려워진다. 따라서 이 제도는 노동조합의 행정편의와 재정안정을 위하여 매우 중요하다.

② **교부금**　　　　　산업별 노조 체제하에서는 경우에 따라 모든 지부와 분회의 조합비를 산업별 노조본부에서 일괄공제하고 노조본부로부터 교부금을 지급받아 지부나 분회를 운영하는 방법도 있다.

③ **임시징수금**　　　　　노동조합의 활동과정에서 특별한 사업 또는 활동을 위하여 임시적으로 일정금액을 징수하는 것을 임시징수금이라고 하는데, 우리나라에서는 극히 예외적으로 존재한다.

④ **기부금**　　　　　노동조합은 복지후생과 관련하여 약간의 기부금을 사용자기타 외부로부터 받을 수가 있다. 노동법에서도 직원의 후생자금 또는 경제상의 불

체크오프시스템은 사용자가 노동조합의 요청에 따라 조합비를 급료 계산시에 일괄공제하여 노동조합에 전달해 주는 제도

18 「노동조합 및 노동관계조정법」 제16조.

행 기타 재액의 방지와 구제 등을 위한 기금의 기부와 최소한 규모의 노동조합사무소의 제공은 허용하고 있다. 단, 사용자가 근로시간 면제한도를 초과하여 급여를 지원하거나 노조 운영비를 원조하는 행위는 원칙적으로 부당노동행위로서 금지하고 있다. 다만, 노동조합의 자주적인 운영 또는 활동을 침해할 위험이 없는 범위 내에서의 운영비 원조행위는 예외로 한다.[19]

⑤ 사업수익　　　　　　노동조합이 실시하는 협동조합 사업이나 출판 사업 등에서 발생한 사업수익 중 일부를 조합의 일반회계에 전입할 때 이는 사업수익에 의한 노동조합의 재정수입이 된다. 그러나 우리나라에서 아직 그 액수가 미미한 편이다.

결론적으로 한국에서 일부 대규모 노동조합을 제외한 대부분의 노조는 그 재정이 빈약하여 조직활동비도 충분치 않고 조합원의 복리후생 사업에의 지출도 미약한 편이다.

3.3　노동조합의 가입과 탈퇴

(1) 노동조합에의 가입

헌법 제33조에서는 근로자들의 단결권을 인정하고 있고 「노동조합 및 노동관계조정법」 제5조에서는 "근로자는 자유로이 노동조합을 조직하거나 이에 가입할 수 있다"라고 규정하고 있다. 그러므로 노동자들은 자유의사에 의하여 조합에 가입할 자유가 보장되어 있다.

(2) 숍제도

숍(shop) 제도란 노동조합의 가입과 취업을 관련시키는 것으로서 노동조합의 규모와 통제력을 좌우할 수 있는 제도이다. 즉, 조합원 자격이 고용의 전제조건이 된다면 보다 많은 노동자가 노동조합에 가입하려고 할 것이며, 조합의 조합원에 대한 통제력도 강화될 것이다. 대표적인 숍제도로서 오픈 숍, 클로즈드 숍, 유니온 숍이 있다.

오픈 숍(open shop) 제도

첫째, 오픈 숍(open shop) 제도는 노동조합의 가입 여부에 관계없이 채용할 수 있으며, 노동자들은 조합원이 될 의무가 없는 제도이다. 따라서 노동자는 노동조합

---

19 「노동조합및노동관계조정법」 제81조 부당노동행위 부분 중에서 헌법재판소가 사용자의 노조 전임자에 대한 급여 지원 금지는 합헌으로 결정하였으나 노동조합에 대한 운영비 원조 부분에 관하여 헌법 불합치 결정을 함에 따라 개정 노동조합법에서 사용자의 운영비 원조에 관한 예외 조항을 두었다[이수영 외, 「노사관계법 실무」(박영사, 2022), p. 362]; 「노동조합및노동관계조정법」 제81조 제2항 참조].

에 자유롭게 가입과 탈퇴를 할 수 있다. 이 경우 비노조원은 노조의 단체협상의 결과로 간접적인 혜택을 입으므로 무임승차(free-riding)의 문제가 발생한다.

둘째, 클로즈드 숍(closed shop) 제도는 채용이나 충원을 할 경우 조합원 중에서만 고용하도록 하는 규정으로 우리나라 노동법에서는 부당노동행위로서 원칙적으로 금지하고 있다.

클로즈드 숍(closed shop)
제도

셋째, 유니온 숍(union shop) 제도는 취업 후에 일정기간이 경과하면 본인의 의사와 관계 없이 자동적으로 노조에 가입하게 되는 제도이다. 즉 새로 채용되는 노동자를 노동조합원으로 조직화하고 기존 조합원이 조합으로부터 탈퇴하는 것을 방지하려는 목적으로 체결되는 협정이다. 다만 유니온 숍 협정은 노동자의 선택자유를 침해할 수도 있으므로 근로자의 3분의 2 이상을 대표하고 있는 노동조합이 있을 경우에만 이 협정을 둘 수 있도록 「노동조합 및 노동관계조정법」에서 정하고 있다.

유니온 숍(union shop)
제도

그 외에도 단체교섭의 당사자인 노동조합이 그 기업의 노조원과 비노조원 모두에게 조합회비나 교섭경비를 징수하는 '에이전시 숍'(agency shop), 채용, 근로조건 등에 대해 노동조합원에게 우선순위를 부여하는 '조합원 우대 숍'(preferential shop), 조합원이 되면 일정기간 동안 조합원의 지위를 유지하여야 하는 '조합원 자격 유지 숍'(maintenance of membership shop) 등이 있다.[20]

(3) 노동조합원 지위의 상실

노동조합원으로서의 지위는 조합원의 사망, 혹은 조합 규약에서 정한 조합원 자격의 상실요건에 해당되는 경우에 상실된다. 예를 들면, 조합원이 승진하여 사용자의 이익을 대표하는 자가 되었다든가 기업별 조합에서 퇴직·해고 등으로 고용관계가 종료되면 조합원으로서의 지위를 잃는다.

조합원의 사망, 승진 또는
고용관계 종료

또한, 조합원이 자유의사에 의해 노동조합에서 탈퇴하거나 노동조합이 조합원으로서 권리와 자격을 박탈하는 제명 조치를 하는 경우 조합원의 지위를 상실하게 된다.

탈퇴 또는 제명

다만, 사용자의 부당해고로부터 노동조합원을 보호하기 위한 조항으로서, 사용자가 해고하였으나 노동자측이 이에 불응하여 해고의 법적 효력을 다투고 있는 자는 근로자로 해석해야 한다고 노동법에서 규정하고 있다.

20 임종률, 「노동법(제20판)」(박영사, 2022), p. 76; 이수영 외, 전게서, pp. 54-55.

노동조합의 추세와 현황

4.1 한국 노동조합의 추세와 현황

(1) 연도별 노동조합 및 노동조합원수 현황

오랜 기간 동안 우리나라의 대표적인 노동조합 형태는 기업별 노조였다. 그러나 노동계가 노동조합 조직률 제고와 교섭력 강화를 위해 1990년대 말 이후 산별 노조 설립에 주력하여 초기업단위 노조가 크게 늘어났다. 2023년 말 기준, 조합원수를 기준으로 노조의 조직형태를 살펴보면 초기업단위 노조(산업별·직종별·지역별 노조)와 기업별 노조의 노조원수 비율은 59.4 : 40.6으로 초기업노조가 더 많은 상황이다.[21]

〈도표 3−1〉에는 1965년부터 노동조합의 가입자수, 조직률, 단위노조수가 정리되어 있다. 도표에서 보는 바와 같이 노동조합이나 조합원수가 1987년을 기점으로 대폭 증가하는 현상을 보였는데 이는 1987년 6·29선언 이후 민주화의 분위기 속에서 자유로운 노동운동이 활성화된 결과라 할 수 있다. 또한 1989년에 노동조합수, 조합원수 및 조직률 등에서 정점에 도달한 후 계속적으로 하락하는 추세를 보이다가 2017년부터 다시 증가하였다.

2016년까지 노조 조직률이 하락한 원인으로는 ① 전통적으로 노조 조직률이 낮은 서비스업, 비정규직, 여성 노동자의 증가, ② 기업 측에서 노조에 대한 욕구를 대체할 수 있는 인적자원관리, 고충처리절차 등 각종 제도의 확대, ③ 정부와 국회에서 노동조합법, 근로기준법, 최저임금법 제정·개정 등을 통해 노동조건을 보장하거나 개선함으로써 이와 관련된 노조의 역할 감소, ④ 통신과 수송수단의 발달로 인한 급격한 세계화와 이에 따른 기업간 경쟁의 격화 등을 들 수 있다.[22]

한편, 2011년 복수노조 시행 등의 영향으로 노동조합수, 노동조합원수가 증가하였고, 노동조합 조직률도 2010년 9.8%에서 2012년 10.3%로 소폭 증가하다가 2016년까지 10.3% 정도를 유지하였다. 그 후 문재인정부의 친노동정책에 힘입어 노동조합 조직률이 2017년 10.7%, 2019년 12.5%, 2021년 14.2%로 증가하였다가 2023년 13.0%로 약간 하락하였다. 2023년 전체 조합원 수는 273.7만명에 이르고 있다.

---

[21] 고용노동부, 「2023년 전국 노동조합 조직현황」 발표(보도자료, 2024. 12. 18.); 고용노동부, 「2022 전국 노동조합 조직현황」(2023)에 따르면 2022년에 전체 조합원 중 초기업 노조 소속 조합원 수 비율이 민주노총은 91.2%, 한국노총은 42.7%임.

[22] 김동원, 「고급 고용관계 이론」(박영사, 2020), pp. 77-80. 참조.

구분 연도별	노동조합수			조합원수(명)			조직대상 근로자 (천명)	조직률 (%)
	연합단체	단위노조	분회	계	남	여		
1965	16	362		301,522	238,236	63,686	-	-
1970	17	419	2,939	473,259	357,881	115,378	-	-
1971	17	446	3,063	497,671	373,985	123,686	-	-
1972	17	430	3,062	515,292	380,706	134,586	-	-
1973	17	403	2,961	548,054	392,071	155,983	-	-
1974	17	432	2,865	655,785	463,132	192,653	-	-
1975	17	488	3,352	750,235	508,966	241,269	-	-
1976	17	517	3,585	845,630	559,486	286,144	-	-
1977	17	538	3,854	954,727	634,961	319,766	3,752	25.7
1978	17	552	4,042	1,054,608	696,865	357,743	4,229	24.9
1979	17	553	4,305	1,088,061	723,583	364,478	4,461	24.4
1980	16	2,618	4,394	948,134	600,383	347,751	4,516	21.0
1981	16	2,141	3,227	966,738	628,259	338,479	4,649	20.8
1982	16	2,194	-	984,136	633,106	351,030	4,878	20.2
1983	16	2,238	-	1,009,881	673,411	336,470	5,212	19.4
1984	16	2,365	-	1,010,522	683,542	326,980	5,588	18.1
1985	16	2,534	-	1,004,398	691,911	312,487	5,956	16.9
1986	16	2,658	-	1,035,890	724,566	311,324	6,177	16.8
87.6.30	16	2,725	-	1,050,201	743,209	306,992	6,701	15.7
1987	16	4,086	-	1,267,457	900,129	367,328	6,853	18.5
88.6.30	20	5,062	-	1,525,088	1,094,905	430,183	8,382	18.2
1988	21	5,598	-	1,707,456	1,232,400	475,056	8,764	19.5
89.6.30	22	6,638	-	1,825,093	1,318,422	506,671	9,286	19.7
1989	22	7,861	-	1,932,415	1,402,106	530,309	9,752	19.8
1990	22	7,698	-	1,886,884	1,384,730	502,154	10,264	18.4
1991	22	7,656	-	1,803,408	1,341,745	461,663	10,483	17.2
1992	22	7,531	-	1,734,598	1,323,521	411,077	10,568	16.4
1993	27	7,147	-	1,667,373	1,275,859	391,514	10,679	15.6
1994	27	7,025	-	1,659,011	1,285,627	373,384	11,450	14.5
1995	27	6,606	-	1,614,800	1,254,133	360,667	11,687	13.8
1996	27	6,424	-	1,598,558	1,259,932	338,626	12,020	13.3
1997	41	5,733	-	1,484,194	1,194,414	289,780	12,192	12.2
1998	43	5,560	-	1,401,940	1,148,435	253,505	11,166	12.6
1999	45	5,637	-	1,480,666	1,173,239	307,427	12,455	11.9
2000	46	5,698	-	1,526,995	1,221,117	305,878	12,701	12.0
2001	45	6,150	-	1,568,723	1,263,314	305,409	13,103	12.0
2002	43	6,506	-	1,605,972	1,306,221	299,751	13,839	11.6
2003	45	6,257	-	1,549,949	1,223,330	326,619	14,144	11.0
2004	44	6,017	-	1,536,843	1,211,952	324,891	14,538	10.6
2005	45	5,971	-	1,506,172	1,182,535	323,637	14,692	10.3
2006	53	5,889	-	1,559,179	1,215,253	343,926	15,072	10.3
2007	53	5,099	-	1,687,782	1,317,467	370,315	15,651	10.8
2008	56	4,886	-	1,665,798	1,290,682	375,116	15,847	10.5
2009	53	4,689	-	1,640,334	1,285,965	354,369	16,196	10.1
2010	54	4,420	-	1,643,113	1,285,315	360,579	16,804	9.8
2011	64	5,120	-	1,719,922	1,328,055	391,867	17,090	10.1
2012	66	5,177	-	1,781,337	1,358,699	422,638	17,338	10.3
2013	68	5,305	-	1,847,586	1,404,821	442,765	17,981	10.3
2014	69	5,445	분회	1,905,470	1,452,619	452,851	18,429	10.3
2015	68	5,794	-	1,938,745	1,456,255	482,490	19,027	10.2
2016	71	6,164	-	1,966,881	1,525,322	441,559	19,172	10.3
2017	72	6,239	-	2,088,540	1,600,226	488,314	19,565	10.7
2018	76	5,868	-	2,331,632	1,806,706	524,926	19,732	11.8
2019	66	6,156	-	2,539,652	1,948,237	591,415	20,314	12.5
2020	67	6,564	-	2,804,633	2,128,425	676,208	19,791	14.2
2021	71	7,105		2,932,672	2,173,783	758,889	20,586	14.2
2022	74	6,005		2,722,484	1,965,719	756,765	20,707	13.1

주: 1) 조직률 산정방식: 조합원수 ÷ 조직대상 근로자[임금근로자(상용, 임시, 일용) - 공무원(5급 이상, 6급 이하 중 사용자에
　　해당하는 자, 교원 중 교감 이상 관리자 제외) ×100
　　2) 연합단체는 전국규모 산별단위노조를 포함한 숫자임.　3) 단위노조는 연합단체를 포함한 전체 노조수임.
자료: 고용노동부, 「2022 전국 노동조합 조직현황」(2023), p. 32.

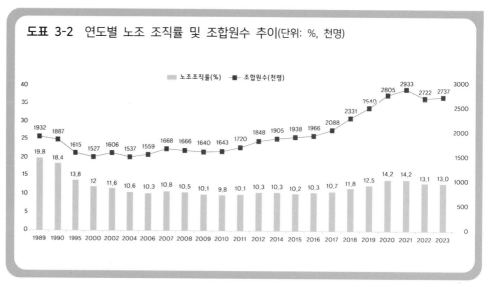

도표 3-2 연도별 노조 조직률 및 조합원수 추이(단위: %, 천명)

자료: 고용노동부, 「2023년 전국 노동조합 조직현황」 발표(보도자료, 2024. 12. 18.).

(2) 노동조합 규모 및 기업 규모별 조직 현황

노동조합 규모별 조직현황에서 2023년 말 기준 조합원수 300명 이상의 대규모 노동조합을 보면, 노동조합수는 14.4%(886개)에 불과하나 노동조합원수는 전체 조합원수의 88.7%(243만명)를 차지하고 있다. 반면, 조합원수 100명 미만의 소규모 노동조합수는 전체 조합수의 68.0%(4,197개), 조합원수는 전체 조합원수의 4.6%(12만 6천명)를 점유하고 있는 것으로 나타났다(도표 3-3).[23] 결론적으로, 노동조합수의 85.6%는 조합원수 300명 미만 중소규모 노조이나, 노동조합원의 88.7%가 조합원수 300명 이상 대규모 노조에 소속되어 있음을 알 수 있다.

도표 3-3 노동조합 규모별 조직 현황

구분	30명 미만	30~99명	100~299명	300명 이상	총계
조합원수(명)	29,754 (1.1%)	95,994 (3.5%)	183,201 (6.7%)	2,428,430 (88.7%)	2,737,379 (100.0%)
노동조합수(개)	2,455 (39.8%)	1,742 (28.2%)	1,086 (17.6%)	886 (14.4%)	6,169 (100.0%)

자료: 고용노동부, 전게 보도자료.

---

23 고용노동부, 전게 보도자료(2024).

한편, 사업체 규모별 노동조합 조직현황을 보면, 근로자수 30명 미만 기업의 노동조합 조직률은 0.1%, 30~99명은 1.3%, 100~299명은 5.6%, 300명 이상은 36.8%로 기업의 규모가 클수록 높은 조직률을 나타내고 있다(도표 3-4).[24]

도표 3-4 기업 규모별 조직현황

구분	30명 미만	30~99명	100~299명	300명 이상
임금근로자수(명)	12,296,000	4,170,000	2,178,000	3,096,000
조합원수(명)	17,134	56,204	120,436	1,107,528
규모별 조직률	0.1%	1.3%	5.6%	36.8%

주: 위 숫자는 기업 규모를 파악할 수 있는 단위노조 및 지부 지회를 반영하여 산정한 것임.
자료: 고용노동부, 전게 보도자료(2024).

따라서 상대적으로 고용이 안정되고 임금 등 노동조건 수준이 높은 대기업 직원들은 노동조합에 의해 더 많이 보호받고, 고용이 불안정하고 임금 등 노동조건 수준이 낮은 중소기업 직원들은 노동조합에 의해 더 적게 보호받고 있는 상황이다. 이러한 현상은 노동조합이 최근 들어 소외된 노동자 계층을 충분히 보호하지 못한다는 점을 보여주는 데 이를 노동조합의 대표성 격차(union representation gap)라고 부른다.

(3) 부문별 조직 현황

부문별로 노동조합 조직 현황을 살펴보면(2023년 말), 조직 대상 근로자수 기준 노조 조직률이 민간부문은 9.8%, 교원부문 31.4%, 공무원부문 66.6%, 공공부문 71.6%로 민간부문에 비해 공무원부문과 공공부문의 조직률이 현저히 높게 나타난다(도표 3-5).[25]

공무원과 공공부문은 일단 노동조합 결성이 허용되면 노동조합이 쉽게 조직되고, 지속적으로 높은 조직률을 유지하는 경향을 나타낸다. 공무원·공공부문이 민간부문에 비해 조직률이 높게 나타나는 이유를 보면 다음과 같다.

첫째, 공무원·공공부문은 직종의 성격이 민간부문에 비해 비교적 통일적이므로 결속력이 높고 조직화가 용이하다. 둘째, 공무원은 신분이 보장되어 있고, 공공부문 노동자도 신분이 안정되어 있으므로 노동조합 운동을 상대적으로 자유롭게 할

---

24 고용노동부, 전게 보도자료(2024).
25 고용노동부, 전게 보도자료(2024).

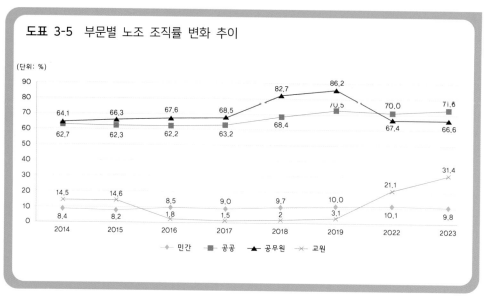

도표 3-5 부문별 노조 조직률 변화 추이

(단위: %)

자료: 고용노동부, 「2020년 전국노동조합 조직현황」(2021), pp. 13-14; 고용노동부, 전게 보도자료(2022).

수 있다. 셋째, 공공부문 사용자들은 대체로 정부로부터 임명이 되므로 민간부문의 경영자보다 노동조합에 적극적으로 반대할 만한 동기가 적고, 공공부문의 노사 모두 정부나 납세자에 대해서 피고용인 신분이므로 노사간 이해가 일치하는 부분이 있다.[26]

한편, 교원 부문은 2015년 노조 조직률이 14.6%이었으나 2016년 전국교직원노동조합(전교조)이 법외 노동조합이 되면서 통계에서도 배제되어 2016년 1.8%로 급감하였고, 2019년에는 약간 증가하여 3.1%를 기록하였다. 그러나 2020년 9월 대법원의 판결에 따라 전국교직원노동조합(전교조)과 고등교원(대학 교원) 등이 합법적인 노동조합의 지위를 회복하게 되어 조직률이 2020년 16.8%, 2021년 18.8%, 2022년 21.1%, 2023년 31.4%로 증가하였다.[27]

(4) 전국 중앙조직 현황

한국노동조합총연맹

전국 중앙조직으로는 한국노동조합총연맹(한국노총)과 전국민주노동조합총연맹(민주노총)이 있다. 한국노총은 1946년 당시의 좌익 노동운동에 대항하여 우익 정치인을 주축으로 결성된 대한독립촉성노동총연맹에서 그 기원을 찾을 수 있다. 그 후 1954년 대한노동조합총연합회(대한노총)로 개편되었다가 1960년 한국노동조합총연

---

26 김동원, 전게서, pp. 152-153.
27 고용노동부, 전국 노동조합 조직현황(각년도); 고용노동부, 전게 보도자료(2024).

맹(한국노총)으로 개칭한 후 오늘에 이르고 있다.

한국노총은 권위주의 정권하에서 정부에 종속된 노동운동을 전개하다가, 민주화 이후 독립된 노동운동으로 거듭나게 되었다. 따라서 우리나라 노동운동이 걸어온 질곡의 역사를 그대로 보여주고 있다. 한국노총은 상대적으로 온건한 경제적 노동조합주의 노선을 걷고 있으며, 한국노총에 소속된 기업들은 중소기업이 많은 편이다.

민주노총의 모태는 1990년 1월에 결성된 진보적 성향을 가진 전국노동조합협의회(전노협)였다. 민주노총은 민주화 운동의 물결을 타고 1995년 창립된 후 법외 노동단체로 활동하다가, 1999년 전국중앙조직에 대한 복수노조가 허용됨에 따라 합법조직이 되었다. 민주노총은 비교적 진보적이고 투쟁적인 정치적 조합주의 노선을 걷고 있으며, 민주노총에 소속된 기업들은 대기업과 공공기관이 많다.

전국민주노동조합총연맹

상급단체별 노동조합수 현황(2023년 말)을 보면, 한국노총에 가입한 노동조합(연맹 포함)은 2,461개이고, 민주노총에는 217개의 노동조합(연맹 포함)이 가입하고 있으며, 미가맹 노동조합수는 3,458개에 이른다. 그리고 상급단체별 조합원수를 보면, 한국노총은 116만명(42.4%), 민주노총은 108만 7천명(39.7%), 미가맹은 약 48만명(17.6%)으로 나타난다(도표 3−6).

또한, 상급단체별 조합원수 추이를 살펴보면, 2010년까지 한국노총과 민주노총의 조합원수는 지속적으로 감소하는 추세를 보이다가 2011년 복수노조가 허용된 이후 약간 증가하는 추세를 보였으며, 2017년 이후에는 정부의 노동존중사회, 친노동정책 분위기에 따라 노동조합원수와 조직률이 증가하였다가 2022년과 2023년에는 약간 감소하였다.

한편, 양노총에 가입하지 않은 미가맹 노조는 조합원 수가 2023년에는 48만명으로 2011년 36만 7천명 대비 11만 3천명이나 증가하는 등 꾸준한 증가세를 보였다. 전체 조합원 중 미가맹 노조가 차지하는 비율이 2019년(15.3%)에 이어 2020년(14.9%)에는 감소세를 나타냈으나 2021년(16.3%) 이후 다시 증가세를 보이고 있다(2022년 17.7%, 2023년 17.6%).[28]

---

28 고용노동부, 전게서(2021), p. 12; 고용노동부, 전게 보도자료(2022).

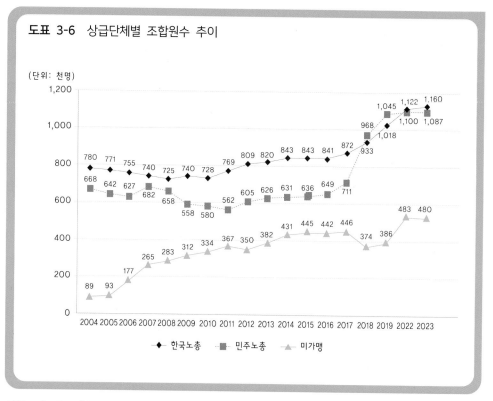

도표 3-6 상급단체별 조합원수 추이

(단위: 천명)

자료: 고용노동부, 「전국 노동조합 조직현황」(각 연도); 고용노동부, 전게 보도자료(2024).

4.2 비정규직 노동조합

비정규직 노동자

비정규직 노동자(contingent worker)란 ① 한시적 또는 기간제 노동자 ② 단시간 노동자 ③ 파견·용역·호출 등의 형태로 종사하는 노동자를 포함하는 개념이다. 비정규 노동자들은 고용불안과 상대적으로 열악한 노동조건에 시달리는 경우가 많다. 따라서 다수의 비정규직 노동자들은 권익보호를 위하여 노동조합을 결성하고자 시도하고 있다.

그러나 상당수 비정규직들은 고용이 불안하므로 사용자로부터의 불이익을 우려하여 노동조합 운동에 적극적으로 나서는 것을 꺼리고 있으며, 실제로 비정규직 노조가 결성될 경우 사용자가 계약을 해지하는 등의 방법으로 노동운동을 저해할 가능성이 있으므로 노조의 설립과 존속이 어려운 편이다. 즉, 비정규직들의 노조에 대한 수요는 높지만, 노동운동에 대한 장애요인의 힘이 더 강하여 아직은 노조 조직률이 극히 낮은 현상을 보여준다(도표 3-7).

연도	임금근로자	정규직	비정규직	한시적 근로자				비전형 근로자						시간제 근로자
					기간제	반복갱신	기대불가		파견	용역	특수형태	가정내	일일근로	
2003	11.4	15.3	3.4	4.0	3.9	10.5	0.4	2.6	6.1	1.1	5.1	0.7	0.5	0.3
2004	12.4	16.6	5.2	5.9	4.9	14.9	0.8	4.2	5.1	3.4	7.5	3.1	0.4	0.5
2005	11.7	15.9	4.6	5.8	6.1	13.4	0.8	2.8	8.7	4.8	3.4	0.9	0.0	0.2
2006	11.3	15.1	4.3	5.9	4.9	15.2	1.6	1.9	5.3	4.9	0.8	0.2	0.1	0.4
2007	12.1	16.0	5.1	7.3	6.9	14.5	1.2	2.3	4.9	5.4	1.4	0.0	0.0	0.3
2008	12.8	17.0	4.4	6.4	6.9	11.2	1.2	2.4	7.2	4.0	1.9	0.0	0.5	0.3
2009	12.2	17.3	2.5	3.6	4.0	6.8	0.3	1.5	3.1	3.5	0.5	0.9	0.3	0.4
2010	11.4	15.7	2.9	4.2	3.9	12.4	0.5	1.8	4.0	4.9	0.5	0.0	0.1	0.3
2011	10.9	15.3	2.6	3.9	3.5	11.7	0.7	1.4	4.6	3.7	0.1	0.0	0.0	0.3
2012	11.6	15.8	3.0	4.5	4.3	12.2	0.8	1.6	1.7	4.9	0.0	0.0	0.0	0.3
2013	12.5	17.0	3.0	4.4	4.1	12.9	1.0	1.5	3.0	3.9	0.0	1.5	0.0	0.6
2014	12.5	17.0	3.1	4.7	4.2	11.8	1.4	1.4	4.3	3.6	0.0	1.2	0.0	0.9
2015	12.4	16.9	2.9	4.4	4.6	7.7	0.9	1.4	3.5	3.5	0.2	0.0	0.0	0.5
2016	12.0	16.6	2.6	4.1	4.0	9.3	0.6	1.1	2.8	2.7	0.0	0.7	0.0	0.6
2017	12.4	17.1	2.9	4.3	4.2	7.0	0.9	1.5	4.8	3.1	0.2	0.0	0.0	0.9
2018	12.5	17.1	3.1	4.6	4.3	9.8	0.5	1.6	3.9	4.1	0.0	0.0	0.1	0.9
2019	12.3	17.6	3.0	3.8	3.9	5.9	0.4	2.0	6.9	3.7	0.6	0.0	0.1	1.2
2020	12.3	17.6	3.0	3.8	3.9	7.9	0.5	1.6	7.2	3.7	0.0	0.0	0.0	1.4
2021	12.6	18.4	3.3	4.2	4.4	6.0	1.0	2.1	6.2	4.8	0.6	3.7	0.1	1.3
2022	12.4	17.8	3.3	4.1	4.1	5.1	2.8	2.5	6.3	4.2	2.2	2.5	0.3	1.2
2023	12.3	17.7	3.0	3.5	3.6	5.4	1.5	2.9	7.6	4.6	2.0	4.7	0.0	1.2

주: 각 근로형태의 전체 근로자 중에서 노동조합에 가입한 근로자의 비중을 의미함. 예를 들면, 2023년 기준 전체 임금근로자 중 12.3%는 노동조합에 가입하였음을 뜻함.
자료: 한국노동연구원, 2023 KLI 비정규직 노동통계(2023); 통계청, 「경제활동인구조사 근로형태별 부가조사」, 각 연도 8월.

2023년 기준 비정규직 노동자는 약 812만명으로 전체 임금 노동자(2,195만명) 중 37.0%를 차지하고 있으나 비정규직 노조의 조직률은 3.0%로 정규직 노조 조직률 17.7%의 1/6 수준에 불과하다. 비정규직 집단 중에서도 노동조합 조직률에 차이가 있다. 즉, 한시적 노동자의 노조 조직률은 3.5%이고, 이 중 고용계약 반복 갱신 집단의 조직률이 5.4%, 기간제의 조직률이 3.6로 나타난다. 비전형노동자의 노조 조직률은 2.9%인데, 이 중 파견노동자의 조직률은 7.6%로서 높게 나타나며, 가정내 노동은 4.7%, 용역 노동은 4.6%의 조직률을 보이고 있으며, 시간제 노동은 1.2%, 일일 노동은 0%에 불과한 실정이다.[29]

29 한국노동연구원, 「2023년 KLI 비정규직 노동통계」(2023).

▲ 사내하청 비정규직 노조의 시위 장면

비정규직 중에 택배기사, 대리운전기사 등 특수형태고용종사자는 2021년 노조 조직률이 0.6%로 나타났는데, 고용노동부(전국단위노조), 지방자치단체와 법원에서 노동조합 설립 인정과 노동조합법상 노동자성 인정이 늘어남에 따라 노조 조직률이 점차 증가하여 2023년 2.0%로 나타났다.

한편, 비정규직 노조의 일반적인 특징을 정리하면 다음과 같다.[30] 첫째, 거의 모든 비정규직 노조가 단체교섭의 확보를 위하여 파업을 거친 것으로 나타났다. 이는 노조가 결성되어도 사용자의 거부로 협상이 이루어지지 않기 때문에 파업을 통해야만 단체협상이 이루어지는 현실을 반영하고 있는 것이다.

둘째, 대부분의 비정규직 노조는 전략적으로 중요하지 않은 직무, 예를 들어 보조적 업무나 숙련도가 낮은 업무 등을 수행하기 때문에 교섭력이 상대적으로 약하다는 한계를 갖고 있다.

셋째, 비정규직 노조의 협상 상대방이 모호한 점이 있다. 예를 들어 원하청의 사용자가 서로 다르고, 고용주와 사용주가 다르므로 협상을 진행할 상대를 정하기도 어렵다. 따라서 효과적인 단체협상 및 단체협약 체결을 어렵게 하는 요인 중의 하나이다.

넷째, 비정규직 노조의 교섭단위와 조직단위가 불일치하는 경우가 많다. 예를 들어 전국여성노조의 경우에는 조합원이 지역적으로 산재해 있어서 이들을 고용한 수많은 사용자가 노조의 조직단위에 상응하는 전국 혹은 지역단위의 사용자단체를 구성하기가 어렵다. 따라서 노조는 지역 또는 전국적으로 조직되어 있지만 협상은 기업별로 이루어지므로 일종의 대각선 교섭을 하는 경우가 흔히 있다.

30 진숙경·김동원, "비정규직 노조의 현황과 이론적 시사점: 18개 노조 사례분석을 중심으로," 한국노사관계학회 2005년 동계학술대회.

⑤ 경영자 조직

　기업의 경영자들은 노동조합에 대해 개별적으로 대응을 하기도 하지만 단체를 결성하여 대응하기도 한다. 경영자 조직은 사업자조직(trade or business association)과 사용자조직(employers association)으로 구분할 수 있다.

사업자조직과 사용자조직

　사업자조직은 경쟁, 관세, 대정부 로비 등 기업경영상의 일반적인 문제를 다루는 조직을 의미하고, 사용자조직은 기업경영상의 고용과 노동문제를 중점적으로 다루기 위한 조직을 의미한다.[31]

　일반적으로 사업자조직이 먼저 형성되고 노동운동이 격화되는 시점에서 노동문제를 다루기 위한 사용자조직이 설립되는 경향을 보이는데 우리나라도 예외는 아니다. 한국의 경우도 전국경제인연합회, 대한상공회의소 등 사업자조직이 먼저 결성되고 노동운동이 대두되는 시점에서 사용자조직인 한국경영자총협회가 설립되었다.

　사용자조직은 국가별로 다양한 형태를 띠고 있다. 첫째, 스웨덴이나 독일 등에서는 사용자조직이 직접 단체교섭에 참가하거나 노사정협의체에서 사용자조직의 이해관계를 대변하는 등 강력한 영향력을 발휘한다. 둘째, 한국이나 일본처럼 기업별 노사관계가 주를 이루는 경우 사용자조직이 사용자를 대표하여 로비활동을 하고 각종 정보와 전문기술을 제공하는 역할을 수행하기도 한다. 셋째, 미국이나 영국처럼 사용자조직이 산별교섭에 직접 참여하지 않거나 중앙조직을 갖고 있지 않는 경우도 있다.[32]

　한편, 한국은 산별 협상이 활발하지 않았기 때문에 산별 사용자조직보다는 국가단위의 사용자조직이 설립되었으며 주로 사용자의 상호 관심사에 관해 협의하고 로비를 하는 역할을 수행하였다. 그러나 노사정위원회(현재 경제사회노동위원회)와 산별 노동조합 등이 등장함에 따라 사용자조직의 역할에 대한 관심이 높아지고 있다. 이하에서는 경영자 조직의 특성, 현황 및 성격 등에 대하여 살펴보고자 한다.

---

31 김동원·전인·김영두, 「한국의 사용자와 사용자단체에 관한 연구」(한국노총 중앙연구원, 2007), p. 289.

32 Michael Poole, Industrial Relations: Origins and Patterns of National Diversity(London and New York: Routledge & Kegan Paul LTD., 1986).

경영자 조직의 역할

경영자 조직은 정책참여, 단체교섭, 분쟁대응 및 회원서비스 등의 역할을 수행한다.

정책참여 역할

첫째, 정책참여 역할은 노동, 사회 및 경제 정책에 대한 사용자들의 입장을 정리하고 이를 사회적 협의기구(예: 경제사회노동위원회 등)나 정부와 정당 등에게 의견을 개진하면서 영향력을 행사하는 역할이다. 예를 들어 비정규직 입법안에 대한 사용자 측 요구가 이에 속한다.

단체교섭 역할

둘째, 단체교섭 역할은 단체교섭에 직접 참여하거나 또는 이를 지원하는 활동을 의미한다. 주로 산업별 교섭이나 전국단위 교섭이 이루어지는 경우 다수의 사용자를 대표하여 사용자조직이 단체교섭을 수행한다. 우리나라의 경우 금속산업노조와의 산별교섭에 참여하는 금속산업사용자협의회 등이 있다. 또한 단체교섭이 기업별로 이루어질 경우 일반적 권고나 지침, 자료 제공 및 조율 등을 통해 개별기업의 단체교섭을 지원하는 활동 등이 이루어질 수 있다.

분쟁대응 역할

셋째, 분쟁대응 역할이란 노조와의 분쟁에 대하여 상호지원,[33]파업기금을 통한 공동 방어,[34] 직장폐쇄를 통한 대응, 분쟁조정 과정에서의 사용자 대변 등의 활동을 의미한다.

회원 서비스 역할

넷째, 회원 서비스 역할이란 다양한 유형의 조사와 연구를 전담하고 회원들에게 통계, 제도분석, 정책자료 등의 각종 정보를 제공해 주는 것이다. 또한 회원사에게 단체교섭이나 인적자원관리 등에 관한 기법, 직원 훈련 등의 교육서비스를 제공하기도 한다.

경영자 조직의 현황 및 성격

경영자 조직은 사용자조직과 사업자조직으로 구분되는데, 한국경영자총협회는 사용자조직이고 전국경제인연합회, 대한상공회의소, 중소기업중앙회 등은 사업자조직이다.

---

[33] 파업이 발생할 경우, 사용자들 간에는 파업 노조원을 고용하지 않거나, 고객을 서로 빼돌리지 않거나, 재고를 비축하거나, 대금지급을 연기시켜주는 등의 지원활동.

[34] 스웨덴이나 독일 등에서는 중앙사용자조직의 정관규정에 의해 파업기금을 모았다가 파업이 발생하는 기업에게 파업기금을 보상함.

(1) 한국경영자총협회

한국경영자총협회(경총)은 우리나라의 유일한 전국단위의 사용자조직으로서 경영계의 긴밀한 제휴와 노사간의 협력체제 확립, 그리고 산업평화 정착 등을 위해 1970년 설립된 공익단체로서 노사문제에 대한 사용자 대표기구이다. 경총은 전국적으로 15개 시·도 지방경총을 두고 있으며 전국 회원 업체수는 지방 경총 회원사를 포함하여 4,253개사이다.[35]

한국경영자총협회와 별도로 광역시·도 단위로 지역경영자총협회가 구성되어 있으나 지역경영자총협회 회장은 한국경영자총협회의 이사가 되어 조직간 협조체제를 유지하고 있다. 또한 경제 5단체 및 주요 업종별 단체로 구성된 경제단체협의회 사무국이 경총 내에 운영되고 있다.

경총의 주된 사업은 사용자의 이익에 부합하는 노동법제와 노동행정, 정책 운용에 대한 방향을 제시하고, 임금교섭 준거를 제공하며, 기업의 인사노무관리 지원, 인사노무 관련 정보 제공, 국내외 교육연수 프로그램 운영, 국제노동기구(ILO) 등과의 노동외교 전개 등 다양한 분야에 걸쳐 이루어지고 있다. 경총은 한국노총, 민주노총에 대한 주된 상대역으로서 노동위원회, 경제사회노동위원회 등에서 사용자를 대표하여 활동을 하고 있다.

노사문제에 대한 사용자 대표기구

(2) 한국경제인협회

한국경제인협회(한경협)는 경제정책 및 제도개선에 관한 민간 경제계의 의견개진, 대외교류를 통한 민간 경제외교 활동을 목적으로 1961년 민간 경제인들에 의해 설립된 대기업 중심의 경제단체이다. 설립 당시 대기업을 중심으로 '한국경제인협회'로 출범하였고, 1968년 금융기관 등 회원을 크게 확보하여 명칭을 '전국경제인연합회(전경련)'로 변경하였으나 2023년 9월 '한국경제인협회'로 다시 명칭을 변경하였다. 회원사는 제조업, 금융, 건설 등 전국적인 업종별 단체를 포함하여 우리나라의 대기업·중견기업 등 420여개사로 구성되어 있다.[36] 전경련은 주로 대기업들의 이해관계를 대변해 왔으며, 노동문제에 있어서도 같은 경향을 보이고 있으나 그 기능과 역할이 축소되었다.

경제정책 및 제도개선에 관한 민간 경제계의 의견개진, 민간 경제외교 활동을 목적으로 설립된 경제단체

35 kefplaza.com, 2024년 12월.
36 fki.or.kr, 2024년 12월.

(3) 대한상공회의소

경제 현안 및 업계 실태조사, 회원 기업의 권익 대변, 정책건의 및 국제교류 확대 등을 목적으로 설립된 법정 민간단체

대한상공회의소(대한상의)는 경제 현안 및 업계 실태조사, 회원 기업의 권익 대변과 상공업계의 정책건의 및 국제교류 확대 등을 목적으로 설립된 법정 민간단체로서 그 역사는 1884년부터 시작되었다. 회원사로는 73개 지역상공회의소, 103개 단체 및 협회, 17만여 개의 회원업체(법인 및 개인사업자) 등으로 구성되어 있다. 대한상의는 전국 지방상공회의소의 운영 및 사업을 종합·조정하고 그 의견을 대표하며, 국내외의 경제단체와 상호 협조하고 있다.[37] 대한상의에서는 회원사를 위해 주요 경제현안 대응, 기업 관련 법·제도 개선, 조사연구, 경영능력 향상을 위한 교육, 포럼·세미나 개최, 경제정책 정보 제공, 국제교류 협력 등 서비스를 제공하고 있다. 대한상의 역시 노동문제에 대한 회원사들의 입장을 대변하고 있다.

(4) 중소기업중앙회

중소기업의 이익을 대변하기 위하여 설립한 경제단체

중소기업중앙회(중기중앙회)는 업종별로 조직화된 각급 협동조합을 중심으로 전체 중소기업의 이익을 대변하기 위하여 설립한 경제단체로서 1962년에 설립되었다. 중기중앙회는 본부 조직과 15개 지역본부를 통해 업무를 수행하고 있다. 전국에 연합회, 전국조합, 지방조합, 사업조합, 관련 단체를 포함하여 총 조합수가 630개이며, 조합원수(기업과 개인사업자)는 약 69만 개에 이른다.

이 조직의 주요 목적은 중소기업의 이익을 대변하기 위하여 중소기업 정책개발과 조사연구, 협동조합 지원, 소부장기업기술지원, 스마트공장 지원, 공제사업, 외국

도표 3-8 경영자 조직 현황

구분	단체명	설립년도	구성(회원사)	목적 및 활동
사용자 조직	한국경영자 총협회	1970년	4,253개사 (지방경총 회원사 포함)	사용자의 이익대변, 협력적 노사관계 구축, 기업의 인사노무관리 지원, 인사노무 관련 정보 제공, 국내외 교육연수 프로그램 운영, 국제교류 협력 등
사업자 조직	한국경제인 협회	1961년	420여개사 (단체회원 포함)	대기업 등 이익대변, 경제정책 및 제도개선에 관한 의견 개진, 국제교류 촉진 등
	대한상공 회의소	1884년	73개 지역상공회의소	주요 경제현안 대응 및 기업 관련 법·제도 개선 요구, 업계 실태에 관한 조사연구, 교육연수, 경제정책 정보제공, 국제교류 협력 등
	중소기업 중앙회	1962년	630개 조합(단체 포함)	중소기업의 이익대변, 중소기업 정책개발과 정책건의, 조사연구, 협동조합 지원, 기술지원, 공제사업, 외국인력 고용지원, 판로지원, 국제통상 지원 등

자료: www.kefplaza.com, www.fki.or.kr, www.korcham.net, www.kbiz.or.kr(2024년 12월).

37 korcham.net, 2024년 12월.

인력 고용, 판로 지원, 국제통상 지원 사업 등을 수행하고 있다.[38] 노동문제에 관련하여 중소기업중앙회는 중소기업의 입장을 대변하는 역할을 하고 있다.

이상의 경영자 조직을 정리하면 〈도표 3-8〉과 같다.

6 정부

정부는 노동조합과 사용자와 더불어 고용관계 시스템의 한 축을 담당하고 있다. 자본주의의 발전이 이루어지면서 고용관계에 있어서 정부의 역할이 중요하게 되었고, 최근 선진국을 중심으로 노동조합 조직률이 하락하면서 정부가 개별 노동자를 보호하기 위한 입법을 하는 추세이므로 정부의 역할은 더욱 커지고 이에 따라 노사에게 미치는 영향력도 크다. 이하에서는 우리나라의 고용관계 시스템에서 정부의 역할에 대하여 살펴보고, 고용노동부, 노동위원회와 경제사회노동위원회 등 노동행정 조직에 대하여 설명하기로 한다.

6.1 정부의 역할

고용관계에 있어서 정부의 역할은 크게 4가지로 구분할 수 있는데 각각을 살펴보면 다음과 같다.[39]

첫째, 사용자로서의 역할이다. 정부는 공무원과 공공부문 노동자 등을 고용하여 사용자로서의 역할을 수행하고, 법령을 준수하며 정부의 고용정책을 실제로 집행하면서 민간부문의 사용자에게 모범을 보여야 하는 역할을 한다. 특히 최근 민간부문에 비해 상대적으로 높은 공공부문의 노동조합 조직률, 구성원간의 동질성, 안정된 재정 등을 기반으로 고용관계에서 공공부문의 비중이 커지는 상황에서 사용자로서 정부의 역할은 점점 더 중요해지고 있다. 특히, 프랑스, 남아프리카공화국 등 공공부문의 비중이 큰 나라에서는 사용자로서의 정부의 역할이 매우 중요하다.

둘째, 집단적 노사관계의 절차와 게임의 법칙을 정하는 역할을 수행한다. 노동

사용자로서의 역할

집단적 노사관계의 절차와
게임의 법칙을 정하는 역할

38 www.kbiz.or.kr, 2024년 12월.
39 Richard Hyman, "The State in Industrial Relations," in The Sage Handbook of Industrial Relations, ed. Paul Blyton, Edmund Heery, Nicolas Bacon and Jack Fiorito(Sage Publications Ltd., 2008), pp. 258-283.

조합과 사용자는 협상력을 사용하여 단체협상, 단체행동 등을 통해 임금 및 노동조건을 정하게 된다. 이 과정에서 정부는 노사간의 갈등이 과도하게 흐르지 않도록 게임의 룰을 정하는 역할을 하게 된다. 즉 정부는 노사간의 협상을 주로 하는 집단적 고용관계 전반에 대한 원칙과 절차를 정립하는 역할을 한다.

개별 고용관계에 관한 고용기준 설정 역할

셋째, 개별 고용관계에 관한 노동기준 설정 역할이다. 정부는 노동시간, 최저임금, 개별 해고 또는 정리해고, 건강 및 안전 등과 같은 고용관계에 있어서 개인의 법적 권리에 대한 사안에 대하여 기본적인 노동기준을 정하게 된다. 만약, 노동자 개인이 사용자와 개별적으로 교섭한다면 공정한 교섭결과를 기대하기 어려울 것이다.

특히, 노동조합이 존재하지 않는 사업장의 경우 개별 노동자의 권익은 대부분 정부의 법령에 의존할 수밖에 없다. 인간의 삶을 영위하는 데 필요한 최소한의 조건, 예를 들어 최저 소득수준(최저임금)의 확보, 질병·산업재해·노령·실업 등 고용관계에서 나타날 수 있는 불안의 해소(4대 보험) 등을 위해 정부가 법제화를 하거나 지원·혜택 방안을 마련하여 노동자가 최소한의 노동복지 혜택을 볼 수 있도록 하는 역할을 한다.

거시경제적 역할

넷째, 거시경제적 관점에서 노동시장의 수요공급을 조정하여 노동시장의 안정을 지원하고 인력의 취업역량을 함양하는 역할이다. 노동시장의 안정을 위해 정부의 재정·금융정책과 더불어 중앙은행의 금리정책 등을 적절하게 운영하여 노동시장을 안정시키는 역할을 수행한다. 또한, 국가경제발전을 위해 필요한 인력의 수급조절이 중요하다. 지식정보화 사회, 4차산업혁명 시대에서는 양적인 인력 확보뿐만 아니라 질적인 역량의 개발이 중요하다. 즉 국가의 인적 자원에 대해 새로운 취업역량(employability)을 개발하고 향상시키는 것이 정부의 역할이라고 할 수 있다.

6.2 정부 조직 현황

(1) 고용노동부

현재 정부 조직 중 노동행정을 책임지고 있는 기구는 고용노동부이다. 1963년 노동청으로 시작하여 1981년 노동부로 승격하였고, 2010년에 고용노동부로 개칭하였다. 고용노동부는 고용정책, 고용서비스, 청년·여성고용, 고령사회인력정책, 직업능력정책, 노사관계, 근로기준, 산업안전보건 및 국제협력 등의 업무를 수행하고 있다. 소속기관으로는 서울, 부산, 대구, 중부, 광주, 대전 지방고용노동청 등 6개 지방청이 있고, 40개 지청 및 2개 출장소가 있다. 한편 노동위원회, 최저임금위원회, 산업재해보상보험재심사위원회 등 위원회가 있다.

산하기관으로는 근로복지공단, 한국안전보건공단, 한국산업인력공단, 한국장애인고용공단, 한국고용정보원, 한국폴리텍대학, 한국기술교육대학교, 노사발전재단, 건설근로자공제회, 한국사회적기업진흥원, 한국잡월드, 한국고용노동교육원 등 12개가 있다.[40]

(2) 노동위원회

노동위원회는 1953년 노동위원회법에 따라 설치되어 노동관계의 안정과 발전을 위해 조정과 판정업무를 독립적으로 수행하는 준사법적 기관으로서 공익위원, 근로자위원, 사용자위원으로 구성된 합의제 행정기관이다.

노동위원회 조직은 중앙노동위원회, 지방노동위원회(제주 포함 13개) 및 특별노동위원회(선원노동위원회)로 구성되어 있다. 위원회의 사무를 지원하기 위해 사무처(중노위)와 사무국(지노위)을 두고 있다. 개별 사건에 관한 회의에는 공익위원, 근로자위원, 사용자위원이 함께 참여한다.

주요 업무는 노동쟁의에 대한 조정, 부당해고와 부당노동행위 등에 대한 심판, 비정규직 노동자 등에 대한 차별시정 등이다. 노동쟁의 조정은 임금 등 노동조건에 대해 교섭이 결렬되어 노동쟁의 상태인 노사가 신청하며, 조정절차를 거쳐야만 적법한 쟁의행위(파업)가 가능하다. 그 외 집단적 노동분쟁과 관련하여 중재, 필수유지업무 결정, 긴급조정 등의 업무를 수행하며, 복수노조 교섭창구 단일화 등과 관련된 결정도 한다.

▲ 고용노동부와 중앙노동위원회 전경(세종특별자치시)

한편, 노동자 또는 노동조합이 부당해고, 부당징계, 부당노동행위 등에 대해 심판을 청구하면 위원회에서 이에 대한 판정을 하거나 화해를 권고한다. 그리고 비정규직 노동자가 임금 등 노동조건에서의 차별적인 처우에 대한 시정을 신청하면, 차별적 처우가 있다고 판단하는 경우 시정명령을 내린다.[41]

(3) 경제사회노동위원회

경제사회노동위원회는 노사정협의기구로서 1998년 설립된 노사정위원회에서 그 기원을 찾을 수 있다. 처음의 노사정위원회는 모든 경제주체의 참여와 협력을 통해 외환위기를 극복하자는 국민적 바람에 힘입어 발족하였다. 제1기 노사정위원회

---

40 고용노동부 홈페이지(moel.go.kr) 참조.
41 중앙노동위원회 홈페이지(nlrc.go.kr) '위원회 소개' 참조.

는 경제위기의 와중에 결성된 후 1998년 2월 6일 정리해고와 노동기본권 보장을 교환하는 성공적인 사회적 협약을 이끌어 내어 경제위기 극복에 기여하였다.

▲ 지속가능한 일자리와 미래세대를 위한 노사정 사회적 대화 합의(2024년 2월 6일)

그러나 제2기(1998년 6월), 제3기(1999년 9월)부터는 공무원노동조합, 노동시간 단축 등 사회적으로 중요한 사안에 대하여는 장기간의 논의에도 불구하고 거의 합의를 하지 못하다가 2004년 2월 '일자리 만들기 사회협약'을 체결하였다.

2007년 4월부터 경제사회발전노사정위원회로 개편하여 제4기 노사정위가 활동하였다. 2009년 2월에는 '경제위기 극복을 위한 노사민정 합의문'을 체결하였으며, 2015년 9월에는 '노동시장 구조개선을 위한 노사정 합의문'을 체결하였다. 그러나 2016년 1월 한국노총이 노사정 합의 파기를 선언하면서 노사정위 불참선언을 하였다.

그 후 2018년 6월에 '경제사회노동위원회'로 명칭을 변경하고 2018년 8월에 '취약계층의 소득보장 및 사회서비스 강화를 위한 합의문', 2020년에 '코로나19 위기 극복을 위한 노사정 협약'을 발표하였다. 2021년에는 '근로자 대표제도 개선에 관한 노사정 합의', '공공기관의 지속가능한 발전을 위한 합의'(공공기관 노동이사제 포함) 등 6개의 합의문을 의결하였다.

또한, 2022년에는 가사 · 아이돌봄 산업생태계 조성과 종사자 보호 확대를 위한 합의문, 대리운전업의 지속가능한 산업생태계 조성과 대리운전 종사자 보호 확대를 위한 합의문을 의결하였고, 2023년에는 중대재해 예방을 위한 노사정 합의문을 의결하였으며, 2024년 2월에는 지속가능한 일자리와 미래세대를 위한 사회적 대화의 원칙과 방향 선언문을 채택하였다.[42]

현재 한국노총은 사회적 대화에 참여하고 있으나 민주노총은 참여하지 않고 있으며, 본위원회, 의제별 위원회, 업종별위원회, 특별위원회, 계층별 위원회 등을 운영하고 있다.[43]

---

42 경제사회노동위원회, 「한국의 사회적 합의: 1993. − 2024. 3.」(2024).
43 경제사회노동위원회 홈페이지(eslc.go.kr) 참조.

현대중공업노동조합

현대중공업의 노사관계 개관[44]

한국의 노사관계를 대표해왔다고 평가받는 현대중공업의 노사관계는 대립과 갈등, 참여와 협력의 노사관계의 모습을 모두 보여 주고 있다. 여기에서는 1987년 노동조합 설립 이후의 노사관계를 개관하기로 한다.

1987년 6.29 선언 이후 민주화 바람에 힘입어 7월 21일 현대중공업 노동조합이 설립되었으나 어용노조 퇴진 등을 요구하며 7월 28일 총파업에 돌입하여 56일간 파업이 지속되었다. 노조는 포크레인 등 중장비를 동원하여 가두 행진을 하던 중 시청 방화사건이 발생하여 노조간부가 구속되기도 하였으며, 9월 19일 조업 정상화 합의에 따라 파업이 종료되었다.

1988년에는 단체교섭을 하면서 해고자 복직 문제 등 쟁점에 대해 합의에 이르지 못하고 12월 12일 전면 파업에 들어가 회사 측 강경대응, 재야단체 등 연대투쟁, 공권력 투입 등의 과정을 겪으면서 1989년 3월까지 128일간 파업이 지속되었다. 이후 1990년에는 노조위원장이 구속 노조원 석방 투쟁 등으로 인해 취임식도 못하고 구속되는 상황이 벌어졌고, 노조는 노동운동 탄압 중지 등을 요구하며 2주간 '골리앗 총파업'을 벌였으며, 공권력이 투입되어 파업이 종료되었다.

한편, 1993년 11월 강성인 이갑용 집행부가 당선된 이후, 노조는 부분파업을 벌였으나 회사 측은 직장폐쇄 등 강경조치를 취했고, 노조는 골리앗 크레인과 LNG 선에서 63일간 파업투쟁을 벌였다. 노조 집행부에 대해서는 구속영장이 발부되었고, 파업 참가자에 대해서는 무노동무임금 원칙이 철저하게 적용되었다. 1987년부터 1994년 대립과 투쟁의 노사관계를 겪으면서 수주계약을 파기당하는 상황 등이 발생하였고 노조원들 사이에서는 투쟁적 노사관계가 기업을 망하게 할 수도 있다는 인식이 퍼졌으며, 노동조합에서 이탈하는 노조원들도 발생하였다.

1995년에는 노조 집행부 내부에서 쟁의 발생 결의 등을 둘러싸고 갈등이 발생하였고, 23회의 단

---

44 김동원 외 11인, 한국 우량기업의 노사관계 DNA(박영사, 2008); 전국금속노동조합 현대중공업지부 홈페이지(hhiun.or.kr); 한국경제신문, 올 들어서만 다섯 번째, 현대중 노조, 11일부터 또 파업, 2018-10-10; 현대중공업 잇단 수주에도 구조조정, 주간경향 1299호, 2018-10-22; 파이낸셜뉴스, "현대중, 법인분할 문제없다". 대우조선 기업결합 법적 다툼 일단락, 2020-4-20; 연합뉴스, 현대重 그룹, 20년만에 그룹명 바꿨다... 'HD현대'로 새출발, 2022-12-26 등을 참조하여 재구성. 노동조합의 연혁과 조직구성은 노동조합 홈페이지 등 참조하여 작성함.

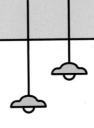

체교섭 후에 노조 설립 이후 처음으로 무쟁의로 단체교섭을 타결하였다. 1996년 집행부 투쟁에는 노조원의 참여가 저조하였고, 1996년 말의 노동법 개정 투쟁에 참여한 노조원에게는 성과급을 지급하지 않는 등 회사 측이 원칙적인 강경대응을 하였다.

1998년 IMF 외환위기 상황을 맞으면서 노조위원장이 수주를 위해 프랑스나 인도를 가기도 했다. 이러한 사측에 협조적인 노조집행부에 대해 반발하면서 1999년 12월 출범한 집행부는 강성기조를 내걸었으나 회사 측은 임단협 교섭에 성의있게 임하지 않고, 노조는 교섭위원 선임에 애로를 겪는 등의 상황에서 2000년과 2001년 임단협이 체결되었다. 이후 2001년 강성 집행부가 당선되었으나 노조 창립 기념품 등을 둘러싼 비리사건이 발생하여 2002년 7월 사퇴하였다. 1995년부터 2002년까지는 노조내부의 갈등, 노조원의 참여 저조, 회사 측의 강경대응 등으로 인해 갈등적인 노사관계가 진행되었지만 파업 없이 임단협이 타결되었다.

2002년 10월에 실리적인 노조 집행부가 들어서면서 노사협력의 분위기가 조성되었다. 2003년 7월에 갈등적인 노사관계를 끝내고 정규직 노조와 동반자로서 관계를 다지는 '현중가족 한마당 큰잔치'가 개최되었다. 사측은 정규직 노동조합과 우호적인 관계를 맺는 반면 비정규직(사내하청) 노조를 무시하거나 배제하는 정책을 펴왔고, 2004년에는 현대중공업의 정규직 노조가 하청기업 노조 파업을 둘러싸고 금속노조와 갈등이 발생하여 금속노조로부터 탈퇴하였다. 이후 현대중공업의 정규직 노조와 사용자측은 협력적인 노사관계를 유지하여 2007년 3월 '노사공동선언문'을 발표하였고, 2009년 10월에는 노사문화대상 대통령상을 시상하기도 하였으며, 2013년까지 19년 연속 무분규로 임단협을 마무리하는 기록을 세우기도 했다.

그러나 2013년 정규직 노조에서 강성 노조 집행부가 출범한 이후 임단협 교섭이 결렬되어 2014년 11월과 12월에 파업을 하였으며, 2015년 8월에 임투 승리 및 노동시장 개악 저지 등을 내세우며 파업 출정식을 하였고, 9월에는 조선업종 노조연대 파업 집회에 참여하기도 하였다. 2015년 이후 세계 경제의 침체와 선박 '수주 절벽'으로 인한 일감 축소, 국제 유가의 하락과 이로 인한 해양플랜트 부문의 적자 등으로 조선업의 불황이 심화되었다. 따라서 현대중공업은 2015년 과장급 이상 사무직 등을 대상으로 희망퇴직을 시작한 이후 2016년 임원 25%를 줄이고, 2018년에도 사무직(10년 이상 근속자)과 생산직을 대상으로 희망퇴직을 실시하고 특히, 해양사업부의 노동자에 대해서는 구조조정을 진행하였다.

현대중공업은 해양플랜트 사업과 관련하여 2014년 11월 아랍에미리트(UAE)로부터 나스르 원유생산설비를 수주한 이후 2018년 8월 공사가 완료됨으로써 해양사업본부의 일감이 더 이상 없게 되었다. 따라서 현대중공업은 2018년 10월 해양사업본부 유휴인력 1,200여 명에 대한 '기준미달 휴업수당승인(평균임금의 40%만 지급)'을 울산지방노동위원회에 신청하였으나 승인을 받지 못하였다(통상적인 휴업수당은 평균임금의 70%). 현대중공업은 경영상황이 악화되면서 사내하청에 대한 계약해지분아니라 정규직에 대한 구조조정도 실시하였다. 2018년 7월 현대중공업의 정규직노조와 사내하청 노조 등 4개 노조는 구조조정에 공동대응하기 위하여 원하청통합노조를 결성함으로써 1사1노조 체제가 되었다. 하지만 단일노조하에서도 직종간 처우 차별 등에 대한 불만은 여전히 존재하는 것으로 알려졌다. 그 후 현대중공업통합노동조합은 희망퇴직과 해양사업본부 조직축소 등에 반대하면서 2018년에만 5차례의 파업을 실시하였다.

2019년 5월 현대중공업그룹은 대우조선해양을 인수합병하면서, 현대중공업을 한국조선해양(중간지주회사)과 현대중공업(사업회사)으로 물적 분할을 진행하였다. 이와 관련하여 노동조합의 주주총회장 점거농성, 폭력행위, 징계해고 등 노사간의 극한 갈등이 발생하였다. 노동조합은 2019년 5월 사측과 임금협상 상견례를 한 후 계속 교섭을 진행하였으나 2020년, 2021년에 걸쳐 부분파업, 전면파업 등을 거친 후에 2년이 지난 2021년 7월에 임단협을 타결하였다. 그리고 2021년, 2022년 단체교섭은 파업 없이 타결되었다.

한편, 2022년 12월 현대중공업그룹은 그룹명을 'HD현대'로 변경하고, 조선해양 뿐만 아니라 에너지, 산업기계 분야 등에서 인류의 미래를 선도하겠다는 비전을 제시하였다.

2024년 11월 HD현대중공업 노사는 임금 및 단체협약 교섭을 체결함으로써 3년 연속 연내 임단협 연내 타결에 성공하였다. HD현대중공업노조는 단체교섭 중에 부분파업을 벌이고 노사간 물리적 충돌이 발생하였으나 노사는 조선업 경기 회복세를 놓치지 않고 재도약의 기회로 삼아야 한다는 데 대해 공감대를 형성하고 임단협 타결에 이르렀다.

▲ 현대중공업 전경(울산광역시)

현대중공업 노동조합의 연혁

- 1987년 7월 21일: 사측 주도하에 권○○ 외 50여 명이 모여 노조설립 기습 신고
  7월 28일: 11인 민주노조 대책위 주도로 어용노조 퇴진, 직원의 기본생활 개선 등을 17개항 요구사항으로 내걸고 총파업 시작(총 56일 파업)
  * 1987년 7월, 8월 노동자 대투쟁이 전개되었으며, 전국적으로 확산
  8월 14일: 2대 이형건 집행부 출범
  8월 18일: 현중노조를 포함한 계열사 4만여 명이 울산공설운동장까지 가두시위
  9월 2일: 임금협상 결렬로 포크레인, 트랜스포터 등 중장비를 앞세우고 시청까지 가두 진출(거리 약 14km)
  9월 6일: 임투관련 이형건 외 30여 명 구속
  9월 19일: 조업정상화 합의서 작성(구속자 석방, 임금인상, 단체협약 등을 빠른 시일 내에 한다는 합의)
- 1988년 2월 11일: 3대 서태수 위원장 당선, 다음날 서태수 위원장 교통사고
  4월 19일: 심재경 직무대행 임금협상 직권조인
  12월 12일: 총파업 돌입(해고자복직 및 단체협상요구, 어용노조퇴진 서울상경투쟁 전개), 1989년 3월까지 128일간 파업 투쟁 전개
- 1989년 2월 21일: 폭행사건 발생
  3월 24일: 회사 측 55명 해고
  3월 30일: 1만 5천 명 공권력 투입하여 강제해산
  4월 28일: 4대 송명주 노조 집행부 출범
  8월 12일: 임금협상 및 해고자복직 협상으로 정리
- 1990년 1월 20일: 5대 이영현 노조 집행부 출범
  2월 9일: 구속자 석방 투쟁으로 취임식도 못하고 이영현 위원장 구속
  4월 25일: 골리앗 총파업(임·단협 성실교섭 요구와 노동운동 탄압 중지 요구)
  4월 28일: 공권력 투입(1만 5천 명)
  5월 10일: 골리앗 농성 해제
  9월 11일: 임금협상 합의
- 1993년 3월 31일: 노조 민주화투쟁 전개
  5월 26일: 7대 윤재건 노조 집행부 출범
  6월~8월: 현총련, 임·단협 공동투쟁 전개
  11월 24일: 8대 이갑용 노조 집행부 출범

- 1994년　6월~8월: 골리앗 및 LNG선상 63일 파업투쟁 전개
  (임·단협 성실 교섭 요구와 직장폐쇄 철회 투쟁)
  11월 29일: 9대 윤재건 노조 집행부 출범
- 1995년　6월 16일: 단체 교섭을 무분규 상태에서 협상으로 마무리
- 1996년　1월 10일: 10대 김임식 노조집행부 출범
  4월 26일: 단체협상 시작한 이후 단협, 월급제, 임금투쟁 실시
  7월 11일: 부분파업, 잔업금지 등 실시
  9월 20일: 잠정합의안 총회 가결
  12월 26일: 날치기 노동법 통과 항의 파업
- 2000년　7월 3일: 2000년 임·단협 상견례
  11월 28일: 조합텐트 철거(해고자), 22차 단협교섭 재개
- 2004년　2월 14일: 비정규직원인 인터기업의 노동자 분신자살
  3월 26일: 금속연맹 중앙징계위원회가 비정규직원 분신자살에 대한 현대중공업 노
  조의 미온적 대처를 문제 삼아 현중노조 제명을 결의
  4월 8일: 주 5일제 관련 정규직 노조와 사용자 간 잠정합의
  5월 20일: 2004년 단·임협 교섭 상견례
  7월 20일: 2004년 단·임협, 조합원 총회에서 가결(54.8% 찬성)
  9월 15일: 금속연맹 현대중공업노조 제명
- 2007년　3월 22일: 노사공동선언문 선포
  6월 7일: 2007년 단협 요구안 전달식
  7월 24일: 2007년 단체협약, 조합원 총회에서 가결(55.7% 찬성)
- 2009년　3월 12일: 2009년 임금인상 위임 전달식
  7월 16일: 2009년 임금인상 회사 제시
  10월 19일: 현대중공업 노·사 노사문화대상 대통령상 시상
  10월 23일: 현중노조 18대 임원선거(오종쇄 위원장 후보 당선, 63.7%)
- 2012년　4월 18일: 노사파트너십 협약식
  5월 22일: 2012년 단·임협 요구안 전달식
  7월 19일: 2012년 단·임협 조합원총회(78.8%) 가결
- 2013년　5월 19일: 2013년 임금협상 출정식 및 요구안 발송식
  7월 18일: 2013년 임금협상 조합원 총회 가결(57.1% 찬성)
  19년 연속 무분규 타결
  10월 17일: 현중노조 제20대 임원 선거(정병모 위원장 후보 당선, 52.7%)

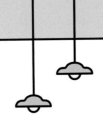

- 2014년 　4월 18일: 2014년 임·단협 요구안 발송식
  10월 23일: 2014년 조합원 쟁의행위 찬반투표 결과 공고(55.9% 찬성)
  11월 27일: 1차 파업(오후 4시간)
  12월 4일: 2차 파업(반차 거부)
- 2015년 　2월 17일: 2014년 임·단협 최종 단체협약 체결
  4월 10일: 2015년 임금 협상 요구안 전달식
  7월 23일: 2014년 조합원 쟁의행위 찬반투표(59.5% 찬성)
  8월 26일: 파업 출정식(2015 임투 승리, 노동시장 구조개악 저지)
  9월 27일: 조선업종 노조연대 파업 집회
  10월 28일: 현중노조 제21대 임원 선거(백형록 위원장후보 당선, 61.4%)
- 2016년 　4월 7일: 2016년 임·단협 요구안 전달식
  7월 16일: 조합원 쟁의행위 찬반투표(60% 찬성)
  7월 19일 이후: 전면 파업 및 부분 파업
  12월 26일: 민주노총 금속노조 가입(전국금속노조 현대중공업 지부)
- 2017년 　2월 23일 이후: 전면 파업 및 부분 파업
  5월 22일: 2017년 임금협상 요구안 전달식
  9월 4일: 중앙노동위원회에 노동쟁의조정 신청(조정중지 결정)
- 2018년 　2월 13일: 2016년 임·단협, 2017년 임협 체결
  4월 19일: 2018년 임·단협 요구안 전달식
  4월 24일: 조합원 쟁의행위 찬반투표(52% 찬성)
  7월 13일 이후: 전면 파업 및 부분 파업
  7월: 4개 노조가 통합하여 1사 1노조로 원하청 통합노조 체제 출범
- 2019년 5월 2일 임금협상 상견례, 2019년에 미타결
  5월 31일 현대중공업 물적분할 관련 주주총회 진행, 노조 점거 농성
- 2020년 3월 20일, 5월 28일: 전 조합원 파업, 부분파업 진행
- 2021년 3월 19일, 4월 23일, 5월 26일: 전 조합원 오후 4시간 파업
  7월 6일, 12~16일: 전면파업, 노조 지부장 고공농성 돌입
  7월 16일: 2019년, 2020년 임단협 3차 잠정합의안 찬반투표(63.09% 찬성)
  11월 12일: 2021년 단체교섭 관련 쟁의행위 찬반투표(90.82% 찬성)
- 2022년 5월 27일: 2021년 단체교섭 3차 잠정합의안 찬반투표(62.87% 찬성)
  10월 26일: 2022년 단체교섭 관련 쟁의행위 찬반투표(94.03% 찬성)
  12월 15일: 2022년 단체교섭 2차 잠정합의안 찬반투표(57.47% 찬성)

- 2023년 4월 20일: 2023년 단체교섭 요구안 확정 임시대의원 대회 개최
  7월 11일: 2023년 단체교섭 관련 쟁의행위 찬반투표(95.9% 찬성)
  9월 7일: 2023년 단체교섭 2차 잠정합의안 찬반투표(58.52% 찬성)
- 2024년 4월 18일: 2024년 단체교섭 요구안 확정 임시대의원 대회 개최
  7월 24일: 2024년 단체교섭 관련 쟁의행위 찬반투표(94.69% 찬성)
  11월 21일: 2024년 단체교섭 2차 잠정합의안 찬반투표(59.17% 찬성)

현대중공업노동조합(전국금속노동조합 현대중공업지부)의 조직 구성

- 총회: 조합원 최고의결기구로서 조합원 전원으로 구성
- 대의원대회: 대의원은 조합원 100명 단위로 1명씩 선출
- 운영위원회: 조합 임원 전원과 대의원 중 조합원 총회에서(대의원회) 선출된 25명 이내의 운영위원으로 구성
- 집행부: 조합의 업무집행을 위하여 8실을 두고 각 실에는 실장 1명과 약간 명의 부장을 둘 수 있음. 8실은 정책기획실, 조사통계실, 재정후생복지실, 조직쟁의문화실, 고용법률실, 노동안전보건실, 선전편집실, 교육강화실
- 노동문화정책연구소: 현장중심의 노동운동 정책과 중장기 정책 개발능력을 강화하고, 대내외 노동환경 변화를 분석하여 노동조합의 발전을 도모하기 위해 설치
- 회계 감사: 조합의 재산 및 예산집행 사항을 매 분기별로 감사하여 그 결과를 위원장에게 통보한 후 총회(대의원회)에 보고

토의과제

1. 현대중공업의 노사관계는 1987년 노조설립 이후 갈등 → 협력 → 갈등 → 협력으로 변천하여 왔다. 이러한 노사관계 변천의 원인으로 어떠한 변수들이 작용하였는지 설명하라.
2. 현대중공업의 사용자가 정규직 노조와 비정규직 노조에게 각각 어떻게 다르게 대응했는지 설명하라.
3. 현대중공업의 정규직 노조와 비정규직 노조간의 관계가 어떻게 변화해 왔는지 설명하라.

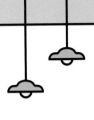

CHAPTER
04

단체교섭과 단체협약

Employment Relations

Employment Relations

고용관계론

한화오션 거제조선소 사내하청의 단체교섭

2020년 이후 조선소의 경기가 본격적으로 회복되었지만 정작 일할 사람이 부족하다는 기사가 많았다. 2016년 조선업의 불황으로 인해 건설업 등으로 이동한 기능 인력들이 선박 수주가 다시 늘어난 이후 돌아오지 않고 있다는 것이었는데 여기는 조선업의 독특한 생산인력 구조가 주된 원인이었다. 조선소에서 배를 직접 건조하는 인력의 약 80%가 원청이 아닌 하청 소속으로 이들은 원청의 정규직 생산 인력에 비해 고용이 불안하고 임금도 낮았다. 하청 소속의 노동자들은 원청 정규직과 비교하여 비슷한 일을 하거나 심지어 더 힘들고 위험한 일을 하더라도 원청 정규직에 비해 턱없이 임금이 낮았고 이러한 이유로 조선업 경기가 회복될 무렵 한화오션(옛 대우조선해양) 하청노동자들은 2022년 도크를 점거하고 51일 동안 파업을 벌이기도 했다.

2024년 한화오션 거제조선소 사내하청 노동자들이 속한 금속노조 거제통영고성조선하청지회는 임금인상과 처우개선 등을 요구하며 원청인 조선소 사측에 교섭을 요구했지만 원청과의 교섭은 이루어지지 않았다. 원청인 한화오션은 하청노동자와 고용관계를 가지고 있지 않기 때문에 교섭의무가 없다는 입장이다. 이에 대해 노동조합은 원청이 하청노동자의 임금이나 노동조건 전반에 대해 실질적인 지배력을 가지고 있기 때문에 원청이 직접 교섭에 나서거나 원청기업과 하청기업이 공동으로 교섭에 임해야 한다는 입장이다.

노사 양측의 입장 차이에 대해 중앙노동위원회는 하청노동자는 보호의 필요성이 있지만 조선소 원청이 사용자로서 교섭의무가 있는지에 대해서는 조심스러운 입장이다. 중앙노동위원회와 법원은 CJ대한통운의 택배기사에 대해서는 원청이 실질적인 지배력을 가지고 있다고 보고 교섭의무를 가진다고 보았는데, 조선소 사내하청 노동자들에 대한 원청의 실질적인 지배 여부에 대해서는 다소 소극적인 견해를 유지했다.

원청기업과 하청노동자 간 단체교섭을 둘러싼 갈등은 비단 조선소만이 아니라 자동차, 철강 등 다른 제조업이나 유통, 판매와 같은 서비스업 그리고 도로공사, 인천국제공항공사와 같은 공공기관에 이르기까지 민간과 공공 구분 없이 늘어났다. 이에 국회는 노동조합법 2와 3조를 개정하여 원청기업이 실질적이고 구체적인 지배개입을 한다고 교섭의무를 가질 수 있다는 법률을 발의하여 본회의에서 통과되었으나 대통령에 의해 거부되어 현재 논의가 진행 중이다. 2024년 12월 금속노조 거제통영고성조선하청 지회는 최근 원청이 빠진 사내협력사들과 공동교섭을 재추진하였으나 사내하청기업들

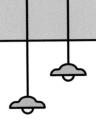

은 지불능력이 낮고 기업규모도 영세하여 실실적인 논의가 이루어지지 못했고 끝내 단체교섭은 중단되었다.

우리나라는 대기업을 중심으로 한 경제구조가 발달해 있으나 기업규모 간 임금을 포함한 노동조건의 격차가 커서 원·하청 간 상생과 협력이 강조된다. 따라서 지불능력이 높고 사내하청 기업에 대한 실질적인 지배력을 가지는 원청기업에 대한 공동사용자로서의 책임제기는 당분간 계속될 것으로 보인다.

위의 사례에서 보듯이 단체교섭과 이를 통한 단체협약의 체결은 기업과 노동조합 모두에게 매우 중요한 과정이며 노사 양측이 논의를 통하여 쟁점을 해결할 수 있는 방안이다. 본 장에서는 노동조합과 사용자의 전략을 살펴보고 노동조합의 주된 기능으로서 단체교섭과 단체협약의 유형, 절차 및 내용 등 최근에 대두되고 있는 쟁점에 대하여 학습하고자 한다.

 # 단체교섭

단체교섭(collective bargaining)이란 고용되어 있는 노동자들이 노동조합이라는 교섭력을 바탕으로 임금을 비롯한 노동자의 노동조건의 유지·개선과 복지증진 및 경제적·사회적 지위향상을 위하여 사용자와 교섭하는 것을 의미한다. 즉 단체교섭은 노동조합이 노동자들의 경제적 지위향상을 도모할 목적으로 사용자 또는 사용자 단체와 단결(solidarity)의 힘을 배경으로 교섭하는 것을 말한다. 이하에서는 노사가 단체교섭을 어떤 순서에 따라 진행하며, 그리고 각 단계에서 고려하여야 할 사항은 무엇인지를 단체교섭 준비과정으로부터 협상과정에 이르기까지 살펴보고자 한다.

한국의 경우 단체교섭(광의)을 다시 협의의 단체교섭과 임금교섭으로 나누어 별도로 실시하는 관행이 있다. 본서에서 단체교섭이라 함은 협의의 단체교섭과 임금교섭을 포함한 광의의 의미로 사용하였고, 협의의 단체교섭과 임금교섭을 설명할 때에는 이 둘을 특별히 구분하여 서술하였다.

1.1 단체교섭의 의의

(1) 단체교섭의 기능과 성격

산업사회에서 노동조합이 대두된 원인 중의 하나는 노사 간에 이해가 대립되는 근로조건을 사용자가 일방적으로 결정하고 이로 인하여 고용된 개인이 불공평한 생활조건에 놓인다는 문제의식에서 비롯되었다. 따라서 노사가 대등한 입장에서 협상과 타협을 통하여 노동조건을 결정하는 단체교섭은 노동조합의 가장 중요한 기능이며, 집단고용관계의 핵심이라고 할 수 있다. 구체적으로 단체교섭은 세 가지 중요한

단체교섭은 작업장의 규칙을 제정하고 보상의 양을 결정하며 노사 갈등을 해결하는 방법을 제공함

기본적인 기능을 갖고 있다.[1] 첫째, 단체교섭은 작업장의 규칙을 제정하고 수정하는 기능을 갖는다. 둘째, 단체교섭은 피고용인의 보상의 양을 결정하는 기능을 갖는다. 셋째, 단체교섭은 협약기간 중 그리고 단체협약의 만료시 또는 재연장시 제기되는 분규를 해결하는 방법을 제공하는 기능을 갖는다.

이러한 기능을 수행하는 단체교섭은 다음의 세 가지 성격을 지니게 된다.[2] 첫째, 단체교섭은 노동조합과 사용자대표 간에 쌍방적 결정의 성격을 가진다. 즉 노동조합이 사용자와 대등한 별개의 인격을 가진 단체가 되어, 과거 사용자측이 일방적으로 결정해 온 직원의 노동조건에 관한 사항에 있어서 노동조합과 사용자가 대등한 위치에서 쌍방적으로 결정하게 된다.

둘째, 단체교섭은 이 자체가 목적이나 귀결점이 아닌 과정이다. 단체교섭은 노동조합과 사용자 또는 사용자단체가 근로계약과 이에 부수되는 노사간의 관계를 규정하는 규범을 공동으로 작성하는 하나의 과정이다. 단체교섭을 통하여 단체협약이라는 규범을 탄생시키게 되며 이 단체협약이 목적이며 귀결점이고 단체교섭은 이러한 목적을 향해 나가는 일련의 과정이다.

셋째, 단체교섭은 노사가 서로 상반되는 주장에 대하여 다양한 수단과 방법을 동원하여 타결점을 찾으려는 일련의 정치적 과정이다. 단체교섭을 함에 있어 노동조합과 사용자는 서로 상반된 이해관계에서 자신들의 주장을 관철하기 위하여 강력한 발언과 행동을 하기도 하고 새로운 안을 제시하고 호소하는가 하면 설득과 회유의 방법을 사용하기도 한다. 또한 노동조합과 사용자의 협상대표는 각각의 구성원들의 요구사항을 결집하여 단체협약과정에서 구성원들의 요구사항을 관철하여야 하는 정치적인 역할을 수행한다.

(2) 단체교섭이 노동자와 기업경영에 미치는 영향

작업장의 규칙을 제정하고 분규해결을 위한 방안을 제시하는 단체교섭은 노사 모두에 다음과 같은 중대한 영향을 미친다.

첫째, 노동조건을 통일적으로 형성하는 역할을 한다. 노동조합이 노동을 집단적으로 조직하고 통제하며 경영자와 단체교섭을 함으로써 노동조건은 개개의 피고용인에 의하여 제각기 결정되지 않고 통일적으로 형성된다.

둘째, 노동자의 고충을 처리·조정하는 역할이다. 노동조합은 조직 내 조합원의 욕구불만을 검토·집약하고, 정책적 배려를 가하여 취사선택하며, 요구를 종합하여

단체교섭은 일방이 아닌 노사 쌍방적 성격

단체교섭은 그 자체가 목적이 아닌 타협의 과정

단체교섭은 합의를 위한 일련의 타협의 과정

단체교섭은 노동조건을 통일하고 피고용인의 고충을 처리하며 경영의 전문화 및 고용관계의 패턴을 정하는 역할을 함

---

1 이준범, 「현대노사관계론(제2전정판)」(서울: 박영사, 1997), pp. 303-304.
2 문향남, 「노동조합·노동쟁의」(서울: 중앙경제사, 1988), pp. 170-172.

경영자 측에 제출함으로써 단체교섭이 행해지게 된다. 만일 단체교섭이 행해지지 않으면 개개인의 욕구나 불만에 사용자가 일일이 대응하여야 하고, 그 대응이 미흡하다면 소위 침묵파업(silent strikes)이라고 불리는 사기저하, 결근 또는 이직 등의 다양한 형태로 불만이 표출될 것이다.

침묵파업은 직접 파업을 하는 것이 아닌 결근, 이직 등을 의미

셋째, 경영의 제 분야를 압박, 자극하여 전문화를 유도하는 기능을 한다. 단체교섭의 중심적인 과제는 노동조건의 결정에 있으므로, 그것은 경영의 제 분야와 밀접한 관련이 있고, 교섭의 결과는 기업경영에 중대한 영향을 미치는 경우가 많다. 비노조기업에서 노조가 결성되면 경영이 보다 전문화되는 경향을 보이는데, 이를 쇼크효과(shock effect)라고 부른다. 노조가 결성될 경우 경영층은 노조의 견제와 도전을 의식하여 보다 전문적인 경영을 하게 되는 것이다.

넷째, 단체교섭은 노조부문과 비노조부문 등 사회전체 고용관계의 패턴을 정하는 역할(pattern setter)을 한다. 단체교섭은 노조원은 물론 비노조기업의 노동자들에게도 영향을 미친다. 왜냐하면 단체교섭을 통하여 만들어진 규칙과 기준이 비노조기업에도 모델사례가 되어 자극과 영향을 주게 되기 때문이다.

1.2 단체교섭의 목표, 주체, 대상 및 구분

이하에서는 단체교섭의 기본요소인 교섭목표, 당사자와 담당자, 대상, 그리고 단체협상과 임금협상의 구분 등에 대하여 알아보고자 한다.

(1) 노사 당사자의 교섭목표

노동조합의 교섭목표는 노동조건을 개선하는 교섭결과를 가져오는 것

노동조합의 교섭목표는 임금·노동시간 등에서 노동자에게 좋은 조건으로 결정되도록 하는 것이다.[3] 노동조합의 형태나 유형, 즉 직업별·산업별 노조 또는 기업별 노조 등의 유형에 따라 약간의 차이가 있을 수 있으나 대체로 노동의 대가를 노동자에게 유리하도록 교섭·결정하는 데 있다.

사용자의 교섭목표는 합리적 교섭을 통해 기업의 지속적인 성장을 도모하는 것

사용자 측의 단체교섭 목표는 주주나 기업주에게 투자한 데 대한 충분한 보상이 돌아오도록 교섭을 추진하는 일이다. 따라서 노동조합측과 교섭을 통해서 노동조건에 관한 사항, 고용관계에 관한 사항, 노사간에 자주적으로 결정할 수 있는 사항에 대하여 교섭을 할 때, 가장 합리적이고 적절한 선에서 협상이 이루어지도록 함으로써 기업의 지속적인 성장이 가능하도록 노력한다.[4]

---

3 김식현·정재훈, 「노사관계론(제2판)」(서울: 학현사, 1999), p. 362.
4 양운섭, 「신노사관계론」(서울: 법문사, 1993), pp. 121-135.

(2) 단체교섭 대상

단체교섭의 대상은 의무적 교섭사항(mandatory subjects), 임의적 교섭사항(permissive subjects) 및 불법적 교섭사항(prohibitive subjects)으로 분류된다.[5]

첫째, 의무적 교섭사항이란 노동자의 권리로 보장되어 있고 사용자의 의무로 되어 있는 사항을 지칭한다. 따라서 사용자가 의무적 교섭사항을 거부하거나 성실하게 교섭하지 않을 경우 부당노동행위로 간주한다. 또한 의무적 교섭사항이 노사간에 합의가 이루어지지 않았을 경우 쟁의발생신고를 하고 쟁의행위를 할 수 있다. 의무적 교섭대상에는 노동조건 등과 관련성이 있는 사항들,[6] 노동조합과 단체협상에 관련된 사항들[7] 및 경영상 불가피하게 취해진 조치로서 근로자의 이해와 직접 관련이 있다고 할 경우[8] 등이 있다.

> 의무적 교섭사항은 근로자의 권리로 보장되어 있고 사용자의 의무로 되는 있는 사항

둘째, 임의적 교섭사항이란 사용자의 의무적인 교섭사항은 아니지만 노동조합의 요구에 따라 단체교섭을 할 수 있는 사항을 말한다. 따라서 사용자가 임의적 교섭사항에 대하여 교섭에 응하지 않는다고 하여 부당노동행위가 성립되는 것도 아니며 이를 이유로 노조가 쟁의행위를 할 수도 없다. 인사권, 경영권, 영업양도, 회사조직변경 등이 임의적 교섭사항에 해당한다.

> 임의적 교섭사항은 사용자의 의무적 교섭사항은 아니지만 노동조합의 요구에 의해 교섭할 수 있는 사항

셋째, 불법적 교섭사항이란 노사 간의 교섭 자체가 불법이므로 교섭의무가 존재하지 않을 뿐만 아니라 교섭이 이루어지지 않았다는 것을 이유로 쟁의행위도 허용되지 않는 사항들을 말한다. 이 경우에는 협약의 체결 역시 허용되지 않는다. 예를 들면, 최저임금 이하의 보상, 성차별을 허용하는 교섭 등이 이에 해당한다.

> 불법적 교섭사항은 법적으로 불법인 내용을 교섭하는 경우로 교섭의무가 없고 교섭이 이루어질 수 없는 사항

(3) 단체협상과 임금협상의 구분

우리나라의 경우 노사협상(혹은 광의의 단체협상)을 협의의 단체협상과 임금협상으로 나누어 각각 실시하는 것이 관행으로 되어 있다. 즉, 임금협상에서는 당해 연도의 임금인상률을 결정하고, 단체협상(협의)에서는 임금인상률이외의 보수에 관한 사항과 노동조건과 관련된 사항을 다룬다. 매년 단체협상과 임금협상을 각각 실시

---

5 미국 연방노사관계법(National Labor Relations Act; 일명 Wagner법 이라고도 함) 제8조 (d)를 기초로 분류하는 방식을 한국에 적용한 것임; 김형배, 「신판 노동법」(서울: 박영사, 2004), p. 737.

6 임금·휴직·퇴직금, 근로시간·휴가시간·휴일·휴가, 해고·휴직·전직·배치전환·승진·강등·정년제·징계, 안전·보건, 재해보상, 복리후생시설, 근로의 단결, 노동조합의 활동보장과 관련되는 사항 등; 박상필, 전게서, p. 428.

7 유니온 숍, 노동조합에 대한 편의제공, 단체교섭의 절차, 쟁의행위에 관한 절차, 노동조합과 사용자 사이의 여러 가지 관계에 대한 사항 등.

8 새로운 기계설비의 도입 및 변경, 생산방법, 공장사무소의 이전, 영업양도, 회사조직의 변경, 작업의 하도급 등; 대법원 판례 1994. 3. 25, 93 다 30242; 김형배, 전게서, pp. 594-595.

하는 경우가 대부분이지만 교섭에 걸리는 시간과 비용이 너무 크다는 지적이 있다. 따라서 임금협상은 매년 실시하더라도 단체협상의 유효기간은 최대 2년에서 3년으로 「노동조합및노동관계조정법」(2021. 1. 5.개정)이 바뀌었다.

1.3 단체교섭의 유형

단체교섭을 수행하는 당사자는 노동조합과 사용자 또는 사용자단체가 되는데 이를 어떤 방식으로 교섭하는 것이 바람직한가는 그동안의 관행과 기업의 특성에 따라 차이를 나타낸다. 여기에서는 우리나라에서 실제로 행하여지고 있거나 가능한 교섭방식으로 기업별 교섭, 집단교섭, 통일교섭, 대각선교섭, 공동교섭 등을 소개하고자 한다.

(1) 기업별 교섭

기업별 교섭은 기업 내 조합원들을 협약의 적용대상으로 하여 기업단위 노조와 사용자가 교섭하는 방식

기업별 교섭은 우리나라에서 가장 보편적인 교섭방식으로 기업 내 조합원을 협약의 적용대상, 즉 교섭단위로 하여 기업단위 노조와 사용자 간에 행해지는 교섭을 의미한다. 기업별 노조가 형성되어 있거나, 산별 노조가 있더라도 기업 간 격차가 크고 사용자단체가 형성되지 못하였을 때 주로 기업별 교섭을 하게 된다. 기업별 단체교섭하에서는 노조의 교섭력이 사용자에 비하여 취약하다는 지적이 있지만 노동조건의 결정에 있어 개별기업의 특수한 실정이 잘 반영될 수 있는 장점이 있다. 기업별 교섭은 주로 한국과 일본 등에서만 주로 행해지는 교섭이다. 예를 들면, 도요타자동차회사와 도요타자동차회사노동조합 간의 교섭이나, 한국도로공사와 한국도로공사노동조합 간의 교섭이 기업별 교섭에 해당된다.

(2) 집단교섭(혹은 연합교섭, 집합교섭)

집단교섭은 여러 개의 단위노조와 사용자가 집단으로 교섭하는 방식

여러 개의 단위노조와 사용자가 집단으로 연합전선을 형성하여 교섭하는 방식으로 연합교섭 혹은 집합교섭이라고도 한다. 일반적으로 노동조합이 상급단체에 소속되어 있지 않거나 상급단체가 없는 경우에 기업별 교섭의 약점을 보완하기 위하여 이와 같은 교섭방식을 취하게 된다. 그러나 상급단체에 소속되어 있는 경우에도 상부단체의 통제 혹은 지도하에 단위노동조합이 집단적으로 교섭할 경우도 있다. 예를 들면, 면방직업계의 임금인상교섭을 들 수 있는데 섬유노련의 주선으로 복수의 대기업 노사 양측이 각각 협상대표를 선출하여 임금교섭을 실시하고 있다. 버스업계에서도 1960년대부터 지역별로 다수의 버스사업주와 노조가 각각 교섭대표를

선출하여 집단적으로 단체교섭을 실시해 오고 있다. 공공부문에서 학교 공무직(무기계약직) 노동조합인 전국교육공무직본부, 전국여성노동조합, 전국학교비정규직노동조합이 공동으로 교육부 및 교육청들과 교섭하고 있다.

(3) 산별교섭(통일교섭)

초기업 단위인 산업별, 지역별 노조와 이에 대응하는 산업별, 혹은 지역별 사용자단체간의 단체교섭을 일컬으며 통일교섭, 지역별 교섭이라고도 한다. 노동조합이 산업별 또는 직종별로 전국적 또는 지역적인 노동시장을 지배하고 강력한 통제력을 가지고 있는 경우 이와 같은 교섭구조를 취한다. 독일 등 유럽 국가들은 산별 노조가 발달하여 산별교섭이 대표적인 교섭형태이다. 한국의 경우 최근 산별 노조가 대두되면서 산업별 교섭이 금융, 보건, 금속 등 일부 산업에서 진행되고 있다. 이와 같은 교섭형태의 예로서 금융노조와 은행연합회, 금속산업노조와 금속산업사용자협의회,[9] 보건의료노조와 병원협회 등이 실시하는 협상이 있다. 산별교섭은 산업 내 노동조건을 평준화하는 장점이 있고 산별노조로의 전환도 활성화되었지만 우리나라는 여전히 기업별 교섭이 많은데, 이는 사용자단체가 발달해 있지 않고 산별교섭 이후 지부교섭을 추가로 해야 하는 등 사용자가 산별교섭을 부담으로 느끼기 때문이다.

> 통일교섭(산별교섭)은 산업별, 지역별 노조와 산업별, 지역별 사용자단체 간의 교섭방식

(4) 대각선교섭

대각선교섭은 산별 노조나 지역별 노조와 이 노조에 소속된 개별기업의 사용자 간에 이루어지는 교섭방식이다. 산별 노조나 지역별 노조가 결성되어 있지만 사용자측에서 사용자단체가 조직되어 있지 않다든지 또는 조직되어 있는 경우라도 각 기업에 특수한 사정이 있는 경우에는 이와 같은 교섭방식을 취한다. 우리나라의 경우 산별 노조인 전국손해보험노동조합과 개별 손보회사간의 교섭,[10] 그리고 대학교 직원의 산별 노조인 전국대학노조가 개별 대학교의 사용자와 벌이는 교섭이 대각선교섭에 해당된다.

> 대각선교섭은 산별 노조나 지역별 노조와 개별기업의 사용자 간의 교섭방식

(5) 공동교섭

산별 노조와 지부노동조합연맹과 개별 노동조합이 공동으로 한 사용자와 교섭하는 것을 의미한다. 이러한 교섭은 거대 사용자의 노동자들이 다수의 지역별 노조로 결성되어 있을 때 근로조건의 통일을 기하기 위하여 지역별 노조들과 이들의 연

> 공동교섭은 산별노조와 연맹단위노조가 개별 기업노조와 공동으로 개별 사용자와 교섭하는 방식

---

9 금속노조와의 교섭을 목적사항에 명시하고 2006년 노동부로부터 설립인가를 받은 국내 첫 사용자단체임.
10 한국노동연구원, 「단체협약분석」(서울: 노동부, 2003), p. 133.

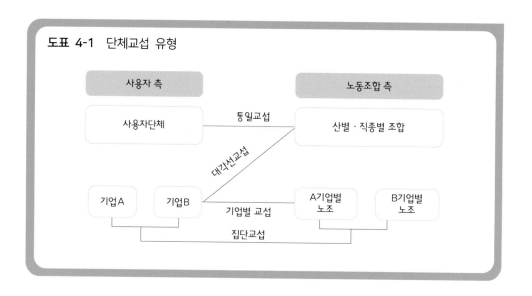

도표 4-1 단체교섭 유형

합체가 공동으로 단일사용자와 교섭하는 경우에 이용되는 형태이다. 예를 들면, 육상상하차업무(陸上上下車業務) 종사자들을 조합원으로 하는 19개 지역단위 항운노조와 이들의 연합체인 항운노련이 공동으로 사용자인 대한통운과 교섭을 벌이는 방식이다.

이상의 각 교섭방식을 정리하면 <도표 4-1>과 같다. 노사합의에 의한 근로조건 결정제도로서의 단체교섭은 노조형태나 업종의 특성에 따라 각각 다른 모습을 보이고 있다. 개별기업의 노사는 기업의 상황이나 노조의 형태 등을 고려하여 적절한 교섭방식을 선택하는 것이 바람직하다. 우리나라의 경우 과반수 이상이 기업별 교섭을 실시하고 있으며, 최근 산별 노조가 대두됨에 따라 통일교섭과 대각선교섭이 증가하는 추세를 보이고 있다. 집단교섭과 공동교섭을 실시하는 기업이 존재하지만 소수에 불과하다. 우리나라는 2021년 노동조합법을 개정하여 국가 및 지방자치단체는 기업·산업·지역별 교섭 등 다양한 교섭방식이 활성화될 수 있도록 노력하여야 한다는 법률 조항을 만들었다.

1.4 단체교섭의 과정

단체교섭의 과정은 노사 당사자의 자율적 교섭단계, 노동쟁의 조정단계 및 쟁의행위단계 등으로 구분할 수 있다. 여기에서는 노사 당사자간의 자율적 교섭단계만을 한정하여 설명하고 조정과 쟁의와 관련된 사항은 다음 장에서 다루고자 한다.

(1) 교섭 전 노조의 준비사항

노동조합은 회사 측에 단체교섭을 요청하면서 요구안을 작성하게 된다. 요구안은 핵심적인 요구사항과 이에 대한 배경설명이 포함된다. 요구사항으로는 단체협약을 수정하는 내용과 임금인상안 등이다. 노조 측의 요구안을 작성함에 있어서 특히 중요한 것은 요구사항을 설득력 있게 전달하여야 한다는 점이다. 즉, 요구사항에 대한 근거자료의 준비가 단체교섭의 대외적 명분과 성과를 좌우한다고 볼 수 있다. 근거자료로는 내부 조합원의 불만과 요구, 조합원의 생활실태, 노동조건, 임금변동현황, 동종산업 유사규모 사업장의 평균 임금, 산업별 또는 직종별 노조의 방침과 기준, 그리고 기업의 경영실적 및 전망 등을 활용할 수 있다. 노조의 요구수준이 객관적으로 보아 타협가능하고 납득할 수 있는 적정수준으로 설정하는 것이 협상의 타결에 도움이 된다.

노조는 교섭 전 조합의 요구, 동종산업의 평균 근로조건, 산업 노조의 방침, 기업실적 등 자료를 준비해야 함

(2) 교섭 전 사용자의 준비사항

사용자측 교섭담당자는 협상에 나가기 전에 노조가 요청한 요구안을 세밀히 검토하여야 한다. 특히, 각각의 요구사항을 받아들일 때 회사가 추가적으로 부담해야 할 비용증가액을 계산해 두어야 한다. 교섭항목의 검토가 끝나면 협상에 들어가기 전에 상대방을 이해·설득시킬 수 있는 자료, 즉 법령(노동관계법령 및 행정규칙, 판례, 정부정책 등), 동종 업체의 상황(수익성, 생산성, 임금수준, 기술변화, 타 업종의 단체교섭 내용 등) 및 경제적 상황(경제성장률, 생계비지수의 변화, 국민개인소득 등) 등을 수집·분석하여야 한다. 노동조합의 요구내용을 반박하는 형식으로 준비한다면 오히려 노사갈등을 부추길 가능성이 있다. 노조의 요구사항을 그대로 들어주기 힘든 상황이라면 다른 대안과 장기적이고 연차적인 처리방안을 강구하여 가능한 노동조합의 요구를 긍정적으로 검토하는 자세가 바람직하며 이러한 자세를 가질 때 단체교섭과정에서의 갈등을 줄일 수 있다.

사용자는 교섭 전 노조요구 사항에 대한 대응을 위해 법령, 동종업체 및 경제적 상황에 대한 자료를 준비해야 함

(3) 예비교섭

단체교섭의 준비가 끝나고 협상단계에 들어가면 예비교섭을 통해 협상절차를 결정하고 본격적인 단체교섭에 들어갈 태세를 취한다. 예비교섭은 본 교섭을 하기 위한 회담으로서 본 회담을 하기 위한 준비회담(pre-meeting)이다. 예비교섭에서는 상호 교섭하고자 하는 항목을 교환하여 두는 것이 본 협상을 위한 전략수립에 도움을 준다. 예비교섭에서 상호 교환한 항목 외의 사항은 본 협상 진행중에 제안할 수

없다는 것을 명시하여야 한다. 또한 예비교섭에서 협상의 시기와 장소, 교섭위원의 수 및 자격요건, 단체협약 체결방법 등에 대하여 결정하여야 한다.

(4) 본 교섭의 진행

노사 양측은 예비교섭에서 상호 교환된 교섭사항과 정보를 면밀히 검토한 후 본 협상에 들어간다. 본 교섭의 전개과정을 살펴보면 다음과 같다.

① **제1차 교섭**　　　1차 교섭에서는 쌍방 대표단의 소개, 그리고 제안된 항목에 관한 배경설명과 이해증진을 위한 질의교환을 통해 협상분위기를 조성한다. 특히 첫 번째 회담은 전체 분위기를 좌우할 수 있으므로 그 의의가 아주 크다. 따라서 제1차 면담에서는 사용자측도 반드시 조직의 대표자(예를 들면, 사장, 원장, 이사장 등)가 참석하여 노조를 존중하는 자세를 보이는 것이 원만한 합의를 이끄는 분위기 조성에 도움이 된다. 구체적인 요구안을 토의할 때 노동조합은 근거자료 등을 통하여 요구의 배경, 내용을 설득력 있게 설명하고, 사용자측은 기업경영의 성과와 현황, 경제여건과 기업유지의 전망 등을 충분히 설명한다.

② **실무교섭**　　　첫 번째 교섭을 통해 분위기가 조성되면 실무교섭을 전개하여 각 항목에 대한 세부적인 의견교환을 한다. 이 단계에서는 노사 쌍방에서 의견 차이가 적거나 비교적 덜 중요한 항목에 대한 합의나 교환을 먼저하고 이들 항목에 대한 합의서를 작성한다.

③ **본교섭**　　　반복적인 본교섭을 통해 최종합의에 도달하도록 논의한다. 협상과정 사이에 노사 쌍방은 사용하는 어휘나 자세 등에 세심한 주의를 기울여 상대방의 감정을 자극하거나 오해를 사지 않도록 할 것이며, 유연성과 인내심을 가지고 상대방의 의견을 청취하는 자세가 매우 중요하다. 또한, 단체협상의 타결을 위해서는 노사간의 경제적인 문제뿐아니라 노사 내부 각 부서와 집단(사측은 전략, 기획, 생산, 판매, 인사, 노사관계 부서, 노측은 직종별, 직급별, 성별 연령별 직원그룹)간의 서로 다른 관심사항과 이해관계를 고려하는 정치적인 판단이 상당히 중요하다는 점을 노사 양측은 유의하여야 한다.

(5) 합의에의 도달

노사 쌍방의 노력에 의하여 최종합의에 도달하면 양측은 서로 악수를 나누고 협약서를 작성하여 서명·날인한다. 단체교섭이라는 갈등·마찰이 해소되었음을 선언하고 노사 쌍방은 조인식을 통하여 노사 대표자들이 앞으로 평화적인 노사 분위기 속에서 서로 협력한다는 것을 결의하는 것이다. 이상의 과정을 도표로 나타내면

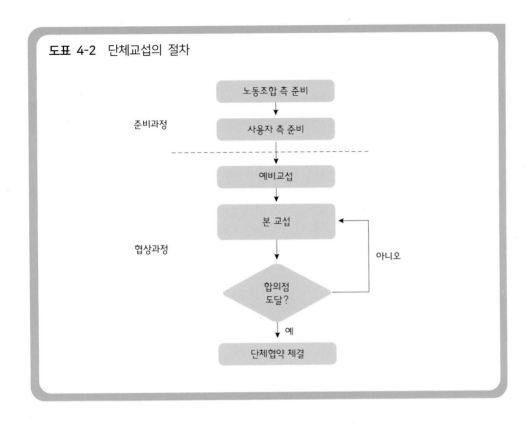

도표 4-2 단체교섭의 절차

```
                        ┌─────────────────┐
                        │  노동조합 측 준비  │
                        └─────────────────┘
                                 │
                                 ▼
   준비과정              ┌─────────────────┐
                        │  사용자 측 준비   │
                        └─────────────────┘
          - - - - - - - - - - - - - - - - - - - - - - - - - -
                                 │
                                 ▼
                        ┌─────────────────┐
                        │     예비교섭      │
                        └─────────────────┘
                                 │
                                 ▼
                        ┌─────────────────┐◄──────┐
                        │      본 교섭      │        │
                        └─────────────────┘        │
   협상과정                      │                   │ 아니오
                                 ▼                   │
                            ◇─────────◇             │
                           ╱  합의점    ╲────────────┘
                           ╲  도달?     ╱
                            ◇─────────◇
                                 │ 예
                                 ▼
                        ┌─────────────────┐
                        │   단체협약 체결   │
                        └─────────────────┘
```

〈도표 4-2〉와 같다.

1.5   단체교섭의 구성요소

Richard Walton과 Robert McKersie에 의하면 단체교섭은 내부조직적 교섭, 태도적 구성, 분배적 교섭, 통합적 교섭의 4가지 요소로 구성된다고 한다.[11] 이들은 다수의 단체교섭을 관찰한 귀납적 연구의 결과로서 4가지 구성요소를 밝혀내었다. 이네 가지 구성요소는 단체교섭을 진행하는 시간순으로 발생하는 것은 아니며 단체교섭을 개념적으로 형성하는 4개의 부분으로 이해할 수 있다. 네 가지 구성요소를 각각 설명하면 다음과 같다.

> Walton & McKersie(1965)는 단체교섭의 구성요소로 내부조직적 교섭, 태도적 구성, 분배적 교섭, 통합적 교섭을 주장함

(1) 내부조직적 교섭(intraorganizational bargaining)

내부조직적 교섭이란 노조의 내부 또는 사용자측 내부에서 이루어지는 조직 내

---

[11] Richard E. Walton, and Robert B. McKersie, A Behavioral Theory of Labor Negotiation (New York: McGraw-Hill, 1965).

부의 타협과정을 의미한다. 노조는 다양한 특성(예: 연령별, 성별, 학력별, 직급별, 직종별, 기술수준 등)을 가진 조합원으로 구성되어 있고 이들의 이해관계는 동질적일 수도 있지만 서로 상충되는 경우도 없지 않다. 따라서 노조 내부의 이해관계로 야기될 수 있는 갈등을 사전에 조율할 필요가 있다. 노조의 내부조직적 교섭에 적합한 방법으로 교섭 전에 조합원늘을 대상으로 한 설문조사를 실시하여 요구안에 반영하거나, 전체 노조원의 의견이 반영되도록 교섭내용을 공개하고 교섭과정을 투명하게 관리하는 것 등이다.

한편, 사용자들 내부, 예를 들어 최고경영자, 인적자원관리자, 일선감독자 등도 노조의 요구사항에 대해 서로 상충되는 견해를 갖고 있을 수 있기 때문에 교섭이 이루어지지 전에 경영층 내부의 조율도 필요하다. 사용자의 내부조직적 교섭은 노사 협상에 관련 있는 모든 경영층이 모여서 노조의 요구안에 대응하는 전략을 수립하는 과정에서 이루어지게 된다.

(2) 분배적 교섭(distributive bargaining)

분배적 교섭은 한정된 파이(pie)의 몫을 분배할 때 이루어지는 전통적인 단체교섭으로서 당사자 간의 이해관계에 따른 갈등을 해소하기 위한 협상이지만 대립적인 특징을 지닌다. 일방이 보다 더 많이 받을수록 상대방은 보다 더 적게 받게 되는 '제로섬 교섭'(zero-sum bargaining)이기 때문이다. 한정된 부가가치를 서로 나누게 되므로 단체협약에서 교섭당사자는 상대방을 약화시키기 위한 협상전술(예: 노조 측의 전술로 파업, 태업, 기업의 부정적 이미지 부각 등, 사용자측의 전술로는 조업계속, 직장폐쇄 등)이나 협상기법(예: 상대방을 속이거나, 허세를 부려 상대방이 잘못된 의사결정을 하도록 유도하는 방법 등) 등을 사용하여 자신의 이익을 극대화하고자 한다. 교섭당사자는 자신들이 내부적으로 보유하고 있는 대안(즉, 단체협상이 파국을 맞을 때의 대안, 즉 BATNA(best alternative to a negotiated agreement))보다 단체협약안이 바람직하다고 판단될 때 단체협약을 수용하게 된다.

(3) 통합적 교섭(integrative bargaining)

통합적 교섭이란 노사 공통의 관심사, 예를 들어 생산성 증대, 비용절감, 교육훈련, 또는 안전관리 등에 대하여 노사가 교섭하여 노사 모두 이익을 얻게 되는 교섭유형으로 상호이익협상(mutual gain bargain 또는 win-win bargain)이라고도 한다. 즉, 분배적 교섭이 한정된 파이의 몫을 나누기 위한 다툼이었다면, 통합적 교섭은 파이의 크기를 증대시키기 위한 쌍방간의 노력이라고 할 수 있다. 따라서 노사 양측을 함께 만족시키는 합의안을 이끌어 내는 통합적 교섭은 대립적·분배적 단체교섭을 대치 및 보완할 수 있는 개념이다. 통합적 교섭이 성공하기 위해서는 노사의 공통 관심사를 해결할 수 있는 창조적 대안을 브레인스토밍(brain storming)[12] 같은 방법을 통하여 모색하여야 한다. 통합적 교섭에서는 분배적 교섭과는 달리 쌍방간의 신뢰와 양적·질적 정보를 공유하는 것이 필요하다.

(4) 태도적 구성(attitudinal structuring)

태도적 구성이란 노사 간의 전반적인 관계를 개선하기 위한 정서적인 태도를 의미한다. 분배적 교섭이나 통합적 교섭은 물질적 거래를 기본으로 이루어지며 그 결과물이 문서의 형태로 남게 되지만 태도적 구성은 쌍방간의 관계를 근간으로 하여 사회적 계약의 형태를 취하게 된다. 교섭당사자는 교섭과정에서 상대방에 대한 성격, 신뢰가능성 등에 대한 개인적 경험을 하게 되고 이것이 상호간의 신뢰관계를 구축할 수도 있고 또는 불신을 불러일으킬 수도 있다. 노사가 각각 상대방을 대하는 태도는 태도적 구성의 결과로 나타나고 노사교섭의 과정과 결과에 중대한 영향을 미치게 된다.

> 태도적 구성은 노사 간의 전반적인 관계를 개선하기 위한 정서적인 교섭

1.6 단체협상의 교섭력이론

교섭력이란 어느 일방이 자신의 교섭조건에 동의하도록 상대방을 이끌어내는 능력이다. 단체협상의 결과는 노동조합이 자신들이 요구하는 사항을 획득할 수 있는 능력과 사용자가 노조의 요구사항에 버틸 수 있는 능력, 즉 노사의 교섭력(bargaining power)에 의하여 결정된다. 단체협상에 있어서 사용자의 교섭력은 노조의 교섭력과 서로 반비례한다. 따라서 이해의 편의를 위하여 노조의 교섭력만을 설명하고자 한다. 노조의 교섭력은 사용자가 고임금과 근로조건 향상을 위해 지불할 수 있는 능력(employer ability to pay)과 사용자로 하여금 지불하도록 하는 노조의 능력(union ability to make employers pay)에서 발생된다고 할 수 있다.[13] <도표 4-3>에는 교섭력이론의 개념을 요약한 것을 보여주고 있다.

> 교섭력이란 어느 일방이 자신의 교섭조건에 동의하도록 상대방을 이끌어 내는 능력

---

12 1950년대 미국의 Alex Osborn에 의하여 처음 개발된 집단 문제해결기법의 일종이다. 브레인스토밍은 주어진 문제점에 대하여 가능한 많은 숫자의 창조적인 대안을 개발하는 것이 그 목적이며 조직내부에 쉽게 해결되지 않는 문제점이 존재할 때 혹은 문제해결을 위하여 다양한 시각에서의 접근이 요구될 때에 집단을 대상으로 사용되는 문제해결기법이다.; 김동원, 「종업원참여제도의 이론과 실제」(서울: 한국노동연구원, 1996), p. 116.

13 Charles Craypo, *The Economics of Collective Bargaining: Case Studies in the Private Sector*, (The Bureau of National Affairs, Inc., Washington, D.C.: 1986).

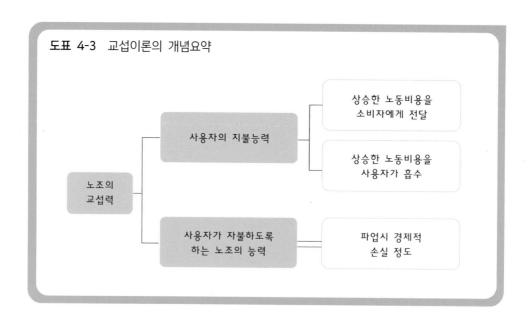

도표 4-3 교섭이론의 개념요약

노조의
교섭력

사용자의 지불능력

상승한 노동비용을
소비자에게 전달

상승한 노동비용을
사용자가 흡수

사용자가 지불하도록
하는 노조의 능력

파업시 경제적
손실 정도

(1) 사용자의 지불능력

사용자의 지불능력은 인상된 노동비용을 소비자에게 전가하거나 생산성향상 등을 통해 흡수하는 방법임

　사용자의 지불능력이란 노조가 요구하는 임금인상이나 근로조건 개선 등을 수용할 수 있는 사용자의 능력을 말한다. 사용자는 노조의 요구사항을 수용하게 되면 그만큼 기업으로서는 이윤이 감소하게 될 것이다. 따라서 이를 해소할 수 있는 방법으로는 소비자에게 노동비용을 전가시키는 방법이나 생산성 향상을 통하여 이를 흡수하는 방법이 있는데 이를 사용자의 지불능력이라고 한다.

　① 소비자에게 인상된 노동비용을 전가　　　소비자에게 노동비용을 전가시킬 수 있는 경우로는 다음의 네 가지가 있다. 첫째, 산업 내 시장점유율이 높거나[14] 가격결정자(price maker)의 역할을 갖는 시장지배적인 사용자의 경우이다. 예를 들어 해당기업이 산업 내 시장점유율이 높고 상품가격을 결정할 위치에 있으면 대대적인 광고나 가격을 올린 신제품의 출시 등을 통하여 비교적 손쉽게 인상된 노동비용을 소비자에게 전가할 수 있다. 또한 기업들은 시장점유율을 높이기 위하여 경쟁자와의 합병을 선택하는 경우[15]가 있다. 이 경우에 합병된 기업은 시장지배적이 되어 기업의 지불능력을 높여주게 된다.

---

14 동일 산업에 속하는 상위 기업들의 시장점유율 합을 산업집중도(industrial concentration)라고 하는데 주로 상위 3개 기업들의 시장점유율 합(3 firm concentration)으로 계산함.

15 기업집중(corporate consolidation)의 종류에는 여러 회사가 한 회사의 소유로 바뀌는 일종의 '트러스트' 같은 집중(consolidation), 두 회사가 한 소유회사로 결합하는 합병(merger) 및 한 회사의 주식을 다른 회사가 구입하는 인수(acquisition) 등이 있다. 기업집중 방식에는 수평적 합병, 수직적 합병, 다각화적 합병, 지주회사 합병, 다국적 합병 등이 있다. Charles Craypo, 전게서, pp. 24-25.

둘째, 지역적인 제약(spatial limitation)이 있는 경우로서 사용자가 특정지역 내에서 성공적으로 기업을 운영하고 있고 타지역의 기업이 진출하기가 어려운 경우이다. 새로운 경쟁기업이 진입하기 어려운 지역적 제약이 있는 산업은 건설업, 해운업 등이 대표적이다. 특정 지역을 지배하는 사용자의 경우 그 지역에서 사용자간 경쟁이 미약하므로 비교적 손쉽게 인상된 노동비용을 소비자에게 전가할 수 있다.

셋째, 노동조합의 영향력이 강한 산업으로 산업 내 동일한 임금과 근로조건(regulatory rate-setting)을 적용하는 것이 가능한 경우이다. 강력한 산별 협상이 이루어지거나 패턴교섭(pattern bargaining)이 이루어지는 경우가 대표적이다. 예를 들면, 한국의 금융산업의 경우 금융산별노조에 속한 노동자들은 산별 협상에 의하여 거의 동일한 임금과 근로조건을 제공받게 된다. 또한 미국의 자동차산업의 경우 GM, Ford, Chrysler는 먼저 타결된 노사협상의 결과를 다른 두 회사에서도 같이 적용하는 패턴교섭에 의하여 유사한 임금과 노동조건을 가진다. 이 경우 전체 산업의 임금과 근로조건이 동일하게 결정되기 때문에 사용자들은 노동비용의 저하를 위하여 서로 경쟁하지 않고 소비자에게 노동비용을 전가할 수 있는 구조를 갖게 된다.

넷째, 정부의 지원이 있는 경우이다. 예를 들어 정부가 특정산업이나 직종을 육성하기 위하여 비용보전이나 운영보조금 등의 지원을 약속하거나, 정부로부터 독점사업을 인가받거나, 국민으로부터 이용료를 거둘 수 있도록 허용된 산업의 경우이다. 이 경우 기업의 지불능력이 확보되므로 노동조합의 요구사항을 수용할 가능성이 높아지게 된다. 한국의 경우 정부의 재정지원을 받거나 해당산업에서 독점적인 사업권을 가진 공기업(예를 들면, 정부투자기관과 정부산하기관)이나, 시청자로부터의 시청료를 받는 공영방송국이 대표적인 예로서 사용자의 지불능력이 높은 경우이다.

② 사용자가 인상된 노동비용을 흡수　　　　　　노조의 요구조건을 수락한 후 그 비용증가분을 기업에서 흡수하는 방법이다. 먼저, 생산성증대를 통하여 인상된 노동비용을 흡수하는 방법이 있는데 제지산업, 전화사업 및 정유산업 등과 같은 자본집약적인 산업에서 신규자본투자를 통한 생산성증가가 용이한 산업의 경우이다.[16] 또한 초과이윤을 획득하던 독과점기업에서 그간 주주에게 지불되던 초과이윤을 축소하여 노동자들에게 분배함으로써 인상된 노동비용을 흡수하는 방법도 있다.

(2) 사용자로 하여금 지불하도록 하는 노조의 능력

노조가 사용자의 지불을 강제할 수 있는 능력을 갖추고 있을 경우 노조의 교섭력은 사용자에 비하여 상대적 우위를 확보하게 된다. 사용자로 하여금 지불하도록

16 Charles Craypo, 전게서, pp. 20-28.

노조의 능력은 사용자가 노조의 요구를 수락하게 만드는 능력으로 주로 파업위협에서 발생하며 파업으로 인한 손실이 사용자측이 클 경우 노조는 강한 교섭력을 갖게 됨

하는 노조의 능력은 주로 파업위협에서 발생한다. 즉, 노조가 보유하고 있는 가장 중요한 교섭력의 원천은 바로 파업위협이며 사용자측 교섭력의 원천은 파업을 억제하는 능력이라고 할 수 있다. 교섭력은 파업으로 인한 우리 측의 손실과 상대방 측의 손실 간의 차이에서 발생한다고 할 수 있으며 이를 수식으로 표현하면 다음과 같다.

$$교섭력(Bargaining\ Power) = \frac{파업\ 시\ 상대방의\ 손실}{파업\ 시\ 나의\ 손실}$$

파업으로 인한 노조의 손실이 사용자 측의 손실보다 작다면 노조의 교섭력은 사용자의 교섭력보다 강하기 때문에 노조의 파업은 커다란 영향력을 갖게 된다. 반대로 노조의 손실이 사용자 측의 손실보다 크다면, 즉 사용자의 교섭력이 강하다면 노조의 파업위협은 그만큼 파괴력이 작아지게 될 것이다. 이 수식에서 손실은 단순히 단기적·경제적 손실만을 의미하는 것이 아니라 정부와 소비자의 압력이나 여론의 부정적인 동향 등 노사 당사자에게 미치는 모든 부정적 영향을 의미하는 것이다. 예를 들어서 파업이 발생하였을 때 파업을 일으킨 노조를 비판하는 여론이 사회 전체적으로 형성이 되었다면 노조의 협상력은 감소하게 되고, 노조가 파업을 일으키도록 한 사용자의 경영방침에 대하여 예컨대 정부가 위법 여부를 조사한다면 사용자의 협상력은 감소하게 될 것이다.

파업 시 당사자의 손실 정도에 영향을 주어 노사 쌍방의 교섭력을 결정하는 요인을 살펴보면 다음과 같다. 첫째, 회사에서 생산하는 제품의 내구성이나 유형에 따라 파업에 의한 경제적 손실이 차이가 난다. 예를 들어 석탄이나 철강제품 등과 같이 내구성이 있는 제품을 생산하는 회사는 대량으로 재고를 저장한 후 파업기간 동안 재고를 판매할 수 있기 때문에 파업의 위협은 상대적으로 작다. 반대로 장미와 카네이션 등의 화초, 양상추 등 채소, 생선회 등 활선어와 비행기 티켓처럼 손상되기 쉽고 시기를 놓치면 상품의 가치가 없어지는 제품을 생산하는 경우에는 파업에 따른 경제적 손실이 막대하므로 노조의 교섭력을 그만큼 강하다고 할 수 있다. 또한 계열사간에 부품을 공급하는 수직적 계열화회사에서는 그렇지 않은 회사보다 파업으로 인한 연관회사의 타격이 크므로 노조의 교섭력이 상대적으로 강하다. 평시의 재고비용을 최소화하기 위하여 부품재고를 거의 보유하지 않고 생산에 필요한 부품을 적기에 조달하는 저스트인타임(Just in time, JIT)방식의 생산라인을 가진 사용자의 경우에도 부품회사가 파업을 하면 조립공장의 피해가 크므로 노조의 교섭력이 상대적으로 강하다.

노조의 파업시 교섭력은 생산제품, 노조조합원의 기업 내 역할, 노동집약도, 정치적 여건, 경제적 여건, 교섭구조, 정부정책 등에 따라 달라짐

둘째, 노동조합과 노조원의 구성상의 특징과 성격도 교섭력에 영향을 미친다. 우선, 기업운영에 필요한 전략적 기능(strategic position)을 수행하는 핵심인력들이 노조에 가입하여 조합원이 된 경우 파업이 발생할 때 사용자는 결정적인 타격을 입기 때문에 노조의 교섭력은 증대하게 될 것이다. 또한 한 기업이나 산업 내에 경쟁노조가 없고 모든 가입대상 근로자를 한 노조가 독점하여 조직한 경우이다. 이 경우 독점적 지위를 갖는 노조는 한 회사나 산업의 조업을 일시에 정지시킬 수 있으므로 교섭력이 강해지고 사용자에게 지불을 강제할 능력을 확보하게 된다. 반면, 핵심인력을 조합원으로 가입시킨 다른 노조가 있다면 노조가 조업을 전면 중단시킬 수 없으므로 노조의 교섭력은 약해진다. 이 경우 경쟁노조간의 병합도 노조의 사용자 지불 강제력이 높아져서 노조의 협상력을 높이는 한 방법이다.

셋째, 노동집약도에 따라 교섭력이 차이가 날 수 있다. 노동집약적인 산업(예: 섬유, 건설, 백화점, 자동차조립 등)에서는 생산과정에서 노동력이 매우 중요하고 노조의 파업이 기업운영에 치명적인 영향을 미치므로 사용자의 교섭력은 상대적으로 약하다. 반대로 고도로 자동화되고 자본집약적인 산업(예: 전화, 정유산업 등)에서는 노조의 파업에도 불구하고 조업이 가능한 경우가 많으므로 노조의 교섭력이 상대적으로 약하다.

넷째, 경제적 여건은 교섭력을 결정하는 중요한 요소이다. 호경기인 경우에는 사용자는 매출을 증가시킬 기회를 잃어버리기 때문에 파업을 가능한 한 기피하려고 하므로 사용자의 교섭력이 약화된다. 또한 호경기에는 노동자들이 파업으로 실직하더라도 재취업이 비교적 용이하므로 파업을 쉽게 감행할 수 있어서 노조의 교섭력이 강화된다. 불경기일 때에는 초과 재고를 처리할 수 있어 사용자측에서 파업을 반길 수도 있는 상황이 벌어지므로 사용자의 교섭력이 강화된다. 또한 불경기에 노동자들은 파업으로 실직할 수 있다는 부담감을 갖게 되어 파업을 자제하려고 하기 때문에 노조의 교섭력은 상대적으로 약화된다.

다섯째, 교섭구조 역시 파업 시 교섭력을 결정하는 중요한 요소이다. 예를 들어, 산업별 교섭은 노조의 파업시 전체 산업의 가동을 중단시킬 수 있으므로 국가경제 전체에 미치는 파급효과가 커진다. 따라서 사용자와 정부는 가능한 한 파업을 회피하려고 노력하게 되므로 노조의 교섭력은 기업별 교섭에 비해 상대적으로 크다.

여섯째, 교섭력을 결정하는 주관적이고 심리적인 요소로서 노조나 사용자의 투쟁력과 단결력을 고려할 수 있다. 예를 들어 노조가 일치단결하여 장기간 파업을 지속할 수 있다는 투쟁력과 단결력을 보여준다면 사용자는 상대적으로 위축되고 사용자의 교섭력이 약화될 수 있다. 반면에 사용자의 경영층이 결연한 의지를 가지고 있고 단결된 모습을 보여준다면 노조의 교섭력이 약화될 것이다.

일곱째, 파업에 대한 정부의 규제는 노사의 협상력에 영향을 미치게 된다. 예를 들면, 한국의 필수공익사업장의 경우 파업시 필수유지업무가 지정되어 있고 대체근로자를 절반까지 고용할 수 있으며 긴급조정의 대상이 된다. 공무원과 교사의 경우에도 법으로 파업권을 금지하였다. 이러한 파업에 대한 규제는 결과적으로 파업시 사용자의 손실을 줄여주거나 파업을 일으키지 못하게 하여, 규제가 없는 경우와 비교할 때 사용자의 협상력을 높여주는 역할을 한다. 반면에 노조의 파업이 발생한 이후에만 사용자가 직장폐쇄를 할 수 있도록 법으로 규정한 것은 사용자가 선제적으로 노조에 타격을 주는 것을 방지한 조치이므로 사용자의 협상력을 약화시키는 조항이다.

마지막으로, 노조는 파업시 사용자측에게 손실을 끼쳐서 자신의 교섭력을 높이기 위하여 여러 방안을 취하기도 한다. 예를 들면, 교섭이 타결될 때까지 소비자에게 자사 제품의 구매를 자제하도록 하는 보이콧(boycott), 의도적으로 작업능률이나 속도를 저하시키는 태업(sabotage), 회사의 주요 이해관계자에게 회사의 부당함을 알려 회사에게 경제적 이익이나 대외적 이미지를 훼손하는 기업유세전술(corporate campaign tactics) 등이 있다. 한편 사용자가 파업시 발생할 손실을 줄이기 위하여 취할 수 있는 교섭력 증대방안으로는 파업보험에 가입하는 것이다. 파업보험이란 보험가입회사 중 어느 한 회사가 파업이 발생하게 되면 다른 회사들이 경제적 지원을 제공하는 것이다. 파업보험은 아직 우리나라에서는 일반화되어 있지 않다.

기업유세전술은 회사의 주요 이해관계자에게 회사의 부당함을 알려 회사의 경제적 이익이나 이미지를 훼손하는 것을 의미함

② 노동조합과 사용자의 전략

단체교섭의 결과물은 노동시장, 기술변화, 사회의 변화, 정부 정책 등 환경 외에도 노사의 전략적 선택에 의해 달라진다. 경영진의 전략은 노조반대에서 참여협력까지 광범위한 선택지가 있으며 노조의 전략 또한 절대 반대에서 대안 제시까지 다양하게 존재한다. 따라서 노사간의 상호작용은 조직구조라는 유형의 하드웨어뿐만 아니라, 당사자의 고용관계 전략이라는 무형의 소프트웨어로부터도 많은 영향을 받게 된다. 이하에서는 사용자와 노동조합의 전략을 차례로 설명하고자 한다.

사용자의 전략적 선택

(1) 사용자의 협상전략

사용자가 선택할 수 있는 협상전략은 회피전략, 강압전략, 포용전략 등 세 가지 선택이 있다(도표 4-4). 최근 사용자들은 고용관계를 전략적인 시각에서 보아 기존 노사구도의 근본적 변화를 모색하는 노사협상 전략을 채택하여 왔다. 즉, 환경의 급격한 변화와 구조조정의 필요에 따라 고용관계 구도의 근원적인 변화가 시도되고 있으며, 이를 이해하기 위해서는 전략적인 노사협상(strategic negotiations)의 개념이 필요하다는 것이다.[17] 변화를 모색하는 사용자측이 선택하는 협상전략으로는 세 가지가 있을 수 있다.[18]

첫째, 회피전략(escaping strategy)은 사용자가 노조를 회피하고자 하는 전략이다. 예를 들어 하청(subcontracting), 아웃소싱(outsourcing) 등을 통하여 노조원의 숫자를 축소하거나, 비노조공장에 대한 투자를 증가하여 노조가 있는 공장의 비중을 줄여가고, 노조원의 탈퇴를 유도하여 노동조합을 무력화하거나, 노조가 결성된 공장을 폐쇄하고 비노조/해외공장을 신설하는 전략 등을 사용한다. 이 전략은 그 자체로는 협상전략이 아니지만 사용자측의 BATNA(best alternative to a negotiated agreement), 즉 협상에 실패할 경우 선택할 수 있는 최선의 대안으로서의 역할을 하고, 다른 전략과 동시에 사용될 수 있으며, 다른 전략의 지원 역할을 한다.

둘째, 강압전략(forcing strategy)은 사용자측이 강력한 협상력을 바탕으로 노조에게 양보를 강제하는 전략이다. 강압전략의 목표는 노조로부터 즉각적이고 실질적인 양보(임금동결, 노조권한 약화)를 얻는 데에 있으며, 노조가 자발적으로 동의할 가능성이 거의 없고, 강압전략으로 인해 노사관계의 악화가 상대적으로 덜 중요하다고 판단될 때에 주로 쓰인다.

강압전략의 성공요건으로는 사용자측의 강한 협상력과 절박한 변화의 필요성을 들 수 있다. 강압전략의 구체적 전술로는 협상과정에서 대립적·분배적 협상기법(즉, 정보의 왜곡, 자신의 입장을 강력히 주장/고수, 우월한 협상력을 과시/위협, 상대의 실질적인 양보를 요구, 파업, 공장폐쇄 불사 등)을 사용하고, 상대방과의 관계측면에서도 공

> 회피전략은 사용자가 노조를 회피하고자 하는 전략
>
> BATNA: 협상에 실패할 경우 선택할 수 있는 최선의 대안
>
> 강압전략은 사용자측이 강력한 협상력을 바탕으로 노조에게 양보를 강제하는 전략

---

17 Walton, Cutcher-Gershenfeld, and McKersie(1994)에 의하면, 전략적 협상(strategic negotiations)에 대비되는 개념으로는 점진적 협상(incremental negotiations)이 있다. 이는 비교적 안정된 고용관계구도에 기초한 미시적 변화추구에 중점을 둔 것으로서, 노사가 서로의 존재를 묵시적으로 인정하고 기존의 노사간의 역학구도 내에서 단체협상을 통하여 서로의 요구사항을 대립적 혹은 협조적인 방식으로 반영해 나가는 것이다.

18 R. E. Walton, J. E. Cutcher-Gershenfeld, and R. B. McKersie, *Strategic Negotiations: A Theory of Change in Labor-Management Relations*, (Harvard Business School Press, 1994).

구분	전략	전략의 특징	전략수행에 적합한 환경 및 목표
사용자의 협상전략	회피전략	노조회피, 약화, 무력화	비노조 환경이 경쟁력에 절대적으로 유리할 때
	강압전략	노조의 반대를 억누르고 사측의 의견관철	즉각적이고 실질적인 양보를 얻어야 하고, 노조가 동의할 가능성이 거의 없으며, 사용자의 협상력이 강하고, 고용관계의 악화가 상대적으로 덜 중요할 때
	포용전략	노사합의에 의한 변화를 추구	장기적이고 점진적인 혁신이 목표이고, 실시과정에서 노조의 동의가 필요하며, 노조가 사용자의 제안에 동의할 가능성이 클 때
사용자의 고용전략	신자유주의적 전략	외부노동시장에 의존하여 노동력의 수적인 유연성 추구	노동조합이 없거나 그 세력이 약하고 고용보호에 대한 법적인 제재수단이 없거나 약한 환경, 혹은 기술 축적이 크게 필요하지 않은 저임금의 대량생산부문
	이원화 전략	핵심인력에 대하여는 기능적 유연성의 확보에 치중하고, 주변인력에 대하여는 비정규직, 외주, 하청에 의존	조직 내 핵심인력과 주변인력의 구분이 뚜렷하고, 핵심인력의 근무성과가 조직전체를 위하여 월등히 중요하며, 주변인력의 근무성과가 조직전체 성과에 영향을 크게 미치지 않을 때
	사회조합주의 전략	내부노동시장을 활용하여 다기능공화를 통한 기능적 유연성 추구	노동조합의 힘이 강력하여 기업과 정부에 영향력을 행사할 수 있는 경우와 고기술의 노동력을 통해 생산하는 부가가치 높은 제품이 상품시장에서 지속적으로 수요를 창출할 수 있을 때

자료: 김동원·배종석, "한국기업의 생산적 고용관계에 대한 연구," 「경영학 뉴패러다임: 조직인사·노사관계」(2002).

격적/부정적인 태도를 취하며, 특히 자기 그룹의 단결을 위하여 상대와의 갈등을 과장하는 경우도 있다. 그룹 내부의 관계측면에서는 협상도중에는 자기 그룹 내에서는 단결을, 상대 그룹 내에서는 분열을 조장(divide & conquer)한다.

셋째, 포용전략(fostering strategy)은 노사 양측의 목표를 달성하기 위하여 노사합의에 의한 변화를 추구하는 전략이다. 포용전략의 목표는 노조와 직원들로부터 장기적이고 자발적인 변화노력을 이끌어 내고, 고용관계의 장기적인 개선과 문제해결에 치중하는 것이다. 포용전략을 쓰는 경우는 점진적인 변화가 목표이고 노조가 사용자의 제안에 동의할 가능성이 클 때이다. 포용전략의 성공요건으로는 노사간의 신뢰 및 변화의 필요성에 대한 노사간의 공감대 형성 등을 들 수 있다. 포용전략의 구체적 전술로는 협상과정에서는 상호이익협상(상호정보교환, 양측의 실제 관심사항을 모색, 설득 및 교육, 대립적인 자세 지양, 문제해결식 접근방식 등)을 사용하고 상대방과의 관계측면에서는 우호적/긍정적인 태도를 견지하며 상대방과의 관계개선을 위하여 노사공동 프로그램을 실시하기도 한다. 또한 그룹 내부의 관계측면에서는 자기 그

포용전략은 노사 양측의 목표 달성을 위해 노사합의에 의한 변화를 추구하는 전략

룹 내에서의 이견을 해소하고 합의를 도모하며, 포용전략에 대한 그룹 내부의 지지를 호소하게 되는데, 특히 노조 측에서는 어용시비의 극복이 중요하다.

기존의 협상사례를 분석한 연구에 의하면, 고용관계구도의 근본적인 변화를 성공적으로 수행하기 위해서는 위 세 가지 전략을 적절히 혼합하여 구사할 때 가장 바람직한 결과를 얻었음을 지적한다. 즉, 각 전략마다 나름대로의 한계가 있으므로 각 전략의 장점을 살려서 적절히 혼합하여 사용하는 것이 효과적이라는 것이다.[19]

(2) 사용자의 고용전략

노사협상 시 사용자의 고용전략도 중요한 의제가 된다. 사용자들은 경제환경이 변함에 따라 노동력을 탄력적으로 조절할 필요성이 대두되었는데, 고용전략의 측면에서 사용자에게는 신자유주의적 전략, 이원화 전략, 사회조합주의적 전략의 세 가지 선택이 있다.[20]

첫째, 신자유주의적 전략(neo-liberal model)은 철저히 외부노동시장에 의존하여 고용유연성을 확보하려는 전략이다. 즉 경기가 좋을 때는 추가고용을 통하여 노동력을 확보하고 경기가 나쁠 때는 노동력의 해고를 통하여 인력을 축소하는 전략이다. 따라서 이러한 전략은 주로 노동력의 수적인 유연성을 추구하게 되어 노동력 규모의 확대와 축소가 반복된다. 이 전략은 주로 노동조합이 없거나 그 세력이 약하고, 고용보호에 대한 법적인 제재수단이 없거나 약한 환경에서 주로 쓰인다. 이 전략은 특히 근로자들의 기술축적이 크게 필요하지 않은 저임금, 대량생산 부문에서 주로 사용된다. 대표적인 예로는 영세규모 기업의 저임금 노동시장을 들 수 있다.

신자유주의적 전략은 철저히 외부노동시장에 의존하여 고용유연성을 확보하려는 전략

둘째, 이원화 전략(dualistic model)은 기업 인력의 종류에 따라 서로 다른 전략을 구사하는 것이다. 즉 기업의 핵심적 역량을 수행하는 핵심인력에 대하여는 외부 노동시장에 거의 의존하지 않고 내부 노동시장을 적극 활용하여 다기능공화를 통한 기능적 유연성(functional flexibility)의 확보에 치중하며 비교적 장기고용을 보장하는 전략이다. 반면 기업의 주변적인 기능을 수행하는 주변인력에 대하여는 내부노동시장에 거의 의존하지 않고 철저히 외부노동시장을 활용하여 고용과 해고가 비교적 자유로운 비정규직이나 외주, 하청에 주로 의존하는 전략이다. 경제위기 이후 많은 수의 한국기업들이 업무의 중요성에 따라 정규직과 비정규직으로 구분하여 채용하고 관리하는 경향을 보이는데 이러한 고용전략이 이원화 전략에 속한다. 상당수의

이원화 전략은 기업 인력의 종류에 따라 서로 다른 전략을 구사하는 것

---

19 상게서.
20 Greg J. Bamber, and Russel D. Lansbury, *International and Comparative Employment Relations* (London: Sage Publications, 1998).

한국의 중규모 이상 기업들이 이원화 전략을 사용하고 있다.

셋째, 사회조합주의적 전략(quasi-corporatist model)은 노동력의 유연성을 확보함에 있어서 외부노동시장에 거의 의존하지 않고, 내부노동시장을 적극 활용하여 다기능공화를 통한 기능적 유연성을 확보하는 전략이다. 이 전략은 노동조합의 힘이 강력하여 기업의 고용결정과 정부의 노동정책에 영향력을 행사할 수 있는 환경에서 주로 일어난다. 기능적 유연성(혹은 내부적 유연성)은 주로 노사간의 긴밀한 협조와 참여를 통하여 생성된다. 이 전략을 통하여 형성되는 고기술의 노동력을 통해 생산하는 부가가치 높은 제품이 상품시장에서 지속적으로 수요를 창출할 수 있느냐가 이 전략의 경쟁력을 결정짓는 결정적인 요소가 된다. 이러한 전략이 쓰이는 대표적인 예로는 참여와 협조적인 노사관계를 추구하는 한국의 소수 대기업과 노사공동결정(co-determination)으로 유명한 독일과 스웨덴의 대기업 사례를 들 수 있다.[21]

사회조합주의적 전략은 외부노동시장에 의존하지 않고, 내부노동시장을 적극 활용하여 다기능공화를 통한 기능적 유연성을 확보하는 전략

2.2 노동조합의 전략적 선택

노동조합은 사용자가 혁신이나 구조조정을 시도할 때 다양한 전략을 선택할 수 있는데, 이를 다음의 절대반대, 불개입, 소극적 개입, 적극적 개입 전략의 네 가지 유형으로 구분할 수 있다.

첫째, 절대반대(just say no) 전략은 경영혁신이나 구조조정의 도입이 노조나 노조원들에게 부정적인 영향을 미칠 것으로 예상되는 경우, 노조 지도부에서는 이의 시행에 반대하여 경영층의 실시의지를 약화시키는 전략을 펴는 것을 의미한다. 예를 들면, 혁신이나 구조조정이 노조를 약화시키는 수단으로 채택되었다고 의심할 소지가 있거나, 실시의 결과가 조합원들의 이익을 옹호하기보다는 오히려 노동강도의 증가 등으로 조합원들의 근무환경을 악화시킬 것으로 판단될 때, 노조에서는 적극적인 반대전략을 펴게 되는 것이다.

절대반대 전략은 경영혁신 등이 노조원에게 부정적인 영향을 미칠 것으로 예상되는 경우, 이의 시행에 강력하게 반대하는 전략

노조가 이러한 전략을 펴게 되는 경우는 대부분 제품시장에서 회사의 경쟁력이 유지되고 있다고 보아 현상을 유지하여도 조합원들의 이익을 충분히 보호할 수 있다고 판단되는 경우이다. 만약 회사의 경쟁력이 위기에 처해 있다고 느낀다면, 노조가 반대전략을 채택하기보다는 오히려 경영참여 등을 통하여 혁신과 구조조정에 동참하여 경쟁력을 높이는 방향으로 노선을 정리할 가능성이 크다. 즉, 외부의 기업환경이 노조의 전략선택에도 절대적인 영향을 미치게 되는 것이다. 노조가 절대반대

---

21 김동원·배종석, "한국기업의 생산적 고용관계에 대한 연구,"「경영학 뉴패러다임: 조직인사·노사관계」경영학연구총서(2002).

를 할 경우, 혁신과 구조조정의 실시과정에서 많은 갈등이 예상되므로 사측에서도 이의 시행을 보류하게 될 가능성이 크고, 시행을 강행하더라도 긍정적인 효과를 거두지 못할 가능성이 크다.

둘째, 불개입(sit tight/wait and see) 전략은 혁신이나 구조조정이 노동조합이나 노조원들에게 바람직한 결과를 가져올지에 대한 확신이 서지 않는 경우, 대부분의 노동조합 지도부에서 이에 대하여 반대도 찬성도 하지 않는 불개입의 태도를 취하게 되는 것을 의미한다. 특히, 동종업계나 인근지역에서 이를 시도한 전례가 없어서 이 제도의 실시결과에 대한 예측이 곤란한 경우가 이에 해당된다.

노조가 불개입의 태도를 취할 경우, 혁신이나 구조조정은 사용자의 주도하에 개별 직원의 차원에서 결정되게 된다. 이 경우, 만약 혁신이나 구조조정이 조직에 큰 영향을 미치지 않고 종료되는 경우 노조에는 별 영향이 없지만, 혁신이나 구조조정이 조직과 노조원에 큰 영향을 미치게 될 경우 노동조합은 그 위상에 타격을 입게 된다. 노조는 조합원들의 주요 이해관계가 걸린 제도의 실시에 아무런 기여를 하지 못하기 때문이다.

셋째, 소극적 개입(protective involvement) 전략은 혁신이나 구조조정의 실시에 따라 노조나 조합원들이 불이익을 당하지 않도록 노동조합 지도부에서 소극적인 개입을 하게 되는 경우를 말한다. 이 경우 노조에서는 사측과의 협상을 통하여, 혁신이나 구조조정의 실시가 이미 단체협약에 규정된 사항을 변경하지 못하도록 하거나, 작업조직과 근무환경에 영향을 미치게 될 경우 사전에 노조와 협의하도록 하는 합의를 할 수 있다.

노조가 소극적 개입을 하는 경우에는 제도 도입이 노동조합과 조합원에 미치는 부정적인 영향을 최소화하는 것이 그 목적이라고 할 수 있다. 노조의 이러한 전략은 구조조정이 성공하든 실패하든 노조의 위상을 지켜줄 수 있는 전략으로 인식되어 많은 수의 노동조합들이 실제로 채택하는 전략 중의 하나이다. 그러나 기업의 경쟁력이 한계에 달하여 구조조정의 성패가 기업과 노조원의 장래에 중요한 의미를 가질 때에 노동조합의 소극적인 전략만으로는 기업의 경쟁력 회복에 기여하지 못한다는 것이 이 전략의 약점이라고 할 수 있다.

넷째, 적극적 참여(participation) 전략은 회사의 경쟁력이 위기에 달하여 기존의 경영방식을 유지하기보다는 적극적인 혁신과 구조조정이 필요하다고 인식되는 경우, 노조에서는 이의 도입과 운영에 적극 참여하는 전략이다. 기존의 전통적·대립적 노사관계에서 협조적 노사관계로 이행하기 위해서는, 노사 양측이 위기상황으로 인식할 수 있는 외부로부터의 자극이 필요하다. 즉, 회사가 존립의 위기를 맞는 경

불개입 전략은 노동조합 지도부에서 경영전략 등에 대하여 반대도 찬성도 하지 않는 태도를 취하는 것

소극적 개입 전략은 혁신이나 구조조정의 실시에 따라 노조나 노조원들이 불이익을 당하지 않도록 노동조합 지도부에서 소극적인 개입

적극적 참여 전략은 회사의 경쟁력이 위기에 달하여 적극적인 혁신과 구조조정이 필요하다고 인식되는 경우, 노조에서 이의 도입과 운영에 적극 참여

우 노조는 다수 조합원들의 생계를 보호하는 현실적인 방안으로써 구조조정과 혁신에의 동참으로의 전환을 적극적으로 고려하게 된다는 것이다. 다만, 그간의 노사관계가 적대적인 성향을 강하게 띠고 있는 경우와 노사 간에 불신의 장벽이 높을 때 현실적으로 노조가 이러한 참여적 전략을 채택하기가 어려운 경우도 있다.

노조가 참여적 전략을 택하여 구조조정과 혁신이 궁극적으로 성공할 경우, 노동조합은 조합원들의 이익을 적극적인 수단을 통하여 보호하는 것이며, 노조원들의 지지를 확충하는 계기가 된다. 그러나 노동조합이 협조를 선택할 경우, 일부 조합원들로부터 회사 측에 영합하였다는 어용시비가 제기될 수도 있다. 또한 구조조정이나 혁신이 실패로 돌아가거나 그 결과가 조합원들의 기대수준에 미치지 못할 경우, 노동조합 지도부는 조합원들의 불신을 사게 되어 차기 선거에서 불신임을 당할 수도 있다. 미국의 경우, 일부 노조 지도부가 참여전략을 사용하다가 재선에 실패하는 사례도 발생한다. 그러나 날로 격심해지는 경쟁시대에서 조합원의 고용안정과 생계를 적극적으로 보호하기 위하여 노조가 취할 수 있는 수단으로 인정받고 있다.

3 단체협약

3.1 단체협약의 개념과 성격

(1) 단체협약의 의의와 개념

노동자의 임금과 노동조건은 개별 노동자와 사용자 간 자유로운 계약에 의하여 결정되어야 하지만 개별 노동자와 사용자가 실제 평등한 입장에서 계약을 체결할 수는 없다. 따라서 노동자들은 더 큰 교섭력을 확보하기 위하여 단결하여 노동조합이라는 단체를 만들고 이 단체의 힘에 의하여 사용자와 대등한 입장에서 교섭을 하여 임금 및 기타 노동조건 등을 결정할 수 있다. 이렇게 결정된 내용을 문서화한 것이 바로 단체협약이다.[22] 즉 단체협약(collective agreement)이란 노동조합 또는 그 연합체와 사용자 또는 사용자단체간에 체결되는 집단적 근로관계에 관한 계약으로 법

단체협약은 노동조합 또는 그 연합체와 사용자 또는 사용자단체간에 체결되는 집단적 근로관계에 관한 계약

---

22 문향남, 전게서, p. 192.

적 효력을 가진다.[23]

단체협약은 협약 당사자인 노동조합과 사용자가 체결하는 서면상의 계약의 형식을 띠고 있으나[24] 그 내용은 여러 가지 상이한 요소로 구성되어 있다. 예를 들면 임금, 근로시간, 기타 근로자의 대우에 관한 사항, 조합원의 범위, 숍제도, 조합활동을 위한 절차와 요건, 단체교섭절차, 쟁의행위에 관한 사항 등이 그것이다.

단체협약의 특징은 노사 양측에 의한 단체적인 약속, 즉 합의라는 성격을 들 수 있다. 즉, 단체협약은 다수의 노동자와 사용자나 사용자단체간의 상호협의에 의해 합의된 사항이라는 성격을 가진다. 이러한 측면에서 단체협약은 근로계약이나 취업규칙과는 구별된다. 즉, 근로계약(고용계약)은 노동조합이 아닌 개개 직원과 사용자가 합의하여 결정한 계약이고, 취업규칙은 다수 직원에 대하여 사용자가 미리 일방적으로 결정한 고용규칙을 의미하기 때문이다.[25]

(2) 단체협약의 기능

단체교섭 결과, 노사 간의 타협으로 합의에 도달하게 되면 단체협약이 체결된다. 단체협약은 사용자 및 노조가 근로자의 근로조건의 기준을 정하고 협약 당사자 간의 권리와 의무를 설정한 문서이다. 특히 단체협약은 집단노동관계의 당사자인 노조와 사용자의 행동을 규제하는 자체 규범이기 때문에 협약의 성실한 이행과 운용은 고용관계 안정에 중요한 영향을 미친다. 단체협약은 다음과 같은 기능을 가진다.

① **노동조건의 개선기능**　　　단체협약은 고용관계에 여러 가지 기능을 하고 또한 이익을 가져다주고 있는데, 그 하나가 노동조건의 개선기능이다. 즉, 노동조합의 단결권 혹은 쟁의행위는 투쟁력을 배경으로 하여 이루어진 것이므로 단체협약에서 정해진 내용은 개인 노동자와 사용자 사이의 교섭에서 기대할 수 없는 보다 좋은 노동조건을 확보할 수 있다.[26]

② **산업평화의 기능**　　　단체협약이 성립되면 그 유효기간 중 노사 쌍방이 이를 존중하고 준수할 의무를 지게 되므로 그 기간 중에는 불필요한 분쟁을 피하고 산업평화를 유지시키는 기능을 하게 된다. 즉 단체협약에 의해 일정기간 동안 근로조건 등에 관한 일정기준을 설정해 놓으면 그 기간 내에는 무의미한 분쟁을 피할 수 있고 그 기준을 유지하기 위해 노사는 협약내용을 성실히 준수할 의무를 지는데, 이를 단체협약의 평화기능이라 한다.

단체협약은 근로조건을 개선하고 협약의 유효기간 동안 노사분쟁을 억제할 수 있는 산업평화기능을 가짐

---

23 박상필, 전게서, p. 430.
24 「노동조합 및 노동관계조정법」, 제31조.
25 노동조합사전편찬위원회, 「노동조합의 기초활동」(서울: 형성사, 1985), pp. 613-616.
26 이준범, 전게서, pp. 272-273.

3.2 단체협약의 성립

단체협약의 체결 및 관리에 대하여 살펴보면 다음과 같다.

(1) 단체협약의 딩사자

단체협약을 체결할 수 있는 법률상의 능력 또는 지위를 협약능력이라 하며 이러한 능력을 가진 자를 단체협약의 당사자라 한다. 단체협약의 당사자는 노동조합과 사용자 또는 사용자단체이며 개개 조합원은 단체협약의 당사자가 될 수 없다.

(2) 단체협약의 작성방식과 유효기간

현행법에 의하면 단체협약이 법적 효력을 갖기 위해서는 다음의 두 가지 조건이 충족되어야 한다. 첫째, 단체협약은 반드시 서면으로 작성하여 당사자 쌍방이 서명·날인하여야 한다. 둘째, 단체협약 체결일로부터 15일 이내에 이를 행정관청에 당사자 쌍방의 연명으로 신고하여야 한다.

「노동조합및노동관계조정법」은 단체협약의 유효기간을 3년을 초과하지 않는 범위에서 노사가 합의하여 정할 수 있으며 유효기간을 정하지 않은 경우 그 유효기간은 3년으로 한다. 이 조항은 단체협약과 임금협약을 분리하여 실시하는 경우 양 협약에 모두 적용된다. 또한 노사 쌍방이 새로운 단체협약을 체결하지 못하였을 경우 종전의 단체협약은 그 만료일로부터 3개월까지 계속 효력을 갖는다고 정하였다.

3.3 단체협약의 내용

단체협약의 내용은 다양한 항목들을 포괄하고 있다. 단체협약에 포함된 중요한 내용을 정리하면 다음과 같다.

(1) 노조활동보장과 경영권보호

단체협약에서 노사 쌍방이 스스로의 권익을 보호하고 안정된 지위확보를 위해 노조측에서는 근로시간 중 노조활동, 근로시간면제(타임오프), 조합비 공제편의제공, 숍제도 등에 대하여, 사용자측은 생산과 노동력배치에 대한 결정, 적절한 이유에 의한 징계, 관리자 및 경영자 선발, 작업일정 및 방식 등 경영권에 대하여 단체협약에 반영하는 것이 일반적이다.

(2) 보수

임금을 비롯하여 일시금(상여금 또는 기말수당)과 퇴직금에 관한 사항은 단체협약에서 가장 중심이 되는 부분이다. 그러나 단체협상과 임금협상이 별도로 이루어지는 우리나라의 경우 단체협약에서 임금에 대한 원칙, 상여금, 퇴직금에 관한 조항을 두고 있고, 매년의 임금인상률이나 임금인상액은 임금협약에서 정한다.

(3) 인사조항

종업원이 기업에 채용된 후부터 퇴직할 때까지의 기간 중 신분이나 대우 등을 규정하고 있는 것이 인사조항이다. 인사조항은 경영권 또는 인사권에 관하여 노동조합의 입장과 직장의 위계질서를 유지하고 적절한 인사를 실현하고자 하는 사용자의 의도가 다르므로 중요한 의미를 가진다. 노동조합의 지위가 확고하고 경영측이 노조의 의사를 중시하는 경우에 채용·수습기간·인사이동·해고협의 등에 대해 조합과 협의하도록 하는 조항이 존재하기도 한다.

(4) 복리후생조항

근로복지제도는 법정복지제도인 산재보험, 건강보험, 연금보험, 고용보험과 법정외 복지제도로 분류된다. 이 중 법정외 복지제도는 임금이외에 기업이 제공하는 복리후생으로 종업원 혹은 그 가족에게 제공되는 모든 편익을 일컫는다. 법정외 복지제도인 복리후생을 의미하며 단체협약의 내용으로 규정될 때가 많다. 특히, 오늘날에는 노동자들이 임금만이 아니라 기업복지를 중요하게 받아들이고 있어 단체교섭의 대상으로서 큰 비중을 차지하고 있으며 예를 들면 주거비 지원, 보건의료 지원, 식사 제공, 문화·체육·오락 활동 지원, 경조 및 장려금 지원, 사내복지기금 출연, 보육비 지원, 휴양시설 이용 등이다.

(5) 작업안전·보건조항

우리나라의 경우 산업재해와 직업병의 발생정도가 OECD 회원국의 평균에 비해 높은 편이어서 산업안전과 보건문제에 대한 노사의 관심이 요구된다. 노동조합으로서도 작업환경 및 시설의 개선, 임금·노동조건의 개선, 관리체계의 합리화, 보건에 대한 교육기회의 확대 등이 단체협약에서의 중요한 요구사항이 된다. 상당수의 단체협약에서 산업안전보건위원회 구성, 작업환경 측정, 건강진단에 대한 규정을 두고 있다.

(6) 근로시간

대부분의 단체협약은 근로시간을 규정하고 있다. 근로시간에는 사용자의 지휘 명령하에서 노무를 제공하는 시간만을 가리키는 경우와 노무의 제공에서 벗어나는 휴식시간을 포함시키는 경우가 있는데, 전자를 실근무시간이라고 하고 후자를 구속 시간이라 한다. 「근로기준법」과 「산업안전보건법」은 근로기준시간의 범주를 셋으로 나누어 성인노동자에 대하여는 1주일 40시간의 기준근로시간을, 유해위험작업에 종 사하는 노동자에 대하여는 1일 6시간, 1주일 34시간의 근로기준시간을, 연소근로자 에 대해서는 1일 7시간, 1주 40시간의 기준근로시간을 규정하고 있다.

최근 근로시간 쟁점은 장시간 근로 외에 유연한 근로방식의 필요성과 야간노동 에 대한 규제 등이 활발하게 논의되고 있다.

(7) 교대근무제도(교대제)

교대제도는 사업체의 운영 시간이 개별노동자의 근무 시간보다 더 길 경우 노동 자들이 다른 근무시간대에 속해 이어서 일을 하는 제 도임

교대근무제도 혹은 교대제란 개별노동자의 일일 근로시간보다 사업체의 운영시 간이 더 길 경우 노동자들이 다른 근로시간대에 속해 이어서 일을 하는 제도를 의미 한다. 교대근무제도는 종업원들의 근무시간이 고정적으로 정해져 있는 것을 때도 있지만 일－가정 양립과 건강 등을 고려해 노동자들이 속한 조가 돌아가면서 순환 적으로 운영될 때가 많다. 일반적으로 교대근무제도는 인력규모, 근로시간, 법정근 로수당과 밀접하게 관련되어 있기 때문에 대부분 단체협약에 의해 규정되어 있다.

주로 활용되는 교대근무제도의 형태는 2조 격일제, 2조2교대제, 주간연속2교대 제, 3조2교대제, 3조3교대제, 4조3교대제, 4조2교대제 등 다양하게 존재한다. 2조 격 일제는 하루(24시간)씩 돌아가면서 일을 하는 형태로 아파트 경비원업무가 해당된 다. 2조2교대제는 2개의 조가 각각 12시간씩을 교대로 일하는 형태로 제조업 등에 많이 활용되고 있다. 주간연속2교대제는 야간심야시간대를 제외하고 2조가 절반씩 나누어 일을 하는 형태로 조업이 이른 아침(7시)에 시작되어 저녁 늦게(01시)까지 이 루어진다. 3조2교대제는 3개의 조가 하루 중 전체작업시간을 절반으로 나누어 작업 하는 방식이며 보통 2개조는 근무를 하고 1개조는 휴무의 형태로 공공기관에 많이 도입되어 있다. 3조3교대제는 3개의 조가 하루 중 전체 작업시간을 3개로 나누어 일 하는 방식으로 각 조마다 8시간씩 일하게 된다. 4조3교대제와 유사하지만 1개조가 휴무의 형태이다. 〈도표 4-5〉는 우리나라의 교대제의 운영실태에 관한 연구결과를 나타낸 것이다.[27]

---

27 배규식 외, 「교대제와 노동시간」(서울: 한국노동연구원, 2013).

	2조 격일제	2조2 교대제	주간2 교대제	3조2 교대제	3조3 교대제	4조3 교대제	4조2 교대제	기타
실시비율(%)	14.6	60.8	6.6	5.7	12.3	4.2	1.0	2.3
근로시간(h)	47.1	49.2	37.4	46.8	46.3	46.3	45.1	-
주당 초과근로시간	47.1	49.2	37.4	46.8	46.3	45.1	49.7	-
월 휴일근로일수(일)	1.7	2.86	3.07	2.03	1.65	1.71	2.38	1,92

주 1: 교대근무제 실시 기업 수는 13,924.

이상의 내용을 종합하면 2조격일제와 2조2교대제는 우리나라의 가장 보편적인 근무제도이면서 동시에 근로시간이 가장 긴 근무제도로 보인다. 이러한 결과는 2조격일제와 2조2교대제가 생산효율성 측면에서 많이 도입되어 있지만 근로시간이 길어 종업원의 건강에는 부정적인 단점이 있음을 보여준다. 이에 비해 주간2교대제는 실시비율은 낮지만 야간작업이 없기 때문에 근로시간이 가장 낮은 것으로 나타났다. 4조3교대와 4조2교대제 역시 실시비율은 낮지만 근로시간이 상대적으로 약간 낮았다.

(8) 단체교섭과 쟁의에 관한 조항

단체교섭조항을 별도로 규정하고 있는 이유는 단체교섭실시에 따른 절차·운영에 대한 사항을 미리 정해 두기 위해서이다. 이 조항은 교섭절차, 협약의 갱신, 또는 운영에 관한 사항, 단체교섭의 인원수 및 선임방법에 관한 사항 등을 포함한다. 한편 단체협약은 쟁의행위에 관해서도 규범을 정해 놓고 있다. 그 주된 내용으로는 첫째, 쟁의행위를 취할 경우에는 수일 전에 상대방에게 통고한다는 '쟁의행위예고조항', 둘째, 보안요원 기타 일정한 범위에 있는 사람은 쟁의행위에 참가하지 않는다는 '쟁의행위 불참가자조항', 셋째, 대체근로자(쟁의중 회사와 관련없는 인력이 외부에서 임시로 고용된 경우)에 의하여 쟁의조합원을 대체하지 않는다고 하는 '대체근로금지조항'(혹은, Scab 금지조항) 등이 있다.

(9) 노사협의제 조항

「근로자참여및협력증진에관한법률」에는 노사협의회가 설치·구성·운영방식이 규정되어 있다. 단체협약에서도 노사협의회에 관한 사항을 규정하기도 한다. 그간의 조사에 따르면 전체 단체협약의 절반정도가 노사협의회에 대한 사항을 규정하고 있

2조격일제와 2조2교대제는 가장 많이 도입되어 있는 제도이지만 노동시간이 긴 단점이 존재함

는 것으로 나타났다.[28]

28 한국노동연구원, 「단체협약분석」(서울: 노동부, 2003), p. 81.

삼성전자 2024년 단체교섭 분석[29]

　최근 한국 노사관계의 가장 큰 변화 중 하나는 삼성전자에 노동조합이 설립된 것이다. 2020년 삼성전자가 무노조경영 포기를 선언한 이후, 삼성전자에는 가장 규모가 큰 전국삼성전자노동조합 외 4개 노조가 더 조직되어 모두 다섯 개의 노동조합이 존재한다. 그동안 삼성전자는 무노조경영을 유지하기 위해 노동조합을 조직하지 않는 대가로 노조기업보다 더 높은 임금과 복지를 제공하는 '무노조 프리미엄'을 제공해 왔으나 앞으로는 노동조합과의 단체교섭을 통해 임금 등 처우를 결정해야 한다.

　삼성전자에 노동조합이 설립되었으나 노사관계가 원만한 상황은 아니다. 과반 노조가 없는 상황에서 회사 측의 노동조합에 대한 실질적인 인정 여부가 쟁점이다. 회사 측은 노동조합과의 임금교섭과 단체교섭을 거부하지 않고 성실하게 임하지만 노동조합과 임금을 결정하지 않고 노사협의회에서 결정하고 있다. 회사는 노동조합 조직이 아닌 직원대표 조직인 노사협의회를 통해 임금 등에 관한 논의를 진행하고 정작 노동조합과의 교섭에서는 노사협의회에서 정해진 내용 이상을 추가로 논의하지 않고 있다. 이에 대해 노동조합은 회사가 노동조합의 영향력 확대를 우려해 의도적으로 노조와의 교섭을 무력화하고 있다고 주장하는 반면, 회사는 노동조합을 존중하며 교섭에도 성실하게 임하고 있다고 반박하고 있다.

　삼성전자 노사가 팽팽하게 대립적이던 2024년 7월 8일 전국삼성전자노동조합은 예정된 이틀 간 파업에 돌입하였다. 이날 노동조합의 파업 감행은 55년 만에 처음 있는 일이었다. 파업 당시 전국삼성전자노동조합은 조합원 수가 3만 명이었으며 이는 삼성전자 전체 직원(약 12만 명)의 25%에 해당하는 규모였다. 파업의 원인은 여러 가지가 있을 수 있으나 △임금인상과 처우개선, △투명한 성과급 기준 등이었다. 임금 관련 파업 직전 회사는 5.1% 인상을 제시하였으나 노동조합은 이를 수용하지 않았다.

　이틀간의 파업에도 노사 간 이견을 좁히지 못하게 되자, 노동조합은 7월 10일 무기한 파업으로 전환하였다. 그럼에도 노사 간 이견은 좁혀지지 않았고 파업을 유지하는 데 부담을 느낀 노동조합은 2024년 11월 14일, 교섭을 시작한 지 10개월 만에 회사와 임금교섭에 잠정 합의하였다. 합의안의 내용은 임금 5.1% 인상 등 회사 측이 그동안 제시한 내용과 크게 다르지 않았다. 조합원들은 교섭결과에 대해 실망을 하였고 노사의 잠정합의안은 반대(58.6% 반대)가 더 많아 결국 부결되었다. 잠정합의안이 부결됨에 따라 집행부는 교섭에 대한 책임을 지고 신임여부를 물었다. 예상과 달리 조합원

29 정흥준 외(2018), 한국지엠의 구조조정과 고용대책, 한국노동연구원 중 일부 내용을 발췌·재정리함.

들이 집행부는 신임힘에 따라 노농조합은 회사와 추가적인 교섭을 제안하고 있다.

2024년 삼성전자 단체교섭 주요 일지

1월 16일	2023년 및 2024년 임금교섭 병합 후 첫 교섭
7월 08일	전국삼성전자노동조합 파업 돌입. 8월 10일까지 2일 파업 선언.
7월 10일	전국삼성전자노동조합 무기한 파업 선언
8월 01일	전국삼성전자노동조합 25일 만에 파업 종료.
8월 15일	8월 18일까지 나흘 동안 재파업 동일
11월 14일	삼성전자-전국삼성전자노동조합 잠정합의
11월 14일~21일	조합원 찬반투표 진행
11월 21일	조합원 투표에서 잠정합의안이 반대 58.64%(13392표)로 부결
11월 29일~ 12월 6일	잠정합의안 부결에 따라 집행부(노조지도부)신임투표 진행. 투표결과, 62%신임으로 현 집행부 가 교섭을 재개할 예정

삼성전자의 사례는 노동조합 결성, 단체교섭, 그리고 단체협약 및 단체행동에 이르는 일련의 노사관계 프로세스를 잘 보여준다. 파업의 표면적인 쟁점은 임금수준과 성과급 등 보상과 관련된 것이었지만 내부적으로 보면 '노동조합의 인정'과 관련되어 있음을 확인할 수 있다. 회사는 노조대신 노사협의회와 실질적인 교섭을 추진하고 있으며 노동조합은 이러한 회사의 전략에 대해 파업이라는 무기로 대응하고 있기 때문이다. 삼성전자의 노사관계는 당분간 현재와 같은 비슷한 상황이 계속될 것으로 보이며 과반 노조의 조직여부가 향후 노사관계의 향배를 가를 것으로 예상된다.

토의과제

1. 삼성전자 경영진의 노조대응 협상전략의 변화를 설명해보자.
2. 삼성전자 노동조합은 이틀 파업 - 무기한 파업 - 4일 파업 등을 전개하였다. 노동조합의 이러한 파업전략에 대해 평가해 보자.
3. 삼성전자의 대립적인 노사관계를 개선하기 위하여 노사가 각각 하여야 할 일에 대하여 논하라.

노동쟁의, 쟁의조정 및 부당노동행위

Employment Relations

고용관계론

할리우드 파업[1]

"축하합니다. 배우 여러분. 승리하셨군요. 더 이상 인공지능에 일자리를 빼앗길 걱정은 하지 않아도 되겠네요. 이제는 그저 예전처럼 더 젊고, 더 유능하고, 더 매력적인 사람들에게 대체될지도 모른다는 걱정만 하면 되겠습니다." 95회 아카데미 시상식, 사회자 지미 키멜(Jimmy Kimmel)의 자조 섞인 인사말이다.

2023년 11월, 배우·방송인 노동조합(SAG-AFTRA)은 영화·TV 제작자동맹(AMPTP)과의 잠정 합의를 승인했다고 밝혔다. 2023년 5월 파업을 시작한 작가들과 발맞춰 할리우드 배우들은 7월 13일 '동반파업'을 시작했다. 상대는 넷플릭스, 디즈니 등 사업자단체에 해당하는 제작자동맹으로 배우와 작가 동반파업은 1960년 이후 63년 만이다. 작가들은 지난 9월 148일 만에 파업을 종료했다.

버라이어티는 노조가 협상 초기 스트리밍 수익의 2%를 요구했지만 거절당했고 이후 연간 약 4000만 달러로 합의했다고 보도했다. 뉴욕타임스(NYT)는 "스트리밍 수익의 일정 비율을 지급하는 대신 성과 지표를 기반으로 한 새로운 재상영분배금을 제안했다."고 전했다. 넷플릭스 등 스트리밍 업체는 재생 횟수 등 흥행 데이터를 공개하지 않아 로열티 성격을 갖는 '재상영분배금'이 노사갈등 핵심이었다.

미국 CBS는 "첫 90일 동안 총 국내 스트리밍 시간을 영화 또는 TV 시리즈의 총 러닝타임으로 나누어 '국내 조회수'를 계산하고 이 국내 조회수를 총 국내 구독자 수로 나누어 '성과지표'를 결정한다."며 "결과가 0.2 이상이면 보너스가 지급된다. 보너스의 75%는 연기자(performer)에게 지급되며, 나머지는 스트리밍 프로그램에 출연하는 사람들을 보상하기 위한 새로운 '스트리밍 수익 분배 기금'으로 사용된다."고 했다. 이외에도 배우들의 임금이 7%, 엑스트라 임금은 11% 인상된다. 작가들 역시 파업을 종료하며 더 큰 몫의 로열티를 확보했다.

현재 넷플릭스, 디즈니 등 OTT 기업들은 천문학적인 금액으로 AI 관련 기술자를 영입하는 등 AI를 활용한 비용 절감에 힘쓰고 있다. 이미 AI를 통해 배우 출연 없이도 목소리, 10년 전 얼굴 등을 복원할 수 있게 됐고 창작 현장에선 AI가 만든 대본 초안을 작가들에게 수정하라고 지시하는

---

1 미디어오늘 "끝맺은 할리우드 파업이 우리에게 남긴 것", 2023-11-16, BBC News 코리아 "할리우드가 멈췄다…미국 배우조합 역사에 남을 파업 결의", 2023-7-14 등의 기사를 참고로 재작성.

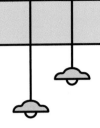

등 AI와 작가의 분업이 이뤄지고 있는 상황이다.

워싱턴포스트(WP)는 "이번 합의로 배우들이 AI 활용에 대한 '사전 동의'를 하고 디지털 복제본에 대한 '공정한 보상'을 받게 됐다."고 했다. 가디언에 따르면 작가 파업 이후엔 기존 작가가 이미 작성한 시나리오를 AI가 편집할 수 없게 되었고, 작가가 AI의 결과물을 각색하더라도 '오리지널' 시나리오로 간주될 수 있도록 했다.

파업은 끝났지만 변화의 물결은 돌이킬 수 없게 되었다. 워싱턴포스트는 "디즈니플러스와 HBO맥스 등이 넷플릭스와 경쟁하기 위해 콘텐츠 '물량 공세'를 폈었지만 몇 년 후 대부분은 TV시리즈와 영화 제작을 줄이고 인력 감축을 시작했다. 경쟁 심화로 수익성을 확보하기 위한 방법을 필사적으로 모색하는 것"이라고 전했다. 넷플릭스는 매주 하나 이상의 새로운 오리지널 공개를 예정했던 목표를 절반으로 줄였고 8000명 이상의 구조조정을 발표했다. 크리스토퍼 놀란(Christopher Nolan) 감독은 버라이어티와의 인터뷰에서 "스트리밍 전환은 업계 전체를 혼란에 빠뜨렸고 우리 모두에게 심각한 문제를 야기했다."고 말했다.

노사간의 갈등은 자본주의사회에서 피하기 어려운 현상이지만, 노동쟁의는 노·사는 물론 지역경제에까지 그 여파가 미쳐 심각한 양상을 초래할 수가 있다. 노사가 단체교섭과정에서 각자의 주장을 관철할 수 있는 단체행동권은 보장하되, 단체행동의 정도가 지나쳐서 국민경제에 심각한 여파를 미치지 않도록 제도를 설계하는 것이 중요하다. 이러한 이유에서 거의 모든 시장경제국가에서 단체행동권을 법으로 보장하고 있는 한편, 노사간의 분쟁이 극한적인 상황까지 가지 않도록 하기 위하여 노동쟁의조정제도를 두고 있다.

이하에서는 노사 쌍방간에 분쟁을 의미하는 쟁의에 대하여 알아보고, 쟁의를 해결하기 위한 조정절차에 대하여 살펴보기로 한다. 사용자의 부당노동행위는 쟁의와는 구별되는 개념이지만 노사간의 갈등을 가져온다는 점에서 쟁의와도 밀접한 관련이 있다. 따라서 본 장에서는 사용자의 부당노동행위의 내용과 그 구제절차에 대하여도 알아보고자 한다.

1 노동쟁의

노동쟁의는 노사간 주장의 불일치로 인해 발생한 분쟁상태

쟁의행위는 노동쟁의의 결과로 발생하는 것으로, 파업·태업·직장폐쇄 등 노사가 주장을 관철할 목적으로 행하는 행위

노동쟁의는 노사간의 주장의 불일치로 인하여 발생한 분쟁상태를 의미하며, 노사의 교섭 내지 절충과정에서의 의견이 상충되어 노사 당사자간에 정상적인 대화나 교류가 이루어지지 못하는 경우를 의미한다. 한편, 쟁의행위는 노동쟁의의 결과로 발생하는 것인데, 파업·태업·직장폐쇄 등 노사가 주장을 관철할 목적으로 행하는 행위로 업무의 정상적인 운영이 방해를 받는 행위를 의미한다. 즉, 쟁의행위는 노동자의 쟁의행위(예를 들면, 파업이나 태업)와 사용자의 대항행위(예를 들면, 직장폐쇄와 조업계속)를 포함하는 개념이다(<도표 5-1> 참조). 노동쟁의와 쟁의행위의 본질을 이해하기 위해서는 먼저 노사간의 갈등에 대한 다양한 시각을 파악할 필요가 있다. 왜냐하면 노사갈등에 대한 관점에 따라 쟁의에 대한 이론적 시사점과 정책적인 방향이 크게 달라지기 때문이다.

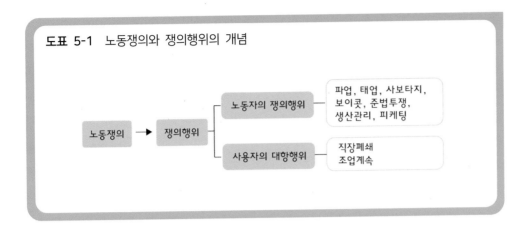

도표 5-1 노동쟁의와 쟁의행위의 개념

노동쟁의 → 쟁의행위
- 노동자의 쟁의행위 — 파업, 태업, 사보타지, 보이콧, 준법투쟁, 생산관리, 피케팅
- 사용자의 대항행위 — 직장폐쇄, 조업계속

1.1 노사갈등의 개념

(1) 노사갈등에 대한 세 가지 시각

노사갈등을 보는 시각에는 일원론적(Unitarism)인 입장, 급진적인 입장, 다원론자의 입장 등 세 가지가 있다.

첫째, Taylor,[2] Mayo[3] 등으로 대표되는 일원론적 입장은 기본적으로 노사간에 갈등이 존재하지 않는 것으로 보는 시각이다. 즉, 한 기업 내에서 노사간의 이해관계는 완전히 일치하며 서로간의 갈등이 생기는 것은 오직 경영자의 그릇된 경영방식에서 비롯될 뿐이라는 주장이다. 또한 노조는 부실경영에서 발생하며 경영자가 올바른 경영을 한다면 노동조합이 생길 이유가 없다고 보는 것이다. 즉, 노동조합의 존재 이유와 노사갈등을 부정하는 시각이다. 그러나 이 시각은 허술한 경영을 하는 중소기업보다 체계적이고 치밀하게 경영을 하는 대기업에 노조가 발생하는 비율이 평균적으로 더 높은 이유를 설명하지 못하는 한계를 가진다.

둘째, Karl Marx로 대표되는 급진주의자들[4]은 노사간의 갈등이 자본주의사회에서 피할 수 없는 것으로 보며 자본주의가 발달할수록 노사간의 갈등은 격화된다고 본다. 이들에 의하면 노사간의 갈등을 해결하는 유일한 방법은 무산자계급의 혁명을 통하여 생산수단을 공유하는 공산주의체제로 전환하는 것이다. 즉, 자본주의사회

> 일원론적 입장은 노사간의 갈등이 존재하지 않는 것으로 보는 시각

> 급진주의자들은 노사간의 갈등이 자본주의사회에서 피할 수 없는(inevitable) 것으로 봄

---

2 Frederick W. Taylor, The Principles of Scientific Management, (New York: Harper & Brothers, 1911).

3 Elton Mayo, The Social Problems of an Industrial Civilization, (Cambridge, Mass: Harvard Univ. Press, 1945); F. J. Roethlisberger, and W. J. Dickson, Management and the Worker, (New York: Wiley, 1964).

4 마르크스 엥겔스, 남상일 옮김, 「공산당선언」(백산서당, 1989).

와 사용자의 존재가치를 인정하지 않는 시각이다. 그러나 자본주의의 발달에도 불구하고 노사간의 갈등이 혁명으로 연결되지 않았다는 사실은 이 시각의 한계점으로 작용하고 있다.

셋째, Kerr로 대표되는 다원론자(Pluralists) 혹은 신세노학파(Neo-institutionalists)는 한 기업 내에 노사 등 서로 다른 이해관계를 가진 집단이 존재하는 것을 인정하고 갈등은 필연적인 것으로 본다. 갈등이 필연적인 것으로 보는 측면에서 다원주의자들은 급진주의자와 비슷하다. 그러나 이들은 노사갈등이 표출됨으로 해서 자본주의사회에서 가진 자와 못가진 자 간의 긴장이 간헐적으로 해소되어 혁명을 피할 수 있다고 본다. 즉, 단체교섭이나 파업을 통하여 주기적으로 노사간의 갈등이 해소되면서 노동자계급의 불만을 줄이게 되어 오히려 자본주의를 더욱 공고하게 만드는 효과가 있다고 주장한다. 노동조합의 존재와 파업의 존재가 자본주의제도가 기능하는 데에 긍정적인 영향을 미친다고 보는 시각은 급진론자와 구별되는 견해이다.

(2) 노사갈등의 기본 성격

노사갈등과 파업에 대한 다원론자 혹은 신제도학파의 시각은 노사관계에서 가장 널리 받아들여지는 이론이며 현대 시장경제국가의 노동정책의 기본철학을 제공하였다. 즉, 대부분의 시장경제국가에서 단체결성권, 단체교섭권, 단체행동권 등 노동 3권을 법으로 보장하고 있는 것은 노동조합과 파업의 필요성을 인정하는 다원론자의 견해에 따른 것으로 볼 수 있다. 갈등에 대한 다원론자 혹은 신제도학파의 시각을 보다 상세히 살펴보면 다음과 같다.

첫째, 갈등의 불가피성(inevitability)을 인정한다. 노사 당사자가 이성적이고 상대방에 대하여 긍정적인 사고를 갖고 있다 하더라도 노사갈등은 불가피하다는 것이다. 그 이유는 ① 노사 당사자의 무한한 욕구수준과 이를 충족시킬 재원의 한정으로 말미암아 분배를 통한 만족을 이끌어내는 데 한계를 드러내게 되기 때문이며, ② 고용인과 피고용인이라는 입장 및 이해관계의 차이는 항상 존재하기 마련이고, ③ 적정 분배방식이 수립되었다고 해도 원가상승, 제도변경, 소비자 구매패턴 변화 등과 같이 새로운 변수가 나타나게 되면 다시 분배방식을 수립하여야 한다는 산업사회의 역동성 때문이며, 마지막으로 ④ 노조와 기업조직은 태생적으로 상반된 목적을 갖고 있기 때문에 갈등이 나타날 수밖에 없다는 것이다.

둘째, 노사갈등의 다양성(variety)을 인정한다. 갈등을 겪는 개인이나 집단은 파업, 보이콧, 태업, 고충제기 등 눈에 보이는 노사갈등 이외에도 이직, 결근 등과 같은 방식으로도 갈등상태를 표출하고 있다. 이직, 결근 등의 방식으로 갈등을 해소하

다원론자(Pluralists) 혹은 신제도학파(Neo-institutionalists)는 한 기업 내에 노사 등 서로 다른 이해관계를 가진 집단이 존재하는 것을 인정하고 갈등은 필연적인 것으로 봄

갈등의 불가피성

노사갈등의 다양성

는 것을 침묵파업(silent strikes)이라고 부른다. 따라서 파업만을 노사갈등의 유일한 표출방식으로 간주하는 것은 옳지 않다는 것이다.

셋째, 대부분의 노사갈등은 자본주의사회에서 수용가능(acceptability)하다고 본다. 즉, 노사갈등이 없으면 분쟁을 해결하는 데 보다 많은 비용과 시간이 필요하지만 노사갈등이 표출되게 되면 당사자들이 이를 해결하기 위하여 노력하므로 결국 분쟁을 해결하고 긴장감을 줄여주며 노사간의 힘의 균형을 되찾아주는 긍정적인 효과가 있다는 것이다.[5] 따라서 적절한 수준의 갈등표출은 사회와 기업을 위하여 순기능을 한다고 주장한다. 다만, 과도하고 습관적이거나 병적인 갈등은 그 기업의 노사와 사회전체에 피해를 줄 뿐이므로 바람직하지 않은 것으로 본다.

<aside>노사갈등의 수용가능성</aside>

1.2 노동자의 쟁의행위

노동자의 쟁의행위에는 노동조합이나 노동자집단이 주체가 되어서 발생하는 파업, 태업, 사보타지, 준법투쟁, 보이콧, 생산관리, 피케팅 등과 부수적인 쟁의행위가 있다. 이하에서는 노동자의 쟁의행위를 차례로 설명하고자 한다.

(1) 파업

파업은 노사간의 주장의 불일치가 원인이 되어 노동조합이나 노동자집단의 주도하에 노동력을 생산수단과의 결합상태에서 분리시키고 사용자의 노동력에 대한 지휘·명령으로부터 노동자를 벗어나게 하는 상태를 의미한다. 파업은 여러 가지 측면에서 구분이 가능하다. 이하에서는 파업의 종류에 대하여 알아보기로 한다.

<aside>노사간의 주장의 불일치가 원인이 되어 노동조합이나 노동자집단의 주도하에 노동력을 생산수단과의 결합상태에서 분리시키고 사용자의 노동력에 대한 지휘·명령으로부터 노동자를 벗어나게 하는 상태</aside>

① 의사결정의 특성에 따른 구별방법　　　　　　　의사결정의 특성에 따라 계산적 파업(rational strike), 착오적 파업(nonrational strike) 및 충동적 파업(irrational strike) 등으로 구분할 수 있다.

첫째, 계산적 파업이란 상황에 대한 정확한 이해와 목적지향적인 행동에 근거하여 수행되는 파업으로 대체로 실제적 갈등이나 유도된 갈등에서 발생하게 된다. 여기에서 실제적인 갈등(real conflict)은 근로자나 소유주 등의 당사자가 상대방보다 많은 권력이나 이익을 얻고자 하거나, 조직을 강화시키려거나, 불만이나 긴장을 해소하려는 목적을 가지고 의도적으로 실행하는 파업이다. 또한 유도된 갈등(induced conflict)이란 기업의 관리자, 사용자단체, 노조의 대표자들이 자신들의 중요성을 과시함으로써 자신의 지위를 강화하거나, 또는 내부적 갈등을 봉합하기 위해서 일부

<aside>상황에 대한 정확한 이해와 목적지향적인 행동에 근거하여 수행되는 파업</aside>

---

5 Clark Kerr, Labor and Management in Industrial Society, (NY: Anchor, 1964).

러 파업을 유도하는 정치적인 요인에 의해서 발생하는 파업이다.

둘째, 착오적 파업이란 상대방의 의도나 행위를 오해하거나 파업으로 발생하게 될 결과를 잘못 추정하는 등 정확한 정보나 지식이 없거나 상황을 착오해서 발생하는 파업이다. 예를 들어 노조의 대표가 사측보다 경영상황을 낙관하여 과다한 요구를 할 때 발생하는 파업이 착오적 파업에 해당한다.

셋째, 충동적 파업이란 근로자들이 순간적인 감정에 흥분되어 방향성이나 목적성 없이 수행되는 충동적인 파업이다. 탄광 등에서 산업재해사고가 빈번하게 일어날 때 근로자들이 흥분하여 일으키는 파업이 충동적 파업에 해당한다. 대체로 노조의 조직·지휘가 제대로 이루어지지 않는 파업이다. 노사간의 협상경험이 쌓이고 조직이 보다 체계화된다면 충동적 파업은 감소하게 된다.[6]

후술할 노동쟁의에 대한 조정제도는 전문조정인이 노동쟁의 당사자를 설득하여 갈등을 원만히 해결하려고 시도하는 제도이다. 조정제도는 계산적 파업보다는 착오적 파업이나 충동적 파업을 줄여주는 역할을 한다. 즉, 조정인(또는 조정위원)은 격앙된 분위기에 있는 노사 당사자들이 객관적이고 이성적으로 사태를 파악하도록 도와주고, 쟁점사항에 대한 정보를 노사 쌍방에게 제공하므로 정보를 잘못 해석하는 착오나 충동적으로 발생하는 파업을 억제하는 효과가 있다.

② **조직상의 구별방법** 파업은 노동조합의 조직·지시하에서 이루어지는 조직파업과 노조의 규약 또는 지시에 위반하는 비조직파업으로 구분된다. 특히 노동조합에 의하여 주도되지 않거나 소수의 조합원들에 의하여 행해지는 파업을 와일드 캣 파업(wildcat strike)이라고 한다.

③ **참가범위에 의한 구별방법**   노동조합은 파업에 참가하는 피고용인들의 범위와 수를 조정하면서 여러 가지 전략적 투쟁을 벌이기도 한다. 전국적으로 전 산업에 걸쳐서 행하여지는 파업을 총파업(general strike)이라고 한다. 반면에, 일정산업 또는 일정기업의 모든 피고용인이 파업에 참가할 때 이를 전면파업이라고 하고, 그 일부만이 파업에 참가할 때 이를 부분파업이라고 한다.

④ **쟁의행위의 선후에 의한 구별방법**   쟁의행위는 노사의 공방적 실력행사이다. 파업이 사용자의 직장폐쇄보다 선제적으로 행해질 때 이를 공격적 파업이라고 하고, 사용자의 직장폐쇄가 있은 다음에 행해지는 파업을 방어적 파업이라고 한다.

⑤ **투쟁목적상의 구별방법**   파업이 상대방인 사용자의 주장을 꺾고 노동조합의 주장을 관철하려는 목적을 가지고 행해질 때 이를 투쟁파업이라고 한다. 사

상대방의 의도나 행위를 오해하거나 파업으로 발생하게 될 결과를 잘못 추정하는 등 정확한 정보나 지식이 없거나 상황을 착오해서 발생하는 파업

근로자들이 순간적인 감정에 흥분되어 방향성이나 목적성 없이 수행되는 충동적인 파업

노동조합의 조직·지시 하에서 이루어지는 조직파업과 노조의 규약 또는 지시에 위반하는 비조직파업

총파업, 전면파업, 부분파업

공격적 파업, 방어적 파업

투쟁파업, 부당노동행위 파업

6 상게서.

용자에 대한 직접적인 투쟁목적이 없을 때 이를 시위파업이라고 한다. 또한 임금협상이나 단체협상에서 임금 등 근로조건에 관한 다툼으로 일어나는 파업을 경제파업이라고 하고, 사용자의 부당노동행위(즉, 단체협약 위반)를 시정할 목적으로 행하는 파업을 부당노동행위파업이라고 한다. 한편, 파업의 상대방이 정부나 의회로서 정치적인 문제나 노동정책에 대하여 일으키는 파업을 정치파업이라고 한다.

⑥ **독자성 유무에 의한 구별방법**　　　　파업을 수행하는 피고용인들이 스스로의 주장을 관철하려고 할 때 이를 자조적(自助的) 파업이라고 하고, 다른 파업의 지원을 목적으로 하는 경우에는 동정파업, 또는 연대파업이라고 한다.

자조적 파업, 동정파업, 연대파업

⑦ **기한에 의한 구별방법**　　　　기한을 정하지 않은 파업을 무기한파업이라고 하고 일정한 파업기간이 정해져 있는 경우를 시한파업이라고 한다. 이러한 시한파업이 반복되어서 파상적으로 행해질 때는 파상파업이라고 한다.

무기한파업, 시한파업, 파상파업

(2) 태업 · 사보타지

태업(怠業, soldiering)은 피고용인들이 단결해서 의식적으로 작업능률을 저하시키는 것을 말한다. 구체적으로는 생산작업의 속도를 늦추어서 생산품의 양적 감소를 초래하거나, 고의로 불량품을 생산하거나 서비스의 질을 떨어뜨리는 것이다. 반면에 사보타지(sabotage)는 생산 또는 사무를 방해하는 행위로서 태업(소극적 사보타지: passive sabotage)에 그치지 않고 의식적으로 생산설비를 파괴하는 행위(적극적 사보타지: active sabotage)까지를 포함하는 개념이다. 적극적 사보타지는 사업장에 대한 방해행위, 업무의 고의적 방해, 기계류의 파괴 등에 의하여 사용자의 생산 또는 사무를 의식적이고 적극적으로 방해하는 행위이다. 또한 적극적 사보타지의 한 형태로서 피고용인이 노조의 지시에 따라 불량품을 생산하는 경우도 있다. 파업이 노동력을 생산수단과의 결합상태에서 분리시키고 사용자의 노동력에 대한 지휘·명령으로부터 피고용인들을 완전히 벗어나게 하는 것이라면 태업 또는 사보타지는 다만 사용자의 지휘·명령을 그대로 따르지 않게 한다는 점에서 차이가 있다.

태업은 피고용인들이 단결해서 의식적으로 작업능률을 저하시키는 것

사보타지는 의식적으로 생산설비를 파괴하는 행위

(3) 준법투쟁

피고용인들이 그들의 주장을 관철하기 위하여 업무수행과정에서 법규정을 엄격히 준수하거나 법률에 정한 피고용인의 권리를 동시에 집단적으로 행사함으로써 사용자의 업무를 저해하는 행위를 준법투쟁(work to rule)이라고 한다.[7] 만약, 준법투쟁이 단순히 당해 규정의 철저한 준수를 요구하는 수준이라면 작업능률이 크게 저

업무수행과정에서 법규정을 엄격히 준수하거나 법률에 정한 피고용인의 권리를 동시에 집단적으로 행사함으로써 사용자의 업무를 저해하는 행위

---

[7] 김형배, 「신판 노동법」(서울: 박영사, 2004), p. 664.

하되지 않지만, 당해 규정이 객관적으로 요구하는 정도를 벗어나는 방법으로 준수되는 경우에는 작업의 능률이 저하되어 사용자에게 압력수단이 될 수 있다. 준법투쟁의 예를 들면, 지하철 열차의 운행전 규정에 정해진 모든 정비절차를 일시에 수행하여 지하철의 운행을 지연하게 한 경우, 관행화되어 있는 연장근로를 피고용인들이 집단적으로 거부할 경우, 연차·월차·병가 등의 집단적 사용을 요구할 경우 등이 있다.[8]

(4) 보이콧

보이콧(boycott)[9]은 不買同盟이라고도 하며, 사용자 또는 그와 거래관계에 있는 제3자의 제품의 구입 기타 시설의 이용을 거절한다든가, 사용자 또는 그와 거래관계에 있는 제3자와 근로계약의 체결을 거절할 것을 요구하는 행위이다. 이 경우 사용자의 제품의 구매 또는 시설의 이용을 거부함으로써 사용자에게 압력을 가하는 것을 일차적 보이콧(primary boycott)이라고 한다. 예를 들어 〈도표 5-2의 (a)〉에서 보는 바와 같이 'A 우유회사'에서 쟁의가 발생한 경우, A 우유회사 노조에서 소비자들로 하여금 'A 우유회사'가 생산한 우유를 구매하지 못하게 유도하여 'A 우유회사'를 압박하는 것이다.

한편, 사용자와 거래관계에 있는 제3자에게 사용자와의 거래를 단절할 것을 요구하고 이에 응하지 않을 때에는 소비자로 하여금 제3자의 제품구입이나 시설이용, 또는 노동력 공급을 중단하도록 유도하는 것을 이차적 보이콧(secondary boycott)이라고 한다. 예를 들어 〈도표 5-2의 (b)〉에서 보는 바와 같이 'A 우유회사'의 노조가 우유 생산에 필요한 '우유팩 원료 공급업자(B)'와 '원유 공급업자(C)'에게 'A 우유회사'와의 거래를 단절하도록 요구하였으나 '우유팩 공급업자(B)'와 '원유 공급업자(C)'가 이를 수용하지 않을 경우 이들에게도 제품의 불매운동이나 노동력 공급의 중단 등 압력을 가하는 것을 이차적 보이콧이라고 한다. 이와 같은 보이콧은 단독으로 사용되기보다는 파업을 지원하기 위한 부수적인 수단으로 행하여지는 경우가 많다.

1차적 보이콧

2차적 보이콧

---

8 상게서, pp. 664-665.
9 1880년에 영국의 한 귀족영지 관리인인 C. C. Boycott이 소작료를 체납한 소작인들을 그 토지에서 추방하려다가 C. S. 파넬의 지도 아래 단합한 전체 소작인들의 배척을 받고 물러난 데서 유래된 말: http://100.naver.com/100.php?id=504533

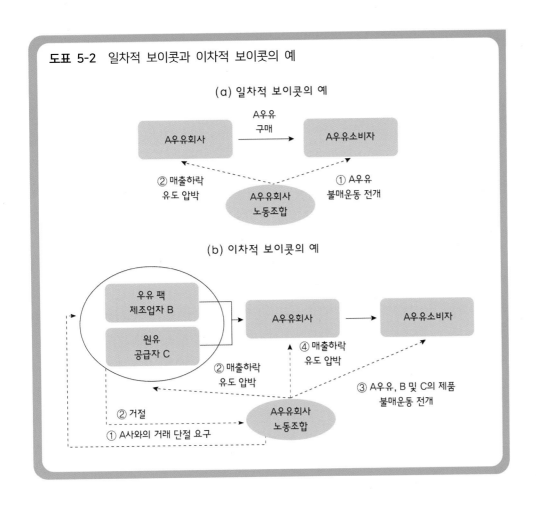

도표 5-2 일차적 보이콧과 이차적 보이콧의 예

(a) 일차적 보이콧의 예

(b) 이차적 보이콧의 예

(5) 생산관리

생산관리는 피고용인들이 단결하여 사용자의 지휘·명령을 거부하면서 사업장 또는 공장을 점거하고 조합간부의 지휘하에 노무를 제공하는 투쟁행위다. 생산관리 의 경우 피고용인들이 종전의 경영방침을 그대로 따르면서 다만 피고용인들이 직접 경영을 하되 수익은 회사를 위하여 보관하고 임금을 종래대로 지급하는 다소 온건 한 경우가 있고, 더 나아가서는 회사자재를 마음대로 처분하거나 회사의 수익금을 일방적으로 인상한 임금에 충당하는 극단적인 경우도 있다.[10] 생산관리는 단순히 노 무를 거부하는 것이 아니라 공장·사업장 또는 설비 등을 점유하여 사용자의 지 휘·명령을 배제하기 때문에 사용자의 소유권과 기업경영권을 침해하는 것이다.[11]

피고용인들이 단결하여 사 용자의 지휘·명령을 거부 하면서 사업장 또는 공장을 점거하고 조합간부의 지휘 하에 노무를 제공하는 투쟁 행위

---

10 김형배(2004), 전게서, p. 666.
11 이준범, 「현대노사관계론(제2전정판)」(서울: 박영사, 1997), p. 414.

(6) 피케팅

피케팅(picketing)은 파업을 효과적으로 수행하기 위하여 근로희망자(파업 비참가자)들의 사업장 또는 공장의 출입을 저지하고 파업참여에 협력할 것을 요구하는 행위이다. 이것은 파업중 사업상의 사용자에 대하여 노동력의 제공을 철저히 차단함으로써 경제적인 타격을 확대하려는 것이다. 보통 피케팅은 사업장 또는 공장의 입구에서 플래카드를 들고 확성기 등을 이용하여 출입자를 감시하고 파업 비참가자들에게 파업에 참여할 것을 요구하는 형태로 실시된다. 피케팅은 파업이나 보이콧 등과 같은 주된 쟁의행위의 보조적인 수단으로 사용된다.

(7) 부수적 쟁의수단

① **문서의 배포, 부착, 현수막의 게시**　　　노동조합은 조합원들의 쟁의행위 참가 및 설득을 위해 전단 및 벽보 등의 배포, 부착, 현수막의 게시 등을 하기도 한다.
② **리본·완장·머리띠·어깨띠 등의 부착**　　　조합원들이 항의를 표시하거나 단결을 고취하기 위해 리본·완장·머리띠·어깨띠 등을 부착하기도 한다.
③ **직장점거**　　　직장점거는 파업을 할 때에 사용자의 의사에 반해서 사업장에 체류하는 행위이다. 파업에 참가한 피고용인이 단결을 유지하고 더불어 파업의 실효성을 확보하기 위하여 수반되는 부수적인 쟁의행위이므로 연좌 또는 농성을 하는 연좌파업의 모습을 띠는 경우도 있다.[12]

1.3　사용자측의 대항행위

피고용인측의 쟁의행위에 대항하여 사용자측이 취할 수 있는 대항행위로는 직장폐쇄와 조업계속이 있다.

(1) 직장폐쇄

사용자가 자기의 주장을 관철하기 위하여 피고용인 집단에 대하여 생산수단에의 접근을 차단하고, 피고용인의 노동력 수령을 조직적·집단적·일시적으로 거부하는 행위

직장폐쇄(lockout)는 사용자가 자기의 주장을 관철하기 위하여 피고용인 집단에 대하여 생산수단에의 접근을 차단하고, 피고용인의 노동력 수령을 조직적·집단적·일시적으로 거부하는 행위다. 직장폐쇄는 노사간의 의견 불일치가 있는 경우에 사용자가 자기의 주장을 관철하기 위한 목적으로 행하는 것이므로 사용자가 경영상의 사정으로 휴업을 한다든가 사업장을 폐쇄하는 행위, 또는 다수의 피고용인에 대하

---

12 김형배, 전게서, p. 667.

여 취업규칙 위반 등을 이유로 출근정지처분을 하는 행위는 직장폐쇄가 아니다. 또한 직장폐쇄는 일단 쟁의행위가 종료하면 노무의 수령이 거부되었던 피고용인들을 사용자가 다시 취업시킨다는 것을 전제로 하고 있다.

(2) 조업계속

조업계속은 이 자체로는 쟁의행위가 아니고 노동자의 쟁의행위에 대한 사용자의 대항행위이다. 노동조합이 파업을 감행할 때 사용자는 파업에 참가한 노동조합원 이외의 인력을 사용하여 조업을 계속하기도 한다. 조업계속은 파업의 위력을 약화시키는 방편이므로 파업에 대한 사용자의 중요한 대항전술이 된다. 즉, 사용자가 조업을 계속할 경우에는 고객에게 제품을 공급할 수 있어 파업중에도 수익을 창출할 수 있는 반면에 노조측은 파업으로 인한 임금이 지급되지 않아 경제적 손실을 보게 된다.

> 노동조합이 파업을 감행할 때 사용자는 파업에 참가한 노동조합원 이외의 인력을 사용하여 조업을 계속

1.4 노동쟁의의 의사결정

노동쟁의는 노사간의 교섭력을 증대시키기 위한 전술적인 수단이지만 '파업에 승자 없다'(no one wins a strike)는 말처럼 파업은 해당기업의 노사는 물론 국가경제 전체에 악영향을 줄 수 있기 때문에 파업결정에 신중하여야 할 것이다. 파업에 대한 사용자와 노조의 의사결정에 있어서 유의할 점은 다음과 같다.[13]

① **사용자측 의사결정** 단체교섭을 진행하는 과정에서 파업의 발생가능성이 항상 존재하므로 사용자측에서 파업이 발생하였을 때를 대비하여 다음 사항을 검토하여야 한다. 먼저 파업기간 동안 조업의 지속 여부를 결정하여야 한다. 조업을 계속할 경우에는 사용자는 수익을 계속 창출할 수 있는 반면에 노조원들은 임금을 지급받지 못하므로 파업의 조기철회를 종용할 수 있는 장점이 있다. 한편 파업의 가능성이 높아질 경우 사용자는 고객에게 파업가능성을 공지시키고 고객에게 대응방안(예: 본사 제품의 추가구매 또는 대체품의 매입알선 등)을 강구하여 주어야 한다. 안전요원을 추가배치하여 보안에 주의를 기울이는 것이 필요하며, 비노조원인 관리자들에게 파업시 적법한 행동의 범위를 알려주는 것도 필요하다. 또한 종업원들에게 파업에 대한 사용자의 입장이나 종업원이 취해야 할 올바른 행동 등에 대하여 홍보하는 등 커뮤니케이션 채널을 확보하는 것도 중요하다. 무엇보다도 파업이 발생할 경우 파업으로 경제적 손실을 입을 수 있으므로 사용자는 파업으로 인한 손익계산을

> 파업기간 동안 조업의 지속 여부

> 고객에게 파업가능성을 공지시키고 고객에게 대응방안 강구

> 커뮤니케이션 채널을 확보

> 파업으로 인한 손익계산을 사전에 정확하게 산출

---

13 Marcus Hart Sandver, Labor Relations: Process and Outcomes(Boston: Little, Brown and Company, 1987), pp. 330–333.

사전에 정확하게 산출할 필요가 있다.

② 노조측 의사결정   파업은 노조에게 있어서는 극히 중요한 의사결정

파업에 대한 정확한 판단과
예측이 필요

이므로 사태에 대한 정확한 판단과 예측이 필요하다. 우선, 노동조합측에서는 파업
에 돌입하기 전에 파업으로 인한 득실을 평가할 필요가 있다. 노동조합측에서 먼저
고려하여야 할 사항은 얼마나 많은 조합원이 파업에 동참하여 사용자의 조업을 무
산시킬 수 있는가? 파업이 장기화되었을 경우 파업기금에서 조합원들을 지속적으로
지원을 할 수 있는가? 또한 노조의 요구사항이 사용자의 지불능력 범위 내에 있는
가? 등에 대하여 엄격한 평가가 있어야 한다. 더불어 정부나 여론의 향배가 파업에
미칠 영향에 대하여도 엄밀한 분석이 필요하다.

1.5 　한국의 노동쟁의 현황

(1) 1987년까지 한국 노동쟁의의 특징: 정치적 위기와 파업

19세기 말 한국의 노동운동이 처음 시작된 이후 정부와 사용자들은 노동운동을
억제하는 데에 초점을 두었다. 일제하에서는 물론 광복후의 권위주의적인 군사정권
들도 경제성장을 위하여 분배를 도외시하였고 그 결과 공정한 분배를 주장하는 노
동운동은 통제의 대상이었다. 따라서 노동법도 파업을 억제하기 위하여 파업의 요
건을 까다롭게 규정하였었다. 정부의 노동운동 통제정책에 편승하여 대부분의 사용
자들도 노동운동을 억제하는 데에 중점을 둔 노사관계전략을 사용하였다. 이러한
노동운동에 대한 통제의 시기는 1987년 노동자대투쟁이 일어날 때까지 계속되었다.

1987년까지 파업의 특징은 정부의 통제력이 약화되는 시기에 파업이 집중적으
로 일어났다는 점이다. 즉, 평소에는 정부의 감시와 통제를 받아 파업을 하기 어려
웠던 노동자계층이 대규모 민중시위나 정치적인 위기상황에서 정부가 노동조합을

정치위기나 사회적 혼란기
에는 파업의 발생건수, 참
여인원수 및 근로손실일수
가 모두 증가하는 특징을
보임

통제할 여력이 없는 시기에 내재되었던 불만과 경제적 정치적 요구사항을 분출해
내는 창구로 파업이 발생하였던 것이다. 우리나라 노동쟁의에 대한 실증연구[14]에 따
르면 정치적 혼란이나 사회적 무질서가 나타난 시기에 파업이 집중적으로 발생하는
특징을 보이고 있다. 즉, 1919년(3·1만세운동), 1929년(광주학생의거), 1945년(광복),
1960~61년(4월민주혁명), 1966~67년(한일국교정상화 및 베트남파병 반대시위), 1980~
1981년(10·26사태 및 민주항쟁), 1987~88년(6월민주항쟁과 노동자대투쟁) 등 사회적으
로 큰 변혁이 발생하였을 때 노동쟁의가 많이 발생하는 현상이 나타났다(<도표

---

14 Dong-One Kim, "An Analysis of Labour Disputes in Korea and Japan: the Search for an
　Alternative Model," European Sociological Review, 9, 1993.

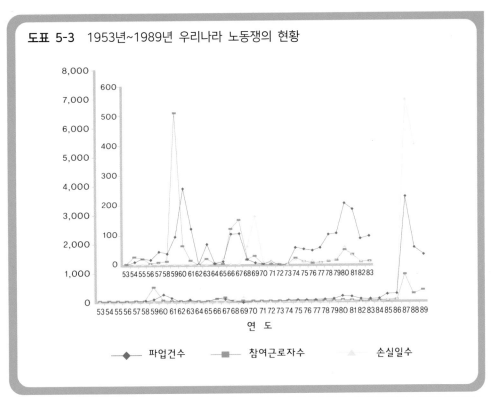

도표 5-3 1953년~1989년 우리나라 노동쟁의 현황

주: 안쪽의 그래프는 1983년까지의 노동쟁의 현황을 보여주는 것이며 바깥쪽의 그래프는 1989년까지의 노동쟁의 현황을 보여주는 것임.

자료: Dong-One Kim, "An Analysis of Labour Disputes in Korea and Japan: the Search for an Alternative Model," *European Sociological Review*, 9, 1993, p. 144.의 그림을 수정 게재

5-3> 참조). 특히, 1919년(3·1만세운동), 1929년(광주학생의거), 1945년(광복)에 일어난 파업은 일제강점기하에서 독립을 요구하는 정치적인 요인이 강한 독립운동의 성격을 띤 파업이었다. 한국 현대사에서 정치위기나 사회적 혼란기를 의미하는 이 시기에는 파업의 발생건수, 참여인원수 및 근로손실일수가 모두 증가하는 특징을 보였다.

(2) 1987년 이후 한국 노동쟁의의 특징

1987년 이후 한국의 정치는 민주화가 이루어지면서 특별한 정치적 위기를 겪지 않았고 노동쟁의도 정치·경제·사회분야의 특별한 요인에 의하여 좌우되는 패턴을 보이고 있지는 않다. 1987년 이후 우리나라의 노동쟁의 발생현황은 〈도표 5-4〉에서 보는 바와 같다.

이하에서는 1987년 이후 우리나라의 노동쟁의의 특징을 몇 가지로 나누어 정리하고자 한다.

도표 5-4 노동쟁의 발생기준별 현황(1987년 이후) (단위; %, 명, 일)

연도	쟁의 발생 건수	발생원인				규모		업종별					평균 쟁의 지속 일수(일)	쟁의 참가자수(천명)	근로 손실 일수(천일)
		임금[1]	단체 협약	임· 단협	기타[2]	300인 미만	300인 이상	제 조 업	운수· 창고· 통신	금융·보험· 부동산 등	사회· 개인 서비스	기 타			
1987	3,749	2,658	170	709	212	2,861	888	1,955	1,365	294			53	1,262	6,947
1990	322	177	49	18	78	209	113	227	44	36			19.1	134	4,487
1995	88	33	49	1	5	48	40	57	8	9	5	9	22.6	50	393
1997	78	21	51	0	6	45	33	42	14	4	11	7	22.7	43	444
2000	250	47	60	107	36	130	120	121	25	28	54	22	30	178	1,893
2004	462	56	37	349	20	337	125	140	165	32	99	26	24.7	185	1,197
2005	287	36	42	194	15	199	88	170	35	15	64	3	48.6	118	848
2006	138	26	19	78	15	71	67	64	14	12	41	7	54.5	131	1,201
2007	115	24	21	57	13	65	50	54	17	16	20	8	33.6	93	536
2008	108	22	13	59	14	60	48	71	8	6	19	4	37	114	809
2009	121	27	17	67	10	68	53	58	9	6	28	20	27.9	81	627
2010	86	18	9	51	8	49	37	30	13	1	38	4	36.2	40	511
2011	65	25	8	27	5	35	30	22	11	4	21	7	30.6	33	429
2012	105	24	12	58	11	55	50	48	13	7	35	4	31.7	134	933
2013	72	19	7	41	5	33	39	24	10	2	32	4	16.5	113	638
2014	111	28	4	74	5	52	59	45	10	6	39	11	40.5	133	651
2015	105	45	10	47	3	64	41	47	10	2	36	10	29.9	77	447
2016	120	37	6	76	1	47	73	40	16	12	39	12	29.8	226	2,035
2017	101	36	10	55	0	48	53	45	15	2	20	19	28.6	129	862
2018	134	14	3	117	0	69	65	55	24	0	44	11	21.5	81	552
2019	141	48	10	83	0	62	79	52	22	4	48	14	21.1	85	402
2020	105	26	3	76	0	60	45	40	16	0	36	13	19.9	68	554
2021	119	56	6	57	0	58	61	51	14	5	39	10	22.6	51	472
2022	132	41	7	84	0	68	64	52	16	4	46	12	14.9	67	344
2023	223	86	12	125	0	103	120	59	23	8	107	19	9.7	79	355

주: 1) 임금관련 = 체불임금, 임금인상
    2) 기타 = 근로조건 개선, 조업단축, 정리해고, 회사 매각에 따른 해고, 인사발령 등
자료: 고용노동부, 『각연도 고용노동백서』, 각연도.

첫째, 쟁의건수가 1987년을 정점으로 그 이후부터 차츰 감소하는 추세를 보이다가, 1997년 경제위기 이후 다시 증가하는 추세를 보였으며 2004년 이후 다시 감소하였다. 2009년과 2012년 잠시 증가세를 보이지만 그 폭이 크지 않으며 2013년 다시 감소하다가 2014년 이후 다시 대체로 증가하여 연간 100건을 상회하고 있다. 2018년과 2019년 파업건수가 늘고 노동관련 집회 시위도 늘다가 2020년 다시 감소하였지만 2021년 이후 다시 점차 증가하고 있다. 이상에서 보듯이 거의 모든 국가에서 파업은 지속적으로 증가하거나 감소하는 것이 아니라 파업의 수가 등락을 거듭하는 패턴을 보이고 있으며 우리나라도 같은 추세를 보이고 있다.

둘째, 발생원인별 현황을 살펴보면 1980년대에는 대부분의 개발도상국과 마찬가지로 임금관련 갈등이 파업의 대부분을 차지했었다. 하지만 그 이후 파업의 원인은 임금이외의 이슈로 옮겨가게 된다. 예를 들면, 2023년의 경우 노사분규발생건수 223건 중 임금관련 분규건수가 86건(38.6%)이며, 단체협약과 임단협 관련 137건(61.4%), 기타 0건으로 대체로 임금보다는 근로조건과 고용에 대한 이슈가 파업의 주요 원인인 것으로 나타났다. 이는 구조조정이 파업의 주된 원인이 되어온 경제위기 이후의 추세를 반영하는 것이다.

셋째, 업종별 현황을 보면 1990년대까지 제조업에서의 파업이 전체 파업의 가장 큰 비중을 점하였으나, 2010년 이후에는 제조업의 비중이 감소하고 서비스업에서의 파업이 늘어나는 추세를 보이고 있다. 전반적으로 제조업, 사회·개인서비스업, 운수·창고·통신업, 금융·보험·부동산업의 순으로 파업이 자주 발생하고 있다.

넷째, 노동쟁의의 강도를 말해주는 건당 지속일수는 1987년 5.3일에 불과하였던 것이 2000년 이후에는 등락을 거듭하긴 하지만 대체로 높은 수준을 유지하고 있다. 노동쟁의의 장기화현상은 1990년대 중반 이후 한국 노동쟁의의 특징으로 자리잡고 있다. 1999년까지는 비교적 타결이 용이한 편인 임금인상을 요구조건으로 내건 파업이 많았으나, 2000년대 이후에는 상대적으로 조속한 타결이 어려운 고용과 근로조건을 이슈로 한 파업이 많아지면서 건당 지속일수가 늘어난 것으로 해석된다.

2 쟁의조정

노동쟁의는 노사 쌍방의 경제적인 손실은 물론이고 국민경제에도 손실을 가져오기도 한다. 따라서 가급적 노사 쌍방의 노력과 대화에 의하여 사전에 방지하는 것이 필요하다. 그러나 어느 사회에서나 쟁의의 발생을 완벽히 방지하는 것은 불가능하다. 쟁의조정은 노사 쌍방이 자주적으로 해결하기 어렵고 쟁의로 인하여 사회전체의 질서와 안녕이 위태로울 때 부득이하게 국가 등 제3자가 협상타결을 위해 조력을 하는 것을 의미한다. 다만 쟁의조정에 지나치게 의존한다면 노사 당사자들은 스스로 양보안을 내는 등 협상에 적극적인 자세를 보일 필요가 없어지는 냉각효과(Chilling Effect)가 발생하며, 많은 노력이 수반되는 당사자간의 협상보다는 정부의 중재에 갈수록 더 의존하는 중독효과(Narcotic Effect)가 나타난다. 그간의 연구에 따르면 노사간의 자주적인 협상을 촉진하는 방법으로는 파업의 가능성을 열어 두는 것이 가장 효과적인 방법이라는 것을 보여주고 있다.

2.1 쟁의조정의 유형

노동쟁의의 조정제도는 알선, 조정 및 중재 등으로 구분할 수 있다. 알선, 조정과 중재는 노동쟁의에 국가가 개입하는 제도적인 형태이다.

① 알선(conciliation)　　　　　알선은 분쟁 당사자가 서로 만나서 대화하고 문제를 토론하게 하는 것으로서 가장 간단한 쟁의조정방법이다. 알선의 목적은 분쟁당사자의 중개자가 되는 것이며 당사자들을 만나게 하면 스스로 분쟁을 해결할 수 있는 방안을 모색하리라는 가정하의 방법이다. 알선자는 갈등해결안을 제시하지 않는 것이 일반적이다.

② 조정(mediation)　　　　　조정과정은 조정인이 관계당사자의 의견을 들어 조정안을 작성하여 노사의 수락을 권고한다. 다만 그 권고는 강제가 아니므로 그 수락 여부는 전적으로 당사자들의 임의에 의한다. 조정의 기능은 다음과 같다. 첫째, 조정은 격앙된 상태에 있는 당사자의 흥분을 가라앉히고 이성적인 상태로 사태를 파악하도록 도와주어서 비이성적 쟁의를 방지한다. 둘째, 조정은 쟁점사항에 대한 정보를 노사쌍방에게 제공하여 우발적 쟁의를 억제하는 효과를 가진다. 셋째, 조정은 당사자와 함께 쌍방이 받아들일 수 있는 해결책을 모색한다. 넷째, 조정은 필요

조정인이 관계당사자의 의견을 들어 조정안을 작성하여 노사의 수락을 권고

시에는 어느 일방 혹은 쌍방이 명예롭게 양보(Graceful Retreat)할 수 있도록 명분을 함께 탐색한다. 다섯째, 조정은 갈등의 비용을 상승시킴으로써 갈등을 줄이는 방향으로 행동하도록 유도한다. 예를 들면, 조정안에 대하여 어느 일방은 수용하였으나 다른 일방은 거부하려고 할 경우, 거부한 측이 여론의 질타를 받게 됨을 주지시켜서 양측이 모두 조정안을 수용하도록 유도하는 경우이다.[15]

③ **중재(arbitration)**　　　　　중재는 조정과는 달리 관계 당사자를 구속한다는 데 그 특징이 있다. 중재는 준사법적 절차로서 마치 재판에서 판사가 내리는 판결과 같은 효력을 지니기 때문에 관계 당사자는 중재안을 수용하여야 한다. 즉, 중재안은 당사자를 구속하고 그 단계에서는 최종적인(binding and final) 해결안으로서의 성격을 지닌다. 다만, 중재안에 불만이 있을 경우 그 다음 단계로서 재심청구를 할 수 있도록 하는 것이 일반적이다.

2.2　한국의 쟁의조정 및 중재제도

우리나라의 경우 노사분규의 발생을 줄이기 위한 목적으로 정부가 민간기업의 노사갈등에 개입하는 정도가 비교적 큰 편이다. 우리나라의 쟁의조정 및 중재제도는 「노동조합 및 노동관계조정법」에 의해 규정된다. 현행법에서는 조정, 중재 및 긴급조정 등의 제도를 두고 있다.

(1) 조정(mediation)

① **조정전치주의**　　　　　노사간의 단체교섭이 결렬되면 노동쟁의가 발생한 것으로 간주되며 당사자 일방의 신청에 의하여 노동위원회의 조정이 행하여진다. 조정은 분쟁 당사자의 일방이 노동위원회에 신청하면 지체없이 개시된다. 우리나라는 조정전치주의를 채택하여 조정절차를 거치지 않으면 쟁의행위를 할 수 없도록 규정하고 있다.

② **조정의 과정**　　　　　조정신청이 이루어지면 노동쟁의가 발생한 사업장의 소재지를 관할하는 지방노동위원회가 조정을 담당한다. 중앙노동위원회는 2개 이상의 지방노동위원회의 관할구역에 걸친 노동쟁의의 조정사건을 담당한다. 조정은 노동위원회 내에 구성된 조정위원회가 담당한다. 조정위원회는 조정위원 3명으로 구

---

15 Clark Kerr, and Abraham J. Siegel, "The Interindustry Propensity to Strike: An International Comparison," *Society for the Psychological Study of Social Issues*, ed. by Arthur W. Kornhauser (McGraw-Hill, 1954), pp. 180~186.

성하고 이 위원들은 당해 노동위원회의 위원 중에서 사용자를 대표하는 자, 근로자를 대표하는 자 및 공익을 대표하는 자(위원장) 각 1인으로 당해 노동위원회의 위원장이 지명한다. 조정기간은 일반사업은 10일, 공익사업은 15일이다.[16]

(2) 공익사업에 있어서의 쟁의조정

공중의 일상생활과 밀접한 관련이 있거나 국민경제에 미치는 영향이 큰 사업으로서정기노선여객운수사업, 수도·전기·가스·석유정제 및 석유공급사업, 공중위생 및 의료사업, 은행 및 조폐사업, 방송 및 통신사업

공익사업이란 공중의 일상생활과 밀접한 관련이 있거나 국민경제에 미치는 영향이 큰 사업으로서 정기노선여객운수사업, 수도·전기·가스·석유정제 및 석유공급사업, 공중위생 및 의료사업, 은행 및 조폐사업, 방송 및 통신사업으로 규정하고 있다. 공익사업[17]에 대해서는 현행법상 일반 사업과는 달리 조정절차상에 특칙을 두고 있다. 우선, 공익사업에 있어서는 관계 당사자 일방에 의한 조정신청이 있는 때로부터 15일간 쟁의행위를 할 수 없다. 이는 공익성을 참작하여 마련한 규정으로서 일반 사업의 경우에는 10일로 규정하고 있다. 공익사업의 조정은 특별조정위원회가 담당하는데 특별조정위원의 선임은 노동위원회의 공익대표를 하는 위원으로 구성된다.[18] 또한 공익사업은 후술할 긴급조정을 행할 수 있다.

▲ 필수공익사업장인 철도노조의 파업장면

공익사업 중 그 업무의 정지 또는 폐지가 공중의 일상생활을 현저히 위태롭게 하거나 국민경제를 현저히 저해하고 그 업무의 대체가 용이하지 아니한 사업으로서 철도, 항공운수, 수도, 전기사업, 가스사업, 석유정제공급, 병원, 혈액공급, 한국은행, 통신, 우정사업을 필수공익사업으로 규정하고 있다. 필수공익사업은 특별조정위원회가 15일간 조정을 하는 것에 추가하여 노동쟁의시 필수유지업무를 운영하여야 하며 파업자의 절반에 대한 대체근로가 허용된다.[19]

(3) 긴급조정

쟁의행위가 공익사업에 관한 것이거나 그 규모가 크고 중대한 것이어서 국민경제나 국민의 일상생활을 위태롭게 할 위험이 있는 경우

쟁의행위가 공익사업에 관한 것이거나 그 규모가 크고 중대한 것이어서 국민경제나 국민의 일상생활을 위태롭게 할 위험이 있는 경우에는 긴급조정이 행하여질 수 있다. 이 절차는 쟁의당사자의 의사를 묻지 아니하고 노동부 장관의 결정에 의하여 강제적으로 개시되는 것이므로 쟁의권에 대한 중대한 제약이다.

---

16 김형배, 『노동법(제13판)』(서울: 박영사, 2002), pp. 745-746.

17 공익사업과 공기업은 서로 다른 개념으로서 공익사업은 사회에 미치는 영향이 큰 사업을 지칭하는 것이고 공기업은 소유권이 정부 등에 있는 사업을 의미함. 즉 토지공사는 공기업이지만 일반사업장이고 하나은행은 사기업이지만 공익사업장임

18 김형배, 전게서, p. 751.

19 노동계에서는 필수공익사업자의 경우 쟁의행위에 대한 3중의 제한(필수유지업무, 파업인력의 절반까지 대체근로 허용, 긴급조정적용가능)을 두는 것은 헌법에 보장된 노동3권을 침해하는 것이라고 주장하고 있다.

도표 5-5	공익사업장과 필수공익사업장의 쟁의권 제한		
구분	일반사업장	공익사업장	필수공익사업장
쟁의권 제한내용	• 쟁의전 10일간 조정	• 쟁의전 15일간 조정 • 특별조정위원회구성 • 긴급조정적용가능	• 쟁의전 15일간 조정 • 특별조정위원회구성 • 긴급조정적용가능 • 파업중 필수유지업무지정 • 파업인력절반까지 대체가능

(4) 중재(arbitration)

현행법상의 중재제도에는 임의중재와 강제중재가 있다. 임의중재는 당사자 쌍방이 함께 중재를 신청한 때 또는 관계 당사자 일방이 단체협약에 의거 중재를 신청한 때 중재절차를 개시할 수 있도록 한 것이다. 한편, 중앙노동위원회의 결정에 의하여 당사자의 의견을 묻지 않고 행하는 중재를 강제중재라고 한다. 즉, 쟁의행위가 공익사업에 관한 것이거나 또는 그 규모가 크거나 그 성질이 특별한 것이어야 하며 그 이외에 이와 같은 쟁의행위에 의하여 국민경제를 해하거나 국민의 일상생활을 위태롭게 한 위험이 현존할 때, 고용노동부장관은 긴급조정의 결정을 할 수 있고, 중앙노동위원회는 조정이 성립할 가능성이 없다고 인정되면 중재를 행할 수 있다. 강제중재의 중재재정은 단체협약과 동일한 효력을 가진다.

> 고용노동부 장관의 결정에 의하여 강제적으로 개시

2.3 우리나라 노동쟁의에 대한 조정 및 중재현황

우리나라 노동쟁의의 조정과 중재처리 결과를 살펴보면 <도표 5-6>과 같다. 쟁의조정 신청건수는 1997년 외환위기를 거치면서 점차 증가하다가 2002년부터 2011년까지 감소하였다. 2012년 이후 쟁의조정 신청건수는 700~800건 사이에서 등락을 거듭해 오다가 2018년 1,100건을 넘었으며, 그 후 2020년(983건)을 제외하고 매해 1,100건을 상회하고 있다. 2000년대 초반 쟁의조정 신청건수가 감소한 이유는 2002년부터는 임·단협이 산별노조의 공동교섭에 의해 이루어지는 경우가 많아졌기 때문에 기업별 교섭을 하던 과거보다 조정신청건수가 줄어들었던 것으로 풀이된다.[20] 2023년 쟁의조정 신청건수는 총 1,114건, 조정성립률(=조정성립/(조정성립+조정불성립))은 43.3%이다.

---

20 중앙노동위원회, 「노동쟁의 조정사건 분석: 2000년~2003년」(2004), p. 3.

도표 5-6 연도별 조정과 중재사건 처리 현황

구분 연도별	접수 건수	처리 건수	조정(調停)			중재 재정	행정지도 (조정·중재)	취하 (조정·중재)	이월
			성립*	불성립**	성립률(%)				
2001	1,129	1,119	385	507	43.2	11	133	83	10
2002	1,088	1,076	382	485	44.1	15	92	102	12
2003	910	899	396	389	50.4	6	39	69	11
2004	889	873	379	407	48.2	11	29	47	16
2005	891	875	433	317	57.7	10	16	43	16
2006	758	739	340	303	52.9	7	22	64	19
2007	885	871	500	272	64.8	4	37	61	14
2008	851	839	480	252	65.6	2	55	51	12
2009	726	713	357	253	58.5	5	36	67	13
2010	708	694	381	210	64.5	1	53	50	14
2011	695	681	405	172	70.2	14	52	52	14
2012	752	741	394	243	61.9	2	38	66	11
2013	762	739	414	223	65.0	0	34	68	23
2014	886	864	401	327	55.1	6	45	95	22
2015	877	858	382	328	53.8	2	42	107	20
2016	822	796	410	293	58.3	3	14	85	26
2017	863	839	443	313	58.6	1	16	69	24
2018	1,160	1,130	503	524	49.0	2	17	94	30
2019	1,291	1,244	527	581	47.6	9	27	109	47
2020	983	957	454	397	53.3	9	14	92	26
2021	1,205	1,169	482	559	46.3	11	18	110	33
2022	1,183	1,150	506	485	51.1	14	18	141	30
2023	1,114	1,056	403	527	43.3	15	18	108	29

주: * 성립 = 조정안 수락 + 지도합의
   ** 불성립 = 조정안 거부 + 조정중지
자료: 중앙노동위원회, 「각년도 노동위원회 연보」(각년도). http://www.nlrc.go.kr/

3 부당노동행위

3.1 부당노동행위의 의의와 특색

부당노동행위제도(unfair labor practice)는 노동3권의 구체적인 보장을 위한 행정적인 구제제도이다. 사용자로부터 노동3권에 대한 침해를 받을 경우에는 사법적인 절차에 의하여 구제를 받을 수 있다. 그러나 법원에 의한 사법적인 구제는 시간과 비용면에서 효율적이지 않다. 우선 그 시일이 오래 걸려서 급변하는 고용관계에 효과적으로 대처할 수 없을 뿐 아니라, 개개 피고용인의 입장에서는 비용이 과다하게 소요되는 단점이 있다. 따라서 오늘날에는 사법적 심사를 조건으로 하는 행정기관에 의한 구제방법을 채택함으로써 고용관계에 신속히 대처하고자 하는 제도가 세계 각국에 널리 채택되고 있으며 이것이 부당노동행위제도이다.[21]

부당노동행위제도는 1935년 미국의 Wagner법에서 처음으로 창설되었다. 그 후 국제노동기구(ILO)에서도 부당노동행위제도의 편리성과 효과성을 인정하여 ILO조약 제98호를 제정하여 회원국들로 하여금 이 제도를 받아들이도록 권유하여왔다. 우리나라에서는 「노동조합 및 노동관계조정법」에서 부당노동행위를 정하고 있다. 단, 미국에서는 노사 양측의 부당노동행위를 각각 규정하고 있음에 비하여 우리나라는 사용자의 부당노동행위만을 규율하고 있다. 본 장에서는 한국의 현행법에 규정된 부당노동행위를 중심으로 살펴보기로 한다.

노동3권의 구체적인 보장을 위한 행정적인 구제제도

3.2 부당노동행위의 종류와 요건

현행법상 부당노동행위에는 불이익대우, 황견계약 또는 비열계약, 단체교섭의 거부, 지배·개입 및 경비원조의 네 가지가 있다.

(1) 불이익대우

「노동조합 및 노동관계조정법」에서는 근로자가 노동조합에 가입 또는 가입하려고 하였거나 기타 노동조합의 업무를 위한 정당한 행위를 한 것을 이유로 그 근로자를 해고하거나 그 근로자에게 불이익을 주는 행위를 부당노동행위로 규정하고 있

근로자가 노동조합에 가입 또는 가입하려고 하였거나 기타 노동조합의 업무를 위한 정당한 행위를 한 것을 이유로 그 근로자를 해고하거나 그 근로자에게 불이익을 주는 행위

21 이준범, 전게서, pp. 226-227.

다. 또한 근로자가 정당한 단체행위에 참가한 것을 이유로 하거나 또는 노동위원회에 대하여 사용자가 법규를 위반한 것을 신고하거나 그에 관한 증언을 하거나 기타 행정관청에 증거를 제출한 것을 이유로 그 근로자를 해고하거나 그 근로자에게 불이익을 주는 행위를 부당노동행위로 규정하고 있다. 이 중 노동조합을 위한 정당한 행위는 일반적으로 조합활동을 의미하는 것으로서 단체교섭, 쟁의행위는 물론 조합 간부의 선거·발언·결의·업무출장 등 조합운영상의 행위를 말한다. 반면에 조합원의 행위라 할지라도 조합의 결의, 또는 지시에 위반되는 행위는 조합의 의사와 유리된 개인적인 행위이므로 조합활동이라고 할 수 없다. 그러므로 모든 조합활동에 대한 불이익대우가 부당노동행위로서 금지되어 있는 것이 아니라 정당한 조합활동만이 보호를 받는 것이다.

구체적인 불이익대우로서는 해고나 전근, 배치전환, 출근정지, 휴직, 복직거부, 계약갱신 거부, 고용거부, 차별승급, 강등 및 복지시설의 차별적 이용, 공장폐쇄 등을 들 수 있다. 그러나 한 가지 유의해야 할 사항은 사용자의 이러한 행위나 조치가 불이익대우로 성립되기 위해서는 사용자의 불이익대우와 피고용인의 조합활동 사이에 인과관계가 있어야 한다는 점이다. 즉 사용자가 부당노동행위의사 또는 반조합적 의사에 의해 불이익대우를 행할 경우에 부당노동행위가 된다.

(2) 황견계약 또는 비열계약

황견계약(yellow-dog contract)[22]은 조합에 가입하지 않을 것과 조합으로부터 탈퇴할 것, 혹은 특정노조에 가입할 것을 내용으로 하는 고용계약이다. 부당노동행위 제도는 피고용인의 노동3권 보장활동을 저해하는 사용자의 행위를 배제하는 데 그 목적이 있으므로 조합에 가입하더라도 조합활동을 하지 않는다든가 어용조합에의 가입을 고용조건으로 하는 것도 역시 황견계약에 포함된다.

> 조합에 가입하지 않을 것과 조합으로부터 탈퇴할 것, 혹은 특정노조에 가입할 것을 내용으로 하는 고용계약

(3) 단체교섭의 거부

「노동조합 및 노동관계조정법」에서 "노동조합의 대표자 또는 노동조합으로부터 위임을 받은 자와의 단체협약체결 기타 단체교섭을 정당한 이유없이 거부하거나 해태하는 행위"를 부당노동행위로 규정하고 있다. 단체교섭은 노동조합의 본래적이고 핵심적인 기능이기 때문에 이와 같은 교섭을 사용자가 거부한다는 것은 조합의

> 노동조합의 대표자 또는 노동조합으로부터 위임을 받은 자와의 단체협약체결 기타 단체교섭을 정당한 이유없이 거부하거나 해태하는 행위

---

22 영국에서는 비굴한(또는 비열한) 사람을 yellow-dog이라 하는데 고용계약에 있어서 조합에의 불가입·탈퇴, 어용조합에의 가입을 사용자가 시키는 대로 응낙하는 자를 말하고 그러한 계약을 yellow-dog contract라고 한다. 이를 비열조약이라 부르기도 한다. 이준범, 전게서, p. 231.

존재이유를 무의미하게 하는 것이다. 그러므로 단체교섭의 거부를 부당노동행위로 규정한 것은 사용자에게 조합승인의 법적 의무를 부과하는 셈이다.

사용자가 처음부터 협약체결의 의사 없이 조건을 붙여 고의적으로 교섭을 지연시키거나 회피하는 행위는 부당노동행위가 된다. 타당한 장소와 시간임에도 불구하고 사용자대표가 출석하지 않는다든지, 이유없이 대안을 제시하지 않는다든지, 쟁의에 대한 사실을 왜곡하여 상대방을 혼란시킨다든지, 최종합의단계에서 이유없이 협약의 체결을 거부한다든지 하는 경우에는 단체교섭에 성의를 갖고 임하지 않는 것으로서 부당노동행위에 해당된다. 그러나 이 조항은 사용자가 교섭을 함에 있어서 반드시 노조와 합의를 하여야 한다는 것을 의미하지는 않는다.

(4) 지배·개입 및 경비원조

「노동조합 및 노동관계조정법」에서 "근로자가 노동조합의 조직 또는 운영하는 것을 지배하거나 이에 개입하는 행위와 노동조합의 전임자에게 급여를 지원하거나 노동조합의 운영비를 원조하는 행위"는 부당노동행위라고 규정하고 있다. 다만, "근로자가 근로시간 중에 사용자와 협의 또는 교섭하는 것을 사용자가 허용함은 무방하며 또한 근로자의 후생자금 또는 경제상의 불행 기타 재액의 방지와 구제 등을 위한 기금의 기부(예를 들면, 사용자가 사내복지기금에 출연하는 것)와 최소한의 규모의 노동조합사무소의 제공은 예외로 한다"고 규정하고 있다. 경비원조에 해당되는 것으로서, ① 조합의 전임임원에 대한 급여의 지급, ② 조합운영비의 지급, ③ 조합간부의 출장비 지급, ④ 조합대회의 경비 원조, ⑤ 쟁의행위기간 중의 임금상당액의 지급 등을 들 수 있다.

근로자가 노동조합의 조직 또는 운영하는 것을 지배하거나 이에 개입하는 행위와 노동조합의 전임자에게 급여를 지원하거나 노동조합의 운영비를 원조하는 행위

3.3 부당노동행위의 구제제도

부당노동행위 구제절차는 다음과 같다. 우선 권리를 침해당한 피고용인 또는 노동조합이 노동위원회에 부당노동행위가 있은 날부터 3개월 이내에 구제신청을 하여야 한다. 노동위원회의 심사는 2심제를 원칙으로 하는데 신청을 접수한 지방노동위원회가 초심을, 중앙노동위원회가 재심을 관할한다. 먼저 지방노동위원회는 부당노동행위가 성립한다고 판정되면 구제명령을 내리고, 성립되지 않는다고 판정되면 구제신청을 기각한다. 지방노동위원회의 부당노동행위에 대한 판정(예를 들어 구제명령이나 기각 등)에 불복이 있는 관계 당사자는 명령서나 결정서를 받은지 10일 이내에 중앙노동위원회에 재심판정을 신청할 수 있다. 또한 중앙노동위원회의 재심판정

도표 5-7 중앙노동위원회 로고[24]

에 대해서 이의가 있는 경우에는 행정소송을 제기할 수 있다. 한편 노동위원회의 구제명령이 확정되면 사용자는 구제명령을 이행하여야 하며 불이행을 할 경우 벌칙[23]이 적용된다.

3.4 부당노동행위의 신청과 구제현황

<도표 5-8>은 부당노동행위 신청과 구제에 대한 통계자료이다. 부당노동행위의 신청건수는 1990년대에 꾸준한 하락세를 보였다. 2000년대에 접어들어 경제위기의 여파에 따라 2001년(1,830건)과 2010년(2,324건)에 정점을 이루었으며, 나머지 기간에서는 등락을 거듭하는 양상으로 나타나고 있다. 우리나라 부당노동행위의 추세는 파업의 발생 추이와 흡사한 양상을 보이는 점이 흥미롭다. 그 이유로는 파업시에 노동조합이 사용자를 압박하기 위하여 부당노동행위신청을 집중적으로 하기 때문이라는 설명이 있다.

2023년의 경우 모두 1,005건의 부당노동행위 구제신청이 있었다. 그 중 대부분이 노동조합활동에 대한 사용자의 불이익처분(916건, 91.9%)에 관한 것이었고, 이어서 지배개입(44건, 4.4%), 교섭해태(37건, 3.7%)의 순서로 나타났다. 부당노동행위에 대한 구제명령은 2023년의 경우 88건으로서 전체 처리건수 823건 중 10.7%에 해당한다. 노사가 화해하여 신청인이 자진하여 취하한 경우는 266건(32.3%)으로 나타났다. 반면 노동위원회에서 부당노동행위 신청을 기각하거나 각하한 경우는 각각 460건(55.9%), 9건(1.1%)건이었다.

23 3년 이하의 징역 또는 5천만원 이하의 벌금(「노동조합 및 노동관계조정법」 제89조 ②).
24 중앙노동위원회 심볼마크는 두 사람이 하나가 되어 일치되는 모습을 이미지로 형상화한 것이다. 노사간의 분쟁을 공정하게 판정하고 합리적으로 조정함으로써 안정된 노사관계를 유지하고자 하는 이념을 담고 있다.

연도	계	유형별 구제신청 현황					처리내용					이월
		불이익 처분[1]	황견 계약[2]	교섭 해태[3]	지배 개입[4]	불이익 보복적 처분[5]	소계	인정	기각[6]	각하[7]	취하[8]	
1986	322	277	1	19	22	4	292	47	70	19	161	26
1987	522	543	9	45	45	15	441	79	110	21	231	81
1988	1,439	935	6	380	98	20	1,297	169	264	190	674	142
1989	1,721	1,233	8	315	142	23	1,546	194	352	94	906	175
1990	1,160	832	5	185	79	59	1,088	149	341	89	509	72
1991	784	636	14	68	34	32	746	75	311	43	317	38
1992	689	585	13	63	19	9	643	85	232	53	273	46
1993	619	502	12	63	34	8	589	87	189	24	289	30
1994	548	470	1	43	27	7	504	62	189	17	236	44
1995	566	487	7	47	21	4	534	61	196	40	237	32
1996	539	419	7	77	32	4	493	55	129	36	273	46
1997	495	406	10	50	23	6	444	52	120	20	252	51
1998	787	679	7	62	36	3	700	78	216	23	383	87
1999	950	821	4	61	47	17	840	55	305	60	420	110
2000	1,285	831	2	79	124	4	1,031	104	365	48	514	254
2001	1,830	1,366	3	55	75	3	1,454	196	435	159	664	376
2002	1,355	1,195	6	53	92	9	1,172	231	443	52	446	183
2003	947	811	3	67	54	12	824	77	359	43	345	123
2004	908	761	-	90	53	4	716	82	308	27	299	192
2005	968	831	5	65	60	7	795	78	384	20	313	173
2006	1,134	987	35	76	33	3	992	113	563	49	267	142
2007	904	794	2	42	57	9	765	47	382	22	314	139
2008	936	795	3	64	67	7	828	78	398	29	323	108
2009	1,151	948	1	23	178	1	983	65	475	60	443	168
2010	2,324	1,905	3	33	380	3	1,807	51	835	297	624	517
2011	1,598	1,321	4	78	124	71	1,361	24	839	69	429	237
2012	1,255	956	5	70	132	92	1,037	71	590	30	346	218
2013	1,163	1,001	5	28	76	53	966	67	500	27	372	197
2014	1,226	1,075	10	28	110	3	1,046	59	502	15	470	180
2015	1,276	1,067	8	65	112	24	1,024	116	482	47	379	252
2016	1,305	1,059	9	107	120	10	1,129	183	476	16	454	176
2017	1,090	871	6	105	104	4	928	103	408	34	383	162
2018	1,056	790	18	117	119	12	859	111	383	19	346	197
2019	1,342	923	52	223	134	10	1,129	205	522	43	359	213
2020	1,456	1,163	6	72	212	3	1,156	86	627	28	415	294
2021	1,270	1,170	2	35	57	6	1,082	86	572	58	366	188
2022	934	868	5	26	31	4	786	85	427	21	253	148
2023	1,005	916	5	37	44	3	823	88	460	9	266	182

도표 5-8 부당노동행위 유형별 판정결과별 구제신청 (단위: 건)

주: 1) 「노동조합 및 노동관계조정법」 제81조 제1호 위반(정당한 노조활동에 대한 보복)
2) 「노동조합 및 노동관계조정법」 제81조 제2호 위반
3) 「노동조합 및 노동관계조정법」 제81조 제3호 위반
4) 「노동조합 및 노동관계조정법」 제81조 제4호 위반
5) 「노동조합 및 노동관계조정법」 제81조 제5호 위반(노동위원회등에 신고한 것을 보복)
6) 기각: 원고의 소에 의한 청구나 상소인의 상소를 심사한 후 이유가 없다고 하여 배척하는 판결 또는 결정
7) 각하: 신청서·원서·신고서·심판청구서 등이 법적인 요건에 맞지않아 행정기관이 수리(   )를 거절하는 행정처분
8) 취하: 원고가 제기한 소의 전부 또는 일부를 원고가 스스로 취하하는 법원에 대한 의사표시

자료: 고용노동부, 「고용노동백서」(각년도).

KEYWORD

노동쟁의, 쟁의행위, 일원론적 입장, 급진적 입장, 다원론적 입장, 갈등의 불가피성, 파업, 태업, 사보타지, 준법투쟁, 보이콧, 피케팅, 계산적 파업, 착오적 파업, 충동적 파업, 총파업, 전면파업, 부분파업, 공격적 파업, 방어적 파업, 투쟁파업, 부당노동행위파업, 자조적 파업, 동정파업, 연대파업, 일차적 보이콧, 이차적 보이콧, 직장폐쇄, 조업계속, 노동조합 및 노동관계조정법, 조정전치주의, 자주적 해결의 원칙, 최소개입의 원칙, 조정, 중재, 지방노동위원회, 중앙노동위원회, 공익사업, 부당노동행위, 황견계약, 지배·개입 및 경비원조

POST CASE 5 한화오션 하청노조 파업[25]

한화오션 하청노동자들이 속한 금속노조 거제통영고성조선하청지회가 노조활동 보장과 임금체불 문제 해결 등을 촉구하며 단식농성에 돌입했다. 김형수 지회장과 강인석 부지회장은 11월 20일 경남 거제시 한화오션 조선소 내 선각삼거리에서 단식농성을 시작했다.

지회 조합원들이 속한 한화오션 19개 사내하청업체와 지회는 3월부터 교섭을 이어 왔지만 이렇다 할 진전이 없었다. 지난 8월 쟁의권을 확보한 뒤 20~30명 규모의 부분파업을 진행해 왔다. 11월 13일에는 하청노동자 총궐기대회를 연 뒤 한화오션 내 선각삼거리에 천막농성을 시작하려 했지만 원청이 이를 막았다. 지회는 천막 없이 노숙농성을 이어 오고 있다.

지회는 연내 협상 타결을 위해서라도 개별교섭이 아닌 19개 업체가 교섭단을 구성해 하나의 테이블에서 협상을 시작해야 한다는 입장이다. 지회는 한화오션이 대우조선해양을 인수하면서 지급하기로 한 성과금 300% 지급(매년 100%씩 3년간)을 비롯해 지난해 단체교섭에서 합의한 상여금 50% 지급을 요구하고 있다. 상생격려금 100만원 지급과 상용직 고용확대 및 처우개선, 블랙리스트(취업방해) 폐지 등도 주장하고 있다. 반복되는 임금체불 문제 해결과 중대재해 재발방지를 위한 하청 노조 참여 보장도 촉구하고 있다.

한편 한화오션 하청노동자들의 농성 이후 이들에 대한 원색적 비난과 혐오가 쏟아져 논란이 되고 있다. 특히 2022년 대우조선해양(현 한화오션) 하청노동자 파업 당시 나온 '하퀴벌레'(하청+바퀴벌레) 같은 멸칭도 다시 등장했다. 한화오션 직원만 가입 가능한 직장인 익명게시판에는 "전처럼 가만 두면 천막 치고 길 막고 살림살이 다 들고와서 개판 만든다. 한화오션 땅에 하퀴벌레들이 설치게 두지 말자" "2년 전 발판 물류장 점령한 하퀴벌레 걷어냈을 때의 희열을 다시 한번 느껴보자" 등의 글이 올라왔다.

---

25 경향신문 "하청 노동자들 농성에, 한화오션 원청 노동자들 "하퀴벌레 치우자" 혐오 글", 2024-11-20, 매일노동뉴스 "'노조활동 보장·임금체불 해결' 한화오션 하청노조 단식농성", 2024-11-20 등을 참조하여 재작성.

지회는 "이 풍경이 (2022년 파업에 대한) 470억원 손해배상 소송은 차치하고라도, 비정규직 하청노동자가 헌법상 노동3권을 자신의 권리로 누리려고 하면 맞닥뜨리게 되는 풍경이라고 외치고 싶다."고 밝혔다. 지회는 고용노동부에 한화오션을 부당노동행위로 고소하고, 국가인권위원회에 긴급구제를 신청하기로 했다.

토의과제

1. 사내하청 등 간접고용 노동자들을 중심으로 한 노동조합 설립에 영향을 미치는 요인들에 대하여 설명하라.
2. 정규직과 비정규직의 연대에 영향을 미치는 요인들에 대하여 설명하라.
3. 한화오션 하청노조 파업사례가 주는 시사점에 대하여 논하라.

CHAPTER
06

노사협조와 경영참가

Employment Relations

고용관계론

'이사회만큼이나 중요해진 MZ위원회', '주니어보드 (junior board)'[1]

MZ세대(밀레니얼+Z세대)의 기업 내 위상이 점점 높아지고 있다. 그간 MZ세대를 나이가 어린 새로운 기술에 익숙한 집단쯤으로 인식해온 기업들이 적극적으로 MZ세대의 가치관과 성향을 흡수하기 시작했기 때문이다. 특히 오랜 시간 고착된 문화를 고수해온 기성세대 중심의 대기업마저도 MZ세대의 특징을 살려 조직문화를 혁신하고 나섰다. 공정과 성과, 평등과 정의를 내세우는 MZ세대의 특징이 성과주의 수평문화를 정착하는 데 가장 필요한 요소로 손꼽히기 때문이다. 대기업들이 가장 적극적으로 추진하는 것은 MZ세대와의 소통이다. 단순히 기존의 의견 개진을 벗어나 MZ세대가 자유롭게 의견을 개진하고, 이를 현실화하는 것이 예전과 달라진 점이다. 무엇보다 이들 기업은 MZ세대와의 소통을 통해 나온 아이디어와 의견 등을 적극 경영과 마케팅, 조직문화 개선에 반영하고 있다. 일부 기업들은 MZ세대가 익숙한 플랫폼과 콘텐츠를 적극 활용하며 MZ세대가 보다 적극적으로 사내 활동 등에 참여할 수 있도록 한다.

'주니어보드'(junior board)는 2030 젊은 직원을 대상으로 상향식 의견 표출과 수평적 소통을 통해 참신한 아이디어 발굴 및 정책에 반영하기 위해 마련한 제도다. 더욱이 코로나19 이후 급변하는 경영 환경에 대처하기 위해 경영진 중심적인 사고보다는 유행에 빠르고 변화에 민감한 젊은 아이디어가 필요하다는 판단에서 운영 기업들이 늘어나는 추세. 한국전력공사는 '양방향 소통'을 키워드로 기업문화 개선을 위한 활동에 박차를 가하고 있다. 임직원 중 'MZ세대' 비율이 절반 이상인 만큼 사원들의 참신한 사고를 경영 현장에 반영할 수 있도록 기반을 정비한다는 방침이다. 2020년부터 매년 운영하고 있는 '주니어보드 혁신원정대'는 기업문화 개선을 위한 활동은 물론 업무 전반으로 활동 범위를 확대하는 동시에 사업소 단위에도 자체 주니어보드 활동을 더하면서 영향력을 높이고 있다. 이들은 한국전력공사의 재무위기 상황을 두고서도 약 3개월간 스터디한 과정을 보고서로 엮어 전 직원에게 공유하면서 내부 결속을 다지는 계기로 삼았다.

---

1 이데일리, "CEO와 직접소통"…이사회만큼이나 중요해진 'MZ위원회'." 2022-01-11; 동아일보, "新경영 트렌드? 대기업 3곳 중 1곳, '주니어보드' 운영'." 2020-07-20.; 매일경제, "한국전력공사, '주니어보드 원정대' 띄워 조직문화 혁신." 2024-02-20.

위 사례에서 보듯이 갈수록 다양해지는 노동자들의 목소리를 대변하는 것은 고용관계의 주요 이슈이다. 성과에 따른 공정한 보상, 자율성과 평등한 조직문화를 선호하는 MZ세대의 등장에 따라, 기업은 다양한 형태의 경영참가 활동에 대해 고민하지 않을 수 없게 되었다. 본 장에서는 노사간의 소통과 의견교환 등 상호작용에 중점을 두고 노사협조와 경영참가를 주로 다루기로 한다. 노사간의 관계가 협조적인 기업이 있는가 하면 대립적인 기업도 있다. 노사협조와 대립은 주로 태도적인 문제로서 노사가 서로를 우호적이거나 적대적으로 바라보는 정서적인 측면을 강조한다. 반면에 경영참가는 노사가 각각 작업장을 관할하는 경계를 설정하는 것을 의미하며 주로 제도나 관행 등 이성적 측면에 초점을 맞춘다. 본 장에서는 먼저 노사간의 태도적·정서적인 관계를 의미하는 노사협조의 개념을 논의하고, 이어서 제도와 관행으로서의 경영참가에 대하여 이론과 유형 등에 대하여 살펴본 후, 경영참가제도와 다른 요소들을 결합한 형태인 고성과 작업시스템에 대하여 설명하고자 한다.

노사협조

1.1 노사협조의 개념

(1) 노사협조의 정의

노사협조(labor-management cooperation, union-management cooperation)의 개념에 대한 연구는 1940년대부터 미국과 영국, 독일 등을 중심으로 발전해 왔다. 많은 학자들이 노사협조의 개념에 대한 정의를 하였는데 이를 종합하여 정리하면 "노사가 신뢰를 기초로 공동으로 노력할 수 있는 영역을 찾아 목표를 설정하고, 이 목표를 달성하기 위해 노사가 공동으로 노력하여 조직의 성과 및 노동자 생활의 질을 향상시키는 것"이라고 할 수 있다.

신뢰를 기초로 노사가 공동으로 노력할 수 있는 영역을 찾아 목표를 설정하고, 이를 달성하기 위한 노사간의 공동노력을 통해 생산성 및 노동자 생활의 질을 증가 시키는 것

(2) 노사협조에 대한 개념

노사협조에 대한 여러 학자들의 다양한 개념들 중 가장 대표적인 모델을 소개하면 다음과 같다. Walton and McKersie(1965)[2]는 노사협조를 양 당사자 간의 사회

2 Richard E. Walton, and Robert B. McKersie, *A Behavioral Theory of Labor Negotiation*, (New York:

적 상호작용의 관점에서 분석하여, 당사자의 동기, 상대방 인정도, 신뢰도, 호감도의 여러 차원에서 입체적으로 구분하였다. 이들에 의하면 '갈등'은 상대방을 파괴하고 약화시키기 위하여 노력하는 것으로서 상대방의 정당성을 거부하고 불신하며 증오하는 수준에까지 이른 상태를 의미한다. '견제 및 공격'도 상대방을 파괴하고 약화시키기 위하여 노력하는 것으로서 상대방의 정당성을 마지못해 인정하지만 여전히 불신하며 반감을 갖는 수준이다. '양보'는 상대방의 의견에 동의하여 자신의 주장을 수정하는 것으로서 현상을 인정하고 상대방에 대하여 제한적인 신뢰를 갖고 있으며 호감도는 중간 정도에 이르는 상태이다. '협조'는 호의를 가지고 상대방의 정당성을 완전히 인정하는 것에서 출발하며, 노동조합은 경영의 성공이 노동자들에게도 중요한 문제라는 것을 받아들이고 경영진도 안정적이고 효과적인 노동조합운동이 경영에 도움이 된다는 사실을 인정한다. 상대방의 목적을 달성할 수 있도록 하는 노력을 하고, 이것은 서로의 조직을 강화시켜 주는 방식으로 작용한다. 마지막으로 '공모'의 유형은 노사가 지나치게 친밀하여 서로의 본질에서 벗어난 행위를 하는 것으로서 노사대표의 어느 일방이나 쌍방이 스스로가 대표하는 구성원의 이해관계를 무시하고 상대방에게 양보하거나 협조하는 행위를 의미한다. 예를 들면, 어용노조 지도부가 노조원의 권익에 피해를 주면서 사용자에게 협조하는 행위를 하는 것이 이 유형에 해당된다(<도표 6-1 참조>). 이 다섯 가지 상태 중 가장 바람직한 것은 노사의 이익을 함께 극대화할 수 있는 '협조'이며 가장 바람직하지 않은 것은 본분을 배반하는 행위인 '공모'로 볼 수 있다.

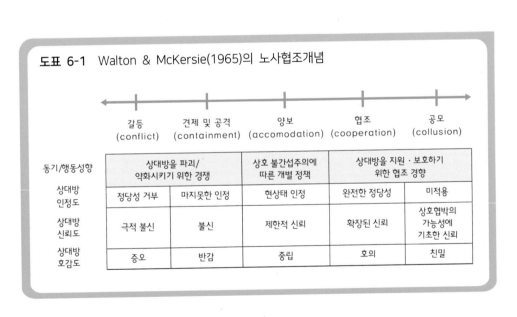

도표 6-1 Walton & McKersie(1965)의 노사협조개념

갈등 (conflict)	견제 및 공격 (containment)	양보 (accomodation)	협조 (cooperation)	공모 (collusion)

동기/행동성향	상대방을 파괴/ 약화시키기 위한 경쟁		상호 불간섭주의에 따른 개별 정책	상대방을 지원·보호하기 위한 협조 경향	
상대방 인정도	정당성 거부	마지못한 인정	현상태 인정	완전한 정당성	미적용
상대방 신뢰도	극적 불신	불신	제한적 신뢰	확장된 신뢰	상호협박의 가능성에 기초한 신뢰
상대방 호감도	증오	반감	중립	호의	친밀

McGrew-Hill, 1965).

노사협조에 대한 경제학적인 이해

노사협조의 원리를 경제학적인 시각에서 '파이 굽기와 나누기'(baking and dividing pies)라는 비유를 활용하여 설명할 수 있다.[3] 즉, 노사는 고용관계에서 야기되는 경제적 효용(외적 보상과 내적 보상을 포함)의 절대적 수준을 극대화하려는 공통의 이해관계를 가지고 있다고 한다. 특정시점에서 고정된 효용의 합은 경영진과 노동 측에게 배분되는데, 노사 양측이 고용관계로부터 더 많은 효용을 선호한다고 가정하면 결국 각 당사자들은 각자의 이익을 최대화하려고 할 것이다. 이를 절대효용(absolute utility)이라 한다.

그러나 동시에 고용관계는 근본적으로 이해관계의 갈등을 내포하는 것이다. 즉, 한쪽 당사자의 이익은 상대방에게는 이익의 감소가 된다. 이와 같은 이익갈등은 특정시점의 상대적 힘(relative power)에 의해 해소된다. 절대효용은 각 양 당사자들에 의해 향유되지만 고용관계로부터 도출되는 총효용(total utility)에 의존할 수밖에 없는 것이다. 이것이 총효용의 분할에 있어 과도한 힘의 행사를 자제하게 하는 고용관계의 변합(variable-sum) 차원인 것이다.

즉, 노사 양측이 상대적 힘만을 발휘하여 절대효용을 극대화하려고 과도한 갈

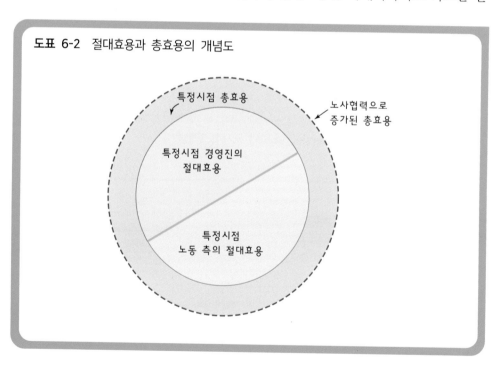

도표 6-2 절대효용과 총효용의 개념도

특정시점 총효용

노사협력으로
증가된 총효용

특정시점 경영진의
절대효용

특정시점
노동 측의 절대효용

3 William N. Cooke, "*Labor-Management Cooperation: New Partnership or Going in Crisis?*", (Michigan: W.E.Upjohn Institute for Employment Research, 1991).

등을 초래할 경우 양 당사자 모두 얻는 것이 없게 된다. 결국, 이와 같은 고용관계의 변합차원은 노사의 상대적 힘에 의한 함수가 아니라, 노사의 조직적 힘을 결합한 함수를 구성하게 된다(<도표 6-2> 참조). 따라서 기업성과의 변화는 노사간의 협조의 강도가 노사관계의 패턴을 생산적인 과정으로 변화시키는 정도에 따라 총효용의 증대를 가져올 수 있다고 보는 것이다.

 경영참가

2.1　경영참가의 개념

노사협조와 경영참가가 모두 고용관계의 한 측면이지만, 노사협조가 고용관계의 태도적·정서적인 측면임에 비하여 경영참가는 공식적·제도적인 측면이다. ILO에 따르면 경영참가란 노동자가 경영의 의사결정에 참가하는 것이다. 피고용인의 경영참가란 넓은 의미로 해석하면 종래 경영자의 권한이라고 생각되어 온 경영권 또는 경영전권에 대하여 직원이나 피고용인을 대표하는 노동조합이 그들의 이익과 노사 쌍방의 이익을 증진시킴을 목적으로 노사간에 공동으로 경영관리기능을 수행함을 의미한다.[4] 여기에서 노동자 또는 노동조합은 기업의 경영에 참가하여 경영자와 함께 경영상의 권한과 책임을 분담하는 것이다.

피고용인을 경영에 참가시키는 일은 경영자가 갖는 의사결정상의 자유를 제약하게 된다. 그러나 이를 통하여 피고용인들의 자발성을 신장시키고 창의력과 지식을 활용할 수 있을 것이다. 한편 피고용인측도 경영참가를 실시함에 있어서 노동조합이나 노동자의 이익만을 강조하여 무책임하게 자기의사만을 주장하거나 경영자의 권한을 통제하는 것으로 일관해서는 아무런 건설적인 결과도 낳지 못할 것이다. 피고용인들의 경영참가제도는 산업민주주의를 목표로 함과 동시에 노사의 공동선을 목적으로 하는 장치이므로 쌍방의 이해관계가 충분히 반영되도록 노력하여야 할 것이다.[5]

노동자가 경영의 의사결정에 참가하는 것

---

4 Daniel Quinn Mills, *Labor Management Relations*, (New York: McGraw-Hill Co., 1986), pp. 370-371.
5 강석인, 『노사협의제: 경영참가의 본질과 조건』(서울: 일조각, 1981), pp. 3-4.

구체적인 예를 들면, 노동조합이나 노동자의 발언권이 높고 의사가 경영에 반영되는 회사는 경영참가가 활발한 것이고, 노동조합이나 노동자의 의사가 거의 무시되거나 의사표현의 기회가 주어지지 않는 경우는 경영참가가 미흡한 것으로 볼수 있다. 과거 노동조합 및 피고용인이 경영에 대하여 갖고 있던 관심사가 주로 임금수준 및 근로조건의 향상에 국한되었다고 한다면, 최근에는 경영전반에 걸쳐 관심이 확대되어 가고 있다.

2.2 경영참가제도의 유형

피고용인이 경영에 참가하는 방식은 그 국가의 문화·경제·사회 및 정치적 환경에 따라 다양하게 나타나고 있다. 따라서 경영참가제도는 노동자가 경영에 간접적으로 참가하느냐 또는 직접적으로 참가하느냐 하는 것과 또한 피고용인이 거기서 수행하는 역할에 따라서 구분할 수 있다. 이와 같은 수많은 경영참가제도에 대하여 학자들에 따라 다양한 분류방식[6]이 제시되고 있는데, 본서에서는 경영참가제도의 형태에 따라 자본참가, 성과참가(이상 물질적 참가) 및 의사결정참가로 나누고자 한다.[7] 이를 정리하면 〈도표 6-3〉과 같다.

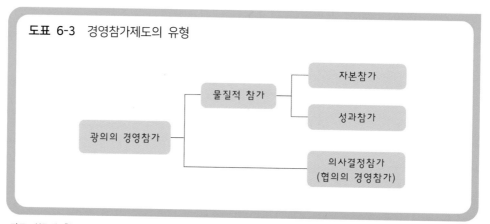

도표 6-3 경영참가제도의 유형

자료: 최종태, 『현대경영참가론』 (서울: 경문사, 1988), p. 73.

6 John L. Cotton, *Employment Involvement: Methods for Improving Performance and Work Attitude* (Newbury Park, CA: SAGE, 1993); H. Peter Dachler, and Bernhard Wilpert, "Conceptual Dimensions and Boundaries of Participation in Organizations: A Critical Evaluation," *Administrative Science Quarterly*, 23, 1978, pp. 1-39; David I. Levine, and Laura D'Andrea Tyson, 전게논문; Thomas A. Kochan, Harry C. Katz, and Robert B. McKersie, *The Transformation of American Industrial Relations* (New York: Basic Books, 1984); Edwin A. Locke, and David M. Schweiger, "Participation in Decision Making: One More Look," *Research in Organizational Behavior* (Greenwich, CT: JAI, 1979).

7 최종태, 『현대경영참가론』(서울: 경문사, 1988), pp. 73-122.

(1) 자본참가(participation in capital)

종업원들로 하여금 자본의 출자자로서 기업경영에 참여시키는 방식으로 소유참가, 재산참가라고도 한다. 구체적으로 피고용인의 기업재산참가방식으로 자기자본참가와 타인자본참가로 구분할 수 있다. 먼저 자기자본참가는 종업원으로 하여금 주식의 매입을 유도하는 우리사주제도(employee stock ownership plan: ESOPs)와 일정한 조건하에서 피고용인이 노동을 제공하는 것에 대하여 주식을 내주는 노동주(actions de travail)제도가 있다. 또한 타인자본참가방식은 기업채무에 채권자로서 참가하는 경우로 기업의 일반사채, 전환사채 발생의 참가나 종업원특수사채 발행 등에 참가하는 형태이다. 자본참가에 대하여는 7장에서 구체적으로 설명하고자 한다.

자본의 출자자로서 기업경영에 참여시키는 방식

우리사주제도, 노동주

(2) 성과참가(participation in profit)

피고용인의 경영참가 실현 중 가장 용이한 유형으로 이익참가를 들 수 있다. 경영성과를 높이는 데 피고용인 또는 노동조합이 적극적으로 참가하고 그 협조의 대가로 경영성과, 즉 업적·수익 또는 이익의 일부를 임금 이외의 형태로 피고용인에게 분배하는 방식이다. 성과참가에 대하여는 7장에서 구체적으로 설명하고자 한다.

경영성과를 높이는 데 피고용인 또는 노동조합이 적극적으로 참가하고 그 협력의 대가로 경영성과의 일부를 임금이외의 형태로 피고용인에게 분배하는 방식

(3) 의사결정참가(participation in decision)

좁은 의미의 경영참가라고 함은 피고용인 또는 노동조합이 경영의사결정에 참여하거나 경영기능에 대하여 영향력을 미치는 것으로 볼 수 있다. 자본참가와 성과참가가 소유와 성과배분 등과 같은 물질적 참가라면 의사결정참가는 경영의 내용이 되는 관리상의 의사결정에 참여하는 형태라고 할 수 있다. 본 장에서는 주로 의사결정참가제도에 대하여 상세하게 살펴보고자 한다.

피고용인 또는 노동조합이 경영의사결정에 참여하거나 경영기능에 대하여 영향력을 미치는 것

 ## 3 의사결정참가제도의 분류

의사결정참가제도를 분류하는 방식은 학자들[8]마다 다양한데, 그 이유는 의사결

---

8 이원덕·유규창, 『근로자의 참여적 경영의 실태: 한국과 미국 기업의 비교』(서울: 한국노동연구원, 1997); Edwin A. Locke, and David M. Schweiger, 전게논문; John A. Cotton, 전게서; H. Peter Dachler, and Bernard Wilpert, 전게논문.

정참가제도의 개념이 폭넓고 또 그 형태나 범위 등이 매우 다양하기 때문이다. 이하에서는 의사결정참가제도를 참가 근거, 참가 정도, 참가 수준, 참가 영역, 참가 시기, on−line 참가형과 off−line 참가형, 효율성지향 참가형과 형평성지향 참가형 등으로 구분하여 살펴보고자 한다.

3.1 참가 근거에 따른 분류: 공식적-비공식적 참가

의사결정참가를 하게 되는 근거의 확보 여부에 따라 경영참가를 공식적 참가와

공식적 참가

비공식적 참가로 구분할 수 있다. 공식적 참가란 헌법, 각종 법규 및 시행령 등과 같은 법적 근거나, 노사간의 단체교섭에서 체결된 쌍방적 협약사항에 근거를 두거나, 경영자들의 일방에 의한 정책 및 제도로서 실시할 수 있는데 일정한 형식을 갖

비공식적 참가

춘 기구를 통하여 참여하는 것을 의미한다. 비공식적 참가란 경영자가 '그렇게 하는 것이 유익하기' 때문에 법이나 계약 등에 의거하지 않고 결정을 내리기 전에 하위자들의 조언이나 의견을 구하는 경우를 의미한다. 따라서 참여적 경영이 '공식적인가 또는 비공식적인가'라는 문제는 본 프로그램을 설계한 사람의 가치관이나 참여적 경영을 실시함으로써 얻고자 하는 목적 및 기업이 갖고 있는 상황 등에 따라서 달라질 수 있다.

일반적으로 유럽의 국가들은 공식적 참가를 사용하고 있는 반면에, 미국, 영국 등과 같은 앵글로 색슨계 국가들은 비공식적 참가를 실시하고 있다. 이러한 차이는 유럽의 국가와 앵글로 색슨계 국가가 갖고 있는 역사적 발전과정, 사회적 특성, 법적 또는 정치적 체계 및 노사관계시스템 등의 차이에 기인한다고 할 수 있다.

3.2 참가방식에 따른 분류: 직접적-간접적(direct-indirect) 참가

직접적 참가

직접적 참가는 품질관리분임조(QC)나 제안제도와 같이 작업장에서 개개 종업원이 의사결정과정에 직접 본인의 의견을 내놓는 것을 의미하고, 간접적 참가란 노

간접적 참가

사협의회나 각종 위원회, 기타 의사결정기구에 종업원을 대표하는 노동조합이나 대표자를 통하여 이루어지는 참가형태를 말한다. 대체로 참여수준이 높아질수록 간접적인 참가유형이 나타나고 있다. 이는 사업장 수준이나 그 이상의 수준(예: 기업전체)에서 일어나는 참가에서는 대표자를 통한 간접적인 참가가 일반화되어 있기 때문이다.

3.3 참가 강도에 따른 분류

의사결정의 참가 정도를 참가강도에 따라 구분할 수 있다. 첫째, 의사결정에 관한 아무런 사전정보가 없는 경우, 둘째, 사전에 정보를 제공받는 경우, 셋째, 의사결정에 의견개진이 가능한 경우, 넷째, 노동자 의견이 의사결정에 고려되는 경우, 다섯째, 의사결정에 대한 거부권을 가지는 경우, 여섯째, 의사결정이 전적으로 구성원들에게 달려 있는 경우 등으로 구분할 수 있다. 첫째의 경우는 전적으로 사용자가 의사결정을 하는 것이고, 마지막의 경우는 전적으로 노동자들이 의사결정을 하는 것이다.

3.4 참가의 내용에 따른 분류

의사결정참가의 다른 차원과는 달리 내용 차원은 학자간에 의견이 정리되지 못한 상황이며, 몇몇 학자들의 주장을 살펴보면 다음과 같다. 첫 번째로, Locke & Schweiger[9]는 참여적 경영은 내용에 따라 4가지로 구분하였다. 즉, ① 고용, 훈련규율 및 성과평가 등과 같은 일상적인 인사관련 사항, ② 과업할당, 직무설계 및 작업속도 등의 작업자체 사항, ③ 휴식, 작업시간, 작업의 배치 및 조명 등의 작업환경, ④ 해고, 이윤배분, 자본투자 및 전반적인 회사정책과 관련된 기업정책 등으로 구분하였다. 일반적으로 의사결정참가가 자발적·비공식적·직접적인 경우에는 인사관련 사항, 작업환경, 특히 작업자체사항에 국한되고 있으며, 강제적·공식적·간접적인 경우에는 회사정책과 관련된 기업정책 등을 내용으로 삼는 경향이 있다.

> 일상적 의사결정, 작업자체 사항, 작업환경, 기업정책

3.5 참가의 수준에 따른 분류

Kochan, Katz & McKersie[10]는 노사관계의 활동을 3가지 수준, 즉 전략적 수준, 기능적 수준, 작업장 수준으로 구분하였다. 전략적 수준(strategic level)의 의사결정참가란 기업의 장기정책 혹은 전략의 의사결정과정에 종업원 혹은 종업원 대표가 참가하는 형태이며, 기능적 수준(functional level)의 의사결정참가란 단체협상이나 기업의 인사, 노무관리에 노동조합을 통하거나 각종 위원회를 통해서 참가하는 형태이

> 전략적 수준, 기능적 수준, 작업장 수준

---

9 Edwin A. Locke, and David M. Schweiger, 전게논문.

10 Thomas A. Kochan, Harry C. Katz, and Robert McKersie, *The Transformation of American Industrial Relations* (New York: Basic Books, 1983).

다. 작업장 수준(workplace level)의 의사결정참가란 실제 작업장에서 발생하는 일상적인 활동이나 직무설계나 작업장 배치와 같은 종업원의 근무환경에 영향을 미치는 의사결정에 참가하는 형태를 말한다.

3.6 기존 의사결정구조와의 관계에 따른 분류: on-line 참가 및 off-line 참가

경영참가를 on-line 참가형과 off-line 참가형으로 구분할 수 있다. 먼저 on-line 참가형이란 기존의 작업조직과 의사결정구조를 전면개편하여 기존의 조직을 대체하는 형태의 의사결정참가유형으로 현장자율경영팀, 참여형 성과배분제, 노동이사제 및 노동자평의회제 등이 이에 속한다. 이와는 달리 off-line 참가형은 기존의 의사결정구조를 변경시키지 않고 기존의 조직에 병행하여 시행되는 종업원참여제도로서 QC, 노사합동위원회 및 종업원설문조사제도 등이 이에 속한다.

3.7 참가의 목적에 따른 분류: 형평성지향 참가와 효율성지향 참가

의사결정참가를 바라보는 노사의 현실적 입장과 관점의 차이에서 새로운 분류방식이 나타났다. 즉 경영자 입장에서 피고용인 또는 노동자 대표조직의 경영참여는 생산성 증대와 같은 조직효율성을 제고하는 목적을 가지며, 피고용인 입장에서는 성과배분이나 노동자의견의 반영 등 작업장에서의 형평성을 추구하는 목적을 가지고 있는 것으로 인식되고 있다. 구체적으로 효율성지향 경영참가는 참여를 통해 노동자의 자율성과 창의성을 개발함으로써 이를 품질개선과 생산성 향상 등 조직성과의 향상에 기여할 수 있도록 하기 위해 설계·추진되는 경영참여라고 할 수 있다. 주로 사용자 주도로 이루어지며 일차적으로 조직성과의 향상을 위하여 이루어지는 다양한 혁신활동들로 예를 들어 QC, 제안활동, 문제해결팀 등이 이에 속한다. 반면, 형평성 지향 경영참가는 인간으로서의 삶을 보장받기 위한 고용의 최저표준 설정, 산업민주주의 그리고 그러한 과정에의 적극적인 개입을 통해 절차 및 의사결정과정의 정당성을 확보하고자 하는 경영참여라고 할 수 있다. 예를 들어 인사위원회, 징계나 해고와 관련된 참여, 복리후생적 노동조건의 개선, 인사고과 등에 관련된 참여등이 이에 속한다고 할 수 있다.[11]

---

11 손동희, "노동자 경영참여가 개인 및 조직성과에 미치는 영향에 관한 실증연구: 형평성 지향 참여와 효율성 지향참여 비교를 중심으로" 고려대학교 대학원 박사학위 논문(2007).

이상에서 언급된 경영참가의 유형을 정리하면 〈도표 6-4〉와 같다.

도표 6-4 의사결정참가의 분류 비교 정리

분류 기준	유형	개념
참가근거	공식적	• 법적, 노사 협약 또는 정책 등에 의거하여 일정한 형식을 갖춘 기구를 통한 경영참여 형태
참가방식	비공식적	• 법이나 계약에 의거하지 않고 경영자가 의사결정을 내리기 전에 하위자들의 조언이나 의견을 구하는 경우
	직접적	• 종업원이 직접 본인의 의견을 내놓는 경영참가 형태
	간접적	• 종업원을 대신해 노조나 대표자가 하는 경영참가 형태
참가강도	① 관련 정보도 없는 경우	• 의사결정 시 노동자의 의견반영 정도에 따라 구분하는데 ①은 사용자 의사결정이며 ⑥은 노동자에 의한 의사결정으로 볼 수 있음
	② 사전 정보 제공	
	③ 의사결정 시 의견개진	
	④ 의사결정 시 노동자 의견 고려	
	⑤ 의사결정에 대한 거부권	
	⑥ 전적으로 구성원 의견 반영	
의사결정 참가내용	일상적 인사관련 사항	• 고용, 훈련 규율 및 성과평가 등에 대한 에 대한 의사결정 참가 유형
	작업 자체 사항 내용	• 과업할당, 직무설계 및 작업속도 등에 대한 의사결정 참가 유형
	작업환경 사항	• 휴식, 작업시간, 작업의 배치 및 조명 등에 대한 의사결정 참가 유형
	기업정책 등의 사항	• 해고, 이윤배분, 자본투자 및 전반적 회사 정책 등에 대한 의사결정 참가 유형
의사결정 참가수준	전략적 수준의 경영참가	• 종업원(대표)이 기업의 장기정책이나 전략 등에 대하여 의사결정을 하는 참가 유형
	기능적 수준의 경영참가	• 단체협상이나 기업의 인사 노무관리에 노조를 통하거나 각종 위원회를 통하여 의사결정하는 참가 유형
	작업장 수준의 경영참가	• 작업장에서 발생하는 일상적인 활동이나 직무설계나 작업장 배치 등의 근무환경에 대해 의사결정하는 참가 유형
기존 의사결정 구조와의 관계	on-line의 경영참가	• 기존의 조직구조를 개편한 평태의 의사결정유형(예: 현장자율경영팀, 참여형 성과배분제, 노동이사제 등)
	off-line의 경영참가	• 기존 의사결정구조를 변경시키지 않고 기존의 조직에 병행하여 시행되는 경영참가 유형(예: QC, 종업원 설문조사 등)
참가목적	형평성 지향의 경영참가	• 피고용인 입장에서 성과배분이나 노동자 의견반영 등의 경영참가 유형(예: 인사위원회, 징계·해고 등의 결정참여 등)
	효율성 지향의 경영참가	• 경영자 입장에서 생산성 증대와 같은 조직효율성을 제고하는 목적의 경영참가 유형(예: QC, 제안제도, 문제해결팀 등)

의사결정참가의 주요 제도

중요한 의사결정참가제도로는 품질관리분임조, 노사합동위원회, 현장자율경영팀, 노동이사제도, 노사협의회 등이 있다.[12] 이 각각의 제도들을 상세히 살펴보고자 한다. 〈도표 6-5〉에는 이하에서 언급할 의사결정참가제도의 내용이 요약되어 있다.

도표 6-5 의사결정참가제도의 특징 비교

	개요	특징	효과
품질관리 분임조	5-15명의 종업원이 정기적으로 모여 품질향상 등 작업장의 문제해결을 도모하는 제도	• 최고경영층의 도입 결정 후 종업원의 자발적인 참여로 운영 • 구성원에 대한 교육 후 주 1회 (1-2시간) 정도의 주기적 모임	• 장기적인 생산성 향상을 도모 • 의사소통구조의 원활화 • 문제해결, 대인관계 개선 및 통계처리방법 등에 대한 훈련으로 장기적인 생산성 향상에 도움이 됨
노사합동 위원회	생산성 및 품질 향상, 근무환경 개선 등을 목표로 기존 제도의 문제점이나 개선방안 등을 찾는 위원회로 경영층과 노조의 대표로 구성	• 참가자에 대한 교육과 구성에 대한 양측의 합의가 필요 • 기존 조직구조에 대응하는 다양한 계층의 위원회가 구성 (예: 공장별, 작업장별 등)	• 협력적 고용관계 증진, 품질 및 생산성 향상 등의 효과를 보임
현장자율 경영팀	15명 미만의 종업원이 생산에 관한 결정을 스스로 내리며 독자적으로 생산활동을 수행하는 팀제도	• 상호보완적인 직무를 대상으로 팀제 실시 • 강한 성장욕구를 가진 종업원들을 대상으로 철저한 교육훈련 실시 필요	• 성과 및 생산성 등을 향상하고 직무만족도 개선 및 결근율 저하 등의 효과를 보임
노동자 이사제도	노조 또는 종업원 대표가 기업의 이사회에 참석하여 공식적으로 기업 최고 의사결정과정에 참여하는 제도	• 유럽은 산업민주주의 실현을 위한 제도로 인식하여 법률에 의해 강제됨 • 미국은 노사 자율에 의해 실시되며 1-3명으로 소수임	• 노사간의 정보 공유가 원활해지고 인사상 피고용인의 의견 반영 강화 • 의사결정구조에 영향은 상대적으로 미비하여 상징적인 의미가 강함

---

12 이 부분의 내용중 일부는 김동원, 『종업원 참여제도의 이론과 실제』(한국노동연구원, 1996)의 주요 부분을 요약한 것이다.

4.1　품질관리분임조

(1) 개관

품질관리분임조(QC)는 소규모의 종업원집단이 정기적으로 모임을 갖고 품질향상 등 작업장에서의 문제해결을 도모하는 제도로서 기존의 조직의 권한과 제도, 그리고 위계질서와 상충되지 않고 기존의 조직에 덧붙여서 그 활동이 이루어지는 경영참가제도의 한 종류이다. 가장 보편적 형태는 약 5~15명 이내의 종업원으로 구성되며 한 번씩 구성원들이 모임을 갖고 품질향상 등 작업장에서의 문제해결을 도모하는 제도로서 상부관리자들의 통제나 간섭 없이 자체 내에서 선출한 분임조장을 중심으로 작업 후나 점심시간에 모여 각자가 경험하거나 당면한 문제를 제기하고 그 해결방안과 실천방법을 논의하는 등 의사결정 기능을 자치적으로 수행하는 것이다.

이 제도는 1980년대 이후 급속한 확산을 보여 왔지만 그 원형은 1910년대의 미국 산업체에서 활용되기 시작했던 것으로 알려져 있다. 품질관리분임조는 1950년대에 들어서 일본의 기업들에 의해 본격적으로 도입되었는데, 미국 학자들의 영향이 컸다. 특히 데밍(Edward Deming)은 통계적 방법을 이용한 품질관리의 개념을 확립하였으며, 쥬란(Joseph Juran)은 종업원들의 제안제도를 이용한 품질향상기법의 도입을 주장하였다. 미국은 1970년대에 와서야 품질관리분임조가 다시 주목받기 시작하였다.[13] 미국에서는 품질관리분임조가 근로생활의 질프로그램(QWL, quality of working life)이라는 이름으로 그 성격이 다소 변

▲ 삼성전자, 15년 연속 품질 분임조 경진대회 대통령상 수상
http://news.samsung.com/kr/3227

경되어 도입된 경우가 많았다. 근로생활의 질프로그램은 품질관리리분임조의 전통적인 기능인 참가적 문제해결(participative problem−solving) 기능 이외에 작업설계(work design), 작업환경개선(work environment improvement), 혁신적 보상시스템(innovative reward system)의 기능이 추가된 다양한 형태의 경영참가를 포괄적으로 의미하는 개념으로서 품질관리분임조와 유사하지만 보다 광범위한 제도로 이해된다.[14]

---

13 김동원, 전게서, pp. 21-23.
14 John L. Cotton, 전게서, p. 33.

(2) 시행방법

① 도입결정

품질관리분임조는 흔히 상의하달의 방식으로 처음 도입하게 된다. 즉, 기업의 최고 경영층에서 조직의 효율성 증가를 위한 종업원 경영참가의 필요를 느끼고 품질관리분임조의 도입을 결정하면서 그 도입과정은 시작하게 된다. 품질관리분임조의 도입과정에서 대체로 중간관리자들이 소외되는 현상이 나타나게 되는데, 이는 품질관리분임조의 도입결정은 조직의 최상층에서 이루어지고 각 부서의 실무 담당자가 품질관리분임조의 주요 역할을 담당하기 때문이다.

② 교육훈련

품질관리분임조의 구성원들은 품질관리분임조활동을 실시하기 이전에 컨설턴트 등 전문가가 실시하는 3~4일간의 교육훈련, 예를 들어 단체토의 요령, 합의도출방법, 문제해결능력 배양 등과 같은 교육훈련을 거치게 된다.

③ 진행방식 및 권한

구성원들은 한 번에 1~2시간씩 주 1회 정도의 주기로 함께 모여서 그 부서의 당면 문제점과 이의 해결방안을 토의하는 것이 일반적이다. 한편 구성원들이 문제해결을 위한 제안사항을 작성하여 보고할 권한이 주어지지만 이러한 제안을 실시할 권한은 주어지지 않는다. 품질관리분임조의 제안사항을 수용하고 이를 시행하는 결정은 상급 관리층에서 내리므로 품질관리분임조의 제안이 반드시 채택된다는 보장은 없는 것이다.

④ 실시과정

품질관리분임조의 실시과정은 일반적으로 다음의 아홉 단계를 거친다. 첫째, 품질관리분임조를 도입하기 위한 기업의 최고경영층이 품질관리분임조의 필요성을 인식하고 품질관리분임조에 대한 다른 경영진들의 지지를 이끌어 낸다. 둘째, 품질관리분임조가 추구하는 목표를 설정하여야 한다. 셋째, 중간관리자 및 현장감독자들을 대상으로 교육훈련을 실시하여 품질관리분임조의 시행을 보조할 수 있도록 한다. 넷째, 품질관리분임조의 실시를 종업원들에게 홍보하고 참여를 희망하는 종업원들을 모집한다. 다섯째, 품질관리분임조의 리더와 구성원들에 대한 교육훈련을 실시한다. 여섯째, 품질관리분임조를 구성하고 각 구성원에게 품질관리분임조의 목표와 임무, 권한과 활동의 범위를 주지시킨다. 일곱째, 리더를 선출하고 서로 역할을 분담하며 품질관리분임조에 관한 제반사항에 친숙해질 수 있도록 준비기간을 둔다. 여덟째, 품질관리분임조가 구성되었음을 공식적으로 선포하고 활동을 시작한다. 아홉째, 일정시간이 지난 후, 품질관리분임조의 활동과 성과를 평가하고 개선이 필요한 사항이 있는지를 점검한다.

(3) 효과

품질관리분임조가 기업경영에 주는 효과는 다음과 같다. 첫째, 구성원들이 조직 내의 문제점을 발견하고 이를 시행하는 과정에서 조직의 전반적인 생산과정, 혹은 작업수행과정에 대한 안목이 넓어지게 되고 이는 장기적인 생산성 향상을 도모하는 데에 도움이 된다.

장기적인 생산성 향상의 도모

둘째, 시행과정에서 일선 조직구성원들이 조직운영에 대하여 느끼는 바가 최고 경영층에게 전달되는데, 이는 품질관리분임조를 시행하지 않는 권위적인 경영방식 하에서는 기대하기 힘든 것이다. 따라서 품질관리분임조는 하의상달의 의사소통구 조를 원활히 하여 기업의 의사소통구조를 점진적으로 개선하는 효과가 기대된다.

기업의 의사소통구조를 점진적으로 개선하는 효과

셋째, 말단 사원들이 경영자의 방침과 고충을 이해하게 되고 회사의 당면 문제 점들을 파악하게 되어 상의하달의 의사소통이 자연스럽게 이루어지게 된다.

마지막으로 시행과정에서 품질관리분임조의 구성원들은 문제해결, 대인관계개 선, 통계처리방법 등에 대한 훈련을 받게 되는데, 이러한 훈련은 장기적으로 종업원 들의 생산성 향상에 기여한다.

품질관리분임조의 효과를 실증적으로 연구한 논문들에 의하면 이 제도가 기업 의 경영성과를 획기적으로 개선하지는 않는 것으로 나타난다. 그러나 품질관리분임 조는 기업성과에 주는 효과가 미약하지만 긍정적인 편이며, 생산성이나 품질향상 등 객관적인 지표보다는 직무만족도나 품질관리분임조에 대한 만족도 등 구성원들 의 주관적 평가에서 특히 바람직한 결과를 보여주고 있다.[15]

4.2 노사합동위원회

노사합동위원회(Union-Management Joint Committee)는 노조의 경영참가를 통하 여 기업의 경쟁력을 높이고 노조원의 고용안정을 도모하기 위한 제도이다. 노사합 동위원회는 경영층과 노조의 대표로 구성된 위원회에서 생산성향상, 품질향상, 근무 환경개선 등을 목표로 기존의 제도에 대한 문제점을 제기하고 이를 개선할 수 있는 방안을 찾는 노동조합이 주체가 된 경영참가제도의 일종이다.

노조의 경영참가를 통하여 기업의 경쟁력을 높이고 노조원의 고용안정을 도모하기 위한 제도

15 John L. Cotton, 전게서; 김동원, 전게서, pp. 31-32.

(1) 위원회 참여동기

기존의 단체협상이 갖지 못하는 장점

노동조합이 이 위원회에 참여하는 것은 이 제도가 기존의 단체협상이 갖지 못하는 장점이 있기 때문이다. 특히 기업이 경쟁력이 저하되거나 위기를 느낄 때, 노사협조를 통하여 난국을 극복하기 위한 수단으로 채택되는 경우가 많다(pre-case 6 참조). 특히 이러한 경우에 노동조합의 입장에서는 회사의 경쟁력 강화를 위하여 사용자측과 함께 노력함으로써, 노조원들의 고용안정이라는 노조의 본래 목적을 경영참가라는 보다 적극적인 수단을 통하여 달성할 수 있는 기회가 된다.

사용자의 입장에서 노사합동위원회는 회사의 경쟁력 강화를 위한 수단으로서 뿐만 아니라 노조와의 대립적인 관계를 개선할 수 있는 기회로 활용될 수 있다. 즉, 노사합동위원회의 활동을 통하여 노조가 기업운영에 대한 이해가 깊어지고 사용자측도 노조의 애로사항을 파악하게 되면, 이는 결국 전반적인 고용관계가 개선되는 결과를 가져온다. 또한 노사합동위원회는 필요한 경우 노사가 항상 만나서 협의할 수 있는 상설기구이므로 노사 양측은 단체협상에서 논의되지 않은 사안들을 협조적인 분위기에서 수시로 토의할 수 있다.

▲ 대우조선 노사합동 정상화추진위 발족 및 경영정상화 실천 서약
:tp://www.geojesiminnews.co.kr/news/articleView.html?idxno=18244

노사합동위원회의 실시과정을 보면, 우선 기업차원의 노사합동위원회가 먼저 구성이 되고, 각 공장 및 작업장의 상황에 따라 가장 적합한 부서에 먼저 노사합동위원회를 구성하고 그 성과를 보아 점차 전 부서로 확대 실시되는 과정을 밟게 된다. 노사합동위원회의 실시 결과 종업원참여제도에 대한 관심이 높아지면, 노사 양측은 다른 형태의 경영참가제도를 도입하기도 한다. 예를 들면 성과배분제도, 현장자율경영팀 등이 노사합동위원회의 결정에 의하여 도입·실시되는 경우가 많다. 즉, 노사합동위원회는 그 자체로서 경영참가제도의 일종이지만, 다른 형태의 경영참가제도와 상충되지 않고 서로 보완하는 역할을 하는 것이다.

(2) 사전 준비사항

① **참가자에 대한 교육훈련의 실시**   노사합동위원회를 실시하기 이전에 노사 양측의 참가자들에 대한 교육훈련을 실시하여야 한다. 이 훈련에서는 노사협조의 이론에 대한 소개, 노사합동의 문제해결기법, 노사 양측의 정보공유, 회사의 경영상태 및 경쟁력 현황, 노사협조에 임하는 노사 양측의 입장 등을 주로 다루고 있다. 이러한 교육훈련은 짧게는 하루에서 길게는 일주일 이상이 소요된다.

노사 양측의 참가자들에 대한 교육훈련을 실시하여야

② **구성을 위한 노사간의 합의**   노사합동위원회를 구성하고 이를 시행함
에 있어 양측이 준수해야 할 상호간의 합의를 단체협약 혹은 별도의 양해각서(letter
of understanding, or letter of agreement)에 작성한다. 일반적으로 이 문서에 포함되는
내용으로 첫째, 임금·근로시간 기타 근무조건 등과 같이 기존의 단체협약에서 충분
히 논의되는 사항을 배제한다는 조항이다. 이러한 조항을 합의에 포함시키는 이유
는 위원회가 기존의 제도를 대체하는 것이 아니고 다만 이를 보완하는 것이기 때문
이다. 또한, 노동조합의 입장에서는 위원회의 결정으로 기존의 단체협상결과가 영향
을 받는다면 단체협상의 위상이 저하되고 나아가서는 노조의 독립성에도 영향을 미
칠 가능성이 있기 때문이다. 둘째, 노사합동위원회 활동의 결과로 노조원들이 해고
되지 않도록 한다. 이 조항이 가지는 의미는 위원회에서 생산과정의 효율화를 위한
논의가 이루어지더라도 그 결과 노동인력이 감축되어 노조원들이 해고되는 경우가
없도록 하기 위한 것이다. 만약, 작업효율과 생산성을 향상시키는 과정에서 노조원
이 해고되는 사태가 발생한다면, 위원회 활동을 위한 노조원의 지지를 확보할 수도
없을 뿐만 아니라 이는 노사협조의 정신에도 어긋나기 때문이다.

(3) 구조 및 활동

노사합동위원회는 기존의 조직구조에 대응하는 여러 계층의 위원회로 구성된
다. 즉, 기업차원의 노사합동위원회가 있고, 그 아래 단계에는 공장별 노사합동위원
회가 구성되며, 각 작업장에는 작업장별 노사합동위원회가 구성된다. 노사합동위원
회가 여러 단계로 구성되는 것은 기업과 노조의 위계질서를 반영한 것으로 볼 수 있
다. 노사합동위원회에 참가하는 인원은 노사간의 합의에 의하여 결정되며 각 단계
별 노사합동위원회의 구성과 논의되는 사안은 다음과 같다.

첫째, 중간관리자와 노조의 대의원, 혹은 종업원 대표로 구성된 작업장별 노사
합동위원회에서는 그 작업장에서의 업무와 관련된 문제점 해결, 산업안전에 관한
사항, 생산비 절감 등을 토의한다. 따라서 작업장에 설치된 노사합동위원회는 품질
관리분임조(QC)와 비슷한 활동을 하게 된다.

둘째, 공장의 경영층과 노조지부의 간부, 종업원에 의하여 선출된 종업원 대표
로 구성된 공장별 노사합동위원회에서는 단체협상에서 다루어지지 않는 생산성 향
상, 품질개선, 작업환경개선, 종업원 교육훈련, 납품업자 관리 등 각 공장별로 특별
한 주제를 다루게 된다.

셋째, 사측의 최고 경영자와 노조본부의 간부로 구성된 기업차원의 노사합동위
원회에서는 투자계획·제품전략·공장신설 등의 이슈를 논의하고, 노사합동위원회를

어느 부문에서 먼저 시작할 것인가를 결정한다. 특히 이러한 최상층의 노사합동위원회를 전략적 의사결정에의 참여(participation in strategic decision−making)라 하여 다른 노사합동위원회와 구분하기도 한다. 최근 전략적 의사결정에의 참여를 통하여 경영성과를 호전시킨 사례들(예: Tailored Technology Corporation, Western Airlines, Xerox 등)은 많은 주목을 받고 있다.

(4) 권한

노사합동위원회는 기존의 조직에 덧붙여진 경영참가기구로서 기존 조직의 의사결정구조를 근본적으로 변경시키는 것은 아니다. 즉, 노사합동위원회는 자문기구로서의 역할은 하지만, 조직체의 공식적인 의사결정기구로서의 성격은 약하다는 의미이다. 노사합동위원회에서의 결정은 노사 양측 대표간의 합의에 의하여 이루어지며 투표에 의한 과반수 결정방식이 채택되는 경우는 극히 드물다. 다수결에 의한 의사결정은 노사협조의 정신을 해치고 노사 쌍방간에 대결구도를 유도할 염려가 있기 때문이다. 일단 노사합동위원회에서 합의가 이루어지면 이는 조직의 해당 부서로 통보되어 실시과정을 밟게 된다.

(5) 효과 제고를 위한 고려사항

노사합동위원회가 긍정적인 성과를 거두기 위해서는 일정한 환경적 요인이 존재하여야 하며, 노사 양측이 이를 실행하는 과정 역시 그 결과에 영향을 미친다고 한다. 이하에서는 노사합동위원회의 성과를 결정짓는 환경적·실행상 요인들에 대하여 논하기로 한다.

첫째, 노사합동위원회가 긍정적인 효과를 거두기 위해서는 노사 양측에서 실제 의사결정권을 가진 인물들이 노사합동위원회의 위원으로 참가하여야 한다. 노사합동위원회는 자문기구로서의 성격이 강하기 때문에 구성원들의 개인적인 영향력이 노사합동위원회의 실제 영향력을 결정하게 된다.

둘째, 노사합동위원회의 목표가 노사간의 합의에 의해서 사전에 명확히 정해지는 것이 바람직하다. 그렇지 않은 경우 노사합동위원회는 광범위한 주제를 놓고 산만한 토의로 일관하게 될 가능성이 있다.

셋째, 여러 단계의 노사합동위원회(예를 들면 기업차원의 노사합동위원회, 공장별 노사합동위원회, 작업장별 노사합동위원회)의 역할이 서로 상충되지 않도록 조정하는 작업이 필요하다. 각 단계별 노사합동위원회에서 다루는 사안의 범위가 명확히 규정되어 있지 않으면 의사결정과 시행과정에서 많은 혼란을 가져올 수 있다.

넷째, 경영스타일과 기업문화가 노조의 경영참가를 수용할 수 있는 참여적인 조직일 때 노사합동위원회가 성공할 가능성이 크다.

경영스타일과 기업문화가 노조의 경영참가를 수용

(6) 노사합동위원회의 효과

노사합동위원회를 실시함으로 인해서 기대되는 효과에 대한 실증적인 연구의 결과를 소개하고자 한다. 노사합동위원회의 성과에 관한 실증적인 연구들[16]을 종합하여 보면 노사합동위원회는 협조적 고용관계의 증진, 제품 및 서비스의 품질 향상, 생산성 및 경쟁력 제고 등 기업과 노동자들에게 대체로 긍정적인 영향을 주는 것으로 밝혀졌다. 특히 노사합동위원회는 기업의 경영성과 향상보다는 고용관계의 증진에 더 큰 영향을 미친다고 볼 수 있다. 이는 노사합동위원회가 기존 조직의 의사결정구조를 근본적으로 변경시키는 제도가 아니며 자문기구로서의 성격이 강한 점에 기인한 것으로 해석할 수도 있다. 다만, 노동조합이 전략적인 의사결정에 실질적으로 참여할 경우에는 경영성과와 고용관계의 증진에 긍정적인 기여를 한다는 점은 주목할 만하다.

협조적 고용관계의 증진, 제품 및 서비스의 품질 향상, 생산성 및 경쟁력 제고 등 기업과 노동자들에게 대체로 긍정적인 영향

4.3　현장자율경영팀

(1) 개관

현장자율경영팀(self-managing work team, self-directed team, autonomous work team)이란 15명 미만의 종업원들이 팀을 구성하여 감독자 없이 생산에 관한 결정을 스스로 내리며 독자적으로 생산활동을 수행하는 경영참가제도의 한 형태이다. 이 현장자율경영팀을 구성하는 목적은 집단구성원의 사회적 욕구를 충족시켜 협동시스템을 구축하고 개개 종업원이 갖고 있는 노하우가 공동작업을 통해 시너지효과를 높이고, 개인의 성장욕구를 충족시켜 직무만족이나 기업의 성과를 높이는 것이라고 할 수 있다. 현재 미국에서 이러한 제도를 도입하고 있는 기업으로는 Xerox, FedEx, TRW, P&G 등이 있다.

15명 미만의 종업원들이 팀을 구성하여 감독자 없이 생산에 관한 결정을 스스로 내리며 독자적으로 생산활동을 수행하는 경영 참가제도의 한 형태

http://www.pg.com/

---

16 R. H. Guest, "Tarrytown: Quality of Work Life at a General Motors Plants," in *The Innovative Organization: Productivity Programs in Action*, ed. by R. Zager and M. P. Rosow (New York: Pergamon, 1982); R. H. Guest, "The Sharonville Story: Worker Involvement at a Ford Motor Company Plant," in *The Innovative Organization: Productivity Programs in Action*, ed. by R. Zager and M. P. Rosow (New York: Pergamon, 1982); D. E. Hegland, "Saturn Assembly Lifts Off," *Assembly*, 1991, pp. 14-17.

한국에서도 LG그룹 등 일부 기업(예를 들면, LG전자, 캐논코리아비즈니스솔루션 등)에서 실험적으로 도입하여 긍정적인 성과를 거두고 있다.

(2) 시행방법

① **도입과정**　　현장자율경영팀의 도입은 대체로 그 기업의 최고경영층의 결정에 의하여 경영층에서 이를 먼저 제기함으로써 시작된다. 특히, 중간관리자는 그동안 자신들이 행사했던 상당부분의 의사결정권이 조직의 하부구조로 이양되므로 중간관리자들은 이 제도의 도입에 반대하는 경우가 많다. 따라서 중간관리자들이 스스로의 관리방식을 자율경영조직의 도입에 맞추어 탈권위주의적으로 개선하는 것이 중요하다.

또한 조직의 하부구성원이 자율적인 경영방식을 항상 환영하는 것은 아니며 일부에서는 새로운 자율경영의 방식에 부담을 느끼며 이에 적응하지 못하는 경우도 있다. 따라서 현장자율경영팀을 도입하기 위해서는 기존의 경영방식과 기업문화를 고려하여 상당기간 동안 세밀한 준비를 거치는 것이 바람직하다.

② **구성**　　현장자율경영팀을 운영하기에 가장 적합한 부서를 선정하여야 한다. 이 제도가 적합한 작업조직의 성격은 작업간의 상호보완성이다. 즉, 각각 독립적으로 작업이 이루어지는(예를 들면, 외판원 등) 조직에서는 굳이 팀을 만들어서 상호간의 협조나 공동작업을 강조할 필요가 없는 것이다. 따라서 개개 작업간의 상호보완적인 성격이 강한 부서가 우선적인 대상이 되며 그 팀의 성과를 보아 그 사업장 내의 다른 부서로 확대 적용되는 것이 일반적이다. 이때 팀의 규모가 너무 큰 경우에는 팀원간의 팀워크 형성에 문제가 생기며 구성원간의 응집력이 저하되므로 팀원의 수를 적정선에서 유지하는 것이 중요하다.

③ **교육훈련**　　팀의 구성원들을 현장자율경영팀에 원만하게 적응시키기 위해서는 철저한 교육훈련이 필요하다. 이때의 교육훈련으로는 현장훈련(OJT)을 통하여 직무를 수행하면서 새로운 기술을 습득하는 기술습득훈련과 새로운 작업조직 내에서 상호간의 관계를 원만히 하고 합의에 의한 집단의사결정을 할 수 있도록 하는 대인관계 개선훈련이 필요하다.

④ **도입시 유의사항**　　현장자율경영팀은 팀워크와 자율을 중시하는 제도이기 때문에 성장욕구가 강하고 자율적인 직무수행을 선호하는 종업원집단에서 실시하는 것이 바람직하다.

(3) 효과

현장자율경영팀은 경영참가제도 중 긍정적인 효과가 가장 강한 제도이다. 일반적으로 현장자율경영팀을 도입하였을 경우 나타난 실증결과를 정리하면 다음과 같다. 첫째, 자율적 작업집단은 성과 및 생산성 향상에 긍정적 영향을 주는 것으로 나타났다. 둘째, 현장자율경영팀 구성원들이 다른 구성원보다 높은 직무만족도를 보인다. 셋째, 현장자율경영팀의 실시 후 결근율이 줄어드는 것으로 나타났다. 이상에서 보듯이 대부분의 연구들이 현장자율경영팀이 조직과 그 구성원에 미치는 영향에 대하여 긍정적으로 평가하고 있다. 이는 현장자율경영팀의 경영참가의 정도(예를 들면, 의사결정의 자율성 등)가 경영참가제도 중 가장 강하기 때문인 것으로 풀이된다.

> 자율적 작업진단은 성과 및 생산성 향상에 긍정적 영향

> 구성원들의 직무만족도 증가, 결근율 감소

4.4 노동이사제도

(1) 개관

노동이사제도(Employee Representation on Board)는 노동조합의 대표 혹은 종업원 대표가 기업의 이사회(board of directors)에 참석하여 공식적으로 기업의 최고의사결정과정에 참여하는 제도이다. 1940년대 유럽에서 시작된 노동이사제도는 1980년대에는 미국에서도 도입이 되었고, 한국의 경우에도 서울시 투자·출연기관을 대상으로 2014년부터 노동이사제도를 실시하여 왔고 노동이사제도에 대한 관심이 갈수록 커지고 있는 상황이다.

> 노동조합의 대표 혹은 종업원 대표가 기업의 이사회(board of director)에 참석하여 공식적으로 기업의 최고의사결정과정에 참여하는 제도

(2) 유형

이하에서는 노동이사제도가 처음 시작한 유럽의 노동이사제도를 먼저 살펴보고 이어서, 미국의 노동이사제도를 논한 후, 최근 시도된 한국의 노동이사제도를 논하기로 한다.

① **유럽의 노동이사제도** 노동이사제도는 제2차 세계대전 이후 산업민주화를 목적으로 독일에서 처음 시도된 이후 스웨덴·오스트리아·노르웨이·룩셈부르크·덴마크·네덜란드 등으로 전파되었다. 최근 유럽의 통합의회에서도 노동이사제도를 통합된 유럽에 실시하는 것을 규정하고 있다. 이들 국가에서 노동이사제도가 법률로서 강제된 배경은 이 제도의 실시로 인하여 기업의 경영성과를 향상시킨다는 실용적인 이유보다는, 기업 내에서 피고용인들의 의견이 경영에 반영되도록

보장하고 사회 전체적으로도 자본가와 피고용인 간의 세력균형을 이루어 산업민주주의를 실현한다는 이데올로기적 동기가 강하게 작용하였다.[17]

유럽에서는 노동자 이사제도의 실시대상, 실시과정 등을 세밀하게 법률로 규정

이들 국가에서는 노동이사제도의 실시대상, 실시과정 등을 세밀하게 법률로 정해 놓고 있다. 이들 법률은 대체적으로 일정 규모 이상의 기업들은 의무적으로 노동이사제도를 실시하도록 규정하고 있다. 노동이사제도의 형태는 각국의 이사회제도와 밀접한 관련을 갖는다. 특히, 독일과 네덜란드의 경우처럼 이원적 이사회제도(즉, 감독이사회와 실행이사회)를 운영하고 있는 경우, 노동이사는 그 중의 한 이사회에만(독일의 경우는 감독이사회) 포함이 된다. 반면에 아일랜드·스웨덴·룩셈부르크 등에서는 단일 이사회제도를 실시하고 있으므로, 노동이사는 단일 이사회의 구성원으로서 회사의 운영에 관한 모든 사안에 관여할 기회가 주어진다.

② 미국의 노동이사제도   당사자자율주의를 존중하는 미국에서는 노동이사제도가 법률로 강제되지 않고 있으며 일부 기업에 한해서 노사간의 합의에 의해서 시행되고 있다. 미국의 경우에는 1980년대 초부터 미국기업들이 노사협상에서 노동조합의 양보(concession bargaining)를 얻어내는 반대급부로서 노동조합에게 이사회의 의석을 할당하게 되면서 이 제도가 많은 주목을 받기 시작하였다. 특히, 1980년 미국 자동차노조의 위원장이던 Douglas Fraser가 Chrysler자동차의 이사로 임명된 것이 가장 유명한 사례라고 할 수 있다. 이 외에도 노동이사제도를 실시한 기업으로는 East Airlines, Pan American Airlines 등이 널리 알려져 있다.

미국의 노동이사제도를 법률이 아닌 노사간의 합의에 의해서 시행

또한 미국의 경우에는 주로 경영위기에 처한 기업이 노동조합의 협조를 통하여 경영성과의 개선을 도모하기 위하여 이 제도를 도입하게 된다. 미국의 노동이사 숫자는 이사회의 극소수에 불과한데, 대부분의 경우 노동이사의 수는 전체 이사 중 1~3명에 불과하다. 따라서 미국의 경우 노동이사가 이사회의 의사결정에 미치는 영향도 유럽의 경우보다 훨씬 제한적이라고 볼 수 있다.

(3) 효과

노동이사제도의 효과를 실증적으로 분석한 연구는 상당히 축적되어 있는 편이다. 노동이사제도가 긍정적인 성과를 거두고 있다고 주장하는 학자들에 의하면, 노동이사제도를 실시하여 노사간에 서로 정보를 활발히 공유하게 되었고, 기업의 의사결정과정에서 노동문제의 중요성이 보다 잘 반영되었다고 한다. 특히, 노동문제와

---

17 단, 영국의 경우는 대부분의 유럽 국가와는 다르게 법률에 의하지 않고 노동이사제도가 실시되었다. 영국의 대표적인 사례로는 1960년대 말의 영국철강과 1970년대 말 영국체신청에서 시도된 노동이사제도를 들 수가 있다. 노동이사제도는 영국의 극히 일부 사기업과 공기업에서 제한적으로 실시된다(김동원, 전게서, p. 78).

직접 관련된 이슈인 인사관리 및 고용관계에 대한 의사결정에 있어서는 노동이사의 의견이 이사회의 의사결정에 많은 영향을 미치고 있다고 한다. 따라서 이들은 노동이사제도의 실시로 인하여 기업의 의사결정방식이 피고용인의 입장을 보다 존중하는 방향으로 바뀌었으며, 기업의 의사결정과정에서 피고용인의 전반적인 영향력이 강화되었다고 주장하고 있다.

그러나 다른 그룹의 학자들은 노동이사제도가 산업민주주의의 상징으로서의 역할은 하지만, 실제 기업의 의사결정구조에는 거의 영향을 미치지 못하고 있는 것으로 결론짓고 있다. 이러한 결론을 내리게 된 이유로서 우선, 노동이사의 숫자가 대부분의 경우 이사회에서 소수에 불과한 점을 들고 있다. 즉, 독일의 석탄철강산업을 제외한 대부분의 경우에, 노동이사는 전체 이사 숫자의 3분의 1을 넘지 못하며, 특히 미국의 경우에 노동이사의 숫자는 전체 이사 중 1~3명에 그치는 경우가 대부분이라는 것이다. 따라서 노동이사는 이사회에서 소수그룹의 위치를 점하여 의사결정에 중요한 영향을 미칠 수 있는 세력기반이 결여되어 있다는 것이다. 또한, 노동조합 혹은 종업원 대표자격으로 이사회에 참석하는 노동이사들은 주주의 권리를 대변하는 이사회의 본질적 기능을 수행하여야 하는 과정에서 경험하게 되는 역할갈등의 문제 역시 이 제도의 성공적인 정착에 걸림돌이 되고 있다고 한다. 더욱 중요한 것은 이사회에 참석하는 전문경영인들에 비하여, 노동이사들은 이사회에서 다루는 분야(예를 들면 회계·재무·마케팅 전략)에 대한 전문지식이 결여되어 있어서 의사결정에 실질적인 영향력을 미치기 어렵다는 점을 들고 있다. 즉, 이러한 주장을 펴는 학자들은 노동이사제도의 효과는 실질적이라기보다는 상징적이라는 견해를 가지고 있다.

한편, 노동이사제도가 기업의 경영성과에 대한 효과를 측정한 연구들에 의하면, 이 제도가 생산성, 품질효율성, 종업원의 태도 등에 가지는 영향이 극히 미약한 것으로 나타나고 있다. 이러한 연구결과 역시 노동이사제도가 실질적인 효과를 거두기 위한 제도라기보다는 산업민주주의(유럽의 경우)나 노사협조(미국의 경우)의 상징으로서의 역할이 더 크다는 주장을 뒷받침하고 있는 것으로 보인다.

생산성, 품질효율성, 종업원의 태도 등에 가지는 영향이 극히 미약

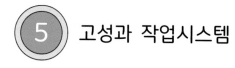

5 고성과 작업시스템

5.1 고성과 작업시스템의 개념

고성과 작업시스템은 노동자들의 지식축적, 동기유발 및 열린경영으로 이루어짐

고성과 작업시스템(High Performance Work Systems, 이하 HPWS)은 노사모두에게 도움이 되는 최고의 성과를 거두기 위하여 노사협력과 경영참가와 다른 중요한 경영원칙을 통합하여 설계한 고용관계 시스템이다. HPWS는 노사간의 협력 및 신뢰를 바탕으로 노동자들에게 ① 지식축적, ② 동기유발 및 ③ 열린경영(또는 경영참가)의 세 가지 원칙에 입각한 인사노무관리를 통하여 노동자의 자유재량 노력을 극대화함으로써 조직성과의 향상을 도모하는 작업시스템을 의미한다.[18] 연구자들마다 다양한 고용관계관행들을 HPWS의 구성요소로 설정하고 있지만, 주로 고용보장, 신중한 선발관리, 자율관리팀과 의사결정의 분권화, 조직성과에 연계된 비교적 높은 수준의 보상, 광범위한 교육훈련, 신분차별과 기타 장애요인의 완화, 회사의 재무 및 성과정보에 대한 조직 전체내의 광범위한 공유등을 대표적인 고성과 작업관행으로 간주하고 있다.[19]

고성과 작업시스템은 고용보장, 신중한 선발, 분권화, 성과기반의 높은 보상, 광범위한 교육훈련, 정보공유 등의 관행들로 구성

그간 고용관계론이 고용관계의 부정적 측면인 갈등관리에 주안점을 두었던 것에 비하여 노사파트너십의 긍정적 측면을 극대화하는 생산적 노사관계의 실현 수단으로 HPWS가 주목을 받아왔다. 그러한 측면에서 HPWS는 노사간 대립과 경쟁이 아니라 상호이익의 철학을 바탕으로, 노동자나 노동조합을 기업의 의사결정과정에 참가시킴으로써 상의하달식의 전통적 조직에서 간과해 왔던 노동자들의 창의성과 잠재력을 활용하고 의사결정에의 참가기회를 제공함으로써 동기를 유발하는 것을 주요목표로 한다고 보면서,[20] 노동자들의 작업장 참여활동을 중심으로 한 열린경영에 초점을 둔다. HPWS는 전통적 작업장에 대비되는 측면을 강조하여 "새로운 패러다임(New Paradigm)",[21] "혁신적 작업장 관행(innovative workplace practices)",[22] 고몰

고성과 작업시스템은 전통적 작업시스템과 대비되는 혁신적 작업장 관행임

18 김동원, 이규용, 권순식, 손동희, 진숙경, 김윤호, 유병홍, 김동주, 김영두, 김승호, 김주희, 이원희. (2008). 한국 우량 기업의 노사 관계 DNA, 서울, 박영사.

19 Pfeffer, J. (1998). "The human equation." Boston, MA.

20 김동원, 김현기, 조남훈(2000), 신노사문화 노사참여 활성화 방안 연구. 노동부 학술연구용역보고서.

21 Godard, J., & Delaney, J. T. (2000). "Reflections on the "high performance" paradigm's implications for industrial relations as a field." Industrial and Labor Relations Review, 482-502.

22 Ichniowski, C., T. A. Kochan, D. Levine, C. Olson, G. Strauss. (1996). "What Works at Work: Overview and Assessment." Industrial Relations 35 299-333.

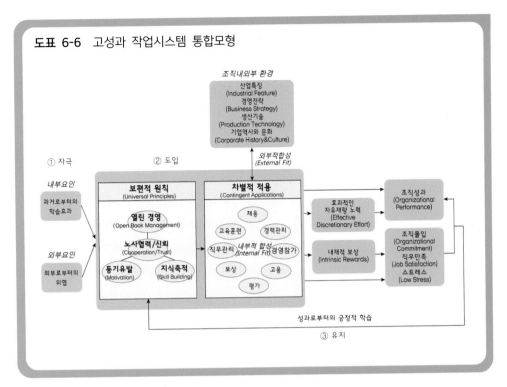

도표 6-6 고성과 작업시스템 통합모형

자료: 김동원 외 (2008), p. 45를 보완

입 인적자원관리, 또는 헌신형 인적자원관리 시스템(High involvement or commitment human resource systems) 등으로 지칭되기도 하였다.[23]

　　HPWS는 노동자들을 인건비의 지출의 대상이 아니라 조직의 경쟁우위 창출을 위한 중요한 자산으로 바라보고, 그들의 인적자본에 대한 투자와 활용을 적극적으로 시도하고자 하는 노력으로 볼 수 있다. 본 교재에서는 HPWS가 내용적 측면에서는 노사협력/신뢰, 열린경영, 동기유발 및 지식축적의 보편적 원칙을 구성요소로 하며, 이 보편적 원칙을 달성할 수 있는 다양한 고용관계 관행들을 실제 설계하는데 있어 조직이 처한 대내외적 환경과 고용관계 관행들 간의 적합성을 모두 고려하여 다양한 기능들을 차별적으로 적용하여 구축한 고용관계관리 시스템으로 정의한다 (<도표 6-6> 참조).

고성과 작업시스템은 노동자들을 조직경쟁우위 창출의 원천으로 바라봄

---

23 Fiorito, J. (2001). "Human resource management practices and worker desires for union representation." Journal of Labor Research, 22(2), 335-354.

내적적합성은 고용관계정
책과 관행들이 서로 시너지
효과를 내는 상태와 과정을
의미

내적적합성(Internal fit)은 통일성 있는 고용관계전략을 형성하기 위하여 다양한 고용관계 정책과 관행들이 충분히 통합되어 시너지효과를 나타내는 상태 및 과정을 의미한다.[24] 내적적합성의 중요성은 특히 인사기능의 묶음(bundle) 또는 시스템을 강조하는 접근방식에서 중요하게 여겨지는데, 이 접근방식에 의하면 고용관계 시스템을 구성하는 정책과 관행들 간의 긍정적 시너지의 극대화가 전반적인 조직성과의 향상을 주도하는 핵심 작동원리이기 때문이다.[25] HPWS에서의 내적 적합성은 노사신뢰를 바탕으로 열린경영, 동기유발 및 지식축적의 보편적 원칙을 달성하는데 있어 채용, 교육훈련, 직무, 보상, 평가, 고용, 경영참가, 경력관리의 기능들이 얼마나 시너지 효과를 발휘하고 있는지에 따라 결정된다. HPWS의 구성요소에 대한 논의는 다양하지만 기본적으로 다음과 같이 정리할 수 있다. 첫째, 노동자들의 역량강화를 위한 지식과 기술개발의 기회를 제공하여 직무능력을 향상시킬 뿐 아니라 직무 외의 문제해결에 적극적으로 참여할 수 있도록 숙련시킨다(지식축적). 둘째, 노동자가 작업과정에서 자발적으로 몰입하고 헌신하도록 동기부여하는 금전적 또는 비금전적 보상을 제공한다(동기유발). 셋째, 노동자들이 자신의 직무에서부터 경영계획에 이르기까지 다양한 주제에 관해 의견을 개진할 수 있는 기회를 제공한다(열린경영).[26] 이러한 3대 보편적 원칙이 실질적으로 작동하기 위해서는 기본적으로 노사신뢰가 기반이 되어야 한다(노사협력/신뢰). 노사신뢰가 전제가 되지 않으면, 상호에 대한 투자와 정보의 교환이 원만히 이루어지기 어렵기 때문이다. 또한, 3대 원칙의 작동은 다시 노사신뢰를 강화시키는 역할을 하게 된다. 이러한 의미에서, HPWS는 기존의 갈등적 노사관계를 생산적 노사관계로 전환시키는 새로운 패러다임으로 주목을 받아온 것이다. 이때, 유노조 조직의 경우에는 노동조합과 사용자간의 협력이 전제되어야 할 것이며, 무노조 조직의 경우에는 주로 개별노동자들과 경영진간의 개별적 신뢰가 형성되어야 할 것이다.

24 Heery, Ed., Noon, M. (2009) "A Dictionary of Human Resource Management." Oxford University Press, UK.

25 Arthur, J. B. (1994). "Effects of human resource systems on manufacturing performance and turnover." *Academy of Management Journal*, 37, 670–87; MacDuffie, J. P. (1995). "Human resource bundles and manufacturing performance: organisational logic and flexible production systems in the world auto industry." *Industrial and Labor Relations Review*, 48, 197–221.

26 Bailey, T. (1993). "Discretionary effort and the organization of work: Employee participation and work reform since Hawthorne." Working paper, Columbia University, New York.; Appelbaum, E,, T, Bailey, P, Berg, and A, L, Kalleberg, (2000), "Manufacturing Advantage: Why High Performance Work Systems Pay Off." Ithaca, NY: Cornell University Press,

외적적합성(external fit)은 고용관계 관행이 경쟁전략, 조직구조, 조직문화 등 기업의 고용관계 외적인 환경과 얼마나 잘 어울리는지를 나타내는 개념이다. 즉, 외적적합성은 고용관계 시스템이 궁극적으로 조직이 처한 내외부 환경, 문화, 전략, 구조와 얼마나 긍정적인 상호작용을 가져올 수 있는지를 평가하는 개념이다. 예를 들면, 개개인의 경쟁과 성과를 중시하는 기업문화를 가진 조직은 상대적으로 개인성과에 따른 차등적 보상을 통해 동기유발을 자극할 수도 있지만, 평등한 문화를 중시하는 조직에서는 집단성과배분제와 같은 관행을 통해 평등한 보상시스템을 유지하면서도 동기유발을 시킬 수 있다. 또한, 새로운 지식의 유입과 혁신을 강조하는 전략을 가진 벤처기업이나 첨단산업에 속한 조직은 외부에서 새로운 지식과 기술을 가진 인재를 유입하고('buy'), 혁신정도에 따라 평가하며 단기 성과에 대한 성과급을 지급하여 경쟁력을 강화하겠지만, 전통적인 기술에 대한 장기간의 숙련이 중요한 경쟁력의 원천인 철강이나 조선, 자동차 산업에 속한 전통적인 기업들은 내부에서 장기간의 도제제도와 교육훈련을 통하여 인재를 육성하고('make'), 인화와 팀워크로 직원을 평가하며, 호봉제를 시시하여 장기고용을 유도하고 숙련을 축적하여 경쟁력을 강화시키려 할 것이다.

외적적합성은 고용관계가 경쟁전략, 조직구조 조직문화 등과 시너지를 내고 있는 상태와 과정을 의미

KEYWORD

노사협조, Walton과 McKersie의 노사협조개념, 노사협조에 대한 경제학적 이해, 경영참가, 자본참가, 의사결정참가, 성과참가, 품질관리분임조, 노사합동위원회, 현장자율경영팀, on-line 경영참가, off-line 경영참가, 노동이사제도, 고성과 작업시스템, 내적적합성, 외적적합성

One Team 품질분임소: D손해보험 사례[27]

1. D손해보험의 개요

D사의 근로자수는 약 4,500명 규모로 평균 근속년수는 10년 정도이다. 직군은 영업관리, 보상관리, U/W(Under Writing), 상품업무, 자산운용, 경영지원으로 분류된다. 기업의 비전은 '고객과 함께 행복한 사회를 추구하는 글로벌 보험금융그룹'이고, 사람과 기업에게 발생 가능한 인적, 물적 리스크를 사전에 대비하도록 하여 사람의 삶을 행복하게 하고 기업이 영속적으로 발전을 누릴 수 있도록 최상의 가치를 제공하는 것으로 사명으로 정하고 있다. 이러한 비전 체계하에 D손해보험은 최근 ESG경영 실천에도 앞장서고 있다. 기업의 비전을 달성하기 위한 수단으로 글로벌화, 전문화, 고부가가치화의 3대 이니셔티브를 설정하고 구체적인 경영방법으로는 혁신회의, 성과주의, 6시그마, 디지털, 코칭제도, 시스템화로 정하고 있다. 핵심가치로는 질서, 신뢰, 사람의 3정신과 고객가치 우선, 탐구하는 자세, 솔선수범의 3자세가 있다. D손해보험은 서비스업의 특성상 생산 라인이 존재하는 제조업에 비해 사람이 중요한 자산이라는 경영철학을 보유하고 있고, 이러한 배경에서 사람을 통한 기업경쟁력의 창출을 위한 투자와 제도적 설정에 주력하고 있다.

2. ONE TEAM 품질분임조

ONE TEAM(이하, 원팀)제도는 품질분임조와 학습조직의 성격을 동시에 보유하는 다기능 프로젝트 조직의 성격을 보유한다. 업무효율과 품질향상을 가져올 수 있는 것이라면 무엇이든 제안할 수 있으며, 부서의 경계와 관계없이 누구든지 팀 구성원으로 자유롭게 구성할 수 있다.

2002년 6시그마 혁신기법을 도입한 후 5년간 열심히 혁신활동을 추진하였는데 현장에서 혁신활동과 관련한 과부하가 발생하였다. 품질의 핵심문제를 찾고 그 원인을 분석하는 다양한 혁신기법들을 학습하였지만, 실제 현장에서는 실행력이 부족하여 제대로 된 성과를 거두기에는 역부족이었다. 따라서 2007년부터는 간부후보생인 센터장급 인력들에게 현장과제를 부여하여 식스시그마 기법을 도입하여 문제해결을 시도하였다. 하지만 이러한 접근방법도 본부 혁신담당부서가 현장에서 실시한 프로젝트 결과를 평가하는 구조가 되다 보니 거부감이 심했다. 좀 더 즐겁게 일할 수 있는 방법을 찾아보라는 최고경영자의 주문에 혁신담당부서는 '부서 큰제안'이라는 프로그램을 만들어 부서 단위

27 본 사례는 조성재 외. 『한국형 일터혁신 모델 탐색』. (한국노동연구원, 2021), pp. 103-133.의 사례를 수정, 보완하여 본고에 게재한 것이다.

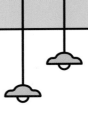

로 개선활동을 등록하여 1년간 추진하는 방식을 진행하였다. 같은 부서 동료들 간에 원활한 소통이 이루어질 것이라는 기대가 있었지만, 이러한 시도도 한계에 봉착하였다. 개선안들을 해결하기 위해서는 고객 관점에서 다양한 부서의 협력이 필요하였지만, 부서별로 문제해결을 시도하다 보니 타 부서들의 원활한 협조를 얻기는 어려웠다. 이처럼 다양한 시행착오 끝에 탄생한 것이 원팀 제도이다. 고객 기준의 프로세스 개선을 위해서는 경계가 없는 분임조 구성이 필요했던 만큼 문제해결을 위해 필요한 구성원은 임직원 파트너 등 모든 업무관계자 중 문제해결에 필요한 인원들로 한 팀을 구성한다는 점에서 원팀 제도가 탄생한 것이다.

원팀 품질분임조 구성은 원칙적으로 참여를 희망하는 사람만으로 구성하게 된다. 최초제안자와 혁신담당부서 담당자가 함께 부서의 경계를 넘어서 제안된 프로젝트에 적합한 구성원들을 섭외하게 되는데, 프로젝트 성격에 따라 시스템담당자, 아웃소싱담당자, IT개발자, 협력사 직원들까지 모두 포함하여 원팀으로 구성할 수 있다. 원팀의 운영은 철저하게 무간섭주의로 진행된다. 원팀제도 이전에는 본점에서 현장과제들을 진행하면서 6시그마 방법론 중 DMAIC(정의-측정-분석-개선-관리) 단계 중 개선(Improve) 단계까지 컨설팅을 진행한 바 있는데, 당시 현장에서 거부감이 발생하였다. 본점에서는 지원이라고 판단하였지만, 분임조 활동을 하는 직원들은 타율적이고 결정 권한이 없다고 인식하여 문제해결에 대한 동기부여가 되지 않았기 때문이다. 이러한 실패 원인을 되풀이하지 않기 위하여, 원팀 제도 아래에서는 팀 구성과 운영 모두 분임조의 자율적 권한을 부여하고 있다. 다만, 혁신담당부서에서는 분임조로부터의 지원요청 사항에 대하여 분임조의 자율성을 침해하지 않는 선에서 선택적으로 자문과 협조를 제공하고 있다. 혁신담당 부서가 분임조 활동에 적극적인 지원을 해주는 분야는 타부서 협조와 관련한 민원을 해결해주는 것이다. 분임조가 다기능 팀으로 부서 간 경계에 구애받지 않고 구성되기는 하지만 분임조 활동 중에 타부서의 협조가 필요할 경우가 발생하게 된다. 이때 타 부서의 협조가 원활하지 않을 경우에는 본점의 혁신담당 부서가 해당 부서에 협조를 요청하여 민원을 해결해주고 있다.

원팀 제도 도입 첫해에 참여한 분임조 중 40% 정도가 산출물을 제출하였고, 이 중 10개 분임조를 혁신위원회에서 선정하여 경진대회 본선에 진출하도록 하였다. 본선에 진출한 분임조는 제출용 보고서를 1장으로 제한하고, 나머지 활동 보고는 사진과 함께 5분 내외의 발표 동영상을 제작하여 제출하도록 하였다. 이러한 조치는 참여자들이 발표과정에서 느끼는 부담감을 최소화하고 짧은 시간에 효율적으로 분임조 활동의 핵심 내용을 압축적으로 전달할 수 있도록 하였다. 나머지 내용은 심사위원들과의 질의응답을 통해 확인할 수 있도록 하였다. 첫해 경진대회에서는 다양한 동영상이 등장했는데, 뮤지컬 형식으로 분임조 구성원들이 춤을 추기도 하였고, 애니메이션으로 쉽게 분임조 활동 내용을 전달한 팀도 있었다. 경영진은 직원들이 즐겁게 혁신 활동을 진행할 뿐 아니라 동시에 품질을 개선하여 회사성과도 향상될 수 있다는 확신을 하게 되었으며, 첫해의 성공적인 분임조 활동으로 원팀 제도는 회사에서 시상하는 학습조직 우수사례로 선정되기도 하였다. 이러한 성과들을 바탕으로 혁신담당 부서에서는 외부 타 기업들의 분임조 활동과 객관적으로 비교해볼 필요성을 느끼게 되었다. 따라서 국가품질상 품질분임조 경진대회에 참여하게 되었고, D손해보험의 원팀 분임조들은 해마다 3개 정도의 상을 받는 등 최고성적을 달성하고 있다.

일정한 성과를 달성한 원팀 분임조에는 다양한 보상이 주어진다. 회사 내에서는 총 10개 팀을 시상하는데, 대상 수상팀은 해외여행을 4박 5일의 포상 휴가와 함께 파격적인 부상이 부여된다. 회사에서 해외여행이 상품으로 제공되는 보상은 원팀 분임조 대상이 유일한 것이다. 수상한 직원들의 만족도는 매우 높은 것으로 평가되고 있다. 대상 1팀 이외에도 금상 2팀, 은상 3팀, 동상 4팀 이렇게 본선에 진출한 10개 팀 모두에게 시상하고 있다. 인사제도 측면에서도 수상한 분임조 구성원들에게 보상이 있다. 회사에는 신육성 평가라는 인사평가제도가 있는데, 매년 직원이 학습활동을 해서 10점씩 얻어야 하는 기준이 있다. 원팀에 참여해서 산출물을 내기만 하면 기본 학습활동 시간을 10시간을 부여하며 수상하게 되면 차등해서 학습시간을 추가로 지원하고 있다. 신육성 평가가 전체 인사평가의 10점에 해당하는데 그 10점 중 최고 3점까지 원팀 분임조 활동을 통해서 받을 수 있다. 참여만 해도 기본적으로 1점을 받을 수 있는데, 연간 평가내용이기 때문에 1점이 의미 있는 참여자들에게는 동기부여가 될 수 있는 것이다. 추가적으로 분임조 대회에서 수상하게 되면 소속 부서도 평가에서 가점을 받게 된다. 부서 연간 평가와 부서 임원 평가점수에도 반영이 된다. 인사제도 상 구조적으로 분임조를 포함한 혁신활동을 잘하면 그 부분에 대해 계속해서 혜택을 받을 수 있도록 설계가 돼 있는 것이다. 개인부터 조직까지 모두 혜택을 받을 수 있으므로 구성원 모두 많은 관심을 가지게 되고, 그러다 보니 임원들도 지원을 많이 하고 부서장 차원에서도 독려하게 되는 인센티브가 형성되고 있다.

원팀 분임조 활동이 성공하는 데는 구성원들의 지속적인 역량개발 노력이 중요한 역할을 한 것으로 평가된다. 혁신 아카데미 프로그램을 운영을 해왔는데, 이 프로그램에서 1학년부터 4학년까지 이수하게 되면, 신육성 이수학점을 취득할 수 있다. 그리고 매년 사내 자격증을 취득하면서 필요한 역량개발이 이루어진다. 혁신 관련 교육이나 업무 관련된 교육은 본인이 노력해서 이수하는 점수로 되어있기 때문에 성과나 상사의 평가와는 독립된 평가이다. 따라서 교육훈련 참여율이 매우 높다. 그리고 외부 자격증을 따게 되면 자격 수당을 부여한다. 보험회사는 생산라인이 존재하지 않고 사람이 중요한 자산이라는 경영진의 경영철학이 반영된 결과이다. 사내 자격증의 경우 그린벨트를 따기 위해서는 프로젝트를 하나 이상 수행해야 하며 별도의 인증시험을 통과해야 한다. 수상한 분임조 사례는 사내 방송, 웹진 등의 형태로 전 구성원들에게 전파되고 있으며, 새로운 분임조 프로젝트가 진행되는 과정에서 과거 우수 분임조 조원들에게 자문을 얻는 과정을 통해 분임조 활동 노하우에 대한 비공식적 학습도 이루어지고 있다.

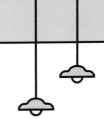

3. 품질분임조 사례: 바로출동

분임조는 총 6명으로 구성되었으며, 혁신사무국에서 6명 중 1명의 담당 인력이 측면 지원을 하게 되었다. 6명의 구성원이 최근 2년간 교육 과정을 이수한 시간이 총 939시간에 이르고, 챔피언과 분임조장 및 팀원 1명은 블랙벨트, 1명의 팀원은 그린벨트를 보유하고 있는 등 혁신 활동 경험이 풍부한 인력들이 참여하였다.

바로출동팀의 혁신프로젝트가 선정된 절차는 다음과 같다. 먼저, 중장기 경영목표를 기준으로 내외부 환경분석이 이루어지며, 이를 통해 당해 경영목표가 설정되어 부문과 팀경영목표로 배분된다. 배분된 팀 단위 경영목표를 기준으로 팀별 실행과제가 수립되면 각 팀에서 핵심 전략과제를 혁신위원회에 제출하고 승인된 과제는 혁신사무국에서 등록되어 프로젝트가 추진된다. 팀 단위에서 제출하는 과제는 해당 팀의 임원과 전체 팀원이 참여하여 토론과 투표를 통해 선정되어 제출되며, 최종적으로 경영혁신사무국에서 과제로 등록되면 실행과제의 특성에 따라 품질분임조가 구성되어 프로젝트가 진행된다. 바로출동팀이 담당한 프로젝트는 '고객중심 보상서비스 실현'이라는 부문 전략과제 중 '업계 선도적 보상 서비스 구현'이라는 팀 실행과제로 배분된 것이며, 해당 팀에서 사고현장출동 만족도 제고의 세부 실행과제를 핵심전략과제로 선정하여 최종적으로 과제로 등록되었다.

분임조는 2018년 2월부터 8월까지 7개월 동안 운영되었고, 매주 목표일 오전 9-12시에 주간 챔피언 미팅을 통해 프로젝트가 진행되었다. 분임조장이 프로젝트를 총괄하여 추진하며 팀미팅을 주관하고 프로젝트 챔피언에게 보고하는 방식이다. 프로젝트 챔피언은 진행 과정에서 장애물을 제거하고 코칭을 통해 프로젝트가 원활히 진행될 수 있도록 지원한다. 실제 프로젝트 추진과 실행은 팀원들이 담당하며 추진과정에서 혁신활동과 단계별 과제평가는 혁신사무국이 담당한다.

모바일 영상통화를 활용한 보상서비스 만족도 개선과제가 추진된 배경은 고객들의 만족도 조사 결과 지연출동에 대한 불만족이 가장 많았으며, 출동한 출동요원에 대한 만족도도 낮았다는 것이다. 비용 측면에서도 현장출동 건수의 증가로 출동요원에게 지급되는 수수료가 많아 출동요원이 직접 현장에 출동하지 않고서도 보상접수가 신속하고 정확하게 이루어질 수 있는 대안을 마련하는 것이 분임조의 과제가 된 것이다. 따라서 분임조는 지연출동에 대한 만족도를 개선하기 위하여 현장출동의 소요시간을 줄이는 것을 목표로 설정하였으며, 해당소요시간에 대한 정의를 영상통화기반 사고현장출동 서비스 출동으로 사고접수 후 최초 고객과 접촉하는 데 걸리는 시간으로 정의하였다.

분임조는 현상파악과 원인분석을 위하여 고객여정지도(Customer Journey Map)를 작성하였다. 분임조장이 지도작성을 하고 각 고객여정별로 문제발생지점과 불만의 원인과 개선방향 도출을 위한 팀원들 간의 토론을 진행하였다. 고객여정지도를 작성하고 토론하는 과정에서 고객불만의 원인과 개선방향이 제시되었다. 예를 들어, 고객이 사고접수과정에서 상담원에게 위치를 설명하고 GPS 기반 위치제공에 동의했다고 하더라도 출동요원이 사고 현장의 도로 환경을 고려하여 찾아가기 위해서는 고객이 출동요원에게 다시 한번 위치를 설명해야 하는 번거로움이 있었다. 또한, 사고접수 상담원 및 출동요원과의 두 차례 통화 이후에도 실제 출동요원이 현장에 도착하는데는 보통 20분의 시간이 소요되어 긴 대기시간에서 오는 불만이 큰 것으로 나타났다. 이와 같이 반복적인 위치설명과 장기 대기시간에서 오는 고객의 불만은 사고현장에 물리적으로 출동하지 않고 영상통화를 활용한 현장출동 서비스로 대체할 수 있다는 개선방향이 제시된 것이다. 또한, 사고현장에 직접 출동요원이 방문하는 경우 사고조사를 진행하는 동안 고객은 사고현장에서 다시 대기하여야 하고 사고현장에 출동하는 요원이 D손해보험의 전속직원보다 협력정비공장이나 운수사업자의 비전속직원이 더 많아 사고조사 및 안내과정에서 역량부족으로 고객의 불만이 발생하는 경우도 많았다. 따라서 분임조가 개선방향으로 제시한 영상통화를 사용한 현장출동 서비스는 당사 전속조직에서 직접 담당할 수 있어 불만족 요인을 제거할 수 있다는 가능성도 확인할 수 있었다.

이러한 개선방향의 타당성을 확보하는 차원에서 선진사례에 대한 벤치마킹을 실시하였다. 분임조는 서울시 소방재단본부 종합방재센터에서 2017년 실시한 스마트 영상 응급처치 사례, 그리고 일본의 손보재팬에서 보험금 지급 관련 사고조사 과정에서 낮은 경력 직원들이 현장조사를 실시할 경우 스마트 안경을 착용하게 하여 원격으로 높은 경력의 직원이 화면을 통해 손해사정이 이루어질 수 있도록 했던 사례를 참고할 수 있었다. 바로출동 분임조는 위와 같이 고객여정지도를 통한 프로세스 분석과 벤치마킹을 통하여 현상파악과 원인분석을 실시하여, 영상통화 기반 현장출동서비스를 개발하는 것이 고객만족도 향상과 비용절감에 모두 도움이 될 수 있다는 판단을 하게 되었다. 이러한 분석 결과를 바탕으로, 개선안의 설계와 대책 마련을 위한 절차를 고안하였다.

도표 6-7 영상통화 기반 사고현장출동 개선안 설계절차 요약

고객 VOC 분석	동종업계 추진사례 벤치마킹	대체가능 영역조사	개선안 컨셉확정 및 목표설정	대책실시
고객의 니즈가 있는지 추가 설문조사	사고현장출동을 영상통화로 대체한 동종업계 경험조사	고객의 서비스 불만 리스크를 최소화할 수 있는 적용범위의 확정	영상통화 시스템 구축을 위한 개선안확정	개선안별 PDCA 실시

　분임조가 개선안을 설계하는 데 있어 가장 먼저 실시한 절차는 고객의 의향을 확인하는 것이었다. 고객이 영상통화를 통한 사고현장출동서비스를 이용할 의향이 있는지 330명의 현장출동서비스 유경험자에게 설문한 결과 78.8%의 고객들이 이용 의사가 있는 것으로 나타났다. 긍정적인 답변을 한 고객들은 분임조가 예상한 것과 같이 사고현장에서 기다리지 않고 빨리 벗어날 수 있어 영상통화기반 서비스를 이용할 것으로 의견을 제시하였다(63%). 또한, 사고현장의 증거영상을 기록해두면 좋은 것 같다는 의견도 있었다(23.5%). 하지만 이용 의사가 없는 21.2%의 고객들은 '사람이 직접 나오는 것이 좋을 것 같다(47.1%)', 그리고 '사고가 나면 당황해서 사용하기 어려울 것이다(23.5%)' 등의 의견을 제시하고 있어 영상기반 서비스의 사용 편의성을 높일 수 있는 기술적 문제도 해결해야 할 것으로 판단하였다.

　두 번째 설계 절차는 동종업계의 유사 시스템 적용사례를 벤치마킹하는 것이었다. 유사시스템 사례를 찾아본 결과, 경쟁업체였던 A손해보험에서는 2015년 6월부터 17년 12월까지 약 2년 6개월간 영상기반 서비스를 적용한 사례를 발굴하였다. 이 서비스는 고객이 애플리케이션을 핸드폰에 직접 설치해야 하는 불편함으로 이용률이 전체 출동 건수의 5% 정도 수준으로 낮았으며, 전담직원과 출동요원이 동시에 고객과 의사소통하여 업무 중복과 일원화된 서비스가 어려운 문제점으로 인해 이미 폐지된 서비스였다. 따라서 분임조에서는 새로운 서비스를 설계할 때 앱 기반 서비스가 아닌 웹기반 서비스(URL 클릭으로 간편하게 사용할 수 있도록 함)로 고객 편의성을 높이고 영상통화 전담직원이 단독으로 실제 물리적 현장출동요원의 업무까지 처리할 수 있는 서비스를 개발하는 것이 필요하다는 개선사항을 선정할 수 있었다.

　셋째, 분임조는 사고유형분석을 통해 기존의 물리적 현장출동 서비스가 영상기반 출동서비스로 대체될 수 있는 유형을 선정하는 대체가능 영역조사를 실시하였다. 교통사고는 차대차, 차대물, 단독, 차대이륜차, 고속도로 등의 사고로 분류할 수 있는데 이중 분쟁가능성이 높은 차대물, 차대이륜차, 고속도로 사고는 일차적으로 대체영역에서 제외하는 것으로 의견이 일치하였다. 또한, 점유비중이 높은 차대차 사고 중에서는 추돌사고 분쟁가능성이 낮고, 분쟁가능성이 전반적으로 낮은 단독사고의 유형 중에서는 차량단독사고가 분쟁가능성이 가장 낮은 것으로 분류되어 영상기반 출동서비스가 적용되기 적합한 사고유형으로 분류되었다. 이러한 적합유형은 조사대상기간 사고에서 27.4%에 해당하여 영상 출동서비스가 적용될 수 있는 비중이 상당 부분 존재하는 것을 확인할 수 있었다.

　넷째, 분임조는 위와 같은 분석 절차를 통해 영상통화를 활용한 온라인 사고현장출동 서비스 제공이라는 개선안 컨셉을 확정하였다. 또한, 분임조는 실제 실행대책을 마련하기 위하여, 1) 영상통화 서비스 지원을 위한 D손해보험 IT인프라 구성, 2) 사고접수 및 사고현장출동 배정 업무 프로세스 변경, 3) 영상통화 기반 사고현장 출동 서비스 업무 대체 제공이라는 세부 개선안을 마련하였다. 각 개선안별로 개선 후에 기대되는 목표도 설정하였다. 각 세부 개선안의 파일럿 실행을 통해 해당 영상

기반 사고현장출동서비스가 전시에 적용되는 것을 분임조의 목표로 설정하였다.

마지막으로 분임조는 개선안별 파일럿 실행을 위해 데밍 사이클 미국의 통계학자이면서 통계적품 질관리 분야의 선구자로 불리는 W. Edwards Deming이 고안한 기법이라고 불리는 PDCA절차 (Plan-계획, Do-실행, Check-평가, Act-개선)를 진행하였다. 각 개선안별 파일럿은 분임조 구성원이 하나씩 담당하여 진행하였다. 영상통화 인프라를 새롭게 구축하는 개선안은 IT지원팀과 CNS파트와 협업하여 시스템솔루션 업체를 선정하고 인프라를 구축하는 절차로 진행되었으며, Must-Want매트릭스를 적용하여, 고객의 별도 앱 설치 등이 필요 없는 솔루션, 금융계열사 구축 경험 보유, 망분리 환경 적용이 가능한 동시에 비용, 서버사용 지원, 스토리지 용량에 대한 평가를 통해 최종 업체를 선정하였다. 파일럿 상담센터를 지정하는 개선안은 센터장 및 기존상담 운영 역량 등을 평가 기준으로 적용하여 서울상담센터 2개 팀에 대한 상담사 교육을 실시하였고, 상담 운영 스크립트도 영상기반 출동서비스가 가능하도록 변경하였다. 실제 파일럿에서 영상통화 서비스에 대한 고객들의 만족도는 94.7%로 매우 높은 것으로 나타났다. 다음으로, 영상통화 기반 사고현장 출동 서비스 업무 대체 제공을 위해서는 상담사가 기존에는 경험이 없는 영상통화를 통한 면담을 시행해야 하므로, 본점/대인보상부/현장보상직원/CNS상담자 보상직원 중 현장조사역량, 고객응대역량, 파일럿추진의지 등을 기준으로 본점보상직원 중 영상통화 파일럿을 담당할 직원을 선정하였다. 파일럿기간 총 34건의 영상통화 서비스가 실행되었으며 실행 결과 사고서비스 소요시간의 유의미한 감소를 확인할 수 있었다.

파일럿테스트는 2018년 8월 3일간 수도권 상담센터 인입콜의 현장출동 요청건 중 단순추돌 및 단독사고를 대상으로 고객동의를 기반으로 현장 출동 없이 영상통화 서비스로 사고조사를 시행하였다. 1,223건의 현장출동 요청건 중 14.5%인 178건이 영상통화 대상건이었으며, 이 중 51.1%인 91건이 파일럿에서 준비한 통신회사 사용고객이었다. 또한, 이 중 49.4%인 45건이 영상통화에 동의해 주었으며, 34건(75.5%)이 영상통화 연결에 성공하였고, 물리적 사고현장출동에 대한 대체가 완료된 것은 이 중 91.2%인 31건에 해당하였다. 따라서 개선안 확정시 설정하였던 파일럿 실행의 목표인 영상통화서비스 제공률 80.0%를 초과달성하였다. 또한, 영상통화사용 고객에 대한 만족도 조사결과 만족도가 목표치인 80.0%에 비하여 높은 94.7%에 해당하였다. 앞서 언급한 현장출동 소요시간 목표 5분도 실제 파일럿에서 4.3분으로 초과달성하여, 전체 파일럿 실행 목표는 달성되어 분임조에서 추진한 영상통화 기반 사고현장 출동 및 현장입회 제공 서비스는 전사추진이 확정된 것이다.

분임조는 프로젝트의 전사추진 확정과 함께 효과분석도 실시하였는데, 무형효과에서는 신속한 현장사고조사로 고객만족도 증가, 원거리 출장없이 조사를 대체하여 보상직원의 업무피로도를 경감할 수 있는 직원만족도 증가, 그리고 인슈어테크 선도기업으로서 이미지 제고 등이 도출되었다. 또한,

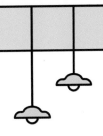

유형효과에서는 사고현장출동 영상대체를 통한 사업비 절감으로 해당 서비스 전사구축 시 1년간 17.4억원의 재무성과를 달성할 수 있을 것으로 추정되었다. 분임조에서는 파일럿 실행 경험을 바탕으로 전사 시스템 구축에 필요한 항목과 협업부서 및 개발 필요 내용을 정리하고 분임조 활동을 마치게 되었다.

토의과제

1. D손해보험 ONE TEAM 품질분임조의 특징을 경영참가의 분류기준으로 분류하시오.
2. D손해보험 ONE TEAM 품질분임조의 성공요인을 평가하시오.
3. D손해보험 ONE TEAM 품질분임조의 개선요인을 제안하시오.

CHAPTER
07

임금제도와 성과참가

Section 01
임금제도

Section 02
성과참가제도

Section 03
자본참가제도

Employment Relations

고용관계론

배달라이더 최저임금 논의 무산[1]

    2024년 최저임금위원회에서는 배달라이더를 포함한 특수형태근로종사자에 대한 최저임금 적용 논의가 뜨거웠지만 결국 무산되고 말았다. 노동계는 「최저임금법」 제5조제3항(임금이 통상적으로 도급제나 그 밖에 이와 비슷한 형태로 정해져 있는 경우로서 시간급 최저임금을 정하기가 적당하지 않으면 대통령령으로 정하는 바에 따라 최저임금액을 따로 정할 수 있다)을 근거로 도급제 근로자도 최저임금을 보장해야 한다며 예를 들어 배달기사의 최저임금 책정 기준을 시간 기준이 아닌 배달 건수로 책정하는 방식으로 최저임금을 정할 수 있다고 주장했다. 반면에 경영계는 배달라이더들은 '배달의 민족'이나 '쿠팡이츠', '요기요'에 직접 고용된 근로자가 아니며 배달플랫폼과 도급계약을 맺은 개인사업자들로 법적으로는 특수고용형태이기 때문에 최저임금위의 논의 대상이 아니라는 입장을 고수하였다. 결국 양측의 입장 차이를 좁히지 못했다.

    이러한 상황 속에서 배달라이더들은 '배달의 민족' 운영사인 '우아한청년들'에게 현행 3,000원인 바로배달(한집배달) 기본배달료를 4,000원으로, 서울 기준 2,200원인 알뜰배달(구간배달) 기본배달료를 3,000원으로 인상할 것을 요구했지만 '배달의 민족'은 이를 받아들이지 않고 상생지원금을 월 215,000원에서 200,000원으로 15,000원이나 깎겠다고 발표했다. 상생지원금은 서울 기준 220일 동안 하루 30건 이상을 배달한 라이더들에게 지급되는 일종의 수당이라고 할 수 있다. 이에 배달라이더들은 이미 열악한 노동 환경에 놓인 자신들의 어려움을 더욱 가중시키는 처사라며 강력하게 반발하였다. 또한 서비스연맹 배달플랫폼노조는 배달라이더들의 생존권을 보장하기 위해 강경한 투쟁을 벌일 것이며 사회적 공론화를 통해 문제 해결을 요구할 계획이라고 발표하였다.

---

1 매일노동뉴스(2024.09.24.), "[배달료 800원 인상 요구에] 상생지원금 삭감안 내민 배민: 배민 임금교섭 파행 … 라이더들, "목숨값 깎나" 분노,"; 매일경제(2024.05.24.), "'배달기사도 최저임금 보장받나 … 계산기 두드리는 플랫폼들," 등 참고

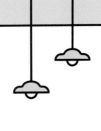

위의 사례에서 보듯이 임금은 배달라이더는 물론 모든 피고용인, 노동조합, 기업, 사회전체에 큰 영향을 미치는 이슈이다. 임금은 본질적으로 노사간에 분배적 (distributive) 특성을 지니고 있어 기업과 종업원 간 갈등의 주요인이 되기도 한다. 기업의 입장에서는 임금관리를 통해 경제적 효율성을 극대화시키는 동시에 노사 간의 갈등을 최소화시키기 위해 임금의 공정성을 추구하는 것이 필요하다. 본장에서는 임금제도의 내용과 우리나라 임금제도의 특성, 문제점 및 개선방안에 대하여 살펴보고, 임금제도의 일부로서 성과참가제도 및 자본참가제도에 대하여 설명한다.

 # 임금제도

1.1 임금제도의 의의와 중요성

임금은 사용자가 근로의 대상으로 근로자에게 지급하는 일체의 금품을 의미한다. 임금은 기업과 직원 모두에게 중요한 의미를 갖는다.

(1) 기업측면에서의 중요성

기업의 입장에서 임금은 다음과 같은 의미를 갖고 있다. 첫째, 임금은 조직의 목표달성에 핵심적 요소가 되는 생산성에 영향을 미친다. 따라서 기업은 생산성 향상을 위해 먼저 임금에 대해 합리적인 설계를 구상하게 된다. 둘째, 임금은 기업이 생산하는 상품 제조원가의 상당한 부분을 차지하여 기업의 이윤획득은 물론 시장에서의 해당 상품의 경쟁력을 결정하는 데 중요한 요소가 된다. 셋째, 임금은 기업이 노동시장에서 인력을 확보하는 데 중요한 역할을 한다.

(2) 종업원 측면에서의 중요성

임금은 종업원 소득의 주 원천으로서 생계를 충족시키고 종업원의 생활의 질을 향상시키는 데 중요한 역할을 한다. 또한 임금은 종업원의 사회적 지위를 반영한다. 사내에서는 공식 직제상의 서열, 직무수행능력 및 성과에 따라 개인의 임금액이 결정되므로 임금수준 자체가 종업원의 직위를 판단하는 기준이 된다.

1.2 │ 임금관리의 목적

임금관리의 목적은 크게 효율성(efficiency), 공정성(equity) 및 적법성(compliance)을 들 수 있다. 첫째, 효율성은 임금의 수준에 있어서 직원 간에 격차를 둠으로써 직원의 동기유발을 위하여 공헌하여야 한다는 점이다. 둘째, 공정성은 비슷한 자격을 갖추거나 동일한 공헌을 한 직원에게는 비슷한 수준의 임금이 지급되도록 하여 임금이 직원간 불만족의 원인이 되어서는 안 된다는 점이다. 불공정한 임금의 지급은 직무불만족과 이직의 주요 원인이 된다. 셋째, 임금은 시장경제하에서 사회구성원의 행위에 큰 영향을 미치므로 대부분의 국가에서 임금에 대한 많은 법령을 두고 이를 준수하도록 요구하고 있다. 따라서 임금관리의 마지막 목적은 법령에 대한 준수, 즉, 적법성이다.

효율성(efficiency), 공정성(equity) 및 적법성(compliance)

1.3 │ 임금의 제 개념

이하에서는 임금과 관련된 개념으로서 임금수준과 임금체계에 대하여 논의하고자 한다.

(1) 임금수준의 관리

임금수준(pay level)이란 기업이 일정한 기간 내에 모든 구성원들에 대해 지불하는 임금의 평균이다. 즉, 한 기업에서 근로의 댓가로 지불되는 금품의 평균적인 크기를 의미한다. 개별기업의 임금수준이 무엇을 기준으로 결정되느냐 하는 것은 임금협상시 노사 모두에게 중요한 문제이다. 또한, 많은 학자들이 임금결정기준에 관한 다양한 학설을 제시하고 있다. 여기에서는 임금수준의 결정요인으로 간주되는 생계비·지불능력·물가수준·비교임금을 중심으로 살펴보고자 한다.

기업이 일정한 기간 내에 모든 구성원들에 대해 지불하는 임금의 평균

① **생계비**　　　　임금은 피고용인 생계의 원천이 되므로 피고용인의 최소한 생계를 보장해 줄 수 있는 정도가 임금수준 결정요인의 하한선이 된다. 생계비 수준을 결정하는 방법으로는 귀납적인 방법에 의존하는 실제생계비와 연역적인 방법에 의한 이론생계비가 있다. 실제생계비는 실제로 다수의 피고용인 가구를 모집단으로 하여 표준조사를 통해 생계지출의 평균치를 파악하는 방법이다. 이는 현실적이라는 장점이 있지만 소비수준이 이미 수입의 정도에 의해 제한되어 있는 상태이므로 생계비의 정확한 계산이 어려운 단점이 있다. 이론생계비는 피고용인이 생계유지를 위해 필요하다고 인정되는 소비내용을 항목별로 나열하고 물가수준을 고려하여 항

실제생계비

이론생계비

목별로 적정비용을 계산한 뒤 이를 합산하여 결정하는 것이다. 그러나 이론생계비를 산정하는 데 필요한 항목에 대하여 노사가 동의하는 객관적인 방법을 찾기가 어려우므로 노사간의 의견일치를 보기 어렵다는 단점이 있다.

정상적인 기업경영을 허용하는 범위 내에서의 지불능력

　　② 지불능력　　　　기업의 임금지불능력은 기업이 최대한으로 지불할 수 있는 재정적 능력이라기보다는 정상적인 기업경영을 허용하는 범위 내에서의 지불능력을 의미한다. 일정시점에서 기업의 임금지불능력이 매우 크다고 해도 임금지불의 원천이 되는 기업의 성과는 시장환경 및 기업 사정에 따라 증감하는 반면 임금은 하방 경직성(한 번 상승한 임금은 하락하지 않는 현상)이라는 특성을 지니므로 미래의 대책 없이 당시의 임금지불능력만큼 임금을 대폭 인상하는 것은 비합리적이다. 지불능력을 판정하는 기준으로는 기업의 수익성과 생산성을 들 수 있다. 기업의 임금지불능력은 임금수준 결정요인의 상한선이 된다.

명목임금

실질임금

　　③ 물가수준　　　　물가의 변동은 화폐가치의 변동을 의미하므로 피고용인의 명목상 임금이 일정하다 해도 물가가 상승하면 그 실질가치는 감소하게 된다. 따라서 물가수준은 임금수준 결정시 반드시 고려되는 중요한 요소이다.

동일노동·동일임금의 원칙에 입각한 공정임금 개념

　　④ 비교임금　　　　비교임금이란 동일노동·동일임금의 원칙에 입각하여, 동일노동시장에서 활동하고 질적·양적인 면에서 동일한 노동을 제공하는 피고용인들은 동일한 수준의 임금을 지급받아야 한다는 공정임금 개념이다. 예를 들면, 동일한 노동시장에서 동일한 노동을 제공하는 여성이나 외국인은 각각 남성, 내국인과 같은 수준의 임금을 받아야 한다는 것이다. 비교임금 역시 임금수준 결정시에 고려되어야 할 요소이다. 이상과 같은 임금수준 결정의 요인을 단순화시키면 〈도표 7-1〉과 같다.

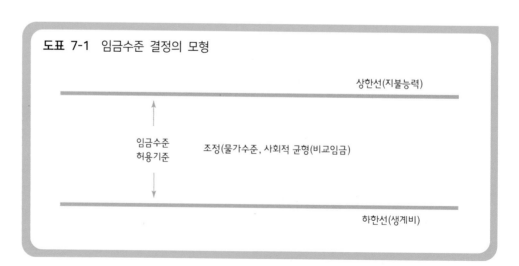

도표 7-1　임금수준 결정의 모형

상한선(지불능력)

임금수준
허용기준　　　조정(물가수준, 사회적 균형(비교임금)

하한선(생계비)

(2) 임금체계의 관리

임금체계(pay structure)란 임금수준을 결정하는 기준을 의미하는 것으로서 피고용인에게 지급되는 임금이 어떠한 항목들로 구성되어 있고 또한 각 임금항목이 어떠한 기준에 의해 결정되는가를 나타내 주는 개념이다. 개별 피고용인에게 지급되는 임금은 일반적으로 여러 가지 구성요소로 이루어져 있으며 그 결정기준도 다양하다.

임금체계의 유형에는 연공급, 성과급, 직능급 및 직무급 등이 있다. 첫째, 연공급은 흔히 각 종업원에게 지급되는 기본급의 의미를 가지며 주로 개인의 근속연수에 의해 결정되는 임금체계이다. 기업에서는 호봉이라는 제도로 연공급이 실현되고 있다. 이는 장기고용과 정기승급을 전제로 근속연수와 학력·연령·성별 등 완전히 속인적 요소를 기준으로 개인간의 임금격차가 결정되는 임금체계이다. 연공급은 근속연수가 길어질수록 직원의 기술수준이 비례적으로 증가함을 전제로 한 것이다. 따라서 초임수준이 낮고 기술진보의 속도가 급격하지 않았던 시기에는 연공급이 바람직한 것이었으나 최근 기술진보의 속도가 급속히 증가하면서 점차 그 정당성이 퇴색되어 가고 있다. 특히, 한국과 일본의 경우 연공급의 전통을 가지고 있었으나, 갈수록 이 전통이 현저히 약화되는 현상을 보이고 있다.

둘째, 직무급은 직무평가(job evaluation)의 결과로 밝혀진 각 직무의 상대적 가치를 기준으로 각 종업원이 담당하고 있는 직무에 의해서 임금격차가 결정되는 체계이다. 직무급은 단일직무급과 범위직무급으로 나뉘는데, 단일직무급은 직급 또는 직무마다 하나의 임률만을 설정하여 운영하는 유형으로서 전형적인 직무급이라 할 수 있으며, 범위직무급은 직급이나 직무마다에 단일의 임률만을 설정하지 않고 일정한 범위의 임률을 설정하는 형태이다. 미국의 기업들이 주로 사용하는 임금제도이다.

셋째, 직무급이 현재 담당하는 직무의 가치를 중요시하는 데 비해 직능급은 피고용인이 지니고 있는 총체적인 직무수행능력이 개인별 임금격차의 기준으로 작용하는 임금체계이다. 총체적 직무수행능력이란 현재 직무를 수행하면서 발휘되고 있는 현재적 능력과 기회가 주어지지 않아 발휘되지 못하고 있는 잠재적 능력을 모두 포함하는 개념이다. 이는 동일능력·동일임금의 능력주의를 실현하는 것이라 할 수 있다.

넷째, 성과급은 피고용인이 달성한 성과의 크기에 따라 임금액을 결정하는 제도로서 산업화 초기부터 성과의 측정이 용이한 직무에 한하여 쓰여 왔던 임금제도이다. 특히, 개인성과의 측정이 용이한 직무, 제조원가에서 인건비 비율이 높은

임금수준을 결정하는 기준

연공급은 개인의 근속연수에 의해 결정되는 임금체계

직무급은 직무평가의 결과로 밝혀진 각 직무의 상대적 가치를 기준으로 각 종업원이 담당하고 있는 직무에 의해서 임금격차가 결정되는 체계

직능급은 피고용인이 지니고 있는 총체적인 직무수행능력이 개인별 임금격차의 기준으로 작용하는 임금체계

성과급은 피고용인 달성한 성과의 크기에 따라 임금액을 결정하는 제도

도표 7-2 임금체계 유형별 장·단점

	장점	단점
연공급	• 생활보장으로 귀속의식 확대 • 연공질서 확립과 사기 유지 • 폐쇄적 노동시장에서 용이 • 실시가 용이 • 성과평가가 곤란한 직무에 적용가능	• 동일노동에 대한 동일임금 실시곤란 • 전문기술인력의 확보 곤란 • 능력있는 젊은 종업원의 사기 저하 • 인건비 부담 가중 • 소극적 근무태도 야기
직무급	• 직무의 가치에 따라 임금을 지급하므로 인건비의 효율성 증대 • 동일노동에 대한 동일임금 실현	• 직무평가의 절차가 복잡하고 비용이 과다 • 직무가 빨리 바뀌는 환경에서 적용이 어려움 • 직무의 경직성을 초래하여 자기 직무범위 밖의 일을 꺼리는 경향
직능급	• 능력주의 임금관리 실현 • 유능한 인재의 지속적 보유 • 종업원의 성장욕구기회 제공 • 승진정체의 완화	• 초과능력에 적용 곤란 • 직능평가가 어려움 • 직능평가를 적용할 수 있는 직종의 제한
성과급 (개인성과급)	• 동기유발을 통한 생산성 향상 • 우수 직원의 소득 증대 • 작업절차에 대한 감독의 필요성 감소 • 인건비 측정이 용이	• 생산량에 치중하다보면 품질관련 문제 발생 가능성 • 종업원의 신기술 도입 저항 • 생산기계의 고장에 대한 종업원 불만 고조 • 지나친 경쟁으로 작업장내 인간관계 문제 발생 가능성

기업, 제품시장에서 원가경쟁이 치열한 기업 등에서 성과급체계를 선호하고 있는 것으로 나타나고 있다. 우리나라의 경우 최근 연공급을 대체하는 임금체계로서 성과급이 대두되고 있다. 이상에서 논의된 각 임금체계의 유형을 비교하면 〈도표 7-2〉와 같다.

(3) 회사의 임금수준 전략

임금수준관리의 기본 목표는 타 기업에 비하여 경쟁력 있는 임금수준을 유지함으로써 대외적 공정성을 확보하는 것이다. 임금수준에 대한 중요한 전략은 선도전략(lead strategy), 동행전략(match strategy), 추종전략(follow strategy) 등이 있다.[2]

첫째, 임금수준 선도전략이란 경쟁기업의 일반적인 임금수준보다 높은 임금수준을 유지함으로써 유능한 피고용인을 유인하여 유지할 수 있을 수 있다. 그리고 피고용인들의 임금에 대한 불만족을 최소화하고 동기유발을 극대화할 수 있는 장점이 있다. 한국의 삼성, 현대그룹이나 미국의 Google, Apple 등 최선두 그룹이 가장 우수한 직원을 채용하기 위하여 구사하는 전략이다.

> 선도전략이란 경쟁기업의 일반적인 임금수준보다 높은 임금수준을 유지하는 전략

2 G. T. Milkovich, and J. M. Newman(1996), *Compensation*, 5th. ed., Irwin, pp. 249-251.

둘째, 임금수준 동행전략이란 자사의 임금수준을 경쟁기업의 임금과 비슷한 수준으로 유지하는 것을 말한다. 선도전략과 달리 먼저 임금수준을 높이지는 않지만 선도기업이 임금수준을 높이면 곧바로 따라가는 전략이다. 이 전략을 임금수준을 적절하게 관리하여 상대적으로 과다한 비용을 부담하는 위험을 피할 수 있다는 장점이 있으나 우수한 인력을 선점하거나 유지시킬 수 없다는 단점이 있다. 지불능력에 다소 제한이 있는 중견 그룹이 사용하는 전략이다.

동행전략이란 자사의 임금수준을 경쟁기업의 임금과 비슷한 수준으로 유지하는 전략

셋째, 임금수준 추종전략은 임금수준을 경쟁기업의 일반적인 수준보다 낮게 정하고 일정 기간의 격차를 두고 경쟁기업의 임금수준을 따라가는 전략이다. 우수한 인력을 채용하고 유지하는 것 못지않게 인건비 경쟁력을 확보하는 것이 더 중요한 기업이 선택할 수 있는 전략이지만 신규 종업원을 유인하는데 부정적인 영향을 미칠 수 있다. 중소기업이나 영세기업이 선택하는 전략이다.

추종전략은 임금수준을 경쟁기업의 일반적인 수준보다 낮게 정하는 전략

(4) 임금의 인접 개념들

임금과 인접한 개념으로서 통상임금, 평균임금, 보수비용, 노동비용, 그리고 인건비가 있다. 통상임금과 평균임금은 피고용인의 입장에서 본 개념이며, 보수비용과 노동비용은 사용자의 입장에서 본 개념이다. 이들을 차례로 설명하면 다음과 같다.

① **통상임금**　　　　우리나라는 노동법과 행정해석을 통하여 통상임금과 평균임금이라는 개념을 사용하여 퇴직금이나 연차수당 산정 등에 이용하고 있다. 통상임금은 매월 고정 지급되는 급여를 말한다. 즉, 기업이 일정한 기준에 따라 종업원에게 공통적·고정적으로 지급하는 기본급과 모든 피고용인에게 매월 정기적·일률적으로 지급하는 통상 제수당의 산정에 활용된다. 통상임금의 경우에는 연차수당 산정과 중도 퇴사자나 중도 입사자들의 근무일에 따른 급여 산정에 이용된다. 예를 들어 12일치만 근무한 중도 퇴사자의 급여는 1개월 통상임금을 30으로 나눈 금액이 1일 통상임금이므로, 이를 통상임금에 12를 곱한 것이 12일치 급여가 된다.

통상임금은 매월 고정 지급되는 급여

② **평균임금**　　　　평균임금은 정기적이든 부정기적이든 월급여로 받는 모든 금액을 의미한다. 즉, 평균임금은 통상임금에 통상외급여, 상여금 및 임금성 복리후생 등을 더한 개념이다. 평균임금의 산정기준은 평균임금 산정 사유발생 직전 3개월의 금액을 기준으로 산정한다. 일반적으로 평균임금의 경우에는 퇴직금 산정에 이용된다. 퇴직금 산정의 경우에는 퇴직발령일 직전 3개월간 받은 총 급여를 해당기간의 근무일수로 나눈 1일 평균임금이 된다. 이 1일 평균임금에 30을 곱한 것이 1개월 평균임금이 되고, 이 1개월 평균임금이 1년 근무에 대한 퇴직금이 된다.

평균임금은 통상임금에 통상외급여, 상여금 및 임금성 복리후생 등을 더한 개념

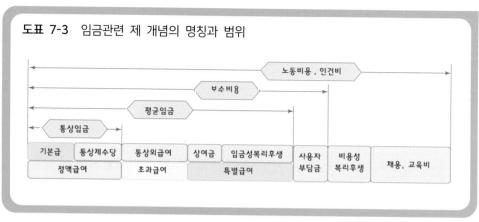

도표 7-3 임금관련 제 개념의 명칭과 범위

					노동비용, 인건비		
			부수비용				
		평균임금					
	통상임금						
기본급	통상제수당	통상외급여	상여금	임금성복리후생	사용자 부담금	비용성 복리후생	채용, 교육비
정액급여		초과급여	특별급여				

자료: 박준성, 「임금관리 이론과 실제」(명정사, 2004).

보수비용은 평균임금에 사용자부담금을 합한 금액

③ 보수비용 보수비용(compensation costs)은 평균임금에 사용자부담금을 합한 금액이다.

노동비용은 보수비용에 비용성 복리후생과 인적자원에 대한 채용 및 교육비 등을 포함한 금액

④ 노동비용 노동비용(labor costs 혹은 인건비)은 보수비용에 비용성 복리후생과 인적자원에 대한 채용 및 교육비 등을 포함한 금액을 의미한다. 즉 노동비용은 사용자가 인력운영을 위해 지출하는 모든 비용을 의미한다(<도표 7-3> 참조).

1.4 임금의 법률적 보호제도

임금문제는 피고용인에 있어서도 가장 큰 관심의 대상이며 사회전체의 관점에서도 중요한 의미를 지닌다. 따라서 우리나라는 물론 거의 모든 국가에서 정부는 임금에 대한 다수의 법령을 통하여 임금의 관리를 세밀하게 규정하고 있다. 이하에서는 피고용인의 최저한 근로조건을 정하는 「근로기준법」, 사용자의 변제능력 상실에 따른 피고용인의 기본생활 안정도모를 위한 「임금채권보장법」 및 임금액의 최저한도를 보장하는 「최저임금법」 등에 대하여 살펴보기로 한다.

관련 Web site
법제처
http://www.moleg.go.kr/

(1) 근로기준법

피고용인의 최저한 근로조건을 정함

근로기준법에서는 임금에 관하여 사용자가 기본적으로 지켜야 할 사항들을 규정하기 위하여 다음의 조항을 두고 있다. 첫째, 사용자는 연장근로, 야간근로, 휴일근로의 경우 통상임금의 100분의 50이상을 가산하여 지급하여야 한다. 둘째, 사용자의 도산 혹은 파산시 사용자의 재산이 다른 채권자에 의하여 압류되었을 경우 피고용인의 임금채권을 일반채권자의 채권 또는 조세·공과금보다 우선하여 변제받도록

규정하고 있다. 셋째, 사용자의 귀책사유로 인하여 휴업하는 경우에 사용자는 휴업기간 중 당해 피고용인에게 평균임금의 100분의 70 이상의 수당을 지급하여야 한다고 규정하고 있다.

(2) 임금채권보장법

「임금채권보장법」은 '경기의 변동 및 산업구조의 변화 등으로 사업의 계속이 불가능하거나 기업의 경영이 불안정하여 임금 등을 지급받지 못한 상태로 퇴직한 근로자에게 국가가 그 지급을 보장하는 조치'이다. 사업주가 파산하는 경우에 고용노동부 장관은 근로자의 미지급 임금과 퇴직금을 임금채권보장기금에서 미리 지급하고, 추후 사용자에게서 돌려 받는 조치를 취하게 된다. 즉, 그 지급한 금액의 한도 안에서 당해 사업주에 대한 당해 근로자의 미지급 임금 및 퇴직금 청구권을 대위(代位)한다.[3]

> 사업의 계속이 불가능하거나 기업의 경영이 불안정하여 임금 등을 지급받지 못한 상태로 퇴직한 근로자에게 국가가 그 지급을 보장하는 조치

(3) 최저임금법

최저임금제(minimum wage system)란 1894년 뉴질랜드에서 시작하여 현재 많은 국가에서 도입하고 있는 제도로 국가가 노사 간의 임금결정 과정에 개입하여 임금의 최하수준을 정하여 저임금 피고용인을 보호하는 제도이다.

> 국가가 임금의 최저수준을 결정하고 사용자에게 그 이상의 임금을 지급하도록 법률적으로 강제하는 제도

① 최저임금제의 의의   임금수준은 노동시장에서 노동의 수급상태를 배경으로 노사간의 교섭을 통해 결정되는 것이 원칙이지만 그러한 방식으로 결정된 임금수준이 피고용인의 최저생계비에 미달할 만큼 지나치게 낮은 수준인 경우에는 국가가 임금수준의 결정에 개입하게 된다. 즉 국가가 임금의 최저수준을 결정하고 사용자에게 그 이상의 임금을 지급하도록 법률적으로 강제하는 제도를 최저임금제도라 한다. 이때 국가의 기관이 조사·심의하여 결정한 최저의 임금을 법정최저임금이라 하며 법률적 강제란 사용자가 법정최저임금 이하의 임금을 지급할 경우 형사상 처벌을 받게 됨을 의미한다.

▲ 2020년 최저임금위원회 전원회의 장면(민주노총 추천위원 불참)

② 최저임금제의 목적   최저임금제도를 시행하는 일반적인 목적은 다음과 같다. 첫째, 저임금 피고용인 소득을 증대시켜 빈곤을 퇴치하고 교섭력이 미약한

---

3 김형배, 「노동법(제13판)」(서울: 박영사, 2002), p. 314.

미숙련·비조직 피고용인의 노동력 착취를 방지하려는 사회정책적 목적, 둘째, 소비성향이 높은 저임금 피고용인의 구매력을 증대시켜 유효수요를 확대하고 불황에 발생하기 쉬운 임금절하로 인한 유효수요의 축소를 방지하려는 경제정책적 목적, 셋째, 임금의 최저한도를 규정함으로써 저임금에 의존하는 경쟁을 지양하고 장기적으로 기술개발 및 생산성 향상을 통한 기업간의 공정한 경쟁이 이루어지도록 하려는 산업정책적 목적 등이 있다.

③ **최저임금제의 문제점**　　최저임금제는 위에서 열거한 긍정적 측면이 있으나 최저임금이 상승하면 기업은 최저임금 이하의 성과를 창출하는 피고용인의 고용을 피할 가능성이 높으며 이것은 바로 실업률 증가로 연결될 수 있다. 또한 최저임금 상승은 인건비 인상을 가져오고 기업은 최저임금으로 인해 상승된 비용을 제품의 가격에 반영시켜 그 부담은 결국 소비자에게 돌아가게 될 가능성이 높다는 점이다. 따라서, 최저임금의 급격한 인상은 경제적인 부작용을 수반할 가능성이 크다. 그러나 최저임금제는 국가 전체 차원에서 최저생계비를 보장함으로써 빈곤퇴치, 기업간 공정한 경쟁유도 및 제품시장에서의 유효수요 창출에 기여하고 있다. 뿐만 아니라 노동조건의 개선에 따른 근로의욕을 제고시키고 노사간에 존재하는 임금관련 갈등을 줄일 수 있는 제도로 평가된다.

④ **최저임금결정기구**　　우리나라의 최저임금결정기구로 최저임금위원회가 있는데, 그 구성은 근로자위원, 사용자위원 및 공익위원 각 9인과 특별위원 3인으로 이루어지며 임기는 3년으로 하되 연임이 가능하다. 본 위원회에서 근로자의 생계비, 유사근로자의 임금 및 노동생산성을 고려하여 사업의 종류별로 구분하여 최저임금을 정한다.

현재, 우리나라의 최저임금 적용범위 및 최저임금액은 <도표 7-4>와 같다. 이 표에서 보듯이 2025년의 경우 적용대상근로자는 임금을 받는 전체 피고용인인데 그 숫자는 약 21,954,000명이고, 새로이 적용될 최저임금에 따라 직접적으로 영향을 받게 될 것으로 추정되는 수혜 근로자는 3,011,000명으로 추정된다. 최저임금 영향률이란 새로이 적용될 최저임금에 따라 직접적으로 영향을 받게 될 것으로 추정되는 대상근로자의 비율인데(영향률=수혜근로자수÷적용대상근로자수×100) 2025년의 경우 13.7%로 계산된다.

▲ 최저생계비 현실화 촉구 '3보1배' 장면

관련 Web site
최저임금위원회
http://www.minimumwage.go.kr

최저임금위원회

적용연도	시간급	일급 (8시간 기준)	인상률 (인상액)	적용대상근로자	수혜근로자	영향률
'25.1.1 ~ '25.12.31	10,030	80,240	1.70(170)	21,954,000	3,011,000	13.7
'24.1.1 ~ '24.12.31	9,860	78,880	2.50(240)	21,724,000	3,347,000	15.4
'23.1.1 ~ '23.12.31	9,620	76,960	5.00(460)	20,992,000	3,437,000	16.4
'22.1.1 ~ '22.12.31	9,160	73,280	5.05(440)	20,446,000	3,550,000	17.4
'21.1.1 ~ '21.12.31	8,720	69,760	1.50(130)	20,559,000	4,077,000	19.8
'20.1.1 ~ '20.12.31	8,590	68,720	2.87(240)	20,045,000	4,153,000	20.7
'19.1.1 ~ '19.12.31	8,350	66,800	10.9(820)	20,006,000	5,005,000	25.0
'18.1.1 ~ '18.12.31	7,530	60,240	16.4(1,060)	19,627,000	4,625,000	23.6
'17.1.1 ~ '17.12.31	6,470	51,760	7.3(440)	19,312,000	3,366,000	17.4
'16.1.1 ~ '16.12.31	6,030	48,240	8.1(450)	18,776,000	3,420,000	18.2
'15.1.1 ~ '15.12.31	5,580	44,640	7.1(370)	18,240,000	2,668,000	14.6
'14.1.1 ~ '14.12.31	5,210	41,680	7.2(350)	17,734,000	2,565,000	14.5
'13.1.1 ~ '13.12.31	4,860	38,880	6.1(280)	17,510,000	2,582,000	14.7
'12.1.1 ~'12.12.31	4,580	36,640	6.0(260)	17,048,000	2,343,000	13.7
'11.1.1 ~ '11.12.31	4,320	34,560	5.1(210)	16,479,000	2,336,000	14.2
'10.1.1 ~ '10.12.31	4,110	32,880	2.75(110)	16,103,000	2,566,000	15.9
'09.1.1 ~ '09.12.31	4,000	32,000	6.1(230)	15,882,000	2,085,000	13.1
'08.1.1 ~ '08.12.31	3,770	30,160	8.3(290)	15,351,000	2,214,000	13.8
'07.1.1 ~ '07.12.31	3,480	27,840	12.3(380)	14,968,000	1,784,000	11.9
'05.9 ~ '06.12	3,100	24,800	9.2(260)	14,584,000	1,503,000	10.3
'04.9 ~ '05.8	2,840	22,720	13.1(330)	14,149,000	1,245,000	8.8
'03.9 ~ '04.8	2,510	20,080	10.3(235)	13,631,000	1,035,000	7.6
'02.9 ~ '03.8	2,275	18,200	8.3(175)	13,216,000	849,000	6.4
'01.9 ~ '02.8	2,100	16,800	12.6(235)	7,152,499	201,344	2.8

자료: 최저임금위원회, 적용연도별 최저임금액 http://www.minimumwage.go.kr/w_status.jsp

1.5   우리나라 임금현황

(1) 우리나라 임금현황

우리나라의 임금현황을 연도별·내역별·성별·규모별·산업별·학력별·연령별로 구분하여 통계적으로 살펴보고자 한다. 자세한 통계는 〈도표 7-5〉에 수록되어 있다.

관련 Web site

http://www.kli.re.kr

		1980	1985	1990	1995	1996	1997	1998	1999	2000	2001	2002	2003
임금총액*(천원/월)		176	324	642	1,222	1368	1,463	1,427	1,599	1,727	1,825	2,036	2,228
증감률*(%)	명목임금 증감률	23.4	9.2	18.8	11.2	11.9	7.0	-2.5	12.0	0.0	5.6	11.6	9.4
	실질임금 증감률	4.2	6.6	9.4	6.4	6.6	2.4	-9.3	11.1	5.6	1.5	8.7	5.7
내역별*(천원/월)	정액급여	129	239	444	828	925	1,012	1,050	1,114	1,196	1,274	1,436	1,567
	초과급여	26	39	70	111	117	118	100	131	149	149	144	150
	특별급여	21	46	128	283	325	334	276	354	383	402	456	511
성별*(천원/월)	남자	224	397	753	1,382	1,536	1,635	1,579	1,786	1,938	2044	2,281	2,503
	여자	99	190	403	823	936	1,015	1,006	1,131	1,225	1315	1,458	1,574
규모별(천원/월)	10~29	166	308	549	1,082	1,188	1,283	1,228	1,376	1,497	1,606	1,705	1,808
	30~99	177	314	572	1,108	1,233	1,342	1,307	1,439	1,567	1,680	1,856	2,005
	100~299	173	308	603	1,175	1,323	1,418	1,382	1,561	1,713	1,785	2,067	2,230
	300~499	183	340	698	1,334	1,517	1,619	1,570	1,794	1,973	2,135	2,357	2,474
	500인 이상	178	344	741	1,511	1,693	1,774	1,765	2,019	2,195	2,313	2,718	3,043
산업별*(천원/월)	제조업	147	270	591	1,124	1,261	1,326	1,284	1,473	1,601	1,702	1,907	2,074
	광업	203	325	606	1,195	1,380	1,535	1,525	1,581	1,702	1,780	1,994	2,304
	전기·가스·수도	283	575	954	1,608	1,917	2,079	2,022	2,328	2,490	2,875	3,243	3,661
	건설	258	400	745	1,384	1,501	1,624	1,502	1,691	1,840	1,835	2,063	2,287
	도소매 숙박·음식점	211	372	655	1,144	1,284	1,394	1,365	1,433	1,549	1,744	1,900	2,098
	운수업	203	342	584	1,070	1,260	1,398	1,351	1,576	1,771	1,803	1,666	1,852
	통신업											3,545	3,665
	금융·보험·업				1,828	1,987	2,054	1,967	1,833	1,953	2,065	3,027	3,395
	부동산임대업	282	519	852								1,254	1,391
	사업서비스업				1,141	1,242	1,362	1,329	1,445	1,533	1,597	2,024	2,115
	교육서비스업	275	484	827	1,934	2,037	2,802	2,190	2,019	2,096	2,138	2,597	2,850
학력별*(천원/월)	중졸 이하	124	226	477	959	1,053	1,133	1,119	1,157	1,289	1,355	1,406	1,521
	고졸	181	303	569	1,100	1,235	1,342	1,334	1,359	1,513	1,602	1,719	1,848
	전문대 졸	265	393	668	1,193	1,327	1,428	1,431	1,442	1,572	1,669	1,761	1,895
	대졸 이상	413	686	1056	1,715	1,926	2,088	2,109	2,164	2,399	2,519	2,647	2,889
연령별*(천원/월)	20세 미만	72	130	278	523	612	646	646	627	725	826	911	965
	20~24	104	186	400	758	857	941	919	944	998	1,064	1,143	1,219
	25~29	177	294	569	1,031	1,147	1251	1,227	1,262	1,366	1,436	1,552	1,654
	30~34	227	388	702	1,325	1,492	1601	1,566	1,620	1,787	1,870	2,064	2,220
	35~39	250	432	763	1,443	1,627	1755	1,750	1,833	2,048	2,163	2,346	2,541
	40~44	256	440	777	1,456	1,658	1783	1,824	1,867	2,077	2,207	2,379	2,595
	45~49	264	447	767	1,429	1,640	1748	1,804	1,833	2,036	2,185	2,348	2,543
	50~54	287	466	739	1,345	1,552	1686	1,736	1,727	1,905	2,033	2,166	2,370
	55~59	299	485	694	1,207	1,358	1437	1,465	1,470	1,624	1,715	1,802	2,042
	60세 이상	336	507	663	1,064	1,174	1233	1,303	1,327	1,407	1,418	1,453	1,589

주:　 * 는 상용근로자 10인 이상 사업장

　　 ** 2008년부터 제9차 표준산업분류 적용. 따라서 이전의 임금수준과 차이가 있음.

자료 : 한국노동연구원, [각 연도 KLI노동통계] (서울: 한국노동연구원).

2004	2005	2006	2007	2008	2009	2010	2011	2012	2013	2014	2015	2016	2017	2018	2019	2020	2021	2022	2023
2,373	2,525	2,667	2,823	2,940	3,001	3,196	3,176	3,352	3,476	3,575	3,693	3,839	3,902	4,098	4,213	4,215	4,438	4,655	4,755
6.5	6.4	5.6	5.6	4.4	2.2	6.4	-0.9	5.3	3.8	2.4	3.3	3.8	2.3	5.1	3.0	0.3	5.2	5.1	2.2
2.8	3.6	3.3	2.9	-0.2	-0.5	3.4	-4.8	3.0	2.5	1.1	2.6	2.8	0.4	3.5	2.6	-0.3	2.6	0.0	-1.4
1,677	1,795	1,918	2,047	2,115	,2198	2,296	2,413	2,552	2,665	2,756	2,847	2,941	3,032	3,165	3,293	3,357	3,477	3,618	3,733
157	173	181	191	203	198	221	205	207	209	231	250	260	260	268	275	277	288	301	307
539	557	567	586	622	606	679	558	593	603	588	596	638	611	666	644	582	673	736	715
2,668	2,837	2,898	3035	3,220	3,198	3,285	3,447	3,549	3,713	3,893	3,967	4,042	4,170	4,336	4,477	4,486	4,619	4,922	5,138
1,663	1,778	1,863	1927	2,036	2,037	2,110	2,216	2,309	2,409	2,486	2,484	2,566	2,667	2,828	2,956	2,966	3,051	3,250	3,392
1,945	2,081	2,187	2,331	2,385	2,442	2,561	2,562	2,711	2,815	2,931	3,063	3,183	3,267	3,403	3,511	3,582	3,698	3,841	3,954
2,124	2,259	2,413	2,574	2,593	2,682	2,837	2,864	3,046	3,145	3,258	3,351	3,462	3,519	3,665	3,817	3,850	4,031	4,194	4,215
2,387	2,517	2,646	2,836	2,928	2,957	3,126	3,113	3,355	3,484	3,443	3,487	3,668	3,881	4,035	4,178	4,177	4,445	4,671	4,741
2,683	2,822	2,943	3,064	3,921	3,934	4,291	4,273	4,424	4,583	4,827	5,017	5,131	5,145	5,474	5,492	5,335	5,687	6,049	6,212
3,327	3,541	3,660	3,939																
2,280	2,458	2,595	2,772	2,871	2,928	3,190	3,210	3,407	3,575	3,716	3,819	3,975	4,056	4,330	4,431	4,397	4,707	4,982	5,136
2,457	2,537	2,616	2,835	3,049	2,957	3,178	3,461	3,636	3,737	3,717	3,958	4,073	4,085	4,170	4,332	4,650	4,753	4,927	5,032
3,860	4,138	4,354	4,703	5,213	5,204	5,572	5,594	5,513	5,639	5,630	5,923	6,403	6,380	6,531	6,654	6,923	6,987	7,115	7,312
2,352	2,374	2,577	2,731	2,957	2,939	3,252	2,962	3,137	3,270	3,352	3,583	3,734	3,884	4,103	4,385	4,553	4,756	4,926	5,063
2,172	2,412	2,718	2,883	2,810	2,934	3,110	3,338	3,518	3,558	3,646	3,730	3,889	4,005	4,177	4,349	4,360	4,571	4,840	4,953
		1,830	1,851	1,967	1,996	2,086	2,079	2,197	2,205	2,345	2,430	2,523	2,690	2,830	2,894	2,712	2,862	3,093	3,302
1,947	2,121	2,191	2,308	2,328	2,313	2,422	2,421	2,621	2,794	2,864	3,001	3,154	3,297	3,496	3,613	3,626	3,956	4,254	4,953
3,743	3,809	3,878	4,196	3,386	3,407	3,567	3,890	4,060	4,157	4,156	4,290	4,414	4,527	4,702	4,893	5,026	5,244	5,503	5,652
3,646	3,854	4,198	4,532	4,602	4,677	4,887	5,055	5,289	5,318	5,466	5,770	6,030	6,155	6,474	6,673	6,996	7,395	7,744	7,750
1,431	1,566	1,746	1,867	1,947	2,038	2,164	2,169	2,419	2,516	2,496	2,664	2,824	2,812	3,049	3,274	3,343	3,449	3,606	3,556
2,256	2,364	2,541	2,677	1,781	1,791	1,917	1,767	1,859	1,938	1,968	2,047	2,130	2,160	2,287	2,420	2,461	2,557	2,680	2,812
3,053	3,052	3,192	3,232	3,843	3,901	3,963	3,724	3,902	3,951	3,880	4,058	4,259	4,432	4,499	4,385	4,028	4,030	4,085	4,132
1,888	1,737	1,834	1,993	2,003	1,986	2,026	2,055	2,092	2,233	2,047	2,064	2,167	2,245	2,421	2,493	2,271	2,442	2,553	2,531
2,023	2,061	2,202	2,265	2,405	2,362	2,388	2,537	2,595	2,711	2,766	2,691	2,748	2,895	3,003	3,116	3,046	3,121	3,306	3,410
2,915	2,128	2,220	2,311	2,479	2,472	2,518	2,711	2,765	2,916	3,138	3,100	3,192	3,260	3,391	3,505	3,493	3,645	3,803	4,071
3,945	3,271	3,433	3,545	3,721	3,638	3,709	3,885	3,986	4,144	4,268	4,420	4,447	4,511	4,642	4,779	4,834	4,923	5,195	5,392
961	1,213	1,353	1,369	1,288	1,244	1,131	1,436	1,559	1,561	1,519	1,501	1,465	1,646	1,733	1,907	1,699	1,872	2,035	1,957
1,294	1,471	1,486	1,521	1,576	1,575	1,588	1,798	1,824	1,901	2,036	1,956	2,003	2,040	2,159	2,342	2,332	2,384	2,505	2,749
1,738	2,006	1,951	1,976	2,109	2,114	2,174	2,306	2,386	2,479	2,648	2,584	2,653	2,712	2,843	2,954	2,954	3,033	3,210	3,409
2,333	2,607	2,537	2,605	2,761	2,705	2,798	2,898	2,972	3,030	3,274	3,194	3,331	3,370	3,498	3,587	3,585	3,654	3,864	4,087
2,693	2,896	2,997	3,115	3,274	3,206	3,287	3,387	3,490	3,568	3,784	3,817	3,875	3,927	4,066	4,203	4,180	4,332	4,563	4,887
2,784	2,946	3,143	3,285	3,478	3,434	3,510	3,649	3,732	3,852	4,063	4,189	4,199	4,262	4,436	4,571	4,598	4,650	4,957	5,304
2,713	2,940	3,161	3,333	3,465	3,455	3,504	3,712	3,774	3,908	4,006	4,133	4,212	4,411	4,557	4,706	4,715	4,862	5,136	5,367
2,507	2,758	3,078	3,309	3,421	3,300	3,355	3,525	3,606	3,833	3,848	3,965	4,030	4,282	4,409	4,566	4,611	4,740	5,068	5,266
2,124	2,206	2,612	2,795	2,963	2,862	2,911	3,040	3,157	3,466	3,366	3,476	3,554	3,797	3,948	4,115	4,108	4,325	4,584	4,689
1,654	1,737	1,900	2,007	2,114	2,061	2,067	2,035	2,221	2,534	2,469	2,580	2,623	2,778	2,941	3,043	3,095	3,249	3,372	3,449

① **증가율**　　　　　　　　2023년 상용근로자 10인 이상 비농전산업의 월평균 명목임금은 475.5만원으로 전년 대비 2.2% 증가하였다. 실질임금 상승률은 -1.4%인 것으로 나타났다(<도표 7-5> 참조).

② **성별 임금현황**　　　　　　　　여성 임금은 남성 임금수준과 비교하여 상대적으로 적은 것으로 나타났는데 그 이유는 여성 근로자의 특성[4]이나 남녀차별에서 기인한다고 설명된다. 최근 성별 임금격차는 과거보다는 많은 개선을 보여주고 있어 남성 임금을 100으로 할 때 여성 임금은 약 66.0% 수준에 이르고 있다(<도표 7-5> 참조).

③ **규모별 임금현황**　　　　　　　300명 이상 사업체의 임금수준은 10~29명 규모에 비해 1980년 1.10배에서 1990년 1.27배, 2000년 1.32배, 2010년 1.68배, 2023년 1.57배 등의 차이가 있는 것으로 나타나 대기업과 중소기업 간의 임금격차를 보여주고 있다(<도표 7-5> 참조).

④ **산업별 임금현황**　　　　　　　2023년 산업별 임금현황을 보면 금융 및 보험업이 가장 높고, 사업서비스업 등이 가장 낮게 나타났다. 이는 금융 및 보험업의 경우 전체매출액에서 노동비용이 차지하는 비중이 상대적으로 적어서 임금인상이 용이하고, 사업서비스업 등 노동집약적인 산업은 노동비용이 차지하는 비중이 커서 임금인상이 어렵기 때문인 것으로 보인다. 여기서 하나의 특징은 산업간 임금순위는 시대적으로 큰 변화를 보이지 않으나 산업간 임금격차는 많이 완화되고 있다는 점이다(<도표 7-5> 참조).

⑤ **학력별 임금현황**　　　　　　　우리나라 임금체계의 특색 중 하나가 학력별 임금구조라는 것이었으나 최근 이러한 격차가 많이 해소되었다. 예를 들어 1980년 중졸 이하의 임금이 월 12.4만원, 고졸 18.1만원, 전문대졸 26.5만원, 대졸이상 41.3만원(중졸 이하의 3배)이었으나, 2023년의 경우 중졸 이하의 임금이 월 253.1만원, 고졸 341.0만원, 전문대졸 407.1만원, 대졸이상 539.2만원(중졸이하의 약 2.13배)으로 학력 간 임금격차가 상대적으로 완화되었다(<도표 7-5> 참조). 이러한 현상은 저학력중심의 기능인력이 부족한 점과 노동조합원이 생산직 위주로 구성되어 단체교섭으로 인한 임금인상이 저학력 인력에게 유리하게 작용한 것으로 보인다.

⑥ **연령별 임금현황**　　　　　　　피고용인의 연령이 증가함에 따라 자녀출산, 교육 및 결혼 등과 같이 생계비가 많이 소요된다. 따라서 임금수준을 결정할 때 피고용인의 라이프사이클(life cycle)을 고려하는 경우도 있다. 현재 우리나라의 연령별 임금현황을 보면 45~49세 경우에 가장 많은 임금수준을 받고 있는 것으로 나타나고 있으며, 그 이후에는 조금씩 감소하는 것으로 나타났다(<도표 7-5> 참조). 이는 평균적

---

4 이준범, 『현대노사관계론(제2전정판)』(서울: 박영사, 1997), pp. 570-574.

인 직장인들은 50대에 접어들면서는 이전보다 낮은 봉급을 받는 직장으로 옮기는 경우가 많다는 점을 의미한다. 2016년부터 법정 정년은 60세로 연장되었지만 실제로 직장인들이 한 직장에 계속 머물면서 60세 법정 정년까지 지속적 상승하는 임금을 받는 경우가 흔치 않음을 보여준다.

(2) 임금인상 결정방법과 임금체계 현황

우리나라 기업의 임금인상 결정방법은 대체로 노동조합과의 임금교섭을 통해 이루어지는 경우가 대부분이며 노조가 없는 경우 노사협의회를 통해 이루어지고 있는 것으로 나타났다.[5] 임금인상률 결정의 중요 영향요인으로 1순위에는 '기업의 실적·성과'를 꼽은 비중이 41.9%, '최저임금 인상율'이 27.6%의 순으로 나타났고 2순위에는 '동종업계 임금수준'(28.7%) 등이 주요 요인인 것으로 나타났다.[6] 우리나라 기업의 임금체계는 직위·성·근속 등 연공요소로 결정되므로 임금결정체계는 연공급적 성격이 강하다. 2023년 6월 조사결과에 따르면 연공급을 시행하는 사업체는 12.7%, 직능급을 시행하는 사업체는 9.4%, 직무급을 시행하는 사업체는 8.9% 등으로 나타났으나 300인 이상 사업체에서는 연공급을 시행하는 비율이 60.1%로 가장 높고 다음으로는 직무급(36.5%)과 직능급(27.5%) 등을 시행하는 것으로 나타났다.[7] 또한 산업별로는 연공급은 금융 및 보험업(65.4%)에서, 직능급과 직무급은 전기, 가스, 증기 및 수도사업에서 각각 27.7%, 33.7%로 상대적으로 많이 시행하고 있는 것으로 나타났다. 한편 연공서열 위주의 경직적인 임금체계에 연봉제·성과배분제 등 능력·성과위주 임금체계와 병행하려는 기업이 1997~1998년 경제위기 이후 증가하여 2023년 6월 현재 연봉제는 22.3%, 성과배분제는 6.6% 시행하고 있으며 300인 이상의 사업체에서는 각각 83.5%, 44.4% 시행하는 것으로 나타났다(<도표 7-6> 참조). 그러나 한국의 연봉제는 아직도 연공서열임금제도를 기본으로 하고 이에 부가하여 연봉제를 실시하는 성격이 강하여 연봉제 및 성과배분제의 도입이 증가하는 통계가 반드시 연공서열임금제도를 탈피하는 것을 의미하지는 않는다.

임금인상 결정방법은 노동조합과의 임금교섭을 통해 이루어지는 경우가 대부분

---

5 한국노동연구원, 「2003년도 임금실태조사」(2003), p. 133.

6 고용노동부, 「2023년도 임금체계 및 인력운용 실태조사」(2023), p. 33.

7 https://www.wage.go.kr/whome/real/real_def_view.do?sub=07&menuNo=101020200

		임금체계 유무					연봉제 도입	성과배분제 도입
		임금체계 없음	임금체계 있음					
			연공급	직능급	직무급	기타		
	석용 업체 비율	64.0	12.7	9.4	8.9	13.3	22.3	6.6
규모	300인 미만	61.5	13.6	13.6	10.3	10.3	22.1	6.6
	300인 이상	4.4	60.1	27.5	36.5	32.2	83.5	44.4
산업별	광업	56.6	19.9	16.7	12.9	8.5	27.3	5.8
	제조업	60.9	11.4	11.8	9.7	14.0	25.9	5.4
	전기, 가스, 증기 및 공기조절 공급업	36.4	24.7	27.7	33.7	14.4	58.1	39.6
	수도·하수, 폐기물 처리, 원료 재생	63.5	14.2	9.1	12.3	9.7	19.0	7.7
	건설업	61.1	8.6	17.0	9.6	11.4	22.4	4.2
	도매 및 소매업	70.7	9.8	6.3	6.4	13.2	21.5	6.5
	운수 및 창고업	50.3	22.0	10.1	15.6	16.5	35.5	14.6
	숙박 및 음식점업	81.0	3.4	4.6	4.2	10.3	9.0	4.1
	정보통신업	40.9	14.0	13.5	17.7	24.9	53.6	15.5
	금융 및 보험업	15.1	65.4	13.5	26.8	25.9	64.9	48.7
	부동산업	72.1	4.0	6.6	7.3	12.8	8.9	1.3
	전문, 과학 및 기술서비스업	48.6	14.4	14.0	14.8	19.8	43.6	7.4
	사업시설관리 및 사업지원 및 임대서비스업	57.0	11.0	8.6	12.1	19.0	28.4	6.6
	교육서비스업	63.6	15.3	10.5	8.9	12.2	18.4	7.1
	보건업 및 사회복지서비스업	49.9	29.1	11.9	8.8	11.0	14.6	3.5
	예술, 스포츠 및 여가관련 서비스업	73.1	11.4	6.6	6.1	10.9	16.6	5.4
	협회 및 단체, 수리 및 기타 개인 서비스업	78.3	8.27	6.9	5.5	6.3	9.3	2.5

주: '연공급, 직능급, 직무급, 기타', 연봉제 및 성과배분제 등 복수응답 가능.
자료: http://www.wage.go.kr/

1.6 우리나라 임금제도의 개선방향 및 최근 이슈: 퇴직연금제도

퇴직연금이란 기업이 사내에 적립하던 퇴직금제도를 대체하여 금융기관에 매년 퇴직금 해당금액을 적립하여 근로자가 퇴직할 때 연금 또는 일시금으로 지급받아 노후설계가 가능하도록 하는 준 공적연금이며 2005년 12월 1일부터 시행되었다.

① 퇴직연금의 도입 배경　　　　　우리나라의 고령화는 저출산 현상과 결합되어 가속화되고 있는데 이는 OECD회원국 중 가장 빠른 상태이다. 이러한 현상은 퇴직 이후의 생애가 길어지게 됨을 의미하고 보다 안정된 노후대책이 필요함을 의미한다. 그간 퇴직금제도가 있었으나 많은 근로자들이 퇴직금을 중간정산하여 생활비로 소진함으로써 노후대책이 되지 못하였고 기업에서는 퇴직금 지급을 위한 재원이 별도로 적립되지 않고 기업의 운영비로 이용하는 경우가 많아 기업의 도산 시 체불되는 사례가 빈번하게 발생하고 있다. 퇴직연금제도는 노후대책으로서 연금의 성격을 강화하고 기존 퇴직금제도의 수급불안을 해소하기 위하여 도입되었다.

② 퇴직연금의 종류　　　　　퇴직연금에는 확정급여형(defined benefit: DB형), 확정기여형(defined contribution: DC형), IRP(individual retirement pension) 특례형 및 근로자가 설정하는 개인형 퇴직연금(IRP형) 등이 있다. DB형과 DC형 모두 외부금융기관에 사용주가 부담한 퇴직연금 적립금을 보관하면서, 적절한 금융자문을 받아 수익률을 달성하여 퇴직 시점에 연금 또는 일시금의 형태로 연금을 지급받는다.

먼저, DB형은 퇴직연금의 최종 급여액수가 사전에 정해진 형태로서 직원의 입장에서 안정적이므로 근속연수가 긴 대기업의 직원들에게 많이 적용되는 퇴직연금 형태이다. 즉, DB형은 퇴직급여액은 퇴직 전 평균임금에 근로연수를 곱하여 사전에 결정되고 퇴직연금 적립금의 운용방식을 사용자가 결정한다.

반면에 DC형은 사용자가 매년 납부한 퇴직부담금의 액수는 미리 정해지는 반면 퇴직연금의 최종 급여액수가 사전에 정해지지 않는 제도이다. 즉, 퇴직연금 적립금의 운용방식을 근로자 개개인의 선호를 반영하여 결정하고 퇴직급여는 사용자가 매년 납부한 퇴직부담금에 운용수익을 더하여 결정된다. 직원의 입장에서 퇴직부담금의 운용수익에 따른 수익편차가 커서 불확실성이 강하고 안정적이지 않은 측면이 있다. 주로 근속연수가 길지 않고 이직이 잦은 중견, 중소기업의 직원들에게 많이 적용되는 퇴직연금형태이다.

한편 IRP특례는 상시 근로자가 10인 미만인 사업장에서 근로자의 동의를 받거나 근로자의 요구에 따라 개인형 퇴직연금(IRP)을 설정하고 사용자가 부담 금액을

확정급여형(DB형)

확정기여형(DC형)

개인퇴직연금(IRP형)

납부하는 제도이다. 또한 개인형 퇴직연금(IRP)은 근로소득이나 사업소득이 있는 자가 자율 가입하거나 이직 시에 받은 퇴직급여 일시금을 계속해서 적립 운영하는 제도로 확정기여형과 유사하게 운영되는 제도이다.

③ **퇴직연금의 장점 및 도입현황**   퇴직연금의 장점은 첫째, 기업도산에 따른 지급불능사태에 대응할 수 있다는 점이다. 퇴직금을 금융기관에 맡겨놓아 사업장이 도산해도 떼일 염려가 없다. 또한 중도인출(중간정산) 요건을 엄격하게 제한함으로써 노후재원인 퇴직급여가 생활자금으로 소진되지 않도록 하고 있다.

한편 2022년 12월 기준 확정급여형(DB) 89,744개소, 확정기여형(DC) 289,856개소, IRP특례 25,445개소, 개인형 퇴직연금(IRP)은 31,303개소 등 총 436,348개 사업장이 퇴직연금을 도입하였다.[8]

2 성과참가제도

2.1 성과참가제도의 의의 및 종류

성과참가제도란 기업의 경영성과 달성에 직접·간접적으로 공헌한 이해관계자 집단간에 그 성과의 배분이 이루어지는 과정이다. 즉 노사간의 협동적 노력을 통하여 증대되는 경영성과가 경영자나 자본가에게 독점되는 것이 아니라 그 중 일정한 부분을 기본급 이외의 참여적 임금으로 근로자에게 추가로 지급하는 제도이다. 따라서 기업의 성장과 더불어 피고용인이 받는 경제적 혜택도 증대시켜 공동체의식을 형성하고 경영성과의 증대와 기업의 발전을 위한 자발적 노력을 강화시키려는 목적으로 시행되는 제도이다.

성과참가제도는 성과배분기준 및 피고용인의 참여 여부에 따라 이익배분과 성과배분으로 구분할 수 있다. 먼저 이익배분(profit-sharing)이란 정기적인 임금에 덧붙여 기업의 이익을 기초로 모든 피고용인에게 이익의 일부분을 배분하는 것으로서, 회계기간말에 즉시 지급하는 현금급부와 수년후 지급하는 이연급부로 나눈다. 즉, 이익배분은 분배대상성과를 이익으로 보고, 통상 지불되는 임금에 부가되어 지급되며 이익배분방식은 노사간의 교섭에 의하여 결정되는 제도이다. 또한 이익배분은

성과참가제도란 기업의 경영성과 달성에 직접·간접적으로 공헌한 이해관계자 집단간에 그 성과의 배분이 이루어지는 과정

이익배분이란 정기적인 임금에 덧붙여 기업의 이익을 기초로 모든 피고용인에게 이익의 일부분을 배분하는 것

8 고용노동부, 「2022년 퇴직연금통계 결과」(2023).

경영참가의 요소를 포함하고 있지 않는 것이 일반적이다.

성과배분(gainsharing)은 피고용인이 기업의 성과를 향상시키기 위해 필요한 노력, 예를 들어 생산원가의 절감, 생산품질 및 생산성 향상 등에 의해 발생한 이익을 피고용인에게 금전적인 형태로 배분해 주는 제도이다. 즉 의사결정참가제도와 성과배분을 결합한 것으로서 피고용인 동기유발을 위한 효과적인 급여제도이다. 성과배분제도는 경영참여제도를 동반하는 경우가 많기 때문에 참가형 성과배분제도로 불리기도 한다. 즉, 참가형 성과배분에서는 피고용인이 경영에 참가하여 원가절감, 생산성 향상 등의 활동을 통하여 조직성과의 향상을 도모하고 그 과실을 회사와 피고용인이 분배하는 제도인 것이다. 따라서 참가형 성과배분제도의 성공 여부를 결정짓는 주요 요소는 효과적인 피고용인 경영참가의 틀과 보너스의 공평한 배분을 위한 제도를 확립하는 것이라고 할 수 있다. 참가형 성과배분은 매출액이나 이익(profit) 증대가 아닌, 생산비 절감 및 생산성 향상을 목표로 한다는 점에서 이익배분과는 구별이 된다.[9]

> 성과배분은 피고용인이 기업의 성과를 향상시키기 위해 필요한 노력에 의해 발생한 이익을 피고용인에게 금전적인 형태로 배분해 주는 제도

2.2 이익배분제도

(1) 이익배분제도의 유형

이익배분의 유형은 발생시점과 실제 지급시기의 차이에 따라 세 가지로 구분하는데, 각각을 살펴보면 다음과 같다.

① 현금배분제도　　　　현금배분제도는 현시점에서의 이익을 현금으로 일정한 배분 기간(예컨대 1개월, 분기, 반기 및 1년 단위)에 따라 배분하는 제도이다. 통상 이익배분제도를 월별로 지불하면 피고용인은 이익배분을 정기적으로 임금의 일부로 생각하기 쉽기 때문에 분기, 반기, 혹은 1년 단위로 지급한다.

> 현시점에서의 이익을 현금으로 일정한 배분 기간에 따라 배분하는 제도

② 이연배분제도　　　　이연배분제도에서는 피고용인에 대한 이익배분 몫이 공제기금(trust fund)에 예치된다. 그리고 각 피고용인에 대한 계좌가 설치되어 배당 금액을 파악할 수 있도록 되어 있다. 실제 배분은 사전에 규정된 사건(예컨대, 퇴직, 사망, 고용관계 단절 등)이 발생했을 경우 사전 결정된 규정에 따라 이루어진다. 또한 공제기금은 자사주나 타사주, 부동산, 그리고 공채 등에 투자된다. 일반적으로 현금배분제도와는 달리 이연배분제도는 세제상의 혜택을 받게 된다. 미국에 있어서 이익배분제에 따른 분배 몫은 현실적으로 연금이나 퇴직금의 형태를 띠는데, 회사의 관점에서 보면 이러한 연금이나 퇴직금이 이익의 변동과 연계되어 있기 때문에

> 이익배분 몫을 공제기금으로 예치하고 규정에 따라 지급하는 제도

9 김동원, 『종업원참가제도의 이론과 실제』(서울: 한국노동연구원, 1996), p. 59.

경영자의 입장에서는 위험이 줄어드는 장점이 있다. 이연배분제도의 이와 같은 이점에도 불구하고 제도 그 자체가 가진 복잡함 때문에 관리나 설치에 상당한 어려움이 있다.

③ **혼합배분제도**　　　　이 제도는 현금배분제도와 이연배분제도를 혼합한 제도로서 미래의 급부와 현재의 보상을 혼합한 제도이다. 이와 같은 형태의 배분제도는 사전 결정된 일정 부분의 이윤을 현재 시점으로 지불하고 잔여분은 공제기금의 형태로 지불하는 것이다. 이 중에서 공제기금 부분은 순수한 이연제도와 똑같은 형태로 지불한다.

현금배분제도와 이연배분제도를 혼합한 제도

(2) 이익배분제도의 효과

이익배분제도의 효과는 다음과 같다. 첫째, 기업측과 피고용인과의 협동정신을 함양 강화하여 고용관계의 개선에 도움이 된다. 둘째, 피고용인은 자기의 이익배당액을 증가시키려고 작업에 열중하게 되고 따라서 능률증진을 기할 수 있다. 셋째, 피고용인의 이익배당 참가권과 분배율을 근속연수와 관련시킴으로써 피고용인의 장기근속을 장려하게 된다.

협동정신을 함양 강화, 능률증진, 피고용인의 장기근속을 장려

그러나 수입의 안정성이 적고 분배는 결산기를 기다려서 확정되므로 작업능률의 자극이 부족하다. 또한 보너스 산정의 기준을 회계상의 이익액수로 삼고 있는데 기업이익이 기업측의 능력 또는 경영 외적 조건에 의하여 좌우되는 수가 있다는 점, 그리고 회계처리과정에서 기업의 결산이익을 사용자가 어느 정도 자의적으로 조정할 수 있다는 점 등으로 이익배분 참가자들의 동기를 유발하는 수단으로서는 한계가 있다는 견해도 있다. 이익배분이 기업의 경영성과에 미치는 영향을 측정한 연구들에 의하면, 이익배분제도는 성과배분제도에 비하여 훨씬 미약한 효과를 가지는 것으로 밝혀지고 있다. 다만, 이익배분제도는 직원들에게 노사가 공동운명체임을 알리는 상징적인 효과를 가지고 있다고 할 수 있다.[10]

2.3　참가형 성과배분의 유형

참가형 성과배분은 집단보너스제도에 경영참가를 결합한 것으로서 처음 미국에서 개발되었으며, 최근에는 각국으로 전파되어 실시중이다. 1930년대에 가장 널리 알려진 Scanlon plan이 고안되었고, 이 Scanlon plan은 파산의 위기에 몰린 철강회사를 재건하는 데에 주된 역할을 함으로써 널리 알려지게 된다. Scanlon plan은

Scanlon plan

10 상게서, p. 59.

도표 7-7 참가형 성과배분제도의 유형			
	Scanlon plan	Rucker plan	Improshare
배경이론	조직개발이론	노동경제이론	산업공학
기본철학	참가형 경영	효율적 경영	효율적 경영
종업원참가제도의 구조	생산위원회, 조정위원회	조정위원회	생산성향상 팀
종업원제안제도	있음	있음	없음
집단보너스 기본공식	노동비용/생산액	노동비용/부가가치	실제생산시간/표준생산시간
보너스 지급주기	월별 또는 분기별	월별 또는 분기별	주별 혹은 격주별
보너스의 분배 (종업원 : 회사)	75 : 25	50 : 50	50 : 50

자료: 김동원, 『종업원참가제도의 이론과 실제』(서울: 한국노동연구원, 1996), p. 59.

노동비용을 생산액으로 나눈 비율로 사용하여 보너스를 산정한다. 즉, 과거의 실적에 따라 기준비율을 정하고 이 비율보다 낮아졌을 때 절감한 노동비용을 노사가 배분하고 근로자들에게 집단적으로 보너스를 지급하는 것이다. 예를 들어, 기준비율이 60%라면 이 비율보다 낮게 달성한 경우 절약이 된 노동비용 중 사용자의 몫을 제하고 나머지를 근로자들에게 집단적으로 보너스를 지급하는 것이다.

1940년대 Scanlon plan의 보너스산정방식을 물가변동의 영향을 덜 받도록 보다 안정된 계산방식으로 수정한 Rucker plan이 고안되었다. Rucker plan에서는 노동비용을 부가가치로 나눈 비율을 보너스산정공식으로 사용하였다. 한편 1970년대 초에는 새로운 형태의 참가형 성과배분으로 임프로쉐어(Improshare)가 고안되었다. 임프로쉐어는 실제생산시간을 표준생산기간으로 나눈 비율을 보너스산정공식으로 사용하였다. 이 제도는 산업공학의 원칙을 이용하여 보너스를 산정하는 것이 그 특징이다. 최근 들어서는 기존의 정형화된 프로그램을 각 기업의 환경과 상황에 맞추어서 수정하여 적용하는 커스톰 플랜(customized plan)이 있다.[11] 이러한 커스톰 플랜에서는 성과측정의 기준으로서 노동비용이나 생산비용, 생산성뿐만 아니라 품질향상, 소비자 만족도 등을 새로운 지표로 사용하기도 한다(<도표 7-7> 참고).

Rucker plan

임프로쉐어(Improshare)

커스톰 플랜(customized plan)

(1) 참가형 성과배분의 성과

참가형 성과배분은 현장자율경영팀과 함께 경영참가제도 중에서 가장 긍정적인 효과를 보이는 제도이다. 참가형 성과배분이 다른 경영참가제도에 비하여 보다

11 상계서, p. 60.

긍정적인 효과를 거두는 이유 중의 하나로는 이 제도가 참가자들의 참가욕구와 금 전욕구를 다 함께 만족시킬 수 있는 형태로서 동기유발효과가 크다는 점이 꼽히고 있다. 이하에서는 우선 참가형 성과배분제도를 실시하므로 인하여 발생하는 효과에 대한 실증연구의 결과를 종합하여 간략히 소개하고자 한다.

그간의 연구는 주로 참가형 성과배분이 생산성 향상에 미치는 영향을 측정한 경우가 많지만, 이 제도가 고용관계와 종업원의 근무태도에 갖는 효과를 측정한 연 구도 있다. 이러한 연구들의 결과를 종합하면 다음과 같이 요약할 수 있다. 첫째, 참 가형 성과배분이 성공하는 비율은 50~80%에 이르고 있는 것으로 알려져 있으며, 이 제도를 실시한 기업 중 평균 65% 정도의 기업이 긍정적인 효과를 경험한 것으로 나타나고 있다. 둘째, 참가형 성과배분은 생산성 향상에 가장 뚜렷한 효과를 가져오 는 것으로 대부분의 연구결과가 밝히고 있다. 셋째, 일부 연구결과에 의하면, 참가형 성과배분제도가 제품 품질의 향상에 긍정적인 기여를 하는 것으로 나타난다. 넷째, 참가형 성과배분을 실시한 결과 고용관계가 증진되었으며, 종업원들의 동기유발과 기업에의 소속감이 향상되었다는 결과를 보이는 것으로 나타났다.

3 자본참가제도

3.1 자본참가제도의 개념

자본참가란 피고용인으로 하여금 자본의 출자자로서 기업경영에 참가시키고자 하는 것으로 소유참가, 재산참가라고도 불린다. 자본참가의 주된 형태로는 우리사주 제도가 있으며 최근에는 스톡옵션제도가 특히 벤처기업에서 피고용인의 동기유발기 법으로 각광받고 있다. 이하에서는 우리사주제도와 스톡옵션제도에 대하여 살펴보 고자 한다.

3.2 우리사주제도

우리사주제도(Employee Stock Ownership Plans, ESOPs)는 자본참가의 대표적인 유형으로서 직원들의 애사심을 북돋우거나, 안정 주주의 확보라는 기업 방어적인 관점에서 강조되고 있다. 최근에는 피고용인의 재산형성 촉진의 일환으로 더욱 장려되기도 한다. 또한, 이 제도는 피고용인의 참가에 의한 협조적 고용관계의 형성과 경제성장에 따른 부의 격차현상의 해소책으로 이용되고 있다.

(1) 우리사주제도의 특징

우리사주제도는 다음과 같은 특징을 지니고 있다. 첫째, 회사의 경영방침으로서 피고용인에게 자사 주식을 보유하도록 추진하는 것이다. 따라서 피고용인이 개별적으로 자기의사에 의해 자사주(自社株)를 구입한 경우는 해당되지 않는다. 둘째, 회사가 특별한 편의를 제공하여야 한다. 이때 제공되는 편의로는 자금의 보조로서 장려금의 교부 및 매매수수료의 부담, 매입자금의 대부로서 구입자본의 무이자 또는 저리대부, 구입자금의 분할변제, 자금융자의 알선, 주식의 저가 양도 또는 공로주의 증여 등이 있을 수 있다. 셋째, 자사주의 취득 및 장기보유를 목적으로 하는 것이어야 한다. 이 제도는 피고용인의 재산형성정책인 동시에 회사의 주식안정정책이 되기도 한다. 넷째, 자사주의 취득·보유가 제도화되어 있어, 증자시에 자사주 구입운동과 같은 일시적인 것이 아니고, '자사주 투자회'와 같은 항구적인 것이다.

회사의 경영방침으로서 피고용인에게 자사 주식을 보유하도록 추진

특별한 편의를 제공

자사주의 취득 및 장기보유를 목적

(2) 우리사주제도의 중요성

우리사주제도는 국민경제적 측면뿐만 아니라 고용관계 및 재무관리의 측면에서도 중요한 의의를 갖고 있다.

① **고용관계적 중요성**　　피고용인에게 주주의 지위를 부여함으로써 피고용인이 경영과 분배에 참가할 기회를 가능하게 하여 노사협조를 촉진시킨다. 나아가 회사의 경영이 피고용인 자신의 이익과 직결됨으로써 근로의욕의 증진과 생산성 향상 및 애사정신을 함양시킬 수 있다. 또한 피고용인에게 재산형성의 기회를 제공하고 장기근속을 용이하게 하는 효과를 갖고 있다.

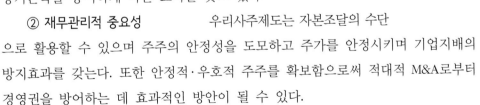

▲ 우리사주조합 대의원대회 장면

② **재무관리적 중요성**　　우리사주제도는 자본조달의 수단으로 활용할 수 있으며 주주의 안정성을 도모하고 주가를 안정시키며 기업지배의 방지효과를 갖는다. 또한 안정적·우호적 주주를 확보함으로써 적대적 M&A로부터 경영권을 방어하는 데 효과적인 방안이 될 수 있다.

(3) 우리사주제도의 실시 현황

우리사주제도는 2023년 현재 총 3,723개 기업이 도입하였으며 예탁조합수는

1,387개소, 예탁주식수는 522백만주이고 주식취득가는 11조 1천억원에 이른 것으로 나타났다.[12] 특히 우리사주제도의 결성률이 코스피 법인의 경우에는 87.78%이며 코스닥 법인은 77.34%로 매출규모나 영업이익의 규모 등과 긍정적인 상관관계를 보이고 있다. 또한 예탁주식수는 기업 전체 발생주식의 0.85% 지분율을 보이고 있다.[13]

3.3 스톡옵션제도(stock option)

스톡옵션제도는 주식매입선택권이라고도 하며 회사가 임·직원에게 일정기간 내에 자기회사의 주식을 사전에 약정된 가격으로 일정 수량만큼 매수할 수 있는 권리를 부여하는 제도이다. 특히 이 제도의 원래 취지는 경영자보상제도의 한 방법으로 전문경영인이 주인의식을 갖고 경영을 하도록 하는 것을 목적으로 시작되었다. 그러나 최근 중소창업기업의 증가에 따라 전문우수인력의 확보를 위한 기법으로 활용범위가 확대되고 있다.

> 회사가 임·직원에게 일정 기간 내에 자기회사의 주식을 사전에 약정된 가격으로 일정 수량만큼 매수할 수 있는 권리를 부여하는 제도

(1) 도입배경

우리나라에서 스톡옵션제도를 도입하게 된 취지중의 하나는 중소기업이 유능한 인재를 유치할 수 있도록 하기 위한 것이다. 따라서 기술집약형 중소창업기업이 고급인력을 유치하기 위해서 스톡옵션제도를 활용하는 경우가 많았다. 대체로 중소창업기업들은 유동성이 적어서 어려움을 겪을 가능성이 많은데, 이러한 기업들은 상대적 봉급차액 부분을 스톡옵션에 근거한 보상으로 대체하는 것이 유리하다. 또한 스톡옵션제도를 시행함으로써 고급인력의 이직을 방지하고, 동기부여를 할 수 있다는 측면을 갖고 있다.

(2) 도입현황 및 고려사항

벤처기업을 대상으로 한 스톡옵션 실태조사[14]에 따르면 총 2,500개 벤처기업 중 스톡옵션을 실시하는 기업이 5.9%이며 향후 활용계획을 갖고 있는 기업은 14.6%인 것으로 나타났다. 스톡옵션을 실시하는 이유로는 '핵심인력 이탈방지'가 66.3%로 가장 많았으며 '사기진작 및 인센티브 효과'가 56.9%, '우수인력 유입'이 54.5%, '기업경영성과 개선'이 20.9% 등으로 나타난 반면에 스톡옵션을 활용하지 않는 이유로 '비

---

12 고용노동부, 「2024년판 고용노동백서」(2022), p. 293.
13 상게서, p. 666.
14 중소벤처기업부·(사)벤처기업협회, 「2023 벤처기업정밀실태조사」(2023), pp. 48-49.

상장기업의 경우 성과보상방식으로서의 장점이 없음'이 66.7%로 가장 많았고 '제도 활용에 대한 인식부족'이 59.3%, '복잡한 제도 및 행정 절차'가 44.5% 등으로 나타났다.

KEYWORD

임금관리의 목적, 생계비, 실제생계비, 이론생계비, 지불능력, 물가수준, 비교임금, 임금체계, 연공급, 직무급, 직능급, 회사의 임금수준정책. 임금수준 선도전략, 임금수준 동행전략, 임금수준 추종전략, 통상임금, 평균임금, 보수비용, 노동비용, 근로기준법, 임금채권보장법, 최저임금법, 최저임금제의 문제점과 효과, 퇴직연금, 확정급여형(DB형), 확정기여형(DC형), 개인퇴직연금(IRP형), 이익배분제도, 현금배분제도, 이연배분제도, 혼합배분제도, 참가형 성과배분제도, Scanlon plan, Rucker plan, Improshare, customized plan, 자본참가제도, 우리사주제도, 스톡옵션

임금인상과 고용창출

임금인상은 단순히 개인의 소득 증가를 넘어, 기업과 국가 경제 전체에 광범위한 영향을 주는 중요한 요인이다. 특히 임금인상이 고용에 미치는 영향에 대한 논쟁은 오랫동안 학계의 뜨거운 감자였다. 각 주장에 대한 근거를 살펴보면 다음과 같다.

임금 인상이 고용을 줄인다는 주장

첫째, 임금이 인상되면 기업의 생산 비용이 증가하고 이는 이윤 감소로 이어져 기업들이 고용을 줄일 수 밖에 없다는 논리이다. 특히 영세 사업장이나 노동집약적인 산업에서는 임금 인상의 부담이 더욱 커져 고용 감소로 이어질 가능성이 높다고 주장한다.

둘째, 임금 인상이 물가 상승으로 이어져 소비자들의 구매력을 감소시켜 기업의 매출이 감소할 수 있다고 주장한다. 이는 기업들이 생산량을 줄이고 결과적으로 고용을 감소시키는 요인으로 적용할 수 있다고 주장한다.

셋째, 임금 인상으로 인해 기업의 이윤이 감소하면 기업들은 투자를 줄이고 새로운 일자리를 창출하지 못할 수 있다. 특히 장기적으로 기술 개발이나 설비 투자를 소홀히 하여 생산성이 저하될 수 있다는 우려를 제기한다.

임금 인상이 고용을 늘린다는 주장

첫째, 임금이 인상되면 근로자들의 소비 여력이 증가하고 이는 기업 매출 증가로 이어져 생산 확대와 고용 증가를 유발할 수 있다고 주장한다. 특히 내수 시장 활성화에 기여하여 경제 성장을 이끌 수 있다는 주장이다.

둘째, 임금 인상은 근로자들의 동기 부여를 높여 생산성을 향상시키고 기업의 경쟁력을 강화하여 고용 창출에 기여할 수 있다. 또한 고숙련 인력 유치에도 도움이 되어 기업의 장기적인 성장에 긍정적인 영향을 미칠 것이라고 주장한다.

셋째, 임금 인상은 저임금 근로자들의 삶의 질을 개선하고 노동시장 이탈을 방지하여 고용의 질을 향상시킬 수 있다. 또한 노동 시장의 유연성을 높여 기업들이 필요로 하는 인력을 효율적으로 확보할 수 있도록 지원할 수 있다고 주장한다.

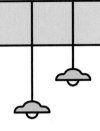

최저임금 인상의 비선형성 고용효과?

한 연구[15]에 따르면 실제 노동시장에서 최저임금은 노사합의로 결정되는데 이 경우 이론적으로 인상률에 따라 고용효과가 '역U자형'으로 나타날 수 있다고 한다. 2018년 최저임금 인상의 고용효과를 분석한 결과 최저임금 인상률(실질 기준)의 티핑 포인트는 약 6.8%로 나타났다고 분석하였다. 그리고 부(−)의 고용효과를 유발하지 않는 최적 인상구간은 5.9~9.1% 이내로 나타났으며 약 13%대를 초과하면 고용위축이 발생하는 것으로 추정된다고 하였다.

토의과제

1. 임금 인상이 고용에 긍정적인 효과가 있다는 주장과 부정적인 효과가 있다는 주장이 있는데 이들 주장 근거는 무엇인지 각각 설명하라. 그리고 이들 주장 중 어떤 주장에 동의하는지 이유를 들어 설명하라.
2. 임금 인상과 고용과의 관계가 산업별로(예: 제조업, 서비스업, 노동집약적산업, 자본집약적산업 및 지식기반산업 등) 어떤 효과가 있을지 이유를 들어 설명하라.
3. 임금 인상과 고용과의 관계에 대한 다른 국가들의 사례를 찾아보고 우리나라에 적용할 시사점을 설명하라.

---

15 이장연(2020), "실제 노사합의된 최저임금 인상의 비선형적 고용효과," 2019년 한국노동패널 학술대회.

CHAPTER

08

무노조기업의 고용관계

Employment Relations

Employment Relations

고용관계론

무노조 사업장의 성장과 명암(明暗)[1]

국내외 글로벌기업의 무노조 또는 비노조 경영사례와 성과 등에 대한 조명은 각국의 노조 조직률 감소추세와 맞물려 이들 기업의 고용관계와 특징에 대한 관심의 증대로 이어지고 있다. 2024년 미국의 경제전문지인 포춘지가 선정한 세계에서 가장 존경받는 기업 5위권 중에서 17년 연속 1위를 차지하고 있는 Apple을 비롯해 Microsoft(2위), Amazon.com(3위), Berkshire Hathaway(4위) 등 4개 기업이 모두 무노조 경영 원칙을 고수하는 기업들이다. 이외에도 Alphabet(7위, Google),[2] Walmart(9위), Nvidiax(10위) 등 다수의 글로벌기업들이 무노조 경영을 해오고 있는데 이들 기업들의 여러 특징 중의 하나는 전통적인 제조업 분야보다는 IT분야인 경향이 높다는 점이다.[3] 이들 IT산업의 핵심 직무는 일부 사무직을 제외하면 프로그램의 개발이나 디자인 등 창의성이 요구되는 직무가 주류를 이루며 이에 종사하는 인적 특성 역시 자유분방하고 개인주의적 성향이 강한 면모를 보여준다. 회사 내에서는 다양한 동아리 활동이 자발적 모임을 통해 이루어지며 기업은 이들 모임을 지원하는 한편 우수한 시설과 연구환경도 조성하고 있다. 국내의 경우에도 외환위기 이후 급성장하고 있는 정보기술 분야의 벤처기업에서 이 같은 현상이 두드러지기도 한다.

하지만 이러한 무노조기업들을 피고용인의 기본적인 노동권이 행사되지 못한다는 점에서 비판적으로 보는 시각도 있다. 예컨대, 최근 아마존닷컴(Amazon.com)에서는 노조결성을 위한 움직임이 있었으나 실패하였다. 2014년 1월, 델라웨어주 미들타운 소재 아마존 물류센터에서 국제기계항공노동자협회(IAMAW) 감시 아래 치러진 사상 첫 노동조합 결성 투표에서 압도적 표차로 노조결성이 부결된 것이다. 아마존 대변인은 투표결과가 직원들이 아마존과 직접적 연결을 선호한 것으로써 노동조합이라는 제3자 없이 노사간 직접소통이 가장 효과적으로 직원의 요구에 부응하는 길이라고 밝혔다. 나아가 아마존은 빠른 혁신과 유연성 및 관리자와 동료간 직접적 소통을 기반으로 한다고 덧붙였다. 그러나 IAMAW는 노조결성의 부결이 아마존과 법률회사 측의 강한 압박에 따른 결과라고 주장했다. 아마존이 노조결성에 반대하는 분명한 입장을 표명하였고 각종 회의와 설명회를 통하여 피고용인에 대한 맹렬한 로비와 설득이 있었으며, 이에 따라 노동조합을 지지 또는 반대하는 직원들 간 심한 분열 조성 등이 이루어진 바 있었기 때문이다. 2015년 뉴욕타임스는 아마존닷컴을 무자비

---

[1] Fortune, World's Most Admired Companies(http://fortune.com/worlds-most-admired-companies) 참고.

[2] Google은 2015년 10월에 구글과 구글이 주도하는 신사업부서 및 연구조직 등을 중심으로 Alphabet이라는 모기업을 만들어 지주회사 형태로 전환하였다.

[3] 최근 이들 기업의 자회사 중심으로 노조 결성 움직임이 활발하여 일부 사업장이지만 노조가 결성된 곳도 있다. 예컨대 마이크로소프트(MS)의 미국 사업장 게임자회사 '제니맥스'와 30년 무노조 경영원칙을 고수해 온 아마존에서도 2022년 노조가 결성되기도 했다.

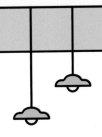

한 생존경쟁을 해야 하는 '공포의 직장'으로 묘사하고 회사의 쥐어짜기 행태에 대해 강하게 비판하기도 하였다.[4] 이후 2022년 코로나 팬데믹 시기에 뉴욕시 스태튼아일랜드의 아마존 물류센터에서 투표자의 54%(2,654명) 찬성으로 노조가 설립되기에 이르렀다. 그러나 아마존의 완강한 무노조 원칙 등으로 인해 노조 설립 이후 2024년까지 단체협약이 이루어지지 않고 있다.[5]

4 연합뉴스(2015. 8. 17.), "'공포의 직장' 아마존닷컴 직원들 무자비한 생존경쟁," 비즈니스위크(2014. 1. 15.), "노조 거부에 투표한 아마존 직원," 참고.
5 글로벌이코노믹(2024.4.10.), "'무노조 원칙' 깬 아마존 노조, 내홍 휩싸여"

위의 사례들에서 보듯이 무노조경영은 기업경쟁력에서의 장점과 노동기본권 차원에서의 단점을 함께 지니고 있다. 우리나라는 경제협력개발기구(OECD) 회원국 중 프랑스, 터키에 이어 노동조합 조직률이 가장 낮은 국가이다. 2021년 12월 발표한 고용노동부의 2020년 노동조합 조직률은 14.2%였다. 이는 전체 피고용인의 약 86%는 무노조기업에서 근무하고 있다는 의미이기도 하다. 또한 앞으로 전개될 AI 기반의 디지털 경제로의 전환과 기술적 진보는 단기적으로는 노동의 파편화와 개별화 경향을, 장기적으로는 무노조경영의 일반화를 더욱 가속화시킬 것으로 보인다. '긱 이코노미(gig economy)'와 '플랫폼 노동' 등 고용관계의 다원화 현상은 전통적인 노조중심 노사관계 패러다임의 전환의 필요성을 보여준다. 이러한 추세는 과거 노조부문에 집중되었던 고용관계에 대한 관심을 무노조경영으로 전환하는 계기가 되고 있다. 본 장에서는 고용환경의 급격한 변화와 무노조경영의 확산이라는 추세를 반영하여, 무노조 사업장의 등장 배경과 유형, 특징 등을 살펴보고, 새롭게 등장하는 노동시장의 비노조 행위주체와 노조가 없는 상태에서 개별노동관계를 규율하는 기본적인 법규에 대해 살펴보도록 한다.

 # 무노조기업 등장의 배경

노조가 없는 상태를 뜻하는 용어로는 무노조와 비노조가 있다. 무노조(non-union)는 유노조(union)에 대한 반대적 개념이고 가치판단이 배제된 용어로서 '노조가 없음'을 뜻하는 공식적, 중립적인 용어이다. 정부의 공문이나 중립적인 언론보도, 연구 보고서, 중립적인 통계를 나타낼 때 쓰이는 용어이다. 비노조(union-free)는 사용자가 의도적, 전략적으로 노조가 아닌 상황을 선택한 결과를 의미하는 용어이다. 노조없이 경영하려는 사용자의 전략적인 선택이 강조된 개념으로 전략적으로 노조배제나 노조회피를 선택한 특정 기업의 노사관계 상태를 설명할 때 주로 사용된다. 본 서에서는 무노조와 비노조를 의미와 상황에 따라 적절히 혼용하여 사용하였다.

1.1 노조조직률 등의 하락

21세기 들어 세계 고용관계의 가장 큰 이슈는 노동조합 조직률의 지속적인 하락이다. 지난 수십년간 지속되어 온 전 세계적인 노동조합의 쇠퇴가 앞으로도 계속되어 향후 노동조합이 유명무실한 존재로 전락할 것인지, 아니면 재반등의 실마리를 찾게 되어 시장경제사회의 중심세력으로 존속할 것인지를 예측하는 것은 세계고용관계의 장기 전망에 있어 가장 중요한 이슈이다.[6]

21세기 고용관계의 큰 이슈는 노동조합 조직률의 지속적인 하락

<도표 8-1>에서 보는 바와 같이 지난 30~40년간 거의 모든 대륙에서 지속적으로 노동조합의 조직률이 감소하는 경향을 보여왔다. 한국의 경우 1989년의 19.8%에서 2020년에는 14.2%로 감소하였고, 미국은 1980년의 22.8%에서 2020년에는 약 절반 가까운 10.8%로 하락하였으며, 영국도 1980년의 56.3%에서 2020년에는 23.1%로 절반 이상 감소하였다. 일본도 1980년의 30.8%에서 2020년에는 17.1%로 하락하였고, 호주 역시 1986년의 45.1%에서 2018년에는 13.7%로 급격히 감소하였다. 이들 국가들은 서로 상이한 문화와 정치제도를 영위하고 있으며 서로 다른 발전단계에 속해 있고, 각국의 노조형태 또한 직종별 노조, 산업별 노조, 혹은 기업별 노조 등으로 상이하다는 점을 고려한다면 최근 수십년간 노동운동의 침체라는 공통된 추세는 노동운동의 장기적인 방향성에 대한 관심과 노동계의 위기의식을 이끌기에 충분한 실마리를 제공하고 있다.

한편 노동조합의 하락과 더불어 노동쟁의도 장기적으로 감소 추세를 보이고 있다(<도표 8-2> 참조). 미국의 경우 1970년대 380건에 이르던 노동쟁의 건수가 1980년에는 187건, 1990년 44건, 2000년 39건, 2019년 25건으로 감소하였다. 일본의 경우에도 1970년 2,260건과 1975년 3,391건에서 1980년에는 1,128건, 1990년에는 283건, 그리고 2000년에는 118건, 2018년 현재 58건에 지나지 않고 있다. 노동쟁의의 감소추세는 영국, 스웨덴, 호주 등에서도 동일한 경향을 보이고 있다. 노동쟁의의 점진적인 위축현상은 노동조합 조직률의 축소현상과 맞물려, 노동조합의 세력과 활동이 점차적으로 쇠퇴하는 현상을 대변하는 것이 아닌가 하는 의구심을 불러일으키고 있다.

노동쟁의도 장기적으로 감소 추세

---

6 김동원, "노동조합의 미래에 대한 소고: 서론에 대하여," 김동원 편, 「세계의 노사관계 변화와 전망」(한국국제노동재단, 2003), p. 9.

연도	한국	미국	영국*	일본	호주
1980	21.0	22.8	56.3	30.8	-
1985	16.9	18.0	50.5	28.9	-
1986	16.8	17.5	49.3	28.2	45.1
1987	18.5	17.0	48.5	27.6	-
1988	19.5	16.8	46.6	26.8	41.2
1989	19.8	16.4	44.8	25.9	-
1990	18.4	16.1	43.4	25.2	40.4
1991	17.2	16.1	43.1	24.5	-
1992	16.4	15.8	41.3	24.4	39.3
1993	15.6	15.8	40.3	24.2	-
1994	14.5	15.5	36.8	24.1	34.4
1995	13.8	14.9	32.3	23.8	33.0
1996	13.3	14.5	35.5	23.2	31.0
1997	12.2	14.1	30.4	22.6	30.3
1998	12.6	13.9	29.9	22.5	28.1
1999	11.9	13.9	29.6	22.2	25.7
2000	11.6	13.5(12.9)	29.5(29.7)	21.5(21.5)	24.7
2001	11.5	13.4(12.9)	26.8(29.0)	20.7(20.7)	24.5
2002	10.8	13.3(12.8)	26.6(28.7)	20.2(20.2)	23.1
2003	10.8	12.0(12.4)	26.6(28.5)	19.6(19.6)	23.0
2004	10.3	12.5(12.0)	26.0(27.6)	19.2(19.2)	22.7
2005	9.9	12.5(12.0)	26.2(27.0)	18.7(18.7)	22.4
2006	10.3	12.0(11.5)	25.6(27.2)	18.2(18.2)	20.3
2007	10.8	12.1(11.6)	25.3(27.2)	18.1(18.1)	18.9
2008	10.5	12.4(11.9)	24.9(27.0)	18.1(18.0)	18.9
2009	10.1	12.3(11.8)	24.8(27.0)	18.5(18.4)	19.7
2010	9.8	11.9(11.4)	26.6(26.8)	18.5(18.3)	18.3
2011	10.1	11.8(11.3)	26.0(26.5)	18.1(18.0)	18.4
2012	10.3	11.3(10.8)	26.0(26.1)	17.9(17.9)	18.2
2013	10.3	11.3(10.8)	25.6(25.4)	17.7(17.7)	17.0
2014	10.3	11.1(10.7)	25.0(25.0)	17.5(17.5)	15.1
2015	10.2	10.7(10.6)	24.7(24.2)	17.4(17.4)	15.1
2016	10.3	10.3(10.3)	23.5(23.7)	17.3(17.3)	14.6
2017	10.7	10.7(10.3)	23.2(23.2)	17.1(17.1)	-
2018	11.8	10.5(10.1)	23.4(23.4)	17.0(17.0)	13.7
2019	12.5	10.3(9.9)	23.5(23.5)	16.7(16.8)	-
2020	14.2	10.8(10.3)	23.1(23.7)	17.1	-

주: * 임금근로자 조직률, 괄호( )는 OECD통계(htttps://stats.oecdd.org)
자료: 한국노동연구원, 『각연도 해외노동통계』(서울: 한국노동연구원, 각 연도).

연도	미국*	일본	영국	스웨덴	호주	한국
1961	195	1,401	2,686	12	815	122
1965	268	1,542	2,354	8	1,346	12
1970	381	2,260	3,906	128	2,738	4
1975	235	3,391	2,282	86	2,432	52
1980	187	1,128	1,348	208	2,429	206
1985	54	625	903	160	1,895	276
1990	44	283	630	126	1,193	322
1991	40	308	369	23	1,036	234
1992	35	261	253	20	728	235
1993	35	251	211	33	610	144
1994	45	230	205	13	560	121
1995	31	209	235	36	643	88
1996	37	193	244	9	543	85
1997	29	178	216	14	447	78
1998	34	145	166	13	519	129
1999	17	154	205	10	731	198
2000	39	118	212	2	698	250
2001	29	90	194	20	675	235
2002	19	74	146	10	766	322
2003	14	47	133	11	643	320
2004	17	51	130	9	692	462
2005	22	50	116	14	472	287
2006	20	46	158	9	202	138
2007	21	54	152	14	135	115
2008	15	52	144	5	177	108
2009	5	92	98	3	236	121
2010	11	85	92	5	227	86
2011	19	57	149	2	192	65
2012	19	79	131	8	204	105
2013	15	71	114	11	219	72
2014	11	80	155	6	209	111
2015	12	86	106	5	228	105
2016	15	66	101	10	259	120
2017	7	68	79	6	214	101
2018	-	58	81	1	163	134
2019	25	-	96	6	147	141

주: * 미국 노동통계국 기준.
자료: 한국노동연구원, 『각 연도 해외노동통계』(서울: 한국노동연구원, 각 연도).

1.2　노조조직률 하락의 원인

노동조합 조직율 하락 원인

　　지난 수십년간 노동조합 조직률이 하락하는 현상에 대하여 많은 연구들이 그 원인을 밝혀왔다. 이 연구들의 주장을 종합하면, ① 경제구조 변화, ② 세계화와 경쟁의 격화, ③ 기술의 발달로 인한 새로운 고용형태의 증가, ④ 다양한 정체성 그룹의 등장, ⑤ 신자유주의와 노조에 대한 부정적인 여론, ⑥ 개별노동법안의 노조대체 현상 등 6가지 원인으로 요약될 수 있다. 이러한 원인은 나라마다 정도의 차이는 있지만 공통적으로 인식되는 원인이다.

탈산업화에 따른 경제와 고용의 구조적 변화

　　첫째, 탈산업화에 따른 경제와 고용의 구조적 변화를 들 수 있다. 전통적으로 노조조직률이 낮았던 서비스산업과 화이트칼라직종의 확대가 빠르게 진전되었기 때문이다. 예를 들면, 비농취업자 중 제조업 고용이 차지하는 비중은 하락한 반면, 서비스업의 고용비중은 대부분의 국가에서 증가하였다. 또한, 노동조합조직의 전통적인 기반인 블루칼라 노동자 증가현상의 정체와 조직성향이 낮은 화이트칼라 피고용인의 비약적인 증가 역시 노동조합 조직률의 하락을 불러왔다. 즉, 노조조직률이 높은 생산직 노동자의 수는 소규모 증가에 그친데 비해, 노조조직률이 낮은 행정관리직, 전문직, 판매직은 거의 모든 국가에서 증가한 것이다. 또한 노동력 구성의 변화, 특히 전통적으로 노조조직률이 낮은 여성노동력, 고령인력, 비정규직, 외국인 인력의 증가와 노조를 조직하는 성향이 강한 20세 이상 남성의 경제활동참가율이 감소하고 있는 추세도 노조조직률의 하락을 가져왔다.

통신과 수송수단의 발달로 세계화가 급격히 이루어지고 기업간 경쟁이 격화

　　둘째, 통신과 수송수단의 발달로 세계화가 급격히 이루어지고 기업간 경쟁이 격화된 것도 노조의 하락에 일조하였다. 세계화의 진전에 따라 기업들의 경영활동이 한 국가의 경계에 머무르지 않고 국경을 넘어 여러 국가에서 경영활동을 수행하는 다국적기업이 일반화되었다. 즉, 자본의 손쉬운 이동과 더불어 글로벌 밸류 체인의 형성을 통한 기업경영의 세계화가 이루어진 것이다. 반면, 노동자들은 사회적, 법적, 역사적, 제도적인 이유로 국가간 이동이 쉽지 않고 노동조합도 해당국가의 노동법의 규제를 받게 되어 국가의 경계에 얽매인 조직(nation-bound union)으로 남을 수밖에 없게 되었다.[7]

　　기업들은 노사관계나 노동법이 기업경영에 우호적인 환경을 찾아 투자를 결정하고(regime shopping), 해당 국가는 외국의 투자를 유인하기 위하여 다국적 기업의

---

[7] Acker, P. 2015. "Trade Unions as Professional Associations," In S. Johnstone and P. Ackers(Eds.) Finding a Voice at Work? New Perspectives on Employment Relations. Oxford: Oxford University Press, pp. 95-126.

경영에 유리한 노사관계적인 환경을 조성하게 된다. 이러한 노동환경은 자국의 노동자들에게는 기본적인 노동권의 보호를 약화시키거나 열악한 근로조건을 의미하는 것이다(race to the bottom, social dumping). 예를 들면, 인접국에 비하여 완화된 노동법을 적용하거나 노동법상 특혜를 받는 수출자유구역 등을 설정하는 정책을 취하게 되는 것이다. 결국, 노동조합 조직율이 높은 선진국의 일자리가 노동조합 조직률이 낮은 개발도상국으로 옮겨가게 되고, 또한 세계화에 대한 노조의 취약함이 드러나면서 노조의 매력도가 하락하게 되고 결국 전체적으로는 노동조합 조직률의 위축을 가져오게 된다.

또한 세계화가 가져온 기업간의 무한 경쟁에 대처하기 위해 기업이 고용유연성을 중시하면서 정규직이 줄어들고 단기계약직, 파견직, 용역직 등 비정규직이 급격히 늘어나게 된다. 비정규직은 고용이 안정되지 않아서 적극적인 노동조합활동에 나서기가 쉽지 않고 따라서 대부분의 국가에서 비정규직의 노동조합 가입률은 극히 저조한 편이다. 비정규직의 급격한 증가는 그동안 정규직 피고용인을 중심으로 형성되어 온 노동조합이 더욱 위축되는 결과를 가져왔다.

셋째, 4차 산업혁명의 급격한 진전에 따른 기술의 발달로 새로운 고용의 형태가 증가하고 있다. 기술의 진보는 단말기에 의존하여 경제활동을 할 수 있게 되어 플랫폼 경제의 활성화를 가져왔고 Uber, Lyft, AirBnB, 한국의 대리기사 등 자영업자와 피고용인의 성격을 동시에 지니는 특수고용직의 수가 거의 모든 국가에서 급격히 늘어나고 있다. 이들은 직장과의 밀착도는 희박하여 피고용인이라기보다는 프리랜서형 노동자로 불리고 있다. 프리랜서형 노동자들은 전통적인 노사관계에서 협상의 대상이 되어야 할 사용자가 불확실하여 이들을 위한 노동조합의 설립이 용이하지 않다. 전통적으로 노동조합은 안정적인 피고용인들을 대상으로 조직이 되어왔는데 프리랜서형 노동자의 등장은 노동조합의 위축을 가져오고 있다.

4차 산업혁명의 급격한 진전에 따른 기술의 발달로 새로운 고용의 형태가 증가

넷째, 과거 노동조합은 자본과 노동의 이분화된 환경에서 노동의 이해를 보호하기 위하여 형성되었었다. 즉, 전통적인 노사관계는 노동과 자본(혹은 제도와 시장)이 서로 경쟁한 결과물로 보았으며, 노동조합은 자본에 대응하여 노동자를 대변하는 조직으로 간주되었다. 하지만 1960년대 이후 세계적인 인권운동의 물결과 그 이후 이민자, 여성, 노령인구, 성소수자 등 다양한 정체성 그룹의 등장으로 인하여 노사관계의 당사자가 훨씬 다양해지고 있다. 시민들은 스스로를 생산자로 인식하기보다는 소비자로 인식하는 경향이 강해지고 있으며, 노동자로만 인식하기보다는 다양한 정체성 그룹의 일원으로 인식하기 시작한 것이다. 이러한 현상은 자본에 대응하는 전통적인 노동조합의 정체성을 약화시켜서 노동조합과 단체협상의 위축으로

노동자로만 인식하기보다는 다양한 정체성 그룹의 일원으로 인식

이어지는 현상을 가져오고 있다.[8]

신자유주의적 풍조의 영향으로 정부의 정책이 노조에 적대적

다섯째, 1980년대 이후 세계적으로 유행한 신자유주의적 풍조의 영향으로 정부의 정책이 노조에 적대적으로 기울은 점도 노조조직률의 하락에 기여하였다. 1980년대부터 영국의 대처수상, 미국의 레이건, 부시대통령으로 대표되는 신자유주의적인 경제노동정책이 많은 국가들의 경제노동정책에 기저를 제공함으로써 노조에 적대적이거나 비우호적인 정책과 법안이 집행되거나 통과되는 현상이 지속된 점도 노조조직률의 하락을 불러온 것이다. 반노조적인 사회정치적 분위기를 배경으로 사용자들이 노조회피전략을 적극적으로 활용한 것도 노조조직률의 하락에 기여하였다. 즉, 사용자들도 노골적인 노조회피전략을 사용하여 조직성향이 낮은 지역과 사업부문으로 사업의 중심을 이전하였다. 이와 동시에 노동조합원을 차별하고 해고하는 등의 탈법적인 행위도 더욱 증가하였다. 한편으로는, 피고용인의 노동조합조직에 대한 유인을 줄이기 위하여 개별적인 인적자원관리제도를 활성화하고 합리적인 고충처리절차를 제공하며, 피고용인의 경영참여를 확대하는 등 노동조합의 서비스를 대체할 수 있는 제도들을 제공하였다. 노동조합에 대한 사용자의 반대는 세계화와 정보화로 인하여 경쟁이 격화되면서 노조의 존재가 기업의 경쟁력을 약화시킨다는 믿음이 일부 사용자 사이에 확산되면서 더욱 강화되었다. 이러한 사용자의 전략은 노동조합의 조직률을 하락시키는 데에 결정적인 영향을 미친 것으로 보인다.

개인차원의 고용관련 보호 법안들이 피고용인이 느끼는 집단노사관계에 대한 필요성을 감소시키는 역할

마지막으로 고용평등법, 차별금지법, 모성보호법, 장애인고용촉진법, 성희롱금지법, 직장내괴롭힘금지법 등 정부가 통과시킨 개인차원의 고용관련 보호법안들이 피고용인이 느끼는 집단노사관계(즉, 노동조합과의 관계)에 대한 필요성을 감소시키는 역할을 하여 노조조직률의 하락을 더욱 부추기게 되었다. 즉, 개별노동기본권을 정부가 법으로 보호하는 추세가 강화되면서 노동조합으로 대표되는 집단노사관계의 중요성이 약화된 것이다. 그 결과 일부 국가에서는 고용과 관련된 개별적인 소송이 증가하는 현상을 보이고 있다. 과거에는 개별 직원이 부당한 대우을 받았을 때 노동조합을 통하여 해결하였으나 이제는 노조가 없어지거나 약해짐에 따라 개별적으로 기업을 상대로 소송을 하는 방식으로 해결하게 된 것이다.

---

8 Piore, M. J. and Safford, S. 2006. "Changing Regimes of Workplace Governance, Shifting Axes of Social Mobilization, and the Challenge to Industrial Relations Theory," Industrial Relations. 45(3): 299-325.

2 무노조기업의 노조화

2.1 노조화이론

유노조기업은 대체로 무노조기업의 직원들이 노조를 결성함으로써 발생하게 된다. 그러면 무엇이 무노조기업의 직원들로 하여금 노조를 결성하게 하는 것일까? 기존의 연구들은 노조화에 대한 다음과 같은 이론을 제시하고 있다. 즉, 노조화는 직무불만족과 노조의 수단성의 함수라는 것이다. 이를 수식의 형태로 정리하면 다음과 같다.

노조화는 직무불만족과 노조의 수단성의 함수

$$노조화 = f(직무불만족, \ 노조의 \ 수단성)$$

직원이 기업에게 느끼는 직무 불만족 정도가 높을수록 노조화 가능성은 높아지게 된다. 예를 들어, 고용안정, 임금, 승진, 상급자, 근로조건에 대한 불만이 많은 경우 직원들은 이직(exit option)과 노조결성(voice option)의 두 가지 선택에 직면하게 될 것이다. 불만이 많은 직원들이 이직보다는 노조결성을 택하게 되는 원인은 직원들이 노조를 통하여 자신들의 직무 불만족을 해소할 수 있을 것이라고 믿는 노조의 수단성(union instrumentality) 때문이다. 즉 직원들의 직무 불만족이 높고 노동조합이 이를 해소할 수 있다고 믿을 때 노조화의 가능성이 높아지게 된다는 것이다.

직원이 기업에게 느끼는 직무불만족 정도가 높을수록 노조화 가능성 증가

2.2 무노조기업의 직원들이 노조를 결성하는 이유

노조가 없었던 기업에서 종업원들이 노동조합을 결성하는 이유에 대해 한 실증연구를 통해 그 이유를 살펴볼 수 있다.[9] 노조 결성 이유를 아래에서 보듯이 13가지로 나열하였는데 이를 분류하면 대체로 ① 종업원과 경영자간의 의사소통 부재, ② 무원칙적인 인사정책, ③ 열악한 근로조건 등의 세 가지로 분류된다. 이 세 가지 요소는 모두 직원들의 직무불만족을 높여준다는 공통점이 있다.

노동조합을 결성하는 이유는 열악한 근로조건, 종업원과 경영자간의 의사소통 부재 및 무원칙적인 경영 등에 기인

　　① 공정하지 않고 일관성 없는 직원 처벌로 인사문제를 경영층이 즉흥적으로 결정한다는 인상을 줌

---

9 John P. Bucalo, Jr., "Successful Employee Relations," *Personnel Administration*, 1986, pp. 63-84.

② 경영층과 직원간의 공식, 비공식 의사소통 라인의 부재

③ 중요 인사정책의 실시 시 직원의 의사를 전혀 반영치 않음

④ 일부 그룹의 직원들을 편애, 우대하는 인사관행

⑤ 회사의 경영성과에 대하여 직원들에게 전혀 알리지 않음

⑥ 직원들의 불만이나 고충을 호소할 마땅한 채널이 존재하지 않음

⑦ 직원의 정당한 불만이 전달되었음에도 여러 가지 이유로 해결되지 않음

⑧ 직원들에 대한 훈련이 충분치 않아 직무수행에 애로 발생

⑨ 능력위주의 승진원칙을 표명하고 객관적으로 능력이 있는 고참직원보다 그렇지 못한 신참직원을 승진시킴

⑩ 사고나 질병의 위험이 높은 작업장 환경

⑪ 제품 수요 감소에 따른 해고가능성을 줄일 노력을 기울이지 않음으로써 대량채용과 대량해고의 반복

⑫ 경영층, 사무직, 생산직 직원간의 차별적인 대우: 식당, 주차장 등

⑬ 임금과 수당이 경쟁기업보다 현저히 낮은 경우

3 무노조기업의 노조화 방지전략

노조의 결성을 반대하는 이유는 경영권 침해에 대한 우려와 노동비용의 증가

무노조기업에서 노조의 결성을 반대하는 이유는 여러 가지가 있지만 일반적으로 경영권 침해에 대한 우려와 노동비용의 증가 등이 중요한 원인으로 꼽힌다. 노동조합이 있는 경우 기업의 의사결정에 노조가 개입하게 되면서 경영진의 자율권이 축소되는 것과 노조가 결성될 경우 임금인상, 근로조건 향상 등으로 인건비의 증가가 뒤따를 것을 우려하기 때문이다. 무노조기업의 노조화 방지방안은 노조탄압, 노조회피, 노조대체의 세 가지가 있다.[10] 노조탄압은 부당노동행위에 가까운 수단이며, 노조회피와 노조대체는 적법한 수단으로 노조를 억제하려는 방안이다. 이에 대하여 차례로 살펴보기로 한다.

10 이영면, 「고용관계론: 새로운 노사관계의 모색을 위하여」(서울 경문사, 2001), pp. 272-275.

3.1 노조탄압전략(union suppression)

대부분 부당노동행위에 해당하는 수단으로서 노조를 극한적으로 탄압하는 경우이다

(1) 노조파괴전문가 활용

노조에 대한 회사의 가장 적극적인 대응방안은 노조탄압이다. 이는 신생노조가 결성되는 것을 적극 방해하는 사용자의 부당노동행위를 포함하여 기존의 노동조합도 그 활동을 방해하는 다양한 노동조합 방해활동이다. 미국의 경우 기존의 노동조합을 파괴하는 일을 전문적으로 하는 노조파괴전문가(union buster)라는 직업도 있으며 우리나라에서도 심각한 노사갈등을 겪고 있던 일부 기업에서 노조파괴전문가를 고용한 사례도 있다. 이러한 활동을 적극적으로 하는 기업들은 전통적으로 무노조전략을 추구하는 기업들이다.

(2) 사용자의 노조결성추진세력 해고

사용자는 노동조합의 정당한 활동을 방해하면 부당노동행위로 법에 저촉된다. 그러나 사용자는 노조결성을 적극적으로 억압하고자 법망을 피하여 노조결성 추진세력을 해고하는 경우가 종종 있다. 우리나라의 경우 사용자가 부당노동행위를 한 것으로 노동위원회가 판정하더라도 상습적이지 않으면 원상회복주의를 취하기 때문에 복직과 밀린 임금의 지급이 요구될 뿐이다. 하지만 노동운동으로 해고되었다가 복직된 근로자 입장에서는 보면 해고기간 중의 공백기간을 거친 후 다시 노조결성을 하여야 하므로 처음부터 다시 시작해야 하는 어려움이 있다.

(3) 교섭 거부

정당한 사유없이 이미 결성된 노동조합과의 교섭을 거부하기도 한다. 원칙적으로 사용자는 정당한 사유없이 노조와의 교섭을 거부할 수 없으며 부당노동행위로 판정될 수 있다. 하지만 적당한 이유를 들어 노조와의 교섭을 계속 피하고 무관심 속에서 노조를 대하면서 노조의 활동력을 저하시키려고 하기도 한다. 한편으로는 단체교섭에 임하기는 하지만 교섭을 해태하는 전술을 쓰기도 한다.

(4) 노조해산

사용자가 노조가 해산되도록 조합원들을 조종하고 선동하는 경우도 있다. 노조

를 해산하려면 대체로 재적조합원의 과반수 이상의 출석과 과반수 이상의 찬성으로 가능하다. 사용자는 노조집행부가 불신임당하거나 어려운 위기에 처하도록 유도하고 반집행부 조합원들을 모아서 노조해산결의를 하도록 할 수 있다. 사용자가 노조의 의사결정에 개입하는 것은 노조의 자주성을 침해한 것으로 사실상 부당노동행위를 하고 있지만 현실적으로 이를 입증하기란 쉽지 않다.

어려운 위기에 처한 경우 반집행부 조합원들을 모아서 노조해산 결의

3.2 노조회피전략(union avoidance)

노조회피란 회사측이 법을 어겨가면서까지 노조를 탄압하는 것은 아니지만 가능한 한 회사에 노조가 결성되는 것을 막고 최소한 확산되는 것을 막으려는 회사측의 전략적 입장을 말한다.

노조회피란 가능한 한 회사에 노조가 결성되는 것을 막고 최소한 확산되는 것을 막으려는 회사측의 전략적 입장

(1) 적극적 인적자원관리

무노조기업이 노조를 피할 수 있는 가장 효과적인 방법은 경쟁대상인 노조기업이 단체교섭과 임금교섭을 통해 결정된 임금수준과 근로조건보다 더 높은 임금수준과 더 좋은 근로조건을 제시함(무노조 프리미엄)으로써 노조를 결성하려는 의지를 약화시키는 것이다. 적극적 인적자원관리는 근로조건, 교육과 훈련, 배치전환, 경력개발, 고충처리 등에 있어서 최고의 수준과 세심한 배려로 근로자들의 불만을 사전에 파악하고 이에 대해 능동적으로 대응하는 것을 의미한다. 적극적 인적자원관리는 근로자들의 직무만족도를 향상시켜 근로자들이 노조를 원치 않도록 하는 효과를 가진다.

무노조 프리미엄

(2) 병렬형 관리(double breasting)

병렬형 관리란 유노조 사업장과 무노조 사업장을 함께 가진 기업에서 노조의 영향력을 약화시키기 위하여, 노조가 있는 사업장은 축소하고 노조가 없는 사업장을 확대하도록 관리하는 방법이다. 즉, 중장기적으로 노조가 없는 기업에 투자와 고용을 늘리고, 노조기업에는 투자를 줄이거나 고용을 축소하여 자연스럽게 노조가 약화되도록 유도하는 노조회피전략이다. 한편으로는 노조가 있는 공장을 국내외의 무노조지역으로 이전하여 노조를 제거하는 방법을 쓰기도 한다.

병렬형 관리란 유노조 사업장과 무노조 사업장을 함께 가진 기업에서 노조의 영향력을 약화시키기 위하여 노조가 있는 사업장은 축소하고 노조가 없는 사업장을 확대하도록 관리하는 방법

노조대체전략(union substitution)

법테두리내에서 노조의 순기능을 대신할 수 있는 대안적 의사소통기구 (alternative voice channel)를 제시함으로써 노조 결성과 활동을 막으려는 사용자측의 방법이다. 노와 사가 공동체임을 강조하고 조식에 대한 충성심을 고취하여 노사 간의 구분을 약하게 하여 노조결성 움직임을 막으며 노동조합 대신 노사협의회와 같은 조직을 적극 활용하여 근로자들의 불만을 처리하거나 제안을 받아들이는 방법 등이 있을 수 있다. 그 외에도 다양한 경영관리방안에 근로자들의 의견을 반영하는 제도를 만들어서 근로자들의 의견을 반영하고 이를 통해 노조의 필요성을 약화시키고 노조결성을 피하려는 방법이다. 노사협의회 이외에도 평사원협의회, 청년이사회나 청년중역회와 같은 제도 등도 근로자들의 경영참가를 통한 참여욕구의 충족 등을 통해 노조 결성요구를 낮추려는 방안으로 활용되기도 한다.

법테두리 내에서 노조의 순기능을 대신할 수 있는 대안적 의사소통기구 활용

노사협의회

4 무노조기업의 유형과 특징

무노조기업은 대체로 철학적 무노조, 정책적 무노조, 종교적 무노조, 영세 무노조의 네 가지 종류로 구분된다. 이하에서는 이들을 차례로 설명하기로 한다.

4.1 철학적 무노조기업
(philosophy-laden nonunion management)

철학적 무노조경영이란 최고경영자가 인재경영에 대한 철학을 갖고 있으며, 무노조경영은 목표가 아닌 경영철학의 부산물로 나타난다고 본다. 즉 인재중시 경영에 힘쓰다 보니 피고용인의 불만이 자연스럽게 없어져 무노조가 달성되는 경우이다. 철학적 무노조기업들은 우수한 인적자원관리제도를 사용하는 대기업인 경우가 많고 우수한 인적자원관리제도가 노동조합의 존재를 대체(substitution)하는 효과를 가지게 된다. 이 기업들은 노조를 회피하기 위하여 무노조 프리미엄(nonunion premium, 무노조를 유지하기 위하여 추가로 지불하는 임금, 즉 경쟁상대인 노조기업보다 더 높은 임금)을 지불하고 정교하고 공정한 인적자원관리제도를 운영함으로써 직원들의 직무만족도

철학적 무노조경영이란 최고경영자가 인재경영에 대한 철학을 갖고 있으며, 무노조 경영은 목표가 아닌 경영철학의 부산물

를 향상시켜서 노조화의 동기를 자연스럽게 약화시키는 것이다. 특히 일부 기업의 '우리는 노조보다 앞서간다'(We outunion union)라는 구호에서 보는 바와 같이 노조기업보다 더 나은 대우를 보장하는 정책을 펴고 있다. 이들 기업은 대체로 '무노조직원대표조직'(Nonunion Employee Representation)을 운영하는데, 무노조직원대표조직은 피고용인이 스스로 사용자로부터 자신들이 존중받는다고 인식하므로 사용자와 협력적이고 건설적 관계를 만들고 조직에 대한 충성심을 유발시키게 된다.[11]

4.2 정책적 무노조기업(doctrinaire nonunion management)

정책적 무노조경영은 무노조경영을 인적자원관리의 목표 중의 하나로 천명하고 노조회피전략을 명시적으로 수립·실행하게 된다. 이와 같은 경영방식은 최고경영자의 노조에 대한 직접적·간접적인 부정적 경험이 주요한 동기라고 할 수 있다. 즉 인재경영보다는 무노조경영 그 자체가 인적자원관리의 목표가 되는 경우이다. 이들 기업에서는 대체로 무노조를 유지하기 위하여 ① 우수한 인적자원관리와 높은 임금 등으로 직원들을 잘 대우하여 직무만족도를 향상시켜서 노조가 발생하지 않도록 하는 high road식 인사정책과 ② 노조를 결성하고자 하는 움직임을 사전에 간파하고 노조결성 움직임을 수단과 방법을 가리지 않고 탄압하는 low road식 인사정책을 함께 사용하고 있다. 후자의 경우에는 지나치게 무노조 유지에 집착하여 부당노동행위 등이 발생하는 부작용이 생기는 경우도 있다. 또 노조결성에 따른 향후 불이익을 알려줌(공포감 조성)으로써 노조결성을 억압하는 방법과 노조는 좌익이고 자본주의를 파괴하기 때문에 '노조는 악'이라고 이데올로기적으로 반대하는 방법을 병행하기도 한다. 이들 무노조기업에서는 노동조합을 노사간의 협력적 관계를 저해하는 불필요한 '제3자'로 인식하기 때문에 이를 대체할 수 있는 기구가 필요하다고 본다. 즉 노조가 아니면서 피고용인의 의견을 대변할 수 있는 노사협의회 등과 같은 무노조직원대표조직을 적극적으로 활용하여 노조를 대체하려고 노력하는 점이 특징이다.

정책적 무노조경영은 무노조 경영을 인적자원관리의 목표 중의 하나로 천명하고 노조회피전략을 명시적으로 수립·실행

11 Bruce E. Kaufman, "Accomplishments and Shortcomings of Nonunion Employee Representation in the Pre-Wagner Act Years: A Reassessment," in Nonunion Employee Representation: History, Contemporary Practice, and Policy ed. by Bruce E. Kaufman and Daphne Gottlieb Taras (Armonk, NY: M. E. Sharpe, Inc., 2000), Chapter 2.

	개념	특징
철학적 무노조	CEO의 인재경영에 대한 철학을 갖고 있으며 무노조경영은 목표가 아닌 경영철학의 부산물	• 우수한 인적자원관리제도가 노조의 존재를 대체 • 무노조프리미엄
정책적 무노조	무노조경영을 인적자원관리의 목표로 천명하고 노조회피전략을 명시적으로 수립 실행	• 직원들을 잘 대우해줘 직무만족도를 향상시켜 노조발생을 억제하는 high road식 방식과 노조결성을 사전에 간파하여 노조결성 움직임을 수단과 방법을 가리지 않고 탄압하는 low road식 방식이 있음 • 노조의 대안으로 노사협의회 등과 같은 무노조직원대표조직을 적극 활용
종교적 무노조	종교적인 믿음을 바탕으로 노사가 합심하여 기업을 운영	• 경영자는 노조가 경영자와 직원간의 종교적 화합을 저해하는 불필요한 제3자로 인식하므로 노조의 결성을 명시적·묵시적으로 금지
영세 무노조	노조도 없으며 우수한 인적자원관리제도도 없는 기업군	• 경영에 대한 전문지식이 부족한 대부분의 중소영세기업에서 나타남. 블랙홀 또는 블릭 하우스라고도 함.

4.3 종교적 무노조기업

종교적 무노조기업은 종교적인 믿음을 바탕으로 노사가 합심하여 기업을 운영하는 것을 목표로 삼는 기업이다. 이들 기업의 경영자는 노동조합을 경영자와 직원간의 종교적 화합을 저해하는 불필요한 제3자로서 인식하므로 노동조합의 결성을 명시적·묵시적으로 금지하고 있는 것이 특징이다. 대체로 이들 기업에서는 창업주와 2~3세 경영인 그리고 경영진이 독실한 종교신자이며, 그 결과 대부분의 직원들도 특정 종교의 신자들로 구성된다. 구체적으로 일부 기업에서는 바람직한 인재상을 '종교적인 신념이 강한 직원'으로 명시하거나, 매일 혹은 매주 일과를 기도로 시작하고, 매출액의 일정액을 종교기관에 기부하는 것을 관행화하고 있다. 제품에 종교적인 신념을 적은 문구를 새겨 놓거나 프렌차이즈 가맹조건 중 특정 종교기관의 추천서를 요구하기도 한다. 종교적 무노조기업은 특이한 경우로서 그 존재 자체가 이론적인 의미를 갖지만, 무노조기업 중에서 차지하는 비중은 아주 낮아서 무노조기업 중 극소수에 불과하다.

종교적 무노조기업은 종교적인 믿음을 바탕으로 노사가 합심하여 기업을 운영하는 것을 목표로 삼는 기업

4.4 영세 무노조기업

영세 무노조기업은 '블랙홀(black hole) 혹은 블릭 하우스(bleak house)형 기업'이

블릭 하우스(bleak house)

노동조합도 없으며 우수한
HRM제도도 없는 기업군

라고도 불린다. 이들은 노동조합도 없으며 우수한 인적자원관리제도도 없는 기업군으로 경영에 대한 전문지식이 부족한 대부분의 중소영세기업에서 관찰되는 형태이다. 블랙홀형 무노조기업은 피고용인의 동기부여, 직무만족 및 조직몰입 등의 향상을 위한 인적자원관리제도를 실시하지도 않으며 노동조합이 존재하지 않는 형태의 기업을 말한다.[12] 즉 노동조합도 없고 피고용인의 불만을 해소해 줄 만한 인적자원관리활동도 수행되지 못하기 때문에 피고용인은 불공정하게 대우받고 경영자의 일방적인 결정을 수용해야 하는 처지에 놓이게 된다. 따라서 피고용인들은 저임금, 낮은 기술수준 및 교육, 몰입 및 참여수준 저하, 직무만족도 하락, 이직의도 제고 및 잦은 해고 등의 어려움을 겪게 된다. 이와 같은 블랙홀형 무노조기업들은 인적자원관리에 대한 인식이 부족한 가족기업이나 중소규모의 영세기업들에서 흔히 발견할 수 있다. 이들 영세기업에서는 사용자의 지불능력이 미약한 한계기업들이 많아서 노동조합을 결성하여도 직원에 대한 처우가 향상된다는 보장이 없고, 노조결성으로 인하여 인건비가 증가한다면 도산을 하거나 인건비가 저렴한 국가나 지역으로 사업장을 이전할 가능성이 큰 기업들이다. 이러한 영세 무노조기업에서는 노사간의 갈등이나 문제를 해결할 수 있는 뚜렷한 제도가 존재하지 않는다는 문제점을 갖고 있다.[13]

5 기업 내의 무노조 의견대변기구: 노사협의회

유럽, 아시아 등 세계적으로 많은 국가에서 존재하고 한국에서도 법적으로 설립하도록 강제되어 있는 노사협의회 혹은 작업장평의회도 노조가 아닌 직원의견 대변기구이므로 무노조경영의 중요한 부분이 되기도 한다.

5.1 노사협의회의 성격

노사협의회(labor-management committee) 혹은 작업장평의회(works council)는

---

12 David Guest, and Neil Conway, "Peering in the Black Hole: The Downside of the New Employment Relations in the UK," *British Journal of Industrial Relations*, 37(3), 1999, pp. 367-389.

13 이규용·김동원·박용승, 「근로자 고충처리기구의 합리적 운영방안」(노동부, 2006), pp. 15-16.

작업장 단위에서 사용자와 근로자들이 작업장에서의 문제해결과 공동관심사를 협의하는 제도이며, 다수의 국가에서 시행되고 있다. 한국, 프랑스, 벨기에 등 노사대표로 구성되는 경우에는 노사협의회(labor-management committee)라고 지칭하며, 독일, 오스트리아, 네덜란드, 스페인 등에서처럼 근로자 대표만으로 구성하여 별도로 구성된 사용자대표와 협의하는 경우는 작업장평의회(Works Council)라고 부르는 것이 일반적이다. 노사협의회(혹은 작업장평의회)는 작업장 단위에서 사용자와 근로자들이 작업장에서의 문제해결과 공동관심사를 협의하는 제도이다. 노사협의회(혹은 작업장 평의회)를 통하여 근로자들의 의견이 경영에 반영된다는 점에서 이 제도는 종업원참여제도의 일종으로 간주할 수 있다. 단체협상에서 노사 양측의 이익이 상충되어 대립적 구도로 흐르기 쉬운 경향이 있음에 반하여, 노사협의회는 대립을 지양하기 위한 수단으로서 작업장 단위에서 종업원의 참여를 목표로 설립되었다는 점이 그 특징이라고 할 수 있다. 노사협의회(혹은 작업장평의회)는 일부 유럽과 아시아국가에서 법률로 그 시행을 강제하고 있고, 영국과 미국에서는 극히 드문 경우이지만 노사간의 합의에 의하여 실시되기도 한다.

▲ 현대중공업 노사협의회 장면
(http://www.hhiun.or.kr/Photo/61975)

작업장 단위에서 사용자와 피고용인들이 작업장에서의 문제해결과 공동 관심사를 협의하는 제도

한국의 경우 법률로 그 시행이 강제되어 있고, 노사대표가 함께 참여하게 되므로 노사협의회(Labor-Management Committee)라고 부른다. 구체적으로 「근로자참여 및 협력증진에 관한 법률」에서 "노사협의회라 함은 근로자와 사용자가 참여와 협력을 통하여 근로자의 복지증진과 기업의 건전한 발전을 도모함을 목적으로 구성하는 협의기구"라고 규정하고 있다(제3조 제1항).

5.2 노사협의회와 단체교섭 간의 관계

노동조합이 노조원만을 대표함에 비하여 노사협의회는 노조가입 여부와 관계없이 모든 근로자를 대표한다. 즉, 자동차공장의 예를 들면 노동조합은 노조원인 생산직 직원만을 대표한다면, 노사협의회는 생산직 직원뿐만 아니라 중간간부와 사무직 직원까지 모두 대표한다. 노사협의회는 경영참가라는 생산수단의 운영에 의한 가치생산과정에 있어서 노사 이해공통적 관계의 해결을 본질적 과제로 삼는 데 반하여 단체교섭은 가치배분과정에 있어서 노사 이해대립적 관계의 해결을 그 본질적 과제로 삼는다. 즉 전자는 파이(pie) 생산에 참여하는 것이며 후자는 파이 배분에 참여하는 것이다. 더욱이 단체교섭에 있어서도 쟁의권이 전제되어 있는 데 반하여 노사협의는 평화적 처리가 전제로 되어 있다는 점이 다르다. 또한 노사협의회는 노조가입 여부에 관계없이 근로자는 누구나 노사협의회 위원으로 선출될 수 있으나 단체교섭에서는 노조원 대표만이 참가하는 차이점이 있다. 이를 정리하면 〈도표 8-4〉와 같다.

노사협의회와 단체교섭을 효과적으로 운영하기 위하여 두 제도의 관계를 어떻게 정립할 것인가가 중요하다. 한국의 기업에서 주로 관찰되는 이 두 제도간의 관계는 분리형, 연결형, 보완형이 있다. 첫째, 분리형은 단체교섭과 노사협의회를 별도의 제도로 분리하여 운영하는 방식으로 노사협의회에서는 단체교섭사항을 다루지 않는 방식이다. 둘째, 연결형은 단체교섭과 노사협의회를 각각 별도의 제도로 분리하여 운영하지만 단체교섭사항에 대하여서도 노사협의회에서 예비적으로 의견교환과 절충을 행함으로써 양 제도가 유기적인 관련성을 맺고 운영되는 것이다. 마지막으로 대체형은 단체교섭과 노사협의회 양 제도를 서로 구분하지 않고 노사협의회에서 단체교섭사항까지 논의하는 운영방식이다. 대체형은 상호이익이 되는 관심사를 다루는 노사협의회가 대립적인 이슈가 많은 상호단체교섭사항을 다루게 되면서 갈등구도로 흐르기 쉽다는 점에서 노사협의회의 장점을 살리지 못하므로 바람직하지 않은 것으로 간주된다.

분리형은 단체교섭과 노사협의회를 별도의 제도로 분리하여 운영하는 방식

연결형은 단체교섭과 노사협의회를 운영

대체형은 단체교섭과 노사협의회 양제도를 서로 구분하지 않고 노사협의회에서 단체교섭사항까지 논의하는 운영방식

도표 8-4 노사협의회와 단체교섭의 비교

분류 기준	노사협의회	단체교섭
근거법	• 근로자참여 및 협력증진에 관한 법률	• 노동조합 및 노동관계조종법
목적	• 노사공동의 이익증진	• 근로자의 지위향상 및 근로조건의 개선 유지
사업장	• 30인 이상의 사업 또는 사업장	• 노동조합이 있는 사업장
배경	• 노동조합의 설립 여부나 쟁의행위라는 위협의 배경없이 진행	• 노동조합 및 기타 노동단체의 존립을 전제로 하고 자력 구제로서의 쟁의를 배경
구성 (당사자)	• 노사협의회 근로자위원 및 사용자위원 • 근로자위원은 노조가입 여부와 관계없이 선출	• 노동조합 및 사용자(사용자단체)
활동	• 사용자의 기업경영상황 보고와 안건에 대한 노사간 협의 의결	• 노사간 교섭 및 협약체결
대상사항	• 기업의 경영이나 생산성 향상 등과 같이 노사간 이해가 공통	• 임금, 근로시간, 기타 근로조건에 관한 사항처럼 이해가 대립
결과	• 법적 구속력 있는 계약체결이 이루어지지 않을 수 있음	• 단체교섭이 원만히 이루어진 경우 단체협약 체결
기타	• 쟁의행위를 수반하지 않음	• 교섭결렬시 쟁의행위 가능

5.3 노사협의회의 구성

법률에 의하면 노사협의회는 30인 이상의 사업장에서 반드시 구성하도록 정하였다. 노사협의회는 근로자와 사용자를 대표하는 동수의 위원으로 구성하되 그 수는 각 3명 이상 10명 이내로 하도록 하며, 노사협의회의 의장을 두며 위원 중에서 호선하도록 규정하였다. 노사협의회위원으로 근로자위원은 근로자가 직접 선출하는 것을 원칙으로 하되, 근로자의 과반수로 조직된 노동조합이 있는 경우에는 노조 대표자와 그 노동조합이 위촉하는 자로 하고, 노동조합원이 과반수를 넘지 못하거나 노동조합이 없는 경우에는 근로자의 직접·비밀·무기명투표에 의하여 선출하도록 정하였다. 사용자는 근로자위원의 선출에 개입이나 방해를 할 수 없도록 정하였다. 한편 사용자위원은 당해 사업 또는 사업장의 대표자와 그 대표자가 위촉하는 자로 하도록 하였다. 위원의 임기는 3년으로 하되 연임이 가능하며, 위원은 비상임·무보수로 하도록 정하였다. 사용자는 근로자위원에게 노사협의회원으로서 직무수행과 관련하여 불이익한 처분을 할 수 없도록 하여 노사협의회 활동으로 인한 불이익이 없도록 하였다.

30인 이상의 사업장에서 반드시 구성

5.4 노사협의회의 운영 및 임무

① 노사협의회의 운영   노사협의회 운영에 대한 사항은 「근로자참여 및 협력증진에 관한 법률」에 상세히 규정하고 있다. 노사협의회는 3개월마다 정기적으로 회의를 개최하도록 되어 있고, 필요에 따라 임시회의를 개최할 수 있도록 하였다. 노사 일방의 대표자가 회의의 목적사항을 문서로 명시하여 회의의 소집을 요구할 때에는 의무적으로 소집하여야 하고, 회의는 근로자위원과 사용자위원의 과반수 이상의 출석으로 개최하고 출석위원 3분의 2 이상의 찬성으로 의결하도록 정하였다.

3개월마다 정기적으로 회의를 개최, 필요에 따라 임시회의를 개최

② 노사협의회의 임무   노사협의회가 가지는 주된 임무는 보고사항, 협의사항, 의결사항의 세 가지로서 각각을 살펴보면 다음과 같다.

- 보고사항   사용자가 협의회에서 보고·설명하여야 할 사항은 주로 경영정보공유의 성질을 가진 사항들이다. 경영계획 전반 및 실적에 관한 사항, 분기별 생산계획과 실적에 관한 사항, 인력계획에 관한 사항, 기업의 경제적·재정적 상황 등은 사용자가 협의회에 보고하도록 규정하고 있다.
- 협의사항   근로자위원과 사용자위원 등이 대등한 지위에서 협의하여

보고사항: 경영정보공유의 성질을 가진 사항들

협의사항: 생산·노무·인 사관리에 관한 사항들

합의에 도달할 수 있는 사항들로서 주로 생산·노무·인사관리에 관한 사항들이 이에 속한다. 구체적으로 생산성 향상과 성과배분, 근로자의 채용·배치 및 교육훈련, 노동쟁의의 예방, 근로자의 고충처리, 안전·보건 기타 작업환경 개선과 근로자의 건강증진, 인사·노무관리의 제도개선, 경영상 또는 기술상의 사정으로 인한 인력의 배치전환·재훈련·해고 등 고용조정의 일반원칙, 작업 및 휴게시간의 운용, 임금의 지불방법·체계·구조 등의 제도개선, 신기계 기술의 도입 또는 작업공정의 개선, 작업수칙의 제정 또는 근로자의 재산형성에 관한 지원, 근로자의 복지증진, 기타 노사협조에 관한 사항 등이다. 이 사항에 관해서는 단순히 의견의 교환으로 그치지 아니하고 쌍방이 원한다면 의결을 통하여 적극적으로 합의에 도달할 수도 있다.

- **의결사항** 사용자가 반드시 협의회의 의결을 거쳐야만 시행할 수 있는 사항들로서 주로 사내복지관련시설 및 노사공동기구의 설치·관리에 관한 사항들이 이에 속한다. 그 내용들을 살펴보면 근로자의 교육훈련 및 능력개발 기본계획의 수립, 복지시설의 설치와 관리, 고충처리위원회에서 의결되지 아니한 사항, 각종 노사공동위원회의 설치 등이다. 의결된 사항은 신속히 공지하고 노사 양측은 성실하게 이행하여야 할 의무를 부과하였다. 다만, 의결사항에 대한 의결이 성립되지 아니하거나 의결사항에 대한 해석 또는 이행방법에 대하여 당사자간에 다툼이 있는 경우에 이를 해결하기 위해 협의회에 중재기구를 두어 해결하거나, 노동위원회 기타 제3자에 의한 중재를 받을 수 있도록 규정하였다.

사내 복지관련 시설 및 노사 공동기구의 설치·관리에 관한 사항들

5.5 고충처리제도

30인 이상의 근로자를 사용하는 모든 사업 또는 사업장에는 고충처리위원을 두도록 규정

「근로자참여 및 협력증진에 관한 법률」에서는 상시 30인 이상의 근로자를 사용하는 모든 사업 또는 사업장에는 고충처리위원을 두도록 규정하고 있다. 고충처리위원은 노사를 대표하여 3인 이내의 위원으로 구성하되 협의회가 설치되어 있는 경우에는 협의회가 그 위원 중에서 선임하고 협의회가 없는 경우에는 사용자가 위촉하도록 하였다. 고충처리위원은 근로자로부터 고충사항을 청취한 때에는 10일 이내에 조치사항 기타 처리결과를 당해 근로자에게 통보하여야 하며 처리가 곤란한 경우에는 협의회에 부의하여 협의처리하도록 정하였다.

일반적인 고충처리절차를 예시하면 〈도표 8-5〉와 같다. 예를 들어 인사·경제·복지 및 작업관계 등에 고충을 갖고 있는 근로자는 건의함, 간담회 상담 등을 통

도표 8-5 기업의 고충처리 운용절차

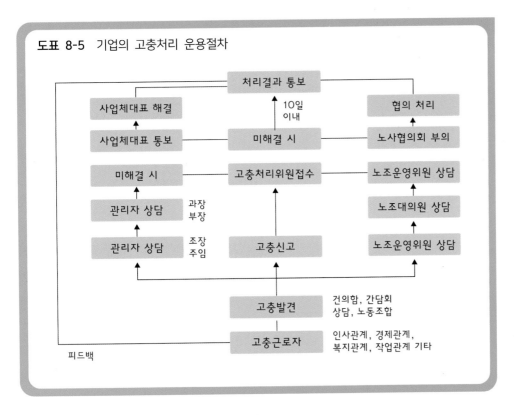

해 자신의 고충을 제기하게 된다. 이때 고충처리위원회에서는 즉시 고충에 대한 해결방안을 모색하고 10일 이내에 처리결과를 당해 근로자에게 통보한다.

대부분의 국가에서 고충처리를 노동조합에 일임하고 있음에 비하여, 우리나라의 경우 법률에 의하여 노사협의회에게 고충처리의 역할을 맡기고 있다. 또한 고충처리제도를 유노조와 무노조기업 모두에게 설치하도록 강제한 점이다. 이는 피고용인의 권익을 보다 철저히 보호하기 위한 취지로 해석된다.

 6 노동시장의 새로운 행위자

6.1 새로운 행위자의 등장배경

노동조합 조직률은 전 세계적으로 침체해있고 한국의 경우도 2022년 13%대에 머물고 있다. 노동조합도 대규모 기업, 전통적 제조업, 정규직을 중심으로 노동자의

● 노동조합 조직률의 하락

이해를 대변하고 있는 반면, 중소기업, 정보통신(IT) 기업 및 서비스업 종사자, 비정규직 등은 노동조합 조직률이 낮아 노조에 의해 보호받지 못하는 상황이 발생하고 있다.

전국 노동조합 조직현황에서 2022년 사업체 규모별 노동조합 조직률에 따르면,[14] 근로자수 300명 이상 기업은 36.9%, 100~299명 미만은 5.7%인데 비해 30~99명 미만은 1.3%, 30명 미만은 0.1%에 불과하다. 2024년 8월 현재 근로형태별 노동조합 조직률 추이를 보면,[15] 정규직은 18.4%인 데 비해 비정규직은 3.0%이다. 따라서 기업규모가 작고, 고용이 불안정하며, 근로조건이 취약한 근로자일수록 노동조합에 의해 보호를 받지 못하고 있다.

국내외에서 경쟁이 심화되고, 정보통신 등 기술의 발전과 산업구조의 변화가 큰 폭으로 진행되고 있으며, 소비자의 상품과 서비스에 대한 수요 변화도 커짐에 따라 기업은 유연성을 확대하고 비용을 절감하기 위해 비정규직, 더 나아가 초단기 계약직 활용을 확대하려는 경향이 나타나고 있다.

한편, 정보통신(IT) 기술의 발달로 인해 모바일 기기의 보급 및 인터넷, 소셜네트워크서비스(SNS)의 활용이 크게 증가함에 따라 사회적 압력 제기 방식이 고도화되고 있다. 따라서 지속적인 노동조합 조직률의 하락, 주변부 및 비정규직 노동자들의 증가, 새로운 사회적 압력제기 방식의 등장 등에 따라 시민사회단체(Civil Society Organization)와 준노조(準勞組, Quasi-Union) 등 노동이해대변의 새로운 행위자들이 나타나고 있다.

이러한 새로운 행위자들은 '고용관계 과정에 직접적으로 특정 행위를 통해 인과적 힘을 미칠 수 있는 역량을 보유하고 있는 개인 또는 제도'로 정의될 수 있다.[16] 새로운 행위자들은 기존의 전통적인 노동조합이 대변하지 못하는 집단의 이해를 보다 잘 대변할 수 있고, 단체교섭 이외의 방식으로 SNS 등 소통방법을 통해 상호부조, 사회적 압력 제기 및 법률 제·개정 등의 기능을 보다 효과적으로 수행할 수 있다.

6.2 준노조(Quasi-Union, 準勞組)의 특징

준노조(Quasi-Union)는 '현대 경제구조의 다양한 고용관계하에서 기존의 방식

14 고용노동부(2024. 1), 「2022 전국노동조합 조직현황」.

15 통계청, 「경제활동인구조사 근로형태별 부가조사」.

16 Bellemare, G.(2000). End Users: actors in the industrial relations system. *British Journal of Industrial Relations*, 38(2), 383-405.

으로 대표되지 못하는 집단의 이해관계를 대변하기 위해, 일시적이며 다양한 조건 하에서 서로 연대하는 작은 조직, 회원제 조합 및 현상 그 자체'를 뜻한다. 이러한 준노조는 회원제의 성격을 띠고, 임시적으로 서로 연대하는 조직으로서, 기존 노조의 관심이 부족한 영역에 초점을 맞추며, '거리에서의 목격자(witnesses of the street)' 로서 미묘한 경제적·사회석 변화를 감지하고, 소수·취약 계층의 불이이이나 피해에 대해 매우 신속하게 대응을 할 수 있다.[17] 또한 준노조는 단체교섭과 같은 기존의 노사관계의 제도적 틀에서 탈피하여 다수의 사용자를 대상으로 활동하고 있다.

준노조는 이익대변 대상이 저임금·화이트칼라 노동자 또는 사회적 취약 계층 등으로 다양하고, 구조적 특징이 소수 상근자 중심인지, 느슨한 멤버십 형태인지에 따라 구별될 수 있으며, 주된 활동 영역이 특정 기업 대상인지 또는 지역 기반 조직인지, 기능과 활동 전략이 주장 지향(advocacy oriented)인지 서비스 지향(service oriented)인지에 따라서도 다른 활동 경로를 나타낼 수 있다. 주장 지향 활동에는 정치적 압력 행사, 여론조성, 정치적 투쟁 등이 포함되고, 서비스 지향 활동에는 상호부조, 노동교육 및 법률 자문 등이 포함된다. 우리나라에서 이러한 준노조의 사례로서는 청년유니온, 노년유니온, 한국대리운전협동조합 등이 있는데 여기에서는 청년유니온의 사례를 소개한다.[18]

준노조의 특징

주장지향 활동, 서비스지향 활동

청년유니온은 법적으로는 노동조합이지만 일반적인 노동조합과는 달리 사회취약계층인 청소년 노동자를 대상으로 단체협상보다는 정치적 압력 행사와 여론조성, 상호부조 등에 치중하는 조직이므로 실질적인 준노조로 간주하는 것이 합당할 것이다. 청년유니온은 2010년에 세대별 노동조합을 표방하면서 설립되었다. 조합원 자격은 15세에서 39세이고, 40세가 넘으면 후원회원으로 전환된다. 청년유니온은 단체교섭이 아니라 사회적 교섭을 위해 정부를 대상으로 정책 개발, 법률 제·개정 등에 중점을 두고 활동하고 있다. 청년유니온은 조합원 1인 1표제의 의사결정 체계를 갖고 있으며, 주요 결정은 100명 정도의 대의원을 중심으로 이루어진다. 상근사무실이 존재하며 노동상담팀, 기획팀, 조직팀, 운영지원팀, 사무처장, 위원장 등 체계적인 조직을 갖추고 있다.

청년유니온은 서비스 제공 측면에서 각종 노동상담, 취업알선 등에 중점을 두고 사업을 하고 있으며 긍정적인 성과를 보이고 있다. 주장(advocacy) 측면에서도 정부의 최저임금위원회 위원으로 참여하고 있고, 서울시 등 지방자치단체를 대상으로

청년유니온

17 Hechscher, C., & Carre, F.(2006). Strength in Networks: Employment Rights Organizations and the Problem of Co-Ordination. *British Journal of Industrial Relations*, 44(4), 605-628.
18 오준영(2017), 노동이해대변의 새로운 행위자에 관한 복수사례연구–준(準)노조와 시민사회단체를 중심으로, 고려대학교 대학원 석사학위 논문.

청년기본조례 제정, 청년일자리 협약 등에 대해 이슈를 제기하고 관철시키는 등 제도 개선과 법령 제·개정에서도 일정한 성과를 내고 있다. 그리고 요구 관철을 위해 기자회견, 언론 브리핑 등을 활용하고, 중앙 정부와 지자체 등에 사회적 압력 제기 방식을 사용하고 있다.

청년유니온은 기존의 노동조합과 달리 모든 청년 세대의 권익보호를 목적으로 하고 있으며, 청년 계층의 점진적 권익 향상에 초점을 두고 있다. 따라서 청년 취업, 취약한 노동조건 개선을 중심으로 청년 주거 문제 등에 대해서도 이슈를 제기하면서 정부를 상대로 '요구'를 하는 동시에 정책개발 등에서 협업하는 전략을 취하고 있다. 청년유니온은 다른 준노조 조직에 비해서는 높은 조합비 납부율을 보여주고 있지만 아직 재정 기반이 제대로 갖춰져 있다고 보기는 어렵다. 청년유니온은 상대적으로 온건하고, 합리적인 노선을 취하면서 조직을 확대해 나가고 있다.

▲ 최저임금 인상을 위한 청년유니온의 시위 장면

6.3 준노조와 노동조합의 비교

준노조는 '형식적으로 정부나 지방자치단체와 독립되어 있고, 근로자의 이익을 증진하기 위한 목적으로 캠페인, 서비스, 각종 프로그램을 수행하는 비영리기관'으로 정의할 수 있다. 이러한 준노조 단체들은 노동관계 이슈에 초점을 맞추고 활동할 수도 있지만, 노동 이슈 이외에 다양한 사회적 문제에 중점들 두고 활동할 수도 있다. 또한 시민사회단체와 같은 준노조 조직은 평등이나 다양성 문제를 많이 다루고, **비교섭 행위자** 비교섭 행위자(non-bargaining actor)이지만 조언, 지지, 이해대변, 정치적 압력과 여론 형성 등을 통해 정부의 정책 의사결정에 영향을 주기도 한다.

준노조의 특징 이 같은 준노조 조직은 ① 정치적·사회적 정체성을 갖고, 주변부 노동자에 관심을 집중하며, ② 유연한 수단을 통해 개인과 다양한 집단의 이해관계를 대변하고, 보다 거시적인 노동시장 수준의 이해관계에 집중한다. 그리고 ③ 노동조합 등에 의해 조직화되지 않은 근로자에 초점을 맞추고, 거시적인 노동시장 수준의 조직화를 추구하며, ④ 상대적으로 사용자와 협력적 관계를 지향하고 법·제도 개선 등을 통해 목적을 달성하려고 하며, ⑤ 정부와의 관계에서도 정치적 압력을 행사하고 개별 근로관계법 개혁을 추구한다.

준노조의 어려움과 취약점 한편 준노조는 전통적인 노동조합에 비해 여러 가지 어려움과 취약점을 가지

구분	노동조합	준노조
지지층	• 경제적인 정체성(계층, 직업, 산업) • 핵심 노동자에 집중	• 정치적·사회적인 정체성 • 주변부 노동자에 집중
이해대변	• 공통규칙을 통해 추구하는 집단의 이익 • 작업장·기업 수준의 이해	• 유연한 수단을 통해 추구하는 개인과 집단의 다양한 이익 • 노동시장 수준의 이해
노동자와의 관계	• 공식적 민주주의의 노동자 조직 • 작업장·기업 수준의 조직화	• 시장조사와 권한위임, 비조직화된 노동자 • 노동시장 수준의 조직화
사용자와의 관계	• 적대적 관계 지향, 단체교섭 활용	• 협력적 관계 지향, 법과 제도 활용
정부와의 관계	• 정당정치 활용, 집단노동관계법 개혁에 집중	• 정치적 압력행사, 개별근로관계법 개혁에 초점

자료: Heery, Abbott and Williams(2014).

고 있다. 즉, ① 활동이 지속 가능하지 못하고 활동 기간이 단기에 그칠 수 있으며, ② 재정적으로 취약한 문제에 직면할 수 있고, ③ 영향력이 미약할 수 있으며, ④ 본래의 활동 목적에서 쉽게 이탈하거나 목적이 변질될 수 있고, ⑤ 소규모 지역 단위 위주로 활동하는 등의 한계를 가질 수 있다.[19] 따라서 준노조의 성패는 이해대변 집단의 수요를 잘 반영하고, 재정적으로 안정된 지속가능한 조직으로 만들어 계속 참여자나 지원자를 확대하며, 사회적으로 여론의 관심을 모으고, 정책 및 제도개선, 법률 제·개정 등 원하는 목표와 성과를 달성하느냐에 달려 있다. 준노조의 특징을 노동조합과 비교하면 〈도표 8-6〉과 같다.[20]

7 무노조기업에서 개별적 근로관계를 규율하는 노동법 이슈

노동조합이 존재하지 않는 무노조기업에서는 개개인의 피고용인들이 노동법의 직접적인 보호대상이다. 따라서, 개별적 근로관계를 규율하는 노동법이 자주 중요한 역할을 한다.

19 Hechscher, C., & Carre, F.(2006). Strength in Networks: Employment Rights Organizations and the Problem of Co-Ordination. *British Journal of Industrial Relations*, 44(4), 605-628.

20 Herry, E., Abbott, B., and Williams, S.(2014). Civil Society Organizations and Employee Voice. In A. Wilkinson, J. Donaghey, T. Dundon, R. B. Freeman(Eds.) Handbook of Research on Employee Voice: Elgar Original Reference. New Work: Edward Elgar. pp. 208-223.

집단적 근로관계를 규율하는 '노동조합 및 노동관계조정법'이 유노조 기업에서 노조와의 관계를 중심으로 한다면, 무노조기업에서 개별적 근로관계를 규율하는 '근로기준법'은 개인근로자의 다양한 근로조건을 보호하는 장치이다. 근로기준법은 상시 5명 이상의 근로자를 사용하는 모든 사업 또는 사업장에 적용되며, 노동조건의 최저기준을 정해 두고 있다.

먼저 노동조건의 핵심이라 할 수 있는 '해고'로부터의 보호를 위해 근로기준법은 해고 요건을 엄격히 제한하고 있다. 사용자는 근로자를 정당한 이유없이 해고, 휴직, 정직, 전직, 감봉 또는 부당해고를 하지 못하도록 규제하고 있고(동법 제23조), 기업 경영이 어려워 해고를 할 경우에도 해고는 엄격히 제한된다(동법 제24조). 경영상의 이유로 해고가 가능하기 위해서는 3가지 조건이 모두 충족되어야 한다. 먼저, ① 경영상의 이유로 근로자를 해고하기 위해서는 긴박한 경영상의 필요가 인정되어야 하며, ② 이것이 인정되는 경우에도 사용자는 해고를 피하기 위한 노력을 다하여야 하며, ③ 합리적이고 공정한 해고의 기준을 정하고 이에 따라 그 대상자를 선정해야 한다. 이같은 조건이 충족된 경우라야 경영상의 정당한 이유가 있는 해고로 인정된다. 그리고 최소한 30일 전에 해고 예고를 하도록 하고 있다.

또한 노동시간은 법정 노동시간인 주 40시간을 초과할 수 없고, 1일의 노동시간은 휴게시간을 제외하고 8시간을 초과할 수 없도록 규정하고 있다(동법 제50조). 다만, 예외적인 경우에 '탄력적 근로시간제'와 '선택적 근로시간제'를 두어 노동시간의 유연성을 부분적으로 인정하고 있다(동법 제51조, 52조). 탄력적 근로시간제는 업종이나 사업의 특성상 계절이나 연중 특정 주기에 노동시간이 집중되어 법정 노동시간의 준수가 어려운 경우에 적용토록 하는 예외규정으로서 2주 또는 3개월 이내의 단위기간을 정하여 이 기간 평균 1주 노동시간이 법정 노동시간을 초과하지 않도록 하여 근로를 할 수 있게 하였다.[21] 이 경우에도 특정 주의 노동시간이 48시간을 초과할 수 없도록 하고 있으며, 기존의 임금이 저하되지 않도록 임금보전방안을 강구하도록 함으로써 무분별한 제도 운영을 견제하고 있다. 성수기와 비수기를 미리 알 수 있고 이에 따른 노동시간의 증감을 미리 예상할 수 있는 제조업이나 서비스업에 적합한 제도다. 예를 들면, 여름에 수요가 급증하는 에어컨을 생산하는 공장

---

21 탄력적 근로시간제 도입을 위한 근로자대표와의 서면합의에는 ① 대상 근로자의 범위, ② 단위기간(3개월 이내의 일정한 기간), ③ 단위기간의 근로일과 그 근로일별 근로시간, ④ 그 밖에 대통령령으로 정하는 사항 등이 명시되어야 한다.

이나 특정 계절에 고객이 몰리는 휴양지의 호텔 등에서 유용하게 적용된다.

　　선택적 근로시간제는 취업규칙상에 1개월 이내의 정산기간중 노동시간을 평균하여 1주간의 노동시간이 법정 노동시간을 초과하지 않는 범위 내에서 법정 노동시간을 초과하여 근로할 수 있도록 예외를 둔 노동시간제이다.[22] 선택적 근로시간제는 업무가 불규칙적이고 1주일 근로시간이 법정시간을 초과하기도 하는 정보통신, 건설, 조선 등 근로시간 예측이 어려운 업종에 적합하다. 예를 들면, 납기가 다가올수록 업무량이 급속히 많아지고 고객의 주문과 요청으로 업무 내용과 노동시간이 자주 바뀌는 업종의 회사에서 사용된다. 이 두 가지 노동시간의 유연한 활용은 어떤 경우에도 '근로자대표'와의 서면 합의를 전제로 하고 있어 기업의 일방적인 유연 노동시간제도 활용을 제한하여 개인 근로자를 보호하고 있다. 선택적 근로시간제

　　근로자의 노동생활의 질을 보장하기 위한 장치로써 휴게시간을 비롯해 휴일과 휴가 등에 대해서도 최저기준을 정해 보호하고 있다. 휴게시간은 근로자가 자유롭게 이용할 수 있는 시간으로서 근로시간이 4시간인 경우에는 30분 이상, 8시간인 경우에는 1시간 이상의 휴게시간을 주도록 하고 있다. 또한 주 1회 이상의 유급휴일을 보장해야 하며 법정 공휴일 역시 유급으로 휴일을 보장하도록 하며, 연장·야간 및 휴일근로에 대해서는 통상임금의 100분의 50 이상을 가산하여 지급토록 규정하고 있다. 연간 80% 이상 출근하였을 경우 15일의 연차 유급휴가를 부여하도록 하고 매 2년에 대해 1일을 가산하여 총 휴가일수 25일까지 연차 유급휴가를 가산토록 하고 있다. 이 같은 장치들은 근로자의 건강권 보장과 함께 노동생활의 질을 높이는 장치라고 볼 수 있다. 휴게시간을 비롯해 휴일과 휴가 등에 대해서도 최저기준을 정해 보호

　　한편, 근로기준법에는 사회적 약자로서 '여성'과 15세 미만의 '소년'[23]에 대한 보호 규정을 포함하고 있다. 15세 미만의 소년은 고용노동부장관이 발급하는 취직인허증을 지닌 경우 외에는 원칙적으로 근로자로 사용하지 못한다. 18세 미만인 경우에도 친권자나 후견인의 동의가 있어야 근로자로 사용할 수 있다. 한편, 18세 미만자와 여성의 경우에는 임산부는 도덕상 또는 보건상 유해·위험한 사업에 사용하지 못하도록 하여 보호하고 있다. 근로시간에 대해서도 15세 이상 18세 미만의 경우에는 원칙적으로 1일에 7시간, 1주에 35시간을 초과하지 못하며 오후 10시부터 오전 6시까지의 야간근로와 휴일 근로 역시 제한규정을 두고 있다. 여성 근로자는 월 1일 여성과 소년에 대한 보호 여성근로자와 임산부 보호

---

22 선택적 근로시간제 도입을 위한 근로자대표와의 서면합의에는 ① 대상 근로자의 범위(15~18세 미만 근로자는 제외), ② 정산기간(1개월 이내의 일정한 기간), ③ 정산기간의 총 근로시간, ④ 필수 근로시간을 정하는 경우에는 그 시작 및 종료 시각, ⑤ 근로자가 그의 결정에 따라 근로할 수 있는 시간대를 정하는 경우에는 그 시작 및 종료 시각, ⑥ 그 밖에 대통령령으로 정하는 사항 등이 명시되어야 한다.

23 「초·중등교육법」에 따른 중학교에 재학 중인 18세 미만을 포함한다.

의 생리휴가를 청구할 권리도 부여하고 있고, 임산부 보호를 위하여 출산 전과 출산 후를 통하여 90일의 '출산전후휴가'를 부여하도록 하고 있다. 그 밖에 임신한 여성근로자가 정기건강검진을 받는 데 필요한 시간을 청구하는 경우 허용해야 하며, 생후 1년 미만의 유아를 가진 여성 근로자가 수유시간을 청구할 경우 1일 2회 가가 30분 이상의 유급 수유시간을 주도록 규정하고 있다.

7.2 파견근로자 보호

인력공급업체에 고용되어 있는 근로자를 파견받아 근로를 시킬 수 있는 제도적 장치

1997년말 IMF 구제금융 위기를 기점으로 고용유연화를 위한 정책의 일환으로 1998년 2월 「파견근로자 보호 등에 관한 법률」(이후 '파견법')이 제정되었다. 기업들이 필요한 인력을 정규직으로 고용하지 않으면서 인력공급업체에 고용되어 있는 근로자를 파견받아 근로를 시킬 수 있는 제도적 장치였다. 따라서 '파견근로자'는 인력공급업체와 근로계약을 맺지만, 실질적인 근로는 인력공급업체와 파견계약을 맺은 기업에서 수행하는 근로자를 의미한다. 따라서 파견근로자의 고용과 노동조건은 매우 불안정하고 열악한 환경에 놓일 가능성이 매우 높다. 파견법은 이들 파견근로자를 보호하기 위해 제정되었다.

근로자를 파견할 수 있는 대상 업무

근로자를 파견할 수 있는 대상 업무는 전문지식이나 기술·경험 또는 업무의 성질 등을 고려하여 대통령령으로 정해두고 있다. 파견 대상이 될 수 없는 업무에는 제조업의 직접생산공정업무와 건설공사현장 업무, 하역업무, 선원의 업무, 유해하거나 위험한 업무 등이 있다. 불안정한 파견형태의 근로를 보호하기 위해 파견기간은 원칙적으로 1년을 초과할 수 없으나 파견사업주와 사용사업주, 파견근로자간 합의 시에 1회에 한해 1년을 초과하지 않는 범위에서 연장할 수 있고(1+1 시스템), 이때 총 파견기간은 2년을 초과하지 못하도록 하였다.[24]

일정한 조건에 해당할 경우 사용사업주는 파견근로자를 직접 고용하도록 규정

파견근로자를 보호하고 기업의 부문별한 파견근로 활용을 방지하기 위해 일정한 조건에 해당할 경우 사용사업주는 파견근로자를 직접 고용하도록 규정하고 있다. 예컨대, 파견대상 업무가 아닌 부문에 파견근로자를 사용하는 경우나 2년을 초과하여 계속적으로 파견근로자를 사용하는 경우, 근로자 파견기간이 정해진 경우 이를 위반한 경우 등이 이에 해당한다. 파견근로자를 직접 고용하게 되는 경우에도 파견근로자의 근로조건은 같은 종류 또는 유사한 업무를 수행하는 근로자에게 적용되는 취업규칙을 따르도록 하고, 유사업무가 없는 경우라 할지라도 기존의 노동조건이 저하되지 않도록 규제하고 있다. 나아가 파견근로자가 수행하고 있는 업무에 근로

파견근로자에 대한 차별적 처우를 금지

24 예외적으로, 고령자인 파견근로자의 경우에는 2년을 초과하여 근로자파견기간을 연장할 수 있다.

자를 직접 고용하려 할 경우에는 해당 파견근로자를 우선적으로 채용하도록 노력할 것도 명시하는 등 파견근로자에 대한 차별적 처우를 금지하고 있다.

파견근로자 보호와 유사한 법 장치로서 「기간제 및 단시간근로자 보호 등에 관한 법률」(이하 '기간제법')이 있다. '기간제근로자'는 근로기간의 정함 있는 근로계약을 체결한 근로자를 의미한다(기간제법 제2조). 기간제 근로자도 총 고용기간을 2년으로 한정하고 있다. 2년이 되면 사용자는 기간제 근로자와의 계약을 종료하거나 '기간의 정함이 없는 근로계약'(무기계약)을 체결한 근로자로 고용하여야 한다. 파견근로자와 마찬가지로, 계약의 반복 갱신 등으로 2년을 초과하게 되면 무기계약 근로자로 보도록 하여 장기간 불안정 고용을 활용하지 못하도록 하고 있다. 기간제법은 이들 기간제 및 단시간 근로자들을 보호하기 위해 동종 또는 유사한 업무에 종사하는 무기계약 근로자들에 비해 차별적 처우를 하지 못하도록 하고 있다.

7.3 남녀 고용평등과 일·가정 양립 지원

고용에서 남녀평등 기회와 대우를 보장하고 모성보호와 여성 고용을 촉진하여 남녀 고용평등을 실현하고 근로자의 일과 가정의 양립을 지원하기 위해 제정된 법이 「남녀고용평등과 일·가정 양립지원에 관한 법률」(이하 '남녀고용평등법')이다. 1987년 12월 「남녀고용평등법」으로 제정되었다가 저출산·고령화시대에 대응하여 여성의 경제활동 참가를 제고하고 일과 가정의 균형을 중시할 목적으로 2007년 법률 명이 변경되었다.

남녀고용평등법

주요 내용을 살펴보면, 근로자를 모집하거나 채용시에 남녀 차별을 금지하고, 동일한 사업내의 동일 가치 노동에 대해서는 동일한 임금을 지급할 것을 규정하고 있다(동법 제8조). 그 밖에 복리후생이나 교육·배치 및 승진, 정년·퇴직 및 해고 등에 있어서도 남녀 차별 금지를 명확히 규정하고 있다. 2007년 법률 이름을 변경하면서 직장내 성희롱 금지에 관한 사항이 추가되었다. 성희롱 관련 예방 교육을 의무적으로 시행하고, 성희롱이 발생한 경우 취해야 할 필요 조치를 구체적으로 명시하고 있다. 나아가 여성고용의 촉진을 위해 직업능력개발과 경력단절여성에 대한 촉진 의무를 추가로 부가하고 있다. 또한 모성보호 규정을 강화하여 출산전후휴가 지원에 관한 사항을 두어 배우자 출산휴가와 난임치료휴가를 별도로 신설하였고, 육아기 근로시간 단축 등 일·가정의 양립 지원을 위한 조항을 포함하는 등 일과 가정의 양립을 지원하기 위한 제도화가 강화되었다.

7.4 | 장애인 고용촉진과 차별금지 및 권리 구제

장애인이 그 능력에 맞는 직업생활을 통해 인간다운 생활을 할 수 있도록 지원하기 위해 1990년 1월 「장애인고용촉진 등에 관한 법률」이 제정된 후 2000년 「장애인고용촉진 및 직업재활법」으로 전부 개정되었다. 장애인의 고용촉진과 직업재활을 위해 국가와 지방자치단체의 책임을 부과하고 사업주에게도 적정한 고용 기회 제공과 고용 관리의 의무를 부과하고 있다. 나아가 직장 내에서 장애인에 대한 인식개선을 위한 교육실시 의무도 동시에 규정하고 있다. 동법 시행령에서는 장애인에 대해 상시 근로자 50인 이상이 되는 기업에 의무고용률을 부과하고 있는데, 2019년 이후부터는 전체 상시 근로자의 1,000분의 31 이상(3.1%)에 해당하는 장애인 고용 의무를 명시함으로써 실질적인 장애인 고용촉진을 도모하고 있다. 이때 사업주는 민간기업 뿐만 아니라 국가와 지방자치단체를 비롯하여 50명 이상의 공공기관(3.4% 의무고용률)이 포함된다. 장애인 의무고용률에 미치지 못할 경우 과태료 부과 대상이 된다.[25] 장애인을 고용한 사업주에 대해서는 장애인 고용관리에 필요한 작업 보조구나 작업설비, 작업환경 등 기술적 사항에 대한 지도와 이에 필요한 비용이나 기기 등을 융자하거나 지원 등도 이루어진다.

> 기업에 장애인 의무고용률 부과

한편, 사회적 약자인 장애인이 모든 생활영역에서 장애를 이유로 한 차별을 금지하고 장애를 이유로 차별받은 사람의 권익보호를 강화하기 위해 2007년 4월 「장애인 차별금지 및 권리구제 등에 관한 법률」이 제정되었다. 사용자가 모집이나 채용, 임금 및 복리후생, 교육·배치·승진·전보, 정년·퇴직·해고 등에 있어서 장애인을 차별하지 않도록 규정(동법 제10조)하고 있다. 그리고 장애인이 직무를 수행함에 있어서 장애인이 아닌 사람과 동등한 노동조건에서 일할 수 있도록 필요한 정당한 편의를 제공할 의무를 사용자에게 부과하고 있다.

이외에도 장애인 차별 시정을 위해 국가인권위원회 내에 장애인차별시정소위원회를 두고 필요한 조사와 구제업무를 전담케 하고 있다. 법무부장관은 국가인권위원회의 권고를 받은 자가 정당한 사유없이 이를 이행하지 않거나 그 피해가 중대하다고 인정되는 경우에는 직권으로 시정명령을 할 수 있다. 시정명령을 받은 차별행위자로 하여금 그 이행상황을 제출토록 요구할 수도 있고 정당한 사유없이 이행하지 않는 경우에는 3천만원 이하의 과태료에 처할 수 있도록 규정하고 있다.

---

25 상시근로자 100인 이상인 기업의 경우에는 고용률 미달 인원에 따라 장애인고용부담금을 부과하게 된다.

7.5 외국인 노동자의 고용

국내 노동시장에서 외국인 노동자의 고용은 1993년 '외국인산업연수제도'가 도입되면서부터 본격화되었다. 개발도상국에 대해 기술이전 등 경제협력을 증진함과 동시에 중소기업의 인력난을 해소하고 외국인 노동자의 불법취업 목적의 유입을 차단하기 위한 조치였다. 이후 외국인 노동자가 산업연수생으로 국내 입국하여 주로 단순노무 분야에 종사하게 되었다. 하지만 산업연수생제도 하에서 외국인 노동자는 연수생이라는 신분을 이유로 '노동자성'을 인정받지 못한 데 따른 차별적 요소가 상당하였다. 또한, 근로기준법상 보호를 제대로 받지 못한 가운데 저임금과 높은 노동강도, 노동권과 폭력 등 인권침해 등으로 인해 사업장을 이탈하여 불법 체류자가 되는 경우가 상당히 증가하였다.

이에 계속된 중소기업의 인력난과 함께 외국인 노동자에 대한 인권적 침해 등 사회적 문제가 증대함에 따라 2003년 '외국인근로자의 고용 등에 관한 법률'(이하 '외국인고용법')을 제정하였다. 동법은 기업이 외국인 노동자를 합법적으로 고용할 수 있도록 하는 한편, 외국인 노동자에 대해 정부가 직접 관리하는 '외국인 근로자 고용허가제'를 골자로 하고 있다. 외국인산업연수생제도는 '외국인고용법'과 병행해 오다가 2007년 고용허가제로 통합되었다.

●
외국인고용법

동법 상의 외국인 노동자 고용허가제는 기본적으로 취업기간 동안에는 내국인과 동일하게 건강보험과 산재보험 등 4대 보험의 적용을 받을 수 있으며[26] 그 밖의 노동관련 법령의 보호를 받을 수 있도록 하는 것을 주요 내용으로 포함하고 있다. 동법 제22조에서 '외국인이라는 이유로 부당하게 차별하여 처우하여서는 안 된다' 규정하여 차별금지를 명시적으로 규정하고 있다. 이는 외국인노동자 고용시 근로계약 체결을 필수적으로 규정하고 있다는 점에서 외국인 노동자에 대한 차별처우 금지를 강화하는 측면이 있다. 근로계약의 체결이라는 형식은 외국인 노동자의 '노동자성'을 확보하는 요소로 볼 수 있다. 의무사항은 아니지만 동법(제24조의2)에는 외국인근로자의 권익보호에 관한 사항을 협의하기 위해 직업안정기관에 관할구역의 노동자단체와 사용자단체 등이 참여하는 외국인근로자 권익보호협의회를 둘 수 있도록 명시하고 있다. 외국인 노동자의 취업활동은 입국한 날부터 3년이며 1회에 한해 2년이내에서 취업활동 기간을 연장받을 수 있다(3+2 시스템).

●
외국인 노동자 고용허가제

외국인 노동자 고용허가제의 문제점에 대한 지적도 많다. 예컨대, 동법 제25조

●
외국인 노동자 고용허가제의
문제점

---

[26] 다만, 국민연금은 상호주의 원칙에 따라 외국인의 본국법이 대한민국 국민에게 국민연금 등을 적용하지 아니하는 경우 적용이 제외된다.

에서 규정하고 있는 외국인 근로자에 대한 사업장변경제한에 관한 사항이 헌법상의 직업선택의 자유를 과도하게 제한한다는 주장이 그것이다. 외국인 노동자의 사업장 변경 사유가 너무 제한적이고 그 사유에 대한 입증책임이 외국인 노동자에게 있어서 실제로 사업주의 비인간적인 처우, 열악한 근로조건 등으로 인하여 사업장 변경을 원하는 외국인 노동자들은 사업주의 동의가 없어서 근로계약 해지를 하지 못하고 결국 사업장 변경을 포기한다는 것이다. 사업주의 동의를 전제로 한 사업장 변경 조건은 결국 외국인 노동자들을 예속화하고 있다는 지적이다.[27] 또한, 외국인 노동자의 취업활동은 입국한 날부터 3년이며 1회에 한해 2년 이내에서 취업활동 기간을 연장받을 수 있지만, 이를 위해서는 반드시 고용주의 허가가 있어야 한다는 점, 최대 5년 미만으로 고용이 한정되어 인력난에 시달리는 국내 사업장이 숙련노동자를 고용할 수 없다는 점, 체류기간이 만료된 외국인이 불법체류자가 되기 쉽다는 점 등이 이 제도의 문제점으로 지적된다.

7.6 산업안전과 산업재해

사업장의 안전과 관련된 법적 규율은 크게 2가지로 살펴볼 수 있다. 먼저, 산업재해를 사전에 예방하고 쾌적한 작업환경을 조성하여 노동자의 안전과 보건을 유지·증진하기 위한 '산업안전보건법'이 있으며, 노동자가 업무상 재해를 입은 경우 신속하고 공정한 보상을 해주기 위해 업무상 재해기준을 정한 '산업재해보상보험법'이 있다. 최근에는 사후적인 보상보다는 산업재해를 사전에 예방하기 위해 그 책임소재를 분명히 하고 안전과 보건증진의 필요성이 강조되고 있다는 점에서 산업안전보건법에 대한 관심이 과거에 비해 높다.

산업안전보건법과 산업재해보상보험법

산업재해와 관련하여 고용노동부가 2024년 4월 발표한 2023년 산재사고 사망통계를 보면,[28] 전체 사망자수 2,016명 중에서 사고 사망자는 모두 812명이며, 질병 사망자수는 1,204명으로 전년에 비해 각각 7.1%, 10.7%가 감소하였다. 조직규모별 통계에서는 1,000인 이상 사업체 사망자수는 110명인데 비해 50~100인 미만 사업체는 173명, 5인~50인 미만 사업체는 755명, 5인 미만 사업체는 486명의 사고 사망자수를 기록하였다. 업종의 경우 건설업이 사망자수 486명으로 전체 사고 사망자수의 절반인 24.1%를 차지하였고 건설업의 높은 산재율은 지속되는 경향을 보여주고 있다.

---

[27] 김남진(2016), '외국인근로자 고용허가제 개선방안', 전남대 공익인권법센터, 인권법평론 제17호. 119-140.
[28] 고용노동부(2024. 3. 7), '2023년 산업재해 현황 부가통계' 보도자료.

산업재해 통계가 보여주는 것은 산업재해가 상대적으로 노동환경이 열악한 중소규모에 보다 집중되고 있고, 건설업처럼 복잡한 다단계 고용구조에서 원청 대기업보다 하청업체 중심으로 발생하고 있다는 점이다.[29] 이른바 '위험의 외주화'에 대한 사회적 문제제기는 이런 배경에서 비롯되었다. 우리나라의 산재사고 사망률이 경제협력개발기구(OECD) 회원국 중 가장 높은 가운데 산재사망노동자 중 하청노동자 사망 비율이 약 40%에 이르고, 건설·조선업종에서는 약 90%로 매우 높다. 위험업무가 외주화되고 수차례 하도급 단계를 거치면서 노동조건은 더욱 열악해지며, 비용절감을 위해 하청업체가 초보적 기술만 익힌 저임금 노동자를 고용하는 것이 산재가 다발하는 주요한 원인으로 지적되었다.[30] 국가인권위원회는 노동자의 기본적 권리인 생명과 안전 보장을 위해 위험의 외주화 문제 개선이 시급하다고 전제하고 간접고용노동자의 노동인권 증진을 위한 제도개선을 권고 결정문을 발표하기도 하였다.[31]

산업재해가 상대적으로 노동환경이 열악한 중소규모에 보다 집중

위험의 외주화

> **KEYWORD**
>
> 무노조 고용관계, 무노조대표조직(NER), 철학적 무노조기업, 정책적 무노조기업, 종교적 무노조기업, 영세 무노조기업, 블랙홀 형 무노조기업, 노사협의회, 준노조(Quasi-Union), 탄력적 근로시간제, 선택적 근로시간제, 파견근로자, 기간제 근로자, 남녀 고용평등과 일·가정 양립 지원, 장애인 고용촉진과 차별금지 및 권리구제, 산업연수생제도, 고용허가제, 위험의 외주화

---

29 2019년 1월 대우건설 공사현장에서 하청노동자 2명 사망, 3월에 하청노동자 3명 산재사망, 2019년 7월 현대건설 배수시설 공사현장 수몰사고로 하청노동자 3명 사망, 2019년 12월 태안화력발전소 하청업체 소속 노동자(김용균 씨) 산재사망 발생 등.

30 국가인권위원회 전게서.

31 국가인권위원회(2019. 11. 5.) '간접고용노동자 노동인권 증진을 위한 제도개선 권고' 결정문.

월마트

1. 회사개요

■ 주소: 702 SW 8th St., Bentonville, AR 72716 8611, US
■ 회장/CEO: Greg Penner/C. Douglas McMillon
■ 종업원수: 2백 1십만명
■ 재무현황

(단위: 백만 달러)

연도	2015년	2016년	2017년	2018년	2019년	2020년	2021년	2022년	2023년
매출	482,229	478,614	481,317	495,761	510,329	519,926	555,233	567,762	605,881
순이익	16,182	14,694	13,643	9,862	6,670	14,881	13,510	13,673	11,680

자료: 2023년 Wal-Mart Annual Report, 매년 1월 말 기준 발표자료.

■ 연혁 및 사업현황
· 1962년 샘 월튼이 미 아칸소 주 로저스에 첫 월마트 매장 설립
· 2024년 현재 전 세계에 10,500개 매장과 19개국에서 전자상거래 웹사이트를 운영하고 있는 세계 최대 유통업체

2. 비노조 유지 핵심 요소

1) 창업자의 비노조 신념과 인사부서의 구체적 실현
▲ 창업자 샘 월튼의 노조의 불필요성과 노사 파트너십을 강조하는 어록을 액자화하여 계시
· "나는 월마트에 노조가 필요없다고 언제나 강하게 믿어 왔다"
▲ 인사부서는 비노조 경영을 제도 및 지침으로 구체화
· 외부 인터넷 사이트(walmartfacts.com)에 노조에 대한 입장 및 임직원 대응자세를 명시
  – "종업원의 권리를 존중하고, 표현의 자유를 격려하며 노조를 반대하지는 않지만 제3자의 개입은 원하지 않음"

• 채용시 노조원이었거나 노조 가입 의사가 있는 인력은 거부
　– 노조 성향이 매우 강한 오클랜드(캘리포니아)에서 400명 채용을 위해 1만 1천명을 본사 노사팀이 참여하여 직접 면담하고 노조 가입 성향을 파악
• 종업원을 고용인(employee)이 아닌 동료(associate)로서 존중
▲ 현장 관리자의 경우 조직관리 결과를 평가에 30%이상 반영
• 임원급의 경우 다양성 관리를 성과의 7% 반영

2) 신속·철저한 고충처리 및 투명경영 지향
　▲ 종업원의 고충과 의견을 수렴하는 다양한 의사소통 채널 운영
　• 본사 노사담당은 24시간 hot line운영을 위해 호출기를 패용하고 항시 대기
　　– 하루 평균 15-20건의 hot line이 본사에 접수되며 모든 문제는 그 날 중으로 회신(Day to Day, Sun Down Rule)
　• 누구나 전화 혹은 직접 대면을 통해 회사 내 모든 관리자와 상담할 수 있는 open door 정책 운영
　• 연 1회 임직원 "사기조사"(Grass Roots)를 통해 임직원의 근로조건, 환경, 의사소통 관련 고충을 수렴
　▲ 전 임직원을 대상으로 소속 부서 정보를 공개하고 경영실적·협의회 결과에 대해 상시 게시하는 '투명경영' 지향
　• 인트라넷을 통해 인사정책 변경 사항, 경영현황 정보 등을 전 세계, 전직원(비정규 포함)들과 실시간 공유
　• 매장과 점포에 대한 문제는 '우리의' 문제이며, '우리가' 해결해야 할 과제라는 현장 완결형 관리의식 제고

3) 합당한 성과 보상 및 개선 프로그램의 운영
　▲ 월마트는 주인 의식 고취 및 종업원 만족도 향상을 위해 주식으로 성과 배분

　– 창업자 샘 월튼 –
　　"노조의 필요성을 느끼지 않으려면 먼저 임직원 스스로 합당한 대우를 받는다고 느껴야 함"

　• 매년 전체 종업원(비정규 포함)을 대상으로 점포 이익목표 초과 달성분의 일부를 연봉의 일정 비율로 산정, 월마트 주식으로 별도 비용 부담없이 계좌에 넣어 줌.
　• 보유주식은 적립되며 7년 이후(혹은 퇴직시) 행사가 가능하며, 종업원들의 소속감 고취에 커다란 영향을 미침.

▲ 성과개선 프로그램(PIP: Performance Improvement Program)에 의해 하위 2~4% 인력에 대해서는 90일의 개선 기간을 부여하며, 계속 미진할 경우 해고 조치

4) 직접적이고 실전적인 노사 교육

▲ 노사 대응 매뉴얼, 지침, 관리자의 종업원 응대 요령 등 현실적인 노조설립 대응 방안 구비
  · 관리자 행동지침(Do & Don't) 교육 등 직접적인 방법을 선호
  · Do(할 수 있는 것): FOE & Listen
    – 노조에 대한 사실(Fact), 의견(Opinion), 경험(Experience)을 이야기할 것
    – 종업원이 당신에게 무엇을 말하는지 경청할 것(Listen)
    – 비공식적으로 현장을 돌아다니면서 종업원과 노조에게 당신의 건재함을 보일 것
    – 보고 들은 것을 인사부서에 보고할 것
  · Don't(할 수 없는 것): TIPS
    – 협박(Threat)하지 말 것
    – 심문(Interrogation)하지 말 것
    – 약속(Promise)하지 말 것
    – 염탐(Spying)/감시(Surveillance)하지 말 것

3. 노사 조직 및 역할

▲ 20명으로 구성된 노사전략 및 기획을 담당하는 본사 노사조직이 월마트 전체 사업장의 노사 문제를 해결
  · 본사는 중앙 집권식 브레인 집단으로 상황대응, 논리개발, 대외홍보, 지침전달 및 노사교육을 담당
▲ 산하에 4단계의 조직 단계별 노사전담 조직을 운영
  · 사업부 노사관리자, 지역별 노사관리자, 마켓 노사관리자, 점포 노사관리자로 세분화
    – 글로벌 인사·노사 인력은 1만명으로 종업원 170명당 1명 수준

〈본사 노조대응 조직〉

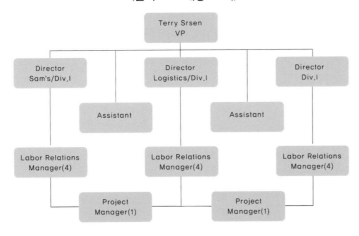

4. 노조 설립시 대응방안

▲ 본사 1층에 일명 '전쟁상황실(War Room)'을 설치하여 노조, 시민단체 공격에 대해 즉각적이면서도 적극적으로 대응

· 전쟁터의 '작전상황실'이나 선거본부의 '선거전략실'처럼 종합적인 전략을 세워 기동성 있게 대처

▲ 평소 전체 조직문화, 핵심가치, 리더십 과정 내에 노사 관련 내용을 4시간씩 편성

· 본사 노사조직 20명은 교육에 연간 2개월 이상 할애하며, 인당 15-20개 과정을 담당

· 지역별 본사 인사팀장도 매년 미국 본사를 방문하여 현안을 공유하고 교육을 이수

▲ 연간 1만여 명의 종업원 및 신입사원은 비디오로 회사의 역사, 회사의 노조정책 등을 이수하는 가운데 비노조 철학을 신념화

▲ 노조설립, 단체교섭 요구시 정해진 매뉴얼에 따라 본사 노사팀이 직접 현장에 출동하여 노조 캠페인 등에 대응

· 3-4주의 노조 캠페인 기간 동안 현장 미팅을 통해 해당 점포의 이슈를 적극 청취하고 즉석에서 해결책도 제시

· 월마트 본사 노사팀은 노조 캠페인 기간 중 1-2주 이상을 약 20회의 소그룹 미팅을 통해 약 800명의 종업원들과 접촉

▲ 노조설립의 부정적인 측면 홍보 및 노조 동향 체크 활동 강화

· 종업원에게 비노조를 통해 얻을 수 있는 긍정적인 점을 설명하고 노조설립시의 불이익에 대해 경고

  − 노조활동시 profit sharing 미지급 등 개개인에게 손해가 갈 것을 경고

- 법적인 틀 속에서 노조설립 캠페인에 대한 활동을 감시하고 통제
  - 종업원에게 '노조활동이 모니터된다'고 의도적으로 소문 유포
  - 노조 전단의 배포를 허락하지 않고 노조 선전물을 받은 종업원에게서 선전물 몰수
  - 노조 지원의지를 약화시키기 위해 매수된 종업원들에게 유리한 근무조건 등을 약속
▲ 최악의 경우 노조설립을 이유로 사업포기까지도 감수
- 2000년 2월 텍사스 주 잭슨빌 점포 육류가공 부문 아웃소싱, 2004년 8월 캐나다 퀘벡 주 종퀴에르 체인점 점포 폐쇄(이러한 사측의 강경대응에도 불구하고 2012년 11월 월마트의 비노조 직원 1,000여 명이 파업을 결행하였음)
- 특정 지역의 노조 친밀도를 통계 조사하여 신규 전출 여부를 결정

토의과제

1. 월마트는 정책적 무노조 기업인가 철학적 무노조 기업인가? 객관적 증거를 들어서 대답하라.
2. 월마트의 무노조경영이 가지는 장점과 단점을 (1) 주주와 기업, (2) 직원, (3) 사회 전체의 입장에서 분석하라.
3. 월마트의 무노조 경영과 가장 흡사한 한국기업의 경영사례를 설명하라.

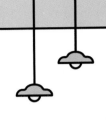

CHAPTER
09

공공부문 고용관계

Employment Relations

고용관계론

제복을 입은 공무원들, 노조에 다가가다[1]

소방공무원과 경찰도 공무원이다. 그러나 소방공무원과 경찰은 '특정직' 공무원이자 '제복을 입은 공무원'이라 하여 일반공무원과 다른 특성을 갖는다. 둘 다 위험한 상황에서 강한 규율을 특징으로 하는 업무 특성을 갖고 있고 특히 경찰은 '공권력'을 상징하는 특성을 갖고 있다. 이 때문에 다른 공무원들이 노동기본권을 보장받을 때조차도 소방공무원과 경찰은 노동기본권을 보장받지 못하고 있었다.

일반공무원의 경우 1999년부터 공무원직장협의회를 설립할 수 있었고 2006년부터 공무원노조 설립이 가능했다. 소방공무원은 2020년에 이르러서야 직장협의회를 설립할 수 있게 되었고 2021년 7월부터 노조 설립이 가능하게 되었다. 소방공무원노조가 가능하게 된 데에는 공무원노조법상 노동조합의 가입범위에서 소방공무원을 배제한 것은 위헌적이라는 주장과 함께 한국이 ILO기본협약들을 비준하게 되면서 단결권을 과거보다 더 넓게 인정해야 할 필요성, 열악한 노동조건에 시달리면서 오랜 기간 '제복을 입은 공무원'으로서 발언권을 억압받아온 소방공무원들의 노동조건 개선을 위한 소망, 그리고 열악한 노동조건에서도 시민들의 안전 확보를 위해 일상생활에 가깝게 다가온 소방공무원들에 대한 시민들의 우호적인 여론 등이 함께 작용했다.

2021년 7월 개정 공무원노조법 시행에 맞춰 복수의 소방공무원 노조가 공식 출범함으로써 소방조직에서 본격적인 노사관계 시대가 개막되었다. 소방공무원노조는 복수노조로 전국민주노동조합총연맹 전국공무원노동조합 소방본부(민주노총 전공노 소방본부)는 "'그들과 우리 노선'을 따르는 사회개혁적 노조", 대한민국공무원노동조합총연맹 국가공무원노동조합 소방청지부(공노총 국공노 소방청지부)는 "공무원만의 독자노선과 자주적 노동운동을 지향하는 공무원노조", 한국노동조합총연맹 공무원노동조합연맹 전국소방안전공무원노동조합(한국노총 공무원노조연맹 소방노조)는 "실리를 추구하는 온건 정책노조", 소방을사랑하는공무원노조(소사공노)는 "소방공무원 특수성을 강조하면서 독자노선을 추구하는 노조"로서 성격을 갖고 있어 각각 자기 성격이 뚜렷하다. 이런 성격차이가 있어 서로 협조가 쉽지 않지만 그럼에도 소방청 또는 행정부를 상대로 한 교섭에서는 협조를 해야 하기 때문에 이들 노조는 서로 협조와 견제 때로는 갈등을 겪게 될 것이다.

---

1 이 부분은 "손동희·유병홍·황규성(2022), 소방공무원 노사관계 연구-노조 조직화 과정을 중심으로, 한국고용노동교육원"과 "CBS노컷뉴스 2024. 7. 29. 연이은 경찰 죽음에⋯경찰직협 '실적압박·인력부족이 원인'", "CBS노컷뉴스 2024. 8. 17. 경찰직협 '휴게 아닌 대기근무, 수당 인정돼야'⋯정부 상대 첫 소송", "세계일보, 2024. 10. 3. 정책경쟁 사라지고 흠집내기 급급⋯ 경찰직협 위원장 선거 '진흙탕 싸움'", "세계일보, 2024. 11. 7. 하위직 달래기 나선 조지호 청장⋯'순찰차 감독 재검토할 수도'"를 재구성한 것이다.

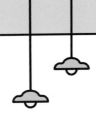

소방공무원 노사관계 형성과정에서는 다양한 의제, 주제들에 대한 검토와 논쟁이 이루어질 것으로 보인다. 특히 소방공무원 노동조건 유지·개선을 위해 필요한 주요 요구사항, 즉 공무원 일반에 적용되는 노동조건에 더해서 소방공무원들이 소방업무 특수성으로부터 느끼는 주요 요구사항을 둘러싼 논쟁이 상당 기간에 걸쳐 진행될 것으로 보인다. 이에 더해서 국가직공무원으로 전환된 지 얼마 안 되어 과거 관행이 남아있는 것과 국가직공무원이면서도 현실적으로는 지방자치단체장의 지휘를 받는 데에서 오는 이중적인 통제 문제로부터 도출되는 요구가 있을 수 있다. 다음으로 소방공무원 교섭 방식에 대한 논쟁이 이루어질 것이다. 소방공무원은 노조 결성 최소단위가 행정부이므로 교섭도 행정부교섭이 중심이 될 수 있으나 정부공동교섭을 통한 근무조건 교섭도 의미 있고 국가직공무원이면서 지방자치단체에 인사권이 위임되었다는 점에서 광역자치단체교섭을 통해 풀어야 할 교섭사항도 있을 수 있고 교섭권 위임을 통한 소방청단위교섭도 상정할 수 있다. 또한 이들 다양한 교섭형태를 동시 활용하는 것도 가능하다. 그러나 이는 과도한 교섭비용이라는 문제를 낳을 수 있다. 이런 논쟁 지점을 가지면서도 소방공무원은 노조들을 결성했고 사용자와 교섭을 다양한 형태로 시도하고 있다.

▲ 소방공무원노조 출범 관련 사진

경찰공무원은 노사관계와 관련하여 같은 제복공무원인 소방공무원과 다른 상황에 놓여 있다. 경찰공무원의 경우 현재 '경찰공무원직장협의회'가 경찰 조직 안팎의 노사관계에서 경찰공무원들의 요구를 전달하는 수단이자 유력한 소통 창구 역할을 하고 있는 상황이다. 경찰직협은 해당 기관 고유의 근무환경 개선에 관한 사항, 업무능률 향상에 관한 사항, 소속 공무원의 공무와 관련된 일반적 고충에 관한 사항 등에 대해 소속 기관장 또는 직협연합협의회에 상응하는 기관장과 협의를 할 수 있다. 직장협의회는 노조가 아니기 때문에 노동법상 노조에 상응하는 권리와 보호조치를 누릴 수 없고 무엇보다 교섭을 할 수 없고 협의만 할 수 있을 뿐이다. 과거 일반공무원들과 소방공무원들이 노조를 결성하기 전에 직장협의회를 활용하여 노조에 준하는 효과를 누리거나 노조를 건설하는 데 활용하기도 했다. 그 과정에서도 직장협의회가 노조 결성에 걸림돌이 될 것인가 디딤돌이 될 것인가 논쟁이 일부 있었다. 결과를 놓고 보자면 직장협의회 설립에서 노조 설립으로 나가는 과정이 길지 않았고 대체로 직장협의회가 노조 설립의 디딤돌 역할을 하였으나 두드러지지는 않았다.

현재 경찰노조가 없는 상황에서 경찰직협은 노조에 준하는 위상을 갖고 있다. 일부 언론에서는 "경찰 노동조합 격인 전국경찰직장협의회"(세계일보, 2024. 10. 3.)라고 표현하기도 한다. 실제로 경찰직장협의회는 초과근무수당을 제대로 지급받지 못했다는 경찰관들을 모아 정부를 상대로 공동소송에 나서기도 했다. 2024년 8월 경찰직협은 정부를 상대로 시간외근무수당 등 미지급 수당에 대한 소송을 서울중앙지법에 제기했다. 경찰직협의 핵심 주장은 경찰특공대와 도서·산간지역 경찰관들의 경우 휴게 시간에도 '대기 근무'가 사실상 강제되는 만큼, 해당 근무분에 대해 시간외수당을 인정해 달라는 것이다. 소송을 진행하고 있는 경찰직협은 "경찰공무원들의 초과 근무에 대한 정당한 수당 지급을 통해 보다 나은 근무 환경을 조성하고, 경찰공무원들의 사기를 높이는 계기가 될 것으로 기대하고 있다"고 말했다.

또한 경찰직협은 2024년 스스로 목숨을 끊은 2명을 포함해 일선 경찰관 3명이 사망하는 사건이 발생하자 인력 문제 해소 등 대책 마련을 촉구했다. 경찰직협은 7월 29일 오전 서울 서대문구 미근동에 있는 경찰청 앞에서 '연이은 경찰관 사망사건 관련 긴급 기자회견'을 열고 "초임 수사관의 자살 선택 이면에는 경찰 수사 현장의 심각한 문제가 있다"며 "경찰청장과 국가수사본부장은 책임을 지고 근본적인 개선 대책을 마련하라"고 요구했다. 이날 기자회견에선 지나친 실적 평가로 인한 심리적 압박이 잇따른 경찰관 사망의 배경이라는 목소리가 터져 나왔다.

이런 움직임에 대해 경찰청은 경찰직협과 대화에 나서고 있다. 2024년 11월 경찰청장은 청장 취임 후 단행한 일련의 근무체계 개편안에 대해 탄핵 청원이 올라올 정도로 하위직 경찰들의 불만이 들끓자, 경찰직장협의회와 만나 의견 수렴에 나서서 경찰직협 위원장과 간담회를 가졌다. 간담회에서 양측은 '지역관서 근무감독·관리체계 개선안'에 대해 집중적으로 논의했다. '경찰의 날'인 10월 21일에는 경찰직협 소속 경찰관들이 경찰청 앞에서 단체 삭발에 나서기도 했다. 경찰청장은 "이로 인해 지역 경찰들이 압박을 많이 받는다면 보다 유연하게 운영할 수 있을지 검토해보겠다"고 하면서 "대화를 통해 해결할 수 있는 문제에 대해선 언제든 현장 경찰들과 만나 얘기를 나눌 용의가 있다"는 입장을 전했다.

2024년 현재 "경찰 노동조합 격인 전국경찰직장협의회"는 노조에 준하는 역할을 통해 경찰공무원들의 노동조건을 개선하고자 활동하고 있고 경찰공무원 의견을 수렴하여 경찰청과 협의를 진행하고 있다. 이런 활동은 앞으로도 지속될 것으로 보인다. 일반공무원직협과 소방공무원직협은 오래 지속되지 않고 노조로 이어진 바 있다. 그러나 경찰공무원도 이른 시일 안에 노조결성권을 보장받을지는 의문이다. 만일 이 기간이 오래 지속된다면 직장협의회가 노조 결성에 걸림돌이 될지 디딤돌이 될지 현실적인 쟁점으로 나타날 수 있다. 한편에서는 경찰직협이 경찰노동조합 역할을 하면서 경찰

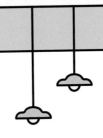

노조를 준비하는 디딤돌이 될 수 있지만 다른 한편에서는 직협이 사실상 노조에 준하는 역할을 하고 있는데 굳이 노조가 필요한가 하는 대체효과를 통해 걸림돌로 될 수도 있다.

시민들의 일상생활에서 공공부문의 역할이 커지고 있고 노동조합 경우 민간부문보다 공공부문 노동조합의 조직률이 높고 공공부문 조합원수 비중이 높아지고 있다. 또한 위 사례에서 보듯이 공공부문에서 노조 활동이 가능한 범위가 점점 더 넓어지고 있고 그에 따라 전체 고용관계에서 공공부문 고용관계가 차지하는 비승과 역할도 커지고 그에 대한 관심도 높아지고 있다.

공공부문이 갖는 두드러진 특성은 공공성을 추구한다는 것이다. 그러나 공공성이란 말은 일상생활에서 널리 사용하면서도 그 개념 규정이 쉽지 않다. 공공부문 노조들은 흔히 "공공성 확보를 위해" 파업을 한다고 한다. 그러나 이에 대해 정부는 노조가 "공공성을 무시하고" 파업을 한다고 비판하고는 한다. 이 둘이 말하는 공공성은 같은 공공성인가 다른 공공성인가? 다음으로 공공부문 사용자는 누구인가 하는 문제도 논쟁의 여지가 많다. 공공기관 노조는 "정부가 사용자"라고 하면서 "노정교섭"을 요구한다. 그러나 정부는 "해당기관장이 사용자"라고 한다. 그러면서 둘 다 "시민·납세자가 궁극의 사용자"라는 말에는 동의한다. 공공기관의 사용자는 누구인가? 또한 공공부문 파업은 둘러싼 논쟁도 해결이 어렵다. 노조는 헌법상 보장된 노동기본권을 누리고 있고 파업권을 갖는다. 그러나 공공부문 파업은 시민생활의 편리성 보장이라는 공공성과 상충될 수 있다. 공공부문 노동자의 노동기본권과 시민의 공공서비스 향유 권리라는 두 개념이 상충될 때 어떻게 해결할 수 있을까?

이처럼 공공부문은 특수성을 갖고 있기 때문에 공공부문 종사자 노동권 보장과 실제 운용은 민간부문 노동기본권보장과는 다른 복잡한 문제를 안고 있다. 이런 특성은 공공부문 고용관계에 큰 영향을 미치고 있다.

이 장에서는 공공부문, 즉 공무원과 공공기관 고용관계에 대하여 먼저 논의하고 이어서 국·공립학교와 사립학교 교원의 고용관계에 대하여 설명하고자 한다.

1 공공부문 고용관계 배경과 이론

1.1 공공부문 고용관계 개관

흔히 공공부문이란 용어는 좁게는 정부부문과 같은 뜻으로 쓰기도 하고 좀 더 넓게는 정부와 간접으로 관련된 부문까지 통틀어서 말하기도 한다. 공공부문을 개념정의하기가 어려운데 그 이유는 첫째, 이론적으로 정부 관련성, 공공성에 대한 개념정의가 쉽지 않고, 둘째, 나라마다 공공부문 범위가 다르고, 셋째, 한 나라 안에서도 경제 여건 변화 또는 정부 정책 변화에 따라 공공부문 범위가 달라지기 때문이다.[2]

공공부문 개념 정의 어려움

공공부문, 민간부문을 분류하는 유력한 기준으로 사용자가 누구인가라는 기준을 설정할 수 있고 이런 분류기준에 따른다면 정부를 사실상 사용자로 하는 부문을 공공부문으로 규정할 수 있다. 따라서 공공부문이란 고용관계 측면에서 볼 때 정부, 즉 중앙정부와 지방자치단체가 사실상 사용자 역할을 하는 부문이라고 할 수 있다[3]. 즉 공무원, 중앙정부 공공기관 노동자, 지방공공기관 노동자, 교원들과 그에 상응하는 사용자가 공공부문 고용관계의 당사자인 것이다. 이하에서는 우선, 공공부문 고용관계의 특징과 주요 쟁점들을 짚어보고자 한다.

고용관계이론에서는 사용자가 누구인가라는 기준에 따라 정부를 사실상 사용자로 하는 부문을 공공부문으로 규정

1.2 공공부문 고용관계 주요 특징[4]

공공부문은 고용관계 측면에서 민간부문과는 확연히 다른 특징을 지니고 있다. 공공부문은 다음의 6가지 측면에서 민간부문과 뚜렷이 구분된다.

(1) 사용자불명료성

공공부문 사용자는 중첩되며, 공공부문 경영자의 권한은 분산되어 있고, 사용자를 특정하기 어렵다. 공공부문이 갖는 다른 어떤 특징보다 명확하고 또한 다른 모든 특징들을 규정하는 근본적인 특징이 정부 관련성이다. 그런데 정부는 공공부문에 대해 궁극적인 사용자대표성을 가지면서 지휘감독은 하지만 직접 고용관계담당자는 아니라는 점에서 역할과 기능이 모호하다. 또한 정부는 입법자, 규제자, 조정자로서 민간부문까지 고려해야 하는 정책적 판단을 해야 하며 동시에 모범사용자(model employer)로서 민간부문 선도 역할을 요구받는다.

입법자, 규제자, 조정자, 모범사용자로서 정부

공공부문 사용자는 중층적인 성격을 가지고 있다. 즉, 중앙정부와 지방자치단체, 좀 더 세부적으로 말하면 중앙정부, 광역자치단체, 기초자치단체간에 나타나는 위계문제이다. 이들 양자 또는 삼자 간에 위계가 있으며 나아가 공무원노조에 대해

사용자 중층성

---

2 김동원·김승호·김영두·손동희·유병홍·정경은(2013), 『한국의 노사관계-산업별 동향과 전망』, 박영사, p. 97.
3 그러나 이는 간단한 문제가 아니다. '사실상 사용자'라는 말 이면에는 '법률상 사용자'가 아니라는 전제가 깔려 있다.
4 이 부분은 김동원·김승호·김영두·손동희·유병홍·정경은(2013), 『한국의 노사관계-산업별 동향과 전망』, 박영사 중 제3장 공공기관 노사관계의 동향과 전망, 유병홍·박용철(2014), 『공공부문 및 민간서비스산업 작업장규칙 형성실태연구(II) – 공공부문, 보건의료산업』, 한국노총 중앙연구원 중 제1편을 토대로 재정리한 것이다.

서 사용자의 위계체계, 중층성으로 나타날 수 있다. 이러한 중층성은 사용자를 특정하기 힘들다는 불명료성과 깊이 연관되어 있다.

공공기관 사용자 불명료성

공공기관의 법률상 사용자는 해당기관(장)이다. 그러나 현실에서는 해당 공공기관을 관장하는 정부부처가 강한 영향력을 미친다. 또한 노동조건, 특히 임금과 관련해서는 기획재정부의 예산편성지침과 예산집행지침이 사실상 규정적인 영향력을 미친다. 그런데 이런 예산지침은 부처 수준을 넘어서는 정부의 공공부문 정책으로부터 나온 것이다. 또한 예산에 대한 궁극적인 결정은 의회에서 이루어진다. 더 나아가 공공기관은 경영평가와 감사원 감사 대상이 되기도 한다. 공공기관에서도 사용자의 위계체계, 중층성 문제가 나타나고 있다. 이 때문에 공공기관 노조들은 '사용자는 누구인가'라는 질문을 던지고 있으나 쉽게 찾지 못하고 있다.

이런 노동조건의 중층적이고 다양한 결정기제를 고려한다면 공공부문 사용자가 누구인지 특정하기가 힘들다는 점에서 불명료하다고 볼 수 있다.

▲ 공무원 노사 단체 교섭전 상견례 모습

(2) 다면교섭

공공부문 노사교섭에서는 다면교섭이 특징으로 나타난다. 다면교섭은 셋 이상 당사자가 참여하고, 공식적인 교섭상대방이 아니라 다양한 이해관계자집단과 교섭하고, 경우에 따라 상위기관의 공식, 비공식적인 인준을 필요로 하는 교섭을 말한다.

다면교섭과 양자교섭

공공부문에서 나타나는 다면교섭(multi-lateral bargaining in public sector)은 민간부문에서 나타나는 노사양자교섭(bi-lateral bargaining in private sector)과 두드러진 차이를 보인다.

공공부문 교섭에서 다면교섭이 나타나는 이유는 사용자 역할을 하는 집단이 다수 존재하고, 사용자 내부에서 명확한 의사결정 체계가 결여되어 있고, 이들 사이에서 이해다양성과 권한 분산으로 인해 이해조정이 어려우며, 일반 공중(the public), 즉 시민과 납세자의 의견도 무시할 수 없기 때문이다. 즉, 공공부문에는 법률상 노사 당사자인 공공기관 경영진과 노동조합뿐만 아니라 공중도 중요한 이해관계자로서 교섭의 결과에 영향을 미치게 된다. 구체적으로 공공부문의 단체교섭에서는 교섭의 직접적인 당사자인 사용자, 노조 이외에도 정부, 지방자치단체, 공중, 납세자, 학부모 등 수많은 이해집단이 직간접적으로 관련된 다면교섭의 현상이 일어나는 것이다.

또한 공공부문의 사용자가 다양하기 때문에 각각 추구하는 목표가 달리 나타날 수 있다. 예를 들면 철도 운영과 관련하여 국토교통부는 편리한 교통서비스 제공을 우선시할 수 있으나 기획재정부는 재정건전성을 우선시할 수 있다. 적자 철도역을 폐쇄할 것인가를 둘러싸고 국토교통부는 편리한 교통서비스를 내세워 존속을, 기획재정부는 재정건전성을 내세워 폐쇄를 주장할 수 있다. 이런 논쟁은 행정부를 떠나 의회로 가서도 연장될 수 있다. 정부가 노조와 적자 철도역 존속 또는 폐쇄를 협의하기 이전에 행정부 내부에서 그리고 의회와 의견을 조율할 필요가 있다. 시민들 사이에서도 해당 역 이용자는 존속을, 해당 역을 이용하지 않는 사람은 폐쇄를 주장할 수 있다. 이들 모두를 고려하여 노조는 국토교통부, 기획재정부, 의회, 시민 사회단체, 해당 지역사회 관계자들과 다양한 형태의 교섭, 협의, 조율을 해야 한다.

다음으로 예를 들면 발전회사의 단체교섭은 형식적으로는 노조와 법률상 사용자인 발전회사의 경영자가 진행하고 있으나 실제로는 에너지와 환경 관련 정부부처들, 의회, 정당, 시민 단체 등과 다양한 형식의 대화, 협의를 병행하여 진행하고 있다. 이처럼 공공부문 교섭은 다양한 이해관계자 간 다양한 형식의 협의, 교섭을 필요로 하는 다면교섭의 특성을 갖는다.

(3) 노동권과 서비스이용권 상충 가능성

공공부문 교섭이 다면적이기 때문에 갈등도 다면적으로 나타난다. 노사 간 양자교섭을 특징으로 하는 민간부문은 갈등이 대체로 기업 안에서 노사 간 갈등으로 나타난다. 그러나 공공부문은 조직 안에서 노사 간 갈등과 함께, 노조와 정부, 노조와 납세자·공공서비스 이용자 간 갈등도 있을 수 있다. 즉, 공공부문 노동자들이 단체행동권 등 노동기본권을 행사할 때 납세자나 공공서비스 이용자들의 서비스 이용권이 훼손될 수 있다. 교사노조가 파업을 하면 수업이 진행되지 않아서 학생과 학부모가 항의를 하거나, 발전노조가 파업을 할 때 정전으로 시민들이 불편을 겪거나, 지하철 노조가 파업을 하면 출퇴근하는 직장인들이 피해를 호소하는 것도 이러한 이유 때문이다. 공공부문 노사관계에서는 공공예산 활용과 공공서비스 제공을 둘러싸고 납세자·공공서비스 이용자와 공공부문 종사자·노조 사이 갈등이 필연적으로 나타나게 마련이다. 현실에서 공공부문노동자 노동권과 시민의 서비스이용권 상충으로 인한 선의의 제3자인 공중의 불편이 나타날 수 있다. 이런 문제를 완화하기 위해 공공부문 노동쟁의 해결 수단으로서 파업권을 제한하고 중재제도 등을 적극적으로 활용하는 등 민간부문 분쟁 해결과 다른 방안을 채택하게 된다.

공공부문노동자의 노동권과 시민의 서비스이용권 상충 가능성

(4) 노사 유착 가능성

민간부문의 노사관계는 분배의 측면에서 상호 대립적이므로 경영자와 노동조합은 상호 견제 혹은 갈등 관계를 보인다. 하지만 공공부문의 궁극적인 사용자는 시민(납세자)이므로 공공부문에서는 시민의 부담하에 노사가 이해공동체로서 유착할 가능성이 존재한다. 즉 공공부문 종사자들은 공공부문 내부에서는 관리자와 직원으로 나누어진다고 해도 정부 또는 납세자에 대해서는 모두 피고용인이기 때문에 관리자와 직원 사이에 이해공동성이 나타날 수 있다. 여기에서 한 걸음 더 나아가 이런 특징이 공공부문에서 이윤을 극대화시킬 유인이 없어서 노사 간에 부가가치(파이, pie)를 공유할 가능성이 있고 이는 도덕적 해이로 나타날 개연성이 있다.

공공부문 종사자의 유착에 따른 도덕적 해이 가능성은 정보의 비대칭성(information asymmetry)과 이해관계 강도(intensity of interest)의 차이에 기인한다. 첫째, 공공부문의 주인(principal, 시민)과 대리인(agent, 공공부문의 노와 사) 사이에는 정보의 비대칭성이 있다. 즉, 주인인 시민은 공공부문 경영에 대한 내부의 정보를 정확히 알지 못하여 주인이 대리인의 행태를 완벽하게 감시 감독할 수 없다. 따라서, 대리인은 주인이 생각할 때 최상이라고 생각하는 만큼 노력을 기울이지 않고 노사의 공동이익 실현을 위해 움직일 가능성이 있다. 둘째, 공공부문의 종사자와 납세자인 시민들간의 이해관계의 강도(intensity of interest)에도 차이가 있다. 공공부문의 주인인 시민은 개별 공공 조직에 대한 이해관계가 크지 않으므로 운영상태에 대하여 관심이 적은 반면 해당 공공부문의 노사는 자기 조직의 경영상태에 대한 이해관계가 강할 수밖에 없다. 대리인들은 강한 이해관계에 근거하여 그 내부에서 노사로 나뉘어 서로 견제하기보다는 궁극적인 주인인 시민과 납세자의 눈을 피해서 자기 이익을 실현하고자 하는 공모자로서 상호 유착 관계로 나타날 수 있다. 공공부문의 노사유착 가능성을 완화하기 위해서는 정부와 시민·납세자단체의 적극적인 감시와 감독이 필요하다.

(5) 노조 결성의 상대적 용이성

공공부문 노조는 민간부문 노조와 견주어 노조 결성과 유지가 상대적으로 용이하다. 공공부문은 일단 노동법이 노동조합 결성을 허용하면 노동조합이 쉽게 결성되고 꾸준히 높은 조직률을 유지하는 경향을 보인다. 이러한 경향은 공공부문 노동조합 결성을 허용한 미국, 일본, 영국, 독일, 프랑스, 호주, 한국 등 주요국의 경우에서 일관되게 관찰된다. 공공부문 노조 결성이 가능한 대부분 나라에서 공공부문 노조가 최대노조 위치를 차지하고 있다. 실제로 많은 나라에서 공공부문 노조 조직율이 민간부문 조직율보다 높으며 공공부문 노조 활동이 활발하다. 또한 복지에 대한 수요 증대, 세계화 과정에서 나타나는 폐해를 시정하기 위한 공공서비스의 확충 요구에 따라 공공서비스가 경향적으로 확대되면서 공공부문이 커지고 그에 따라 공공부문 노조가 절대적으로, 상대적으로 커지고 있다.

공무원의 경우 신분이 보장되어 노동조합운동을 자유롭게 할 수 있고, 공공부문 사용자들도 대체로 선거로 선출되거나(예를 들면 시장, 주지사), 정부로부터 임명이 되었으므로(예를 들면 공공기관 사용자) 민간기업 경영자보다는 노동조합에 적극적으로 반대할 만한 동기가 적기 때문이다. 또한 공공부문 경영자가 자신의 재임기간 중 노조와 충돌을 일으키려 하지 않는 경향, 그리고 공공부문 노조 또는 노조원이 선거 과정에서 미치는 강력한 영향 등도 공공부문 사용자가 노동조합에 대하여 비교적 우호적인 태도를 보이는 이유들이다.

한국의 경우에도 공공부문 노동조합 조직률은 민간부문보다 훨씬 높으며 노동조합 결성이 자유로운 공공기관 경우 거의 모두 노동조합이 결성된 점도 이러한 측면을 보여준다. 공공부문에서 노동조합이 쉽게 정착하고 안정되는 경향은 이후 한국 노동운동을 공공부문이 주도할 것이라는 예측을 가능하게 한다. 한국에서 공공부문 노조들은 먼저 일반공무원들이 노조 결성이 가능해진(2006년) 이후 제복을 입은 공무원이라는 특성을 갖는 소방공무원들이 노조 결성이 가능해져서(2021년) 공무원노조 단결권 보장 범위가 넓어졌다. 한편 경찰공무원들은 현재 노조 결성 권리는 없지만 경찰직장협의회를 설립할 수 있게 되어(2020년) 이후 단결권 보장 가능성을 보여주고 있다.

공공부문 노조 결성의 상대적 용이성

(6) 공공부문 노조간 연대 가능성 높음

공공부문 노조는 민간부문 노조와 견주어 노조간 연대 가능성이 높다. 공공부문 사용자가 누구인가는 결정이 쉽지 않은 문제이다. 그러나 현실적으로 공공부문의 노동조건은 결국 정부 예산 편성권, 궁극적으로는 의회의 예산 심의권과 관련되어 있다. 또한 공공부문 노동조건의 세부사항은 정부 방침에 따라 직간접적인 영향을 받는다. 이에 공공부문의 사실상 사용자는 정부라고 할 수 있다. 노조는 사실상 사용자인 정부를 상대로 '노정교섭'[5]을 요구한다. 정부가 이를 선뜻 수용하여 공공부문 교섭당사자로 나올 가능성은 희박하지만 정부는 공공부문 노동조건에 정부가 관여하는 바가 크다는 점을 고려하여 노조와 면담, 의견 수렴, 협의 등 다양한 형식으

5 노조에서는 노정교섭이라 하고 있지만 실제 내용은 노정협의라고 할 수 있다.

로 접촉하고 있다.

공공부문 노조는 정부와 교섭 또는 협의를 진행하기 위해 다양한 노조 간 연대체를 구성하여 정부와 협의에 나선다. 이는 공공부문 노동조건이 사실상 사용자인 정부에 의해 결정된다는 현실을 반영한 것이다. 민간부문 노조들은 각각이 사용지가 다르기 때문에 상대적으로 연대에 어려움이 있지만 공공부문 노조들은 경제적 이해관계가 동일하기 때문에 연대 가능성이 높다.

또한 공공부문의 궁극의 사용자는 시민·납세자이다. 정부조차도 시민 여론을 고려하여 공공부문 노동조건을 결정한다. 공공부문 노조들은 연대하여 시민을 상대로 자신들의 요구조건을 알리고 정당성을 확보할 필요성이 있기 때문에 민간부문 노조에 견주어 연대 가능성이 높다.

(7) 공공부문 고용관계 특징 종합

공공부문 고용관계는 이제까지 살펴본 특성으로 인해 민간부문 고용관계와 다른 특징을 갖고 있다. 따라서 공공부문 그리고 공공부문 고용관계를 분석할 때는 민

도표 9-1 공공부문과 민간부문 고용관계 특징 비교

	공공부문	민간부문
주요 목적	• 공공성 추구	• 이윤 추구
관련 기제	• 정부	• 시장
기대 역할	• 민간부문 선도 • 모범사용자 역할	• 특이 사항 없음
예산제약	• 공공적 통제	• 시장 경제적 제약
정치적 성격	• 정치적 성격 강함	• 특이 사항 없음
사용자	• 사용자 불명료성 • 경영자 자율성 약함 • 사실상 사용자로서 정부 존재	• 사용자가 명확함 • 경영자 자율성 강함
통제	• 다양한 이해집단에 의한 다중통제	• 기업내 통제
경쟁	• 국내외 시장 힘으로부터 비교적 자유로움	• 국내외 기업과 경쟁
목표	• 목표다양성, 목표간 상호모순 가능성	• 비교적 명확하고 단일한 목표
노조간 연대	• 상대적으로 연대 가능성 높음	• 상대적으로 연대 가능성 낮음
노사관계	• 갈등관계 또는 유착관계	• 갈등관계 또는 종속관계
교섭	• 노조/사용자/정부/시민 다면교섭	• 노조/사용자 양자교섭
갈등	• 조직내 노사 갈등 • 노조-정부 갈등 • 노동권과 공공서비스이용권 갈등	• 기업내 노사 갈등

간부문 그리고 민간부문 고용관계와는 다른 분석틀로 접근할 필요가 있다. 위에서 살펴본 바를 종합적으로 정리하면 <도표 9-1>과 같다. 비교를 위해 공공부문과 민간부문 특징을 병기한다.

1.3 공공부문 노동기본권을 둘러싼 논쟁

노동운동은 민간부문에서 처음 시작하였다. 이후 공공부문에서 처음 노동운동이 시작될 때 과연 공공부문 노동자들에게 노동권을 보장하여야 하는지에 대한 논쟁이 벌어졌다. 이러한 논쟁은 오늘날에도 여전히 공공부문의 근본적인 특징을 파악하는 데에 도움이 되므로 아래에 소개하고자 한다. 특히, 1960년대 미국의 경우 민권운동과 맞물려 공무원과 교사의 노동조합 결성요구가 거셀 때, 과연 공공부문 노동자들에게 노동조합 결성을 허용하는 것이 합당한지에 대한 논쟁이 오랜 기간 지속되었다. 한국에서도 구체적 양상은 다르지만 공무원노조 허용 과정에서 비슷한 논쟁이 있었다. 또한 공무원노조가 합법화된 이후에도 공무원노조 활동, 특히 단체행동에 대한 논쟁이 벌어질 때 비슷한 논쟁이 나타나고 있다. 따라서 공공부문 노동기본권을 둘러싼 논쟁은 현재도 여전히 진행 중이다.

(1) 공공부문 노동기본권 부정 주장

공공부문에 노동조합을 허용해서는 안 된다고 주장하는 근거 중 하나는 공공부문에서는 노사가 유착할 가능성이 크다는 점이다. 즉, 시민 부담을 도외시한 채 공공부문 노사가 과다한 임금인상과 노동자들에게 유리한 노동조건에 합의할 수 있다는 점이다. 시민 부담에 대한 관심도는 전체 시민에게 분산되어 있어 집중적으로 관심을 표명하지 않지만, 공공부문노조는 이해관계가 노조원에게 집중되어 있으므로 (intensity of interest) 이들이 집중된 협상력을 발휘하여 시민의 분산된 반대를 무릅쓰고 자신들의 의견을 관철한다는 것이다. 한국 경험을 볼 때 일부 공공기관 경우는 노사유착 가능성을 보여준다. 예를 들어 전문성이 없는 정치인들을 위하여 공공기관 최고경영자 자리를 할애하다보니, 이들은 취임 시점부터 노조의 낙하산인사 반대투쟁에 직면하여 이미 많은 양보를 약속한 상태에서 취임하고, 재임기간 중 노사분규 발생을 회피하기 위하여 필요 이상으로 많은 것을 양보해 온 사례가 알려져 있다. 또한 공공부문 내부에서는 직원과 관리자(노와 사)로 나눠지더라도 시민·납세자에 대해서는 피고용인이라는 동일한 입장에 있기 때문에 노사간에 유착할 가능성이 있다.

공공부문 노동기본권을 부정하는 또 다른 이유로는 공공부문 파업 경우 공공서비스에 대한 대체재가 없으므로 노동조합의 협상력이 월등히 커서 사용자가 과다한 양보를 할 수밖에 없다는 우려이다. 예를 들어서 경찰, 소방관, 주민센터의 행정직원 등이 파업을 할 경우를 가정한다면 공익성이 강한 공무원의 파업은 단기간에 불과하더라도 사회구성원이 견딜 수 없으므로 협상과정에서 공공부문 사용자가 노동조합에게 비합리적인 수준의 양보를 할 수밖에 없다는 주장이 제기되어 왔다.

공공부문에 노조를 허용해서는 안 된다는 주장

(2) 공공부문 노동기본권 인정 주장

이러한 우려에 대하여 공공부문 노동조합을 인정하여야 한다고 주장하는 측에서는 다양한 반박논리와 증거를 제시하여 왔다. 우선, 공공부문 노동자도 노동자인 만큼 공공부문에 취직하였다고 해서 헌법에 보장된 노동기본권을 부인할 수 없다는 것이다. 또한, 공공부문에서 노사가 유착할 가능성이 크다는 주장에 대하여는 납세자그룹의 적극적인 감시로 예방이 가능하다고 주장한다. 예를 들면, 미국 하와이 주에서는 Sunshine Act라 하여 공공부문 노사협상에는 반드시 납세자그룹이 참여하도록 규정한 법을 통과시킨 적이 있다. 한국의 경우 공무원임금은 정부 예산편성 과정에서 의회 심의를 거치고 공공기관 임금은 기획재정부 예산편성지침에 따라 인상이 이루어지고 있고 단체협약은 공공기관 경영정보 공개 시스템(www.alio.go.kr)을 통해 공개되는 등 투명하게 관리되고 있다는 반론도 가능하다.

또한, 1990년 이후에는 공공부문 경쟁력이 국가경쟁력의 핵심으로 인정되고 공공부문 개혁이 정치인들의 업적으로 평가됨에 따라 오히려 공공부문 노동자들이 민간부문보다 더 혹심하게 구조조정 대상이 되어왔다고 주장한다. 예를 들면, 한국의 경우 1997년 경제위기 이후 정부에서 모든 공기업과 정부출연기관 정원의 30% 이상을 무조건 삭감하도록 하여 공무원을 제외한 거의 모든 공공기관에서 구조조정이 이루어진 점을 들 수 있을 것이다.

공공부문에서 노동조합 협상력이 우월하다는 두 번째 주장에 대하여는 대부분 국가에서 공공부문 노동자들에게 노동3권의 일부를 부여하지 않음으로써 강력한 협상력을 발휘할 기회를 봉쇄해 왔다는 점을 들고 있다. 즉, 한국 경우에도 공중의 일상생활과 밀접한 관련이 있거나 국민경제에 미치는 영향이 큰 공익사업과 공익사업으로서 그 업무의 정지 또는 폐지가 공중의 일상생활을 현저히 위태롭게 하거나 국민경제를 현저히 저해하고 그 업무의 대체가 용이하지 아니한 필수공익사업은 쟁의행위에 많은 제약을 두고 있다. 또한, 초중등교사와 공무원 경우에는 쟁의권이 부여되지 않는다.

공공부문 노동기본권에 대한 이러한 제한들은 공공부문 노동조합의 협상력을 약화시키려는 목적을 가지는 것이다. 이런 조치를 취하면 공공부문 노동조합의 과다한 협상력을 제어할 수 있으므로 공공부문에도 노동기본권으로서 노조 결성을 허용해야 한다는 주장이 제기되었다.

가장 근본적으로는 공공부문 노동자도 노동자이므로 노동기본권을 가져야 한다는 논리가 공공부문 노동기본권 보장 논리의 토대가 되고 있다.

공공부문에도 노조를 인정해야 한다는 주장

(3) 실증 결과와 현재 상황

실증연구결과를 보면 공공부문의 노조결성을 허용하는 것이 노사 간 협상력을 심각하게 왜곡시키지 않았다는 점을 보여주고 있다. 예를 들면, 한국과 미국 경우를 보더라도 공공부문이라고 하여 특별히 노동조합 임금인상효과가 민간부문보다 더 크지 않다는 점은 공공부문 노조 협상력이 우려할 만큼 크지는 않다는 점을 보여준다. 또한 노조와 정부 모두 궁극의 사용자인 시민·납세자의 여론을 의식하지 않을 수 없기 때문에 공공부문 노동조건을 민간부문보다 뚜렷이 우월하게 가져갈 수 없다는 근본적인 제약조건이 있다.

따라서, 21세기에 와서는 공공부문 노조결성을 전면 부인하는 견해를 주장하는 전문가는 거의 없으며, 공공부문에서 공공성과 노동기본권을 어떻게 잘 균형을 맞출 것인가, 달리 말하면 시민의 공공서비스 향유권과 공공부문 노동자의 노동기본권을 어떻게 적절히 균형을 맞출 것인가가 논의의 초점이 되었다. 그러나 양자 간 균형은 쉽지 않기 때문에 공공부문 노사 간 대화만이 아니라 다양한 이해관계자(공공부문 노와 사, 정부와 의회, 납세자, 공공서비스 이용자, 시민) 간 끊임없는 대화와 타협이 필요하다.

공공부문 노조 결성 인정

1.4 공공부문 고용관계 추세

한국 노동운동이 처음 시작된 이래 오랜 기간 한국 노동운동은 민간부문 노동자들이 주도하여 왔다. 그러나 최근 노동운동에서 나타나고 있는 여러 조짐들은 21세기 한국고용관계 중심축이 공공부문으로 옮겨가고 있음을 보여준다.

공공부문(공무원, 교원, 공공기관)의 노사관계는 민간부문의 노사관계와는 달리 조직율이 높고 안정적이다. 2023년 말 기준 전체 조직율이 13%이고 민간부문 조직율이 9.8%인 데 견주어 공공부문 노조조직률은 71.6%로 크게 높은 편이다. 세부적으로 살펴보면 공무원이 66.6%, 교원이 31.4%, 공공기관이 71.6%(공공기관 경영정보

도표 9-2 민간, 공공부문 노동조합 조직률			(기준: 2023년 12월 말, 단위: %)	
구분	민간	공공기관	공무원	교원
조직률	9.8%	71.6%	66.6%	31.4%

자료: 고용노동부(2024), 전국노동조합조직현황.

공개 시스템 기준)이다. 조합원 수는 총 2,737,379명인데 민간부문은 1,905,545명이고 공공부문은 831,834명으로 공공부문 조합원이 전체 조합원의 약 30.4% 정도에 이른다.[6]

이러한 높은 조직률과 사실상 사용자인 정부를 상대로 한 단일한 대오 형성이 상대적으로 쉽다는 특성으로 인해 공공부문 노조의 영향력은 지속적으로 확대되고 있다.

1.5 외국 공공부문 고용관계

한국 공공부문 고용관계를 비교고용관계적인 시각에서 조명하기 위하여 미국, 독일과 일본의 공공부문 고용관계를 살펴본다.

(1) 미국 공공부문 고용관계

미국에서는 연방 공공부문 피고용인에 대하여 단결권을 인정하고 있으며 노조는 노동조건에 관하여 단체교섭을 할 수 있는 권한이 있다. 그러나 연방공무원 임금결정은 의회를 통하여 이루어지므로 임금교섭권은 연방공무원의 단체교섭권에 포함되지 않는다. 미국 연방헌법에는 단체행동권을 보장하는 명문 규정이 없고 이제까지는 연방정책으로 연방 공공부문 피고용인에 대하여 단결권과 임금교섭권을 제외한 단체교섭권을 인정하지만, 단체행동권은 부정하는 정책을 취하고 있다.[7] 미국의 주와 시의 공무원(Municipal governments' employees)들에 대한 법령은 주와 시에 따라 큰 차이가 있지만 대체로 보아 노동3권 중 2권(즉, 단결권과 단체교섭권)을 허용하고 있으며, 일부 주나 시의 경우 노동3권(즉, 단결권과 단체교섭권, 단체행동권)을 모두 허용하고 있다.[8] 조금 더 상세히 살펴보면 주와 지방정부의 노사관계를 일괄적으로 규제하는 연방 법률은 제정되어 있지 않고 주와 지방정부 차원에서 공무원 단체교

---

6 고용노동부(2024), 전국노동조합조직현황.

7 이철수·강성태, 『공공부문 노사관계법』(서울: 한국노동연구원, 1997), pp. 79-93.

8 파업권이 인정되지 않는 경우에도 실제로는 파업을 하기도 하며 이 경우 처벌로 연결되지 않는 경우도 있다.

섭에 관련한 법률은 주로 1960년대 중반부터 1970년대 중반까지 제정되었다. 현재 단결권을 금지하는 주는 한 곳도 없으며 단체교섭권은 40개 주에서 인정하고 있다. 특히 연방정부 차원에서는 인정하고 있지 않은 임금교섭권도 대부분의 주와 지방정부에서는 인정하고 있다. 다만, 단체행동권을 인정하는 주정부는 11개로 비교적 소수이다(2006년 기준).[9]

연방 정부기관과 노조 교섭에서 합의에 도달하지 못할 경우 노조는 파업권을 행사할 수 없어 힘의 불균형, 교섭의 교착상태가 나타날 수 있다. 연방공무원 개혁법에서는 노사당사자에게 쟁의조정제도를 통해 문제 해결을 꾀하고 있다. 우선 교섭 교착상태에서 노사는 자발적인 해결을 위해 노력할 수 있고 안 될 경우 연방조정알선국(FMCS. the Federal Medition and Concilation Service)이 조정을 할 수 있다. 여기에서도 조정이 안 될 경우 공공부문 노사관계조정을 전문적으로 담당하는 연방공무쟁의조정위원회(FSIP. the Federal Service Impasse Panel)가 노사 일방의 신청에 의한 조정 또는 노사 쌍방에 의한 중재재정을 진행할 수 있다. FSIP는 이들 절차로 당사자들 간 화해가 이루어지지 않을 경우 직접 결정과 명령의 발포를 포함한 모든 최종조치를 취할 수 있다.[10] 민간부문과 다른 공공부문 조정 절차를 설정해 놓은 것은 공공성 확보를 위해 공공부문의 노동기본권 중 일부를 유보하는 데 따른 불균형을 해소하기 위한 목적이다.

(2) 독일 공공부문 고용관계

독일 경우 공공부문에 종사하는 피고용인을 공무원(Beamte)과 비공무원인 피고용인(Arbeitnehmer)으로 구분하는 이원적인 구조를 형성한다. 공무원에게는 단결권을 보장하지만 단체협약 체결권과 쟁의권을 인정하는 명문규정이 없다. 비공무원인 사무직·노무직 피고용인에게는 단결권뿐만 아니라 단체협약체결권과 쟁의권을 인정하지만[11] 이들의 파업시에는 공무원의 대체투입을 허용한다는 것이 연방법원의 입장이다. 한편 노조와는 별도로 직원협의회(Personalrat)를 설치하고 있는데 민간기업에서 실시하고 있는 경영협의회와 유사하지만 경제적 사항에 대한 참가를 인정하지 않는다는 점에서 차이가 있다.[12]

---

9 하재룡(2009), 공무원노조의 미래: 미국 공무원노조의 역사적 발전과정을 통해 미리보기, 한국행정사학지 제24호 (2009), pp. 1-36.

10 조경호·문명재(2006), 공공부문 노사갈등 해결방안 연구: 영·미 사례를 중심으로, 한국행정연구 제15권 제3호. pp. 3-42.

11 강수돌, 『독일 공공부문 노사관계의 구조와 동향』(서울: 한국노동연구원, 1997), p. 7.

12 이철수·강성태, 전게서, pp. 198-204.

독일 공공부문은 민간부문보다 상대적으로 안정적이고 높은 수준의 임금 등 좋은 노동조건을 갖춘 전형적인 1차 노동시장의 모습을 보여주고 있다. 독일 공공부문의 임금관리는 법정주의에 의해 정부가 결정하는 공무원부문과 단체교섭에 의해 결정되는 비공무원부문으로 구분된다. 단체교섭에 의한 임금결정은 연방·기초지자체의 사용자단체연합과 산별노조 사이에서 이루어지는 중앙집중적 임금결정 구조이다. 의원내각제인 독일에서는 공공부문 단체협약 결과에 대해 의회에서 관련 예산을 삭감하거나 인상률을 문제삼는 일은 발생하지 않기 때문에 단체교섭을 통해 결정된 내용은 실질적으로 최종적이며 법적 구속력을 갖는다. 또한 단체교섭을 통해 결정되는 비공무원부문의 교섭 결과가 공무원부문에 적용된다는 점에서 공공부문 임금관리는 결국 단체교섭에 의해 결정된다.[13]

(3) 일본 공공부문 고용관계

일본 공무원은 국가공무원과 지방공무원으로 구분되고 또한 직무의 종류에 따라 현업공무원과 비현업공무원으로 나누어진다. 이들 4가지 범주의 공무원에 대해서는 각기 다른 법률이 적용되고 있다. 일본의 경우 일반직 공무원은 직원단체를 결성할 수 있는데, 이 직원단체는 직원 노동조건의 유지·개선을 목적으로 하는 단체이다. 그러나 단체협약 체결권이 배제된 교섭권이 인정될 뿐이며 단체행동권 역시 부인되기 때문에 직원단체는 민간 피고용인 노동조합과는 다른 성격을 갖는다. 비현업 일반직 국가공무원과 지방공무원 노동권 보장은 각각 국가공무원법과 지방공무원법에서 직원단체의 등록, 단체협약 체결권의 부정, 쟁의행위의 금지 등을 골자로 하고 있다. 따라서 비현업 일반직 공무원은 직원단체로서 활동할 수 있고 직원의 급여·근무시간, 후생적 활동을 포함하는 적법한 사항에 대해 교섭을 할 수 있으나 단체협약 체결권은 인정되지 않는다.

일반직 공무원 중 국영기업 직원이나 지방공영기업 직원인 현업 일반직 공무원은 직원단체 대신에 노동조합을 조직할 수 있다. 노동조합은 단체교섭을 하고 단체협약을 체결할 수 있으나 단체행동권은 행사할 수 없다.

한편, 일반공무원의 급여와 근무조건에 대한 불만을 해소하기 위하여 인사원(국가공무원 관련)과 인사위원회(지방공무원 관련)라는 기구를 설치·운영하고 있다. 인사원은 일반공무원 급여, 기타 근무조건 개선과 인사행정에 관한 개선을 정부에 권고할 수 있는 권한을 갖고 있으며 실제로 인사원의 임금인상 권고를 정부가 그대로 수

---

13 이승협(2020), 독일의 공공기관 인력관리 및 임금결정방식, 국제노동브리프 2020년 7월호, 한국노동연구원, pp. 36-53.

용하는 경우가 많다. 인사원 권고제도는 공무원 노동기본권 제한에 대한 보완책으로 설정된 것으로 비현업 국가공무원의 급여인상시에 고려되는 가장 중요한 준거이지만, 더 나아가 비현업 지방공무원, 단체협약 체결권이 있는 현업공무원의 교섭에도 영향을 미치고 있다. 인사원 권고는 모든 직원은 인종 등의 이유로 차별받아서는 안 된다는 평등 취급의 원칙, 사회 일반의 정세에 적응해야 한다는 정세적응의 원칙, 급여는 직무와 책임에 따라 결정해야 한다는 직무급의 원칙, 민간임금을 고려하여 결정해야 한다는 균형의 원칙에 따라 이루어진다.[14]

(4) 외국과 한국 공공부문 고용관계

이상에서 보듯이 미국, 독일, 일본 등 OECD 회원국에서는 일반적으로 공공부문 노동조합결성을 허용하고 있음을 알 수 있다. 법적으로는 이들 국가에서 대체로 공무원 단결권을 인정하고 있으며, 단체교섭권은 제한적으로 인정하고 있고, 단체행동권은 일반적으로 금지하고 있다. 한국 공무원 노조법 입법사례는 외국 입법사례와 큰 틀에서 비슷하다.

그러나 세부적으로는 단결권 인정 범위, 단체교섭 제도 운영, 단체행동권 제한 범위, 노동기본권 일부 미보장에 따른 보완 조치의 운용 등에서 차이가 있다. 공무원노조 인정의 역사가 짧은 한국 공무원노조 노사관계에서는 세부적인 제도 설계와 보완, 경험의 축적을 통해 미비점을 보완해 나가야 할 것이다. 이 과정에서 외국 사례를 참조할 수 있다.

 ## 공무원 고용관계

2.1 공무원 노동기본권

한국에서는 과거부터 사실상 노무에 종사하는 (구 철도청, 체신과 의료분야의) 현업 공무원은 노동3권이 보장되어왔다. 하지만 이들을 제외한 일반 공무원에 대해서는 노동기본권을 보장하지 않았다. 그러나 1997년 경제위기 이후 정부기구 개편 등 구조조정으로 인한 공무원 신분보장 약화, 승진적체 등 근무여건에 대한 불

---

14 김재훈(2007), 공무원 노사관계와 급여결정제도-일본의 사례를 중심으로, 노동법 연구 22호, pp. 257-299.

만이 누적됨에 따라 공무원 노조 결성을 요구하는 목소리가 커져 갔다. 아울러 ILO 와 OECD 등 국제기구에서 공무원 노동기본권 보장을 위한 제도개선을 지속적으로 권고하였다. 그 결과 1999년 6급 이하 공무원을 대상으로 노사협의만을 할 수 있는 공무원직장협의회가 설립되었고 2006년 「공무원의노동조합설립및운영등에관한법률」이 시행됨에 따라 공무원노조가 설립되었다. 공무원노조 관련 주요 내용은 다음과 같다.

(1) 단결권

공무원도 노동자이므로 단결권을 보장한다.[15] 공무원노조법에 따라 직급에 무관하게 지휘감독의 위치에 있지 않은 공무원, 소방공무원, 조교 등 교육공무원, 퇴직공무원의 단결권을 보장하고 있다. 다만, 법관과 군인·경찰 등 사법질서 유지나 국가안보, 국민의 생명·신체의 안전과 관련되는 직무에 종사하는 자[16] 등은 가입을 제한하고 있다. 경찰공무원에 대해서는 2020년부터 직장협의회를 허용하고 있다. 과거 공무원노조 결성 허용 과정에서 직장협의회가 먼저 설립된 이후 노조 결성으로 나간 경험이 있다. 경찰도 이런 경로를 거쳐갈 수 있으나 경찰업무의 특수성으로 인해 단기간에는 노조 설립이 허용되지 않을 수도 있다.

(2) 단체교섭권과 단체협약 체결권

공무원노동조합은 근무조건에 관하여 정부 측과 단체교섭을 하고 그 결과를 단체협약으로 체결할 수 있는 권리를 갖는다. 그러나 임금은 정부 예산부처가 예산을 편성하고 국회심의를 거쳐 결정되기 때문에 노조의 교섭권은 제한적이다. 즉, 공무원의 단체교섭은 공무원 보수 결정시에 공무원노조의 의견을 수렴하는 정도에 그치고 있고, 또한 인사와 정책 관련 의제에 대한 교섭 대상 여부를 놓고 노사 간 견해차이가 커서 교섭이 아닌 정책건의 의제라는 형태를 취하는 경우도 있다.

공무원노조 임금교섭권 제한

(3) 단체행동권과 쟁의조정

노사 간 단체교섭의 결렬시 분쟁의 조정·중재를 중앙노동위원회 내의 공무원노동관계조정위원회에서 전담하도록 하였다. 공무원에 대하여는 단체행동권이 부여

---

15 과거에는 공무원노조법에 따라 6급 이하 공무원만 단결권을 보장하고 있었다. 그러나 이러한 제한은 ILO 제87호 협약(결사의 자유 및 단결권 보호에 관한 협약)에서 단결권은 모든 노동자에게 차별 없이 보장되어야 한다고 규정하고 있는 것에 견주어 볼 때 과도한 제한이라는 비판이 있었다. 국회는 2020년 12월 법을 개정하여 '6급 이하 공무원'만 노조를 가입하도록 제한한 규정을 삭제하고 직급에 무관하게 지휘감독의 위치에 있지 않은 공무원, 소방공무원 등의 노조 가입 기본권을 보장하였다.

16 예를 들어 군인복무규율 제38조; 경찰공무원복무규정 제12조; 공무원복무규정 제28조 단서 등 참조.

되지 않는다. 즉, 공무원노동조합과 그 조합원은 파업·태업 그 밖에 업무의 정상적인 운영을 저해할 수 없다. 다만, 체신과 의료분야의 현업 기관 종사자에게는 단체행동권이 부여되고 있다.[17]

공무원노조 단체행동권 제한

2.2 공무원 노동조합 현황

과거 공무원노조는 전국체신노동조합(현재 전국우정노동조합)과 국립의료원노동조합 등 2개의 현업공무원노동조합만이 있었다. 그러나 헌법 제33조제2항에 따른 공무원의 노동기본권을 보장하기 위하여 2005년 1월 27일 공무원의노동조합설립및운영등에관한법률을 제정하고 2006년 1월 28일 시행함으로써 공무원들도 노동조합을 설립하고 근무조건 개선을 위해 정부·지방자치단체와 단체교섭을 할 수 있게 되었다.

한국 공무원 노조 결성 인정

2023년 말 현재 공무원부문 노조 수는 162개(전국우정노조, 전국우체국노동조합, 전국민주우체국본부의 현업공무원 포함)이고 조합원 수는 350,740명이다. 공무원노조는 통상 공무원노조법을 적용받고 있으나 위 공무원부문 노조 수에는 일반 노조법 적용을 받는 전국우정노조, 전국우체국노동조합이 포함되어 있다. 전국공무원노동조합(전공노. 조합원 수 143,041명)은 민주노총 소속이고 공무원노동조합연맹(공무원연맹. 조합원 수 63,164명)은 한국노총 소속이다.[18]

공무원은 중앙정부 공무원과 지방공무원이 있으며 이들은 각각 중앙정부와 지방자치단체 소속이지만 지방공무원의 노동조건에 대해서도 중앙정부의 영향력이 미치고 있다. 따라서 지방공무원노조들은 중앙정부, 지방자치단체 모두를 상대로 노동조건에 대한 교섭(협의)을 해야 하는 상황이라 사용자의 중층성이 나타나고 있다.

---

17 김형배, 「노동법(제19판)」(서울: 박영사, 2010), p. 1080.
18 고용노동부(2024), 전국노동조합조직현황

공공기관 고용관계

3.1 공공기관 분류

(1) 중앙정부 공공기관 분류

공공기관은 공공서비스를 제공하지만 공무원과 달리 정부 부처 조직 밖에 있으며 정부로부터 일상적인 관리감독을 받지 않는 가운데 일정한 자율성을 갖고 정부 정책을 수행하는 기관이다. 과거 정부투자기관, 정부출자기관, 출연기관 등 다양한 명칭으로 불렸으나 공공기관의운영에관한법률에 따라 공공기관으로 부르게 되었다.

공공기관의운영에관한법률에 따르면 공공기관은 국가·지방자치단체가 아닌 법인·단체 또는 기관으로서 정부가 당해 기관 정책 결정에 사실상 지배력을 확보하고 있는 기관 중에서 기획재정부장관이 공공기관으로 지정한 기관이다. 공공기관은 공기업, 준정부기관과 기타공공기관으로 구분하여 지정하되 공기업은 다시 시장형 공기업과 준시장형 공기업, 준정부기관은 기금관리형 준정부기관과 위탁집행형 준정부기관으로 나눈다. 정부가 직접 고용관계 당사자가 되는 공무원과 달리 공공기관은 정부가 법적인 사용자는 아니지만(법적인 사용자는 해당 공공기관의 장) 사실상 큰 영향력을 행사하는 사용자 역할을 하고 있다.

도표 9-3 중앙정부 공공기관분류 기준

분류	세부분류(예시)
공기업	시장형 공기업(한국가스공사)
	준시장형 공기업(한국도로공사)
준정부 기관	기금관리형 준정부기관(근로복지공단)
	위탁집행형 준정부기관(국립공원공단)
기타공공기관	공기업, 준정부기관이 아닌 공공기관(국립중앙의료원)

(2) 지방공공기관 분류[19]

한편 시방공공기관은 중앙정부공공기관과 성격과 역할이 비슷하지만 지방자치
단체가 설립한다는 점에서 차이가 있다. 지방공공기관은 지방공기업과 지방자치단
체 출자출연기관으로 구분할 수 있다. 지방공기업은 직영기업, 지방공사, 지방공단
으로 나뉘고, 지방자치단체 출자출연기관은 지방자치단체가 출자·출연하여 설립한
기관으로 행정안전부장관이 지정·고시한 기관을 의미한다.

> 지방공공기관은 지방자치
> 단체가 설치

도표 9-4	지방자치단체 공공기관 유형 분류		
	구분(예시)		
지방공기업	직영기업(서울특별시상수도)		
	지방공사(서울교통공사)		
	지방공단(서울시설공단)		
지방 출자출연기관(출자: 성동미래일자리(주). 출연: 서울의료원)			

3.2 공공기관 노동자 노동기본권

중앙정부 공공기관과 지방자치단체 지방공기업 노동자에 대해서는 노동기본권
이 인정되고 있다. 다만 단체행동권이나 쟁의조정 등에서는 공익사업과 필수공익사
업에 해당되는 경우에는 제약을 받고 있다.

> 공공기관 노동자에 대해서
> 는 노동기본권 보장

(1) 단결권과 단체교섭권

공공기관 노동자는 별도 제한 없이 단결권, 단체교섭권, 단체협약 체결권 등이
보장된다. 따라서 노동조합을 결성하여 사용자와 임금·노동조건 등의 유지·개선을
위하여 단체교섭을 실시하고 그 합의된 사항을 단체협약으로 체결할 수 있다. 그러
나 공공기관 경우 궁극적으로는 정부 예산 영향을 받기 때문에 임금인상, 노동조건
개선에서 예산 제약이 따른다. 이를 둘러싸고 노조에서는 노조와 정부가 교섭을 진
행하는 노정교섭을 요구하고 있지만 정부는 정부가 법률상 사용자가 아니고, 공공
기관 자율성을 보장하고 있다고 하여 노정교섭을 받아들이고 있지 않고 있다. 현실
적으로 '노정교섭'이 이루어질 가능성은 희박하다. 그러나 사실상 사용자인 정부와

---

19 유병홍·허인·이정봉(2017), 『지방공공기관 노사관계 발전방안에 관한 연구』, 한국노총 중앙연구원. pp. 16-18.

노조 간에 노동조건을 둘러싼 다양한 협의와 조정은 필요하므로 '교섭'이라는 형식에 구애받지 않고 노정간에 다양한 협의, 조정, 의견교환을 할 필요가 있다.

(2) 단체행동권과 쟁의조정

기본적으로 공공기관노조는 단체행동권을 행사할 수 있다. 그러나 현실에서 공공기관 노조의 단체행동은 공공부문노동자의 노동권과 시민의 공공서비스이용권 상충으로 나타날 수 있어 양자 간 조정이 쉽지 않다. 따라서 양자 조정을 위해 공공기관 사업장이 공익사업 또는 필수공익사업인 경우에는 쟁의행위에 대하여 제약을 가하고 있다. "공익사업"이라 함은 공중의 일상생활과 밀접한 관련이 있거나 국민경제에 미치는 영향이 큰 사업인 정기노선 여객운수사업 및 항공운수사업 등이다. "필수공익사업"은 공익사업으로서 그 업무의 정지 또는 폐지가 공중의 일상생활을 현저히 위태롭게 하거나 국민경제를 현저히 저해하고 그 업무의 대체가 용이하지 아니한 철도사업, 도시철도사업 및 항공운수사업 등이다.

▲ 필수 공익사업장인 철도노조의 파업 출정식 장면

구체적으로 공익사업인 경우 조정기간이 일반사업장보다 길고, 필수공익사업인 경우 이에 덧붙여 파업시 필수유지업무를 반드시 수행하도록 하고 대체근로를 허용하고, 긴급조정을 실시할 수 있다. 공공기관노조 쟁의에 대해 민간부문노조 쟁의보다 더 많은 제약을 가하는 이유는 공공기관이 제공하는 서비스의 성격이 공공성을 갖고 있어 그 중단이 시민의 공공서비스이용권을 제약할 수 있기 때문이다. 현실에서는 공공기관 종사자의 노동기본권 보장과 시민의 공공서비스이용권 사이 상충이 나타날 수 있어 두 기본권 간 조정이 쉽지 않으나 시민들이 공공부문 종사자의 노동기본권을 인정하고, 공공부문 종사자들이 시민들의 공공서비스이용권을 존중하는 선에서 조정과 타협을 이루어내야 한다. 예를 들어 시민들은 공공부문 종사자의 파업권을 인정하고, 공공부문 종사자들은 파업시 전면 파업보다는 부분적 제한 파업을 하는 형태의 조정이 가능할 수 있을 것이다.

공공부문 노동자의 노동기본권과 시민의 서비스이용권 사이의 충돌을 둘러싼 논쟁

3.3 지방자치단체수준 고용관계에 대한 관심 고조[20]

최근 고용관계분야에서 나타나고 있는 변화 중 하나는 지방자치단체수준 고용관계에 대한 관심이 높아지고 있는 것이다. 이는 큰 틀에서 살펴보면 지방자치제가

20 유병홍·허인·이정봉(2017), 『지방공공기관 노사관계 발전방안에 관한 연구』, 한국노총 중앙연구원. pp. 1-2.

성숙하면서 지방자치단체가 고용노동문제에 대해 관심을 기울이는 것에서 나타나고 있다. 이를 조금 더 세부적으로 살펴보면 다음과 같다. 첫째, 중앙정부가 노동문제를 관장하면서 고용노동부가 지방까지 행정체계를 갖추고 있지만, 포괄 범위가 넓고 인력은 부족해서 세부적인 부분을 잘 살피지 못하고 있어 지방정부에서 보완할 필요가 있기 때문이다. 둘째, 지방자치단체가 해당 지역사정을 가장 잘 알고 있기 때문에 고용노동문제와 관련하여 세부적인 사항을 잘 반영할 수 있기 때문이다. 셋째, 해당 지역 노동자는 많은 경우 해당 지방자치단체의 주민이기도 하다는 점에서 지방자치단체가 고용노동문제에 관심을 가져야 함은 당연하다. 넷째, 지방자치단체가 공공부문에서는 직접적인 사용자이거나 간접적으로 노동조건에 영향을 미치고 있어 모범적인 사용자로서 합리적이고 모범적인 노사관계를 정립해 나갈 필요가 있기 때문이다.

노조들도 지방자치단체수준의 고용관계에 대해 관심을 기울이기 시작했다. 하지만 아직까지 실제 지방자치단체 수준의 고용관계에 대한 노조 대응은 그다지 활발하지는 않다. 이는 노조 활동이 총연맹, 산별연맹·노조 수준에서 중앙정부의 고용관계 정책에 대한 대응에 집중하다 보니 지방자치단체 수준 고용관계에 대해서는 상대적으로 관심이 떨어졌기 때문이다. 그러나 최근 들어 상급단체들은 지방자치단체수준 고용관계에 관심을 기울이고 있다. 이에 따라 지방자치단체 수준의 고용관계 예를 들면 지방공기업노조와 지방공기업·지방정부 사이의 교섭 또는 협의 형태도 점차 발전할 것으로 보인다.

노사 모두 최근 들어서야 지방자치단체수준 노동문제, 고용관계에 대한 관심을 기울이기 시작하고 있기 때문에 지방공기업 고용관계에 대해서는 많은 경험이 축적되어 있지 않고 있어서 향후 많은 경험축적이 있어야 할 것이다. 나아가서는 지방자치단체 공무원고용관계도 중앙정부 공무원고용관계와는 다른 특징들이 부각되면서 별도의 형태로 발전하게 될 것이다.

지방자치단체수준 고용관계에 대한 관심 고조

3.4 공공기관 고용관계 현황

공공기관 노동조합과 사용자의 현황은 다음과 같다. 여기에서 말하는 공공기관은 중앙정부 공공기관과 지방공공기관을 모두 포함한다.

(1) 노동조합

노조설립이 허용된 대부분의 공공기관에 노조가 설립되어 있고 조직율도

공공기관의 높은 노조 조직률

71.6%(공공기관 경영정보 공개시스템 기준)로 공무원 부문 66.6%. 교원 부문 31.4%보다 높다. 주요 공공기관 노조 연맹으로는 전국공공산업노동조합연맹(공공노련. 한국노총 소속), 전국공공노동조합연맹(공공연맹. 한국노총 소속), 전국공공운수사회서비스노조(공공운수노조. 민주노총 소속)이 있다.[21]

공공기관 노동조합들은 대부분 한국노총과 민주노총에 속해 있으나 일부 무상급노조도 있다. 한국노총과 민주노총 소속노조들은 함께 공공부문노동조합공동대책위원회(공대위)를 구성하여 정부를 상대로 한 공동행동을 전개하고 있다. 양대노총 간 조직경쟁이 치열한 가운데 이렇게 양대노총 소속 노조들이 공동행동을 전개하는 것은 특이한 사례라고 할 수 있다. 이는 공공부문의 특성상 사실상 사용자가 정부라는 공통점이 있고 예산편성지침, 구조조정지침 등 정부지침에 따라 공공기관 노동조건이 크게 규정받는다는 점에 기인한다.

(2) 사용자

공공기관은 정부가 사실상 사용자 역할을 함

공공기관은 민간기업과 달리 시장에 의한 통제를 안 받거나 덜 받기 때문에 시장 역할을 정부가 일부 대신하고 있다. 즉 공공기관은 시장 기능 부재로 정부가 감독 기능을 대신 수행하게 된다. 결국, 공공기관 지배구조는 정부의 공공기관에 대한 관리감독과 견제를 의미한다.[22] 공공기관으로 지정된 이후에는 운영의 투명성 제고와 책임경영체제 구축을 위해 공공기관의운영에관한법률에 의한 규율을 받게 된다. 이러한 이유로 공공기관 단체교섭은 해당 기관 노사가 결정할 수 없는 사항이 많으므로 민간부문 경우보다 제약요건이 많은 가운데 실시된다. 특히 공공기관은 기획재정부가 매년 발표하는 예산편성지침, 예산운용지침을 엄격히 준수해야 하고, 경영실적평가시 이를 점검·평가받고 있기 때문에 예산편성지침, 예산운용지침이 사실상 공공기관 임금인상을 결정하는 역할을 하고 있다.

---

21 고용노동부(2024), 전국노동조합조직현황.
22 유훈·배용수·이원희(2011), 『공기업론』, 법문사, p. 289

교원 고용관계

아래에서는 공공부문 고용관계 중 교원 고용관계를 살펴본다. 교원 고용관계는 공공부문인 공립학교와 민간부문인 사립학교를 모두 포괄하고 있어서 일반적인 공공부문 고용관계와는 다소 성격을 달리하지만, 교육의 공공성 때문에 공립학교와 사립학교 모두 공공부문에 준하는 고용관계를 유지하고 있다.

교원도 공공부문에 준하는 고용관계 특징을 가짐

4.1 교원노동조합 태동

교원노동조합은 1960년 4·19혁명 이후 민주화 바람을 타고 처음 결성되었으나 1961년 5·16쿠데타 이후 군사정권에 의해 해체된 이후 국공립학교 교원이나 사립학교 교원 모두는 노동3권을 인정받지 못했다.[23] 그 후 1987년 전국교직원노동조합(전교조)이 법외조합으로 결성되어 활동하다가 1천 4백여 명이 징계를 받아 해직되었다. 그러나 한국 정부는 ILO, OECD 등 국제기구로부터 여러 차례에 걸쳐 교원 노동기본권을 보장할 것을 권고받고, 결국 1999년 「교원의노동조합설립및운영등에관한법률」이 제정되어 교원노동조합이 합법조직으로 탄생하였다.

4.2 교원노동조합 현황

교원노동조합은 국공립·사립의 초·중등교원을 대상으로 임금·노동조건·후생복지 등 경제적·사회적 지위향상을 목적으로 설립된 노동조합으로서 1999년 설립이 합법화되었다. 교원 노조 설립 이후 전국교직원노동조합(전교조)이 가장 큰 규모의 교원노조이면서 상대적으로 진보적이어서 교원의 노동기본권을 강조하고 있었다. 전교조는 민족·민주·인간화 교육을 앞세우고 교육민주화를 실현하고 헌법과 법률이 보장하는 권리를 찾기 위해 정책협의·단체교섭을 통해 정책변화를 이끌고자 하는 유치원, 초등, 중등 교사들의 단일노조이다. 한편 전교조와 달리 상대적으로 온건하거나 교원의 노동기본권보다는 학생들의 학습권보호를 강조하는 조직도 있었으나 큰 규모는 아니었다.

그러나 교원노조가 침체되어가는 상황에서 대정부 투쟁 중심의 교원노조 활동

---

23 김형배, 전게서, p. 181.

도표 9-5 교원노동조합 설립 현황		(2023.12.31 기준)
노조명	조합원수	설립일자
전교조	41,794명	1989년 5월 28일[24]
교사노조연맹	119,306명	2017년 12월 20일

자료: 고용노동부(2023), 전국노동조합조직현황

방식을 지방자치 시대에 맞게 분권화하고 누구나 쉽게 가입할 수 있도록 생활 밀착형 노조를 다양하게 만들어 교원노조를 다시 활성화하자는 취지로 지역별로 교사노조를 만들고 이를 토대로 2017년 교사노동조합연맹이 만들어진 이후 교사노조연맹 조합원 수가 크게 늘어 과거 교원노동조합을 대표하던 전교조보다 많은 조합원을 포괄하고 있다.

4.3 교원 고용관계 주요 특징

이하에서는 교원 고용관계의 주요 특징을 단체결성권, 단체협상권, 단체행동권 등 노동3권을 중심으로 살펴보고자 한다.

(1) 노동3권과 노동조합

① 노동3권 보장　　　　국공립학교와 사립학교 교원은 단결권과 단체교섭권을 가진다. 그러나 학생들의 학습권 보호를 위하여 파업·태업 기타 업무의 정상적인 운영을 저해하는 일체의 쟁의행위를 불허하고 있어 단체행동권에는 제약이 따른다.

② 노동조합 설립　　　　교원노조는 특별시·광역시·도 단위 또는 전국단위에 한하여 설립할 수 있다. 교육의 중립성을 고려하여 교원노조의 정치활동은 금지되어 있다.

> 교원의 단결권, 단체교섭권 인정. 그러나 학생들의 학습권 보호를 위해 단체행동권 제약

(2) 단체교섭과 단체협약

① 교섭위원 구성　　　　교섭과 관련한 일반적인 사항은 노조법상 교섭과 비슷하나 노동조합 측의 교섭위원은 당해 노동조합을 대표하는 자와 그 조합원으로 구성하여야 한다고 규정하고 있어, 교섭의 위임을 허용하지 않고 있다는 점이 특이하다.

---

24 이 날은 전교조 설립일이다. 교원노조법상 전교조가 합법화된 날은 1999년 7월 1일이다.

② 교섭방식　　　　　단체교섭의 교섭방식으로 학교단위의 교섭은 허용하지 않고 통일교섭(즉, 교육부 차원 중앙교섭과 시도단위 교섭)만을 허용하고 있다. 사립학교 경우, 법률상 사립학교 설립·경영자가 시·도 또는 전국단위로 연합하여 교원노조와 교섭하도록 되어 있으나 현재 이루어지지 않고 있다. 단체교섭 시 여론·학부모 의견을 수렴하도록 하고 있는 것도 교육서비스 특성을 고려한 특이사항이다.

③ 교섭사항　　　　　교섭사항으로는 조합원의 임금·노동조건·후생복지 등 경제적·사회적 지위향상에 한정하고 있다.

④ 단체협약　　　　　교원노조와 사용자는 단체협약을 체결할 수 있다. 다만, 단체교섭 내용 중 법령·조례·예산에 의해 규정되는 내용은 단체협약의 효력을 인정하지 아니하고 사용자 측의 성실이행 노력 의무를 부여하고 있어 노조 단체교섭권에 대한 제약이 있다.

(3) 쟁의조정과 단체행동

교원 노동쟁의를 조정·중재하기 위해 중앙노동위원회 내에 교원노동관계조정위원회를 두고 있다. 단체행동, 특히 파업은 학생들의 수업권 보장을 위해 제한되고 있다. 그러나 노조에서는 헌법상 집회시위의 자유, 의사표현의 자유를 내걸고 일부 제한적인 범위에서 단체행동을 하고 있어서 노동자인 교원의 노동기본권과 교육 서비스 수혜대상자인 학생과 학부모의 권리 상충을 둘러싼 논쟁은 앞으로도 지속될 것으로 보인다.

> 교원의 노동기본권과 학생·학부모의 권리 상충을 둘러싼 논쟁

4.4　외국 교원고용관계 사례

미국은 교원에 대하여 주별로 입법례가 다르다. 대체로 교원 단결권을 인정하고 있으며 일부 주에서는 단체교섭권도 인정하고 있다. 그러나 쟁의권에 대해서는 대체로 인정하고 있지 않다.[25] 독일 경우 공무원인 교원 경우 단결권만 인정하고 공무원이 아닌 교원 경우에는 민간부문과 동등한 노동3권이 보장된다.[26] 일본의 교원은 스스로 선택하여 노조를 결성하고 단체교섭을 할 수 있으나 단체행동권은 허용되지 않는다.[27] 따라서 미국, 독일, 일본 등 OECD 회원국에서는 일반적으로 교원노동조합결성을 허용하고 있음을 알 수 있다. 대체로 교원의 단결권과 단체교섭권

---

[25] 이철수·강성태, 전게서, pp. 94-113.
[26] 강수돌, 전게서, pp. 29-34.
[27] 강순희, 「일본 공공부문 노사관계: 노동기본권과 임금결정제도를 중심으로」(서울: 한국노동연구원, 1996), pp. 25-39.

을 인정하고 있으나 단체행동권은 일반적으로 금지하고 있다. 한국 교원노조법 입법사례는 큰 틀에서 외국 입법사례와 비슷하다.

KEYWORD

공공부문, 공공부문 사용자, 공공부문 사실상 사용자로서 정부, 공공부문 고용관계 특징(민간부문과 비교), 사용자불명료성, 다면교섭, 노동기본권과 시민의 서비스이용권 간 상충, 노사유착가능성, 노조결성의 상대적 용이성, 공무원 노동기본권, 공무원 고용관계, 현업 공무원의 노동3권 보장, 공무원 직장협의회, 미국·독일·일본의 공무원 고용관계, 공공기관 고용관계, 지방공기업 고용관계, 교원 고용관계, 미국·독일·일본의 교원 고용관계

POST CASE 9 공공기관 비정규직 정규직화, 논란이 불붙다.[28]

▲ 인천공항공사 비정규직의 정규직화 관련 시위 장면

비정규직 정규직화 경과

'비정규직의 정규직화'를 둘러싼 갈등이 곳곳에서 확산되고 있다. 문재인 대통령이 2017년 5월 인천공항공사를 방문했을 때 "임기 내 비정규직 제로 시대를 열겠다"고 약속한 뒤부터다. 정부는 2017. 7. 20, 관계부처 합동으로 '공공부문 비정규직 근로자 정규직 전환 가이드라인'을 제시하였다. 인천국제공항공사는 이에 따라 2017년 9월부터 노사 전문가 협의회를 구성하여 비정규직 정규직 전환 현실화에 본격 드라이브를 걸었다. 논란이 불거진 것은 여객보안검색 요원 1,902명에 대한 정규직 전환이다. 인천국제공항공사는 이들을 특수경비원에서 청원경찰로 신분을 바꿔 직접 고용키로 했는데, 2017년 5월 12일 이전 입사자들의 경우 별도의 경쟁 없이 정규직으로 전환된다는 점에서 불공정 논란이 일었다.

---

28 이 사례는 서울경제, 2020-06-24/매일경제, 2020-06-26/세계일보, 2020-06-26/세계일보, 2020-06-29/서울신문, 2020-06-29/아시아경제, 2020-07-08/한국경제, 2020-07-08/중앙일보, 2020-08-01 기사를 토대로 재구성한 것이다.

비정규직 정규직화 성과와 한계

정부의 공공부문 비정규직 전환은 짧은 기간에 대폭 진행되었다. 3년간 중앙부처, 지방자치단체, 공공기관, 지방공기업, 교육기관에서 일하는 비정규직 노동자 3명 중 2명이 정규직이 됐다. 정부는 2017년부터 2020년 말까지 3년간 공공부문 비정규직 20만 5,000명을 정규직으로 전환하겠다고 목표를 잡았다. 고용노동부에 따르면 2019년 12월 말 기준 19만 3,000명에 대한 정규직 전환이 결정돼 목표치의 94.2%를 달성했다.

하지만 양적인 성과와 달리 질적인 면에서는 문제점이 적지 않다는 게 노동계의 시각이다. 특히 정부가 정규직 전환 대상을 대폭 확대하면서도 시민 부담, 즉 재정 투입을 최소화하겠다는 원칙을 제시한 것은 현실과 동떨어진 대책이라는 비판이 나온다. 더구나 공공기관은 정원과 인건비, 예산의 엄격한 통제를 받는 '총액인건비제도' 적용 대상이다. 보안검색요원의 본사 직고용을 반대하는 인천국제공항공사 정규직 노동조합도 총액인건비 제약 때문에 신규 채용이나 인건비 인상이 제한될 것을 우려했다.

정부가 노노 갈등의 불씨를 사전에 다스리지 못했다는 비판도 나온다. 정부는 정규직화 과정에 대해 노사와 전문가가 협의해 자율적으로 추진하라는 지침만을 전달했다. 비정규직과 기존 정규직은 정규직 전환 방식과 처우 개선에서 극명한 의견차를 보인다. 또한, 직접고용 방식의 정규직이냐 자회사의 정규직이냐를 두고도 많은 논란이 있었다. 현재 공공기관은 비정규직의 47.1%를 자회사 전환 방식으로 채용했다.

인천국제공항공사 비정규직 직고용, 역차별 논란을 불러일으키다

2020년 6월 인천국제공항공사가 보안검색요원 1,900여명을 청원경찰 신분으로 직접 고용하기로 한 이후 취업준비생들을 중심으로 이에 대한 역차별 논란이 거세게 일어났다. 공시생들은 인천국제공항공사의 정규직 전환 정책을 두고 '역차별'이라며 비판의 목소리를 높였다. 허모(30) 씨는 "성적을 가지고 선발하는 게 맞는 것 아니냐"며 "그냥 비정규직으로 들어왔다가 정규직이 되는 것은 너무 불공정하고 시험을 준비하는 입장에서 억울하다"고 토로했다. 공항공사 비정규직의 정규직 전환 방침을 둘러싸고 취업준비생뿐 아니라 공항공사 내부는 물론 비판 여론이 더욱 거세지는 모양새다. 지난 6월 23일 '공기업 비정규직의 정규직화를 그만해달라'며 청와대에 올라온 국민청원에 동의한 사람은 답변 기준인 20만명을 넘어섰다.

불공정인가, 희망인가?

인천국제공항공사 문제는 우리사회에 '공정'이라는 화두를 또다시 던졌다. 하지만 공정이라는 보편적 가치를 두고도 보는 관점에 따라 다른 시각을 보이고 있다. 홍대입구역 서명 운동 부스 인근에서 만난 대학생 서모씨는 "정규직에 목맨 20대들의 노력에 찬물 끼얹은 꼴"이라며 "우리 사회가 요구하

는 것은 편법과 시비가 없는 공정한 채용 시스템인데 공기업이 나서 채용시장의 규칙을 깨고 있다"고 말했다. 이들은 '기회는 평등하게 과정은 공정하게 결과는 정의롭게' '누구는 직고용 누구는 실직자, 원칙 없는 정규직화 중단하라' '불공정한 전환 절차, 청년들은 분노한다' '정규직 전환 채용 비리 엄벌하라' 등의 피켓을 들고 공항공사 측의 정규직화 추진이 일방적이라고 목소리를 높였다.

하지만 다른 쪽에서는 오히려 '현대판 계급사회'에 대한 분노를 드러내기도 했다. 정규직과 비정규직 사이에 미리 선을 긋고 차별과 배제를 선택하는 사회 분위기가 인천국제공항공사 문제에도 고스란히 반영됐다는 것이다. 대학생 한모씨는 "정규직과 비정규직을 가르는 벽이 얼마나 높은지 절감했다"며 "비정규직으로 인한 차별과 갈등을 줄이고자하는 방향성 전환을 마치 불공정인 것처럼 바라본다"고 목소리를 높였다. 방송 프로듀서를 지망하는 이모씨는 "모 방송국에서 비정규직인 조연출(FD) 생활을 하며 부단히 노력을 많이 했지만 정규직 틈새는 좁았고 정규직 전환을 빌미로 회사, 상사로부터 온갖 갑질에 시달려야 했다"며 "정규직의 문을 넓히겠다는 정책 변화가 수많은 이들에게 희망도 줄 수 있다고 본다"고 밝혔다.

노동자는 하나인가?

인천국제공항공사가 보안검색 요원 1,902명을 정규직으로 직접 고용하겠다고 한 것에 강력히 반발해 온 인천공항공사 정규직 노조가 보안검색 요원들의 직고용 저지를 위한 집단행동에 나섰다. 인천공항공사 노조원 200여명은 6월 25일 청와대 앞에서 집회를 갖고 '반칙과 특권 없는 공정한 사회를 바라며'라는 제목의 대국민 호소문을 발표했다. 공사의 일반 정규직 직원 수는 2019년 말 기준으로 1,480명이다. 공사의 방침대로 보안검색 요원들이 청원경찰로 직고용되면 기존 직원의 수를 넘어선다. 이 경우 일반 정규직 노조는 보안검색 노조보다 규모에서 밀리고 노조 주도권도 빼앗기지 않을까 우려한다. 나중에 청원경찰이 동등한 임금체계와 사무 직렬 전환 등을 요구하면 복지혜택 축소 등 기존 노조원들이 손해를 볼 수도 있다는 것이다. 공사 정규직 노조 관계자는 "청원경찰로 채용된 뒤 이들이 제1 노조를 차지해 기존 정규직 직원들과 동등한 처우를 요구하면 그 피해는 기존 직원들이 입게 된다"며 "힘든 경쟁을 뚫고 들어온 직원들과 형평성에서 문제가 될 수 있다"고 말했다. 하지만 곱지 않은 시선도 적지 않다. 처우가 좋은 정규직 노조가 상대적으로 약자인 보안검색 요원의 직고용 정규직화를 반대하는 것은 기득권에 집착하는 모습이라는 비판이다.

실제 '공정성' 문제에 부닥쳐 직접고용을 포기한 사례가 국민건강보험공단이다. 건강보험공단은 자체적으로 노조원 8,000명에게 '고객센터 노동자 직접고용 관련 조합원 설문조사'를 한 결과, "직고용은 공정하지 않다"며 크게 반발하는 응답이 젊은 사람들에게서 압도적으로 나왔다. 당시 조합원의 76%(5,824명)가 공단 고객센터 직고용 전환에 반대했다. 직접고용 추진을 우려하는(반대하는) 이유 1순위는 '채용 방식의 공정성'이었다. 결국 건강보험공단은 지난 5월 이 설문을 토대로 공단 콜센터 노동자들을 직접고용하지 않기로 결정했다.

공공부문은 민간부문을 선도할 수 있을까?

정부는 '공공부문 비정규직 근로자 정규직 전환 가이드라인'에서 "절박하고 시급한 과제인 사회양극화 문제를 완화하고 고용-복지-성장의 선순환 구조를 복원하기 위해서는 '최대의 사용자'인 공공부문이 '모범적 사용자'로써 선도적 역할"을 해야 한다고 했다. 그러나 현재 진행 상황을 보면 애초 정부 계산과 달리 민간부문의 정규직 전환은 쉽지 않다는 관측도 나온다. 통계청 경제활동인구조사에 따르면 국내 비정규직은 2019년 8월 기준 748만 1000명으로 전체 임금노동자의 36.5%에 달한다. 2017년 8월 657만 8000명(32.8%)보다 13.7% 증가했다.

토의 과제

1. 정부의 공공부문 비정규직 정규직 전환 정책은 '불공정인가, 희망인가'를 취업준비생, 해당 비정규직, 정규직 노조, 납세자의 입장에서 각각 논의하라.

2. 정규직 노조의 태도에 대해 '노동자 연대와 노조의 사회적 책임', '기득권 지키기'를 중심으로 평가하라. 이에 대한 정규직 노조의 반론도 함께 검토하라.

3. 정부가 공공부문 비정규직화를 시행하면 민간부문에 영향을 미칠까를 검토해보라. 먼저 정부의 민간부문 선도 자체가 필요한지 검토해보라. 다음으로 민간부문이 이에 따를까를 검토해보라.

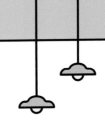

CHAPTER
10

주요국의 고용관계

Section 01
세계 각국의 고용관계

Section 02
국제기구

Employment Relations

고용관계론

PRE CASE 10

미국 무역당국 멕시코 폭스바겐 자동차 노동자들의 노조 활동을 이유로 해고된 사항에 항의 및 조사 촉구[1]

멕시코 푸에블라에 위치한 폭스바겐 노동자들이 20024년 21% 임금 인상을 요구였다. 푸에블라에 위치한 폭스바겐 멕시코 공장은 약 6,100명의 자동차 조립 라인 노동자를 고용하고 있으며, 타오스와 제타와 같은 소형 차량을 생산하고 있다.

미국 무역 당국은 푸에블라에 위치한 폭스바겐 조립 공장이 노조 활동가들을 부당하게 해고했다는 혐의로 멕시코를 상대로 고소를 제기했다. 미국 무역대표부(U.S. Trade Representative)가 화요일에 제출한 이 고소장은 4월 25일 해고된 노동자 10명이 폭스바겐 멕시코가 푸에블라 공장에서 노동자들의 단결권 및 단체 교섭권을 침해했다고 주장하며 제출한 청원에 따른 것이다. 해당 공장은 멕시코에서 가장 크고 오래된 자동차 공장이다.

1 Mahoney, N. (2024, May 30). Mexico Borderlands: Volkswagen autoworkers fired for union activities, say US officials. FreightWaves. https://www.freightwaves.com/news/volkswagen-mexico-autoworkers-fired-for-union-activities-say-us-officials 참고하여 저자가 작성함.

미국 노동부 산하 국제국 부차관인 테아 리는 보도자료에서 "노조 활동을 이유로 노동자들을 해고하는 등의 보복 조치는 미국−멕시코−캐나다 협정(the United States−Mexico−Canada Agreement)이 보호하는 노동자들의 기본적이고 근본적인 권리를 침해하는 것입니다. 우리는 멕시코 정부와 협력하여 이 문제를 철저히 조사하고 폭스바겐 노동자들의 기본 권리가 보장되도록 최선을 다할 것입니다."라고 말했다. 멕시코 정부는 10일 안에 해당 사건에 대한 조사를 실행할지 여부를 결정해야 하며, 45일 안에 해당 사안에 대한 조사 및 결과발표를 해야 한다. 본 사안은 USMCA 무역 협정의 신속 대응 조항에 의거하여 진행되었으며, 특정 노동권 부정을 중점적으로 다루고 있다. 조사 결과에 따라서 추가 관세나 기타 수입 제한 조치가 부과될 수 있다. 본 사안은 2020년 이후 USMCA 신속 대응 조항에 의거하여 미 당국이 23번째 제출한 노동권과 관련하여 제기된 사안이다.

푸에블라에 위치한 폭스바겐 멕시코 공장은 약 6,100명의 조립 라인 노동자, 5,000명의 감독 직원, 그리고 수천 명의 부품 조립 노동자를 고용하고 있다. 일일 생산량은 약 2,300대이며, 타오스, 티구안, 제타, 골프 모델을 미국, 캐나다, 멕시코 및 기타 시장에 판매하고 있다. 2023년 폭스바겐은 멕시코에서 30만 대 이상의 차량을 수출했으며, 그중 67%는 미국으로 수출되었다. 미 통계당국에 따르면 2022년 푸에블라 공장의 자동차 노동자 임금은 하루 $15에서 $48 사이였으며, 2023년 미국 자동차 노동자 평균 임금은 시간당 약 $28이었다. 폭스바겐 멕시코 노동자들은 독립 노조(SITIAVW)에 소속되어 있으며, 지난 2023년 8월 폭스바겐 멕시코는 SITIAVW와 8.1% 임금 인상에 합의했다. 2024년 SITIAVW는 21% 임금 인상안과 3% 복리후생 인상을 요구하고 있다(Mahoney, 2024).

미국 무역당국이 멕시코 폭스바겐 노동자들의 노조 활동을 이유로 한 해고에 대해 항의하고, 이에 대한 조사를 촉구한 것은 국제 노동권 보호를 포함하고 있는 미국−멕시코−캐나다 무역 협정(USMCA)에 따른 조치였다. 해당 조항은 각 국의 노동권 침해 사례를 조사하고 시정 조치를 취함으로써 국제적으로 노동자들의 단결권 및 단체 교섭권 보장을 강화하려는 각 국의 이해관계를 명시하고 있다. 이번 사례는 USMCA의 신속 대응 메커니즘이 실질적으로 작동하고 있음을 보여주고 있으며, 특히 폭스바겐과 같은 글로벌 기업이 해당 국가의 노동법과 국제 무역 협정 준수 및 이를 통한 노동 환경 개선 및 공정한 노사 관계 구축에 대한 글로벌 기업의 책임을 제기하고 있다.

멕시코 폭스바겐 노동자들이 요구한 21% 임금 인상은 멕시코가 당면한 저임금 노동구조를 반영하고 있으며, 노사간의 임금협상은 멕시코의 저임금 구조를 타개하기 위한 주요한 수단으로 여겨지고 있다. 노동자들의 단체협상권과 결사의 자유는 멕시코와 같은 국가에서 노동자 권익 증진을 위한 주요한 수단으로 여겨지고 있다. 이와 같은 노동자들의 기본권 보장을 통해서 소득수준 격차로 인한 경제양극화와 빈익빈 부익부와 같은 고질적 사회 및 경제문제를 다소간 해소할 수 있기에 단체협상권과 결사의 자유는 단순히 노동자들의 경제적 권익 증진을 넘어서 사회적 정의와 연결되어 있음을 의미한다. USMCA 다자간 무협협정에서 명시된 각 국의 노동권 보장 조항은 무역 협정이 단순히 양국의 경제적 이익만을 추구할 경우 사회 경제적 불균형 심화의 가능성을 우려하여 이를 상쇄시킬 수 있는 장치로서 무역협정 당사국들이 기본 노동권을 보장하도록 명시하고 있다. 이러한 국제 무역 협정의 기능은 다자간의 무역이 보다 공정한 무역을 되기 위해서 노동자 보호와 기업의 윤리적 경영이 주요한 전제가 되어야 함을 보여주고 있다. 이에 멕시코 푸에블라 사건은 멕시코 노동자들의 노동권 개선과 더불어 국제공급망 전반에서의 노동권 강화의 필요성을 강조하는 중요한 사례로 평가되고 있다.

1 세계 각국의 고용관계

세계의 고용관계는 국가에 따라 다양한 모습을 보여준다. 단순하게 말하면 세계의 고용관계는 다음의 여섯 가지 유형으로 구분이 가능하다. 예를 들어 ① 노사자율주의(Voluntarism)는 미국과 영국이 대표적이고, ② 사회(민주)조합주의(Liberal Corporatism, Democratic Corporatism)는 독일과 스웨덴이, ③ 정치적 조합주의(Political Unionism)는 프랑스, 이탈리아의 고용관계를 지칭하며, ④ 기업조합주의(Micro-Corporatism)는 일본 등이 대표적이다. 또한 ⑤ 국가조합주의(State Corporatism 혹은 강제적 조합주의, Authoritarian Corporatism)는 남미와 아시아 등의 개발도상국가가 대표적이며, ⑥ 공산권국가에서는 노조가 당의 한 기구이며 의무적인 노조설립을 강제한다는 점에서 위에서 설명한 고용관계 유형과는 다른 독특한 공산권 고용관계 유형을 이루고 있다. 〈도표 10-1〉에는 고용관계의 6가지 유형과 특징이 나타나 있다.

유형	대표적 국가	방향	특징
노사자율주의 (Voluntarism)	영국, 미국	• 대립적 • 단체교섭형 • 노사자율주의	• 노사간의 기본권리, 책임존중 • 노사가 대등한 입장에서 교섭과 조정하고 대등한 단체협약 체결 • 정부는 노사자율주의를 견지하여 불개입, 중립적인 자세
정치적 조합주의 (Political unionism)	프랑스 이탈리아	• 강한 정치적 이데올로기의 영향	• 노조 생성 시부터 의 계급투쟁적 색채를 띠고 노동조합의 무산적 계급 , 무정부주의적 영향이 큼 • 사용자는 가부장적인 성격이 강함 • 정부는 개입주의적 특징을 지님
민주적 조합주의 (Democratic or societal corporatism)	독일 스웨덴	• 공동체 의사결정형 • 공동체원리, 경영참가형	• 노사가 근무조건을 공동결정 • 노사쌍방의 신의성실의무 이행약속 • 산별노동조합과 산별사용자단체가 노사관계의 중심 • 산업민주화에 바탕한 경영참가제 실시
기업조합주의 (Micro corporatism)	일본	• 가족주의의 공동체원리 • 기업중심의 고용관계	• 집단주의의 공동체형성 노사관계 • 화합적 의사결정 • 전통적인 기업별 노조, 장기고용, 연공서열 임금제가 서서히 완화되는 추세
국가조합주의 (State corporatism)	남미, 아시아 개발도상국가	• 강력한 국가개입주의	• 고용관계에서 정부의 주도적 역할 • 노동기본권 제한 • 사용자와 노조가 정부의 정책에 종속
공산권 노사관계 (Labor relations in communist countries)	중국, 베트남, 러시아, 북한	• 당중심주의 • 공산당의 정책 우선	• 노조는 노동자 대변기구라기보다는 생산독려자 역할 수행 • 노조가 당의 한 기구이며 모든 기업에 노조 설립 강제

1.1 영국의 고용관계

(1) 고용관계의 환경

영국은 노동조합이 가장 먼저 발전한 국가이며 노사자율주의의 대표적인 국가이다. 최근, 탈산업화 현상으로 인하여 영국에서는 제조업이 줄어들고 서비스업이 증가하였다. 이민자의 유입으로 인한 노동시장의 문제점이나 고용문제가 사회적으로 대두되었으며 공공서비스 악화를 초래할 우려가 커졌다.

영국은 OECD 국가 중 제조업의 고용 비중이 가장 낮은 국가 중 하나이며, 서비스업 부문이 상대적인 높은 비중을 차지하고 있다. 영국의 경제성장률은 2020년 팬데믹 여파로 마이너스 성장인 -9.3% 성장률을 기록하였으나, 다음 해인 2021년에

는 다시 회복하여 7.4%의 성장률을 기록하였다. 이후 2023년에는 가장 낮은 0.3%
성장률을 기록하면서 다시 침체로 돌아섰는데 가장 주요한 이유로서 영국의 브렉시
트 탈퇴로 인한 투자 심리 악화 및 무역, 노동력 이동 측면의 제약이 현실화되면서
기업 활동 전반의 불확실성이 커지게 되고 이로 인한 투자와 생산성 향상에 어려움
을 겪고 있기 때문이다(OECD, 2022).[2] 실업률은 2021년에 4.6%에서 하락하여 2023
년에는 4.1%를 유지하고 있다(<도표 10-2> 참조).

도표 10-2 영국의 연도별 경제일반 지표

연도	국내총생산 (10억 달러)*	경제 성장률(%)	경제활동 참가율 (15~64세)(%)	제조업 취업자비중 (%)**	파트타임 취업자비중 (%)	실업률 (%)	제조업 시간당 임금지수(%)***
1995	1,185.6	2.5	75.8	-	22.3	8.7	52.0
2000	1,546.2	3.7	76.4	23.7	23.3	5.4	64.5
2001	1643.9	2.1	76.3	23.3	22.7	4.9	66.9
2002	1,725.4	2.1	76.4	22.8	23.1	5.1	69.4
2003	1,810.6	3.0	76.4	21.8	23.3	4.8	71.9
2004	1,923.1	2.4	76.3	21.4	23.4	4.7	75.4
2005	1,978.0	2.6	76.7	21.2	22.9	4.9	78.1
2006	2,120.2	2.6	77.1	21.2	23.1	5.5	81.2
2007	2,188.9	2.3	76.8	21.3	22.9	5.4	84.4
2008	2,278.4	-0.2	77.1	20.5	23.0	5.8	86.9
2009	2,192.9	-4.2	76.9	19.4	23.9	7.8	88.0
2010	2,295.8	2.1	76.6	19.0	24.6	8.0	91.5
2011	2,364.6	1.5	76.7	19.0	24.7	8.3	92.8
2012	2,453.4	1.5	77.3	18.9	25.0	8.2	94.4
2013	2,579.2	1.9	77.6	18.7	24.6	7.8	96.6
2014	2,686.2	3.0	77.8	18.8	24.1	6.4	98.5
2015	2,794.3	2.6	78.0	18.5	24.0	5.6	100.0
2016	2,928.6	2.3	78.3	18.3	24.0	5.0	102.3
2017	3,063.3	2.1	78.6	18.1	23.8	4.5	104.3
2018	3,161.7	1.7	78.9	18.0	23.6	4.2	106.7
2019	3,277.8	1.7	79.3	18.0	23.4	3.9	109.2
2020	3,121.1	-9.3	79.1	17.2	22.6	4.7	109.1
2021	3,344.5	7.4	78.7	16.9	21.7	4.6	113.2
2022	3,879.3	4.8	78.3	16.6	21.9	3.9	118.8
2023	4,075.4	0.3	78.3	15.8	21.8	4.1	127.1

자료: 한국노동연구원, 「각 연도 KLI 해외노동통계」(서울: 한국노동연구원, 각 연도).
　　* 국내총생산은 구매력평가 (PPP: Purchasing Power Parity) 기준임.
　** 제조업 취업자 비중에 포함된 제조업에는 광업, 제조업, 건설업, 수도, 전기사업을 포함함.
*** 제조업 시간당 임금지수는 2015년도 임금을 기준임금(100%)일 때 각 년도 임금을 %로 환산한 지수임.

2 OECD. (2022). OECD Economic Surveys: United Kingdom 2022. OECD. https://www.oecd.org/econ-omy/united-kingdom-economic-snapshot/

(2) 고용관계 당사자

① **노동조합**　　　　　　영국의 노동조합의 기원은 17세기 말의 원시적인 노동조합에서 찾을 수 있다. 최초의 노동조합은 숙련직공에 의해 결성되었지만, 19세기 후반에는 반숙련과 미숙련 육체노동자들이 노동운동에 가세하였고, 화이트칼라 노동자들은 제2차 세계대전 후에 노동조합에 가입하였다. 영국의 노동조합은 직종별 노동조합, 일반노동조합, 산업별 노동조합 또는 화이트칼라노동조합으로 구분할 수 있으나, 최근 노동조합이 여러 부류의 노동자들을 구별 없이 조합원으로 가입시킴으로써 점차 그 구분은 희미해지고 있다.

하나의 기업이나 산업 내에 다수의 노동조합이 존재

영국 노동조합의 특징은 다음과 같다. 첫째, 하나의 기업이나 산업 내에도 다수의 조합이 서로 복잡하게 얽혀서 노동자를 조직하는 '복수노동조합'(multi-unionism)이라는 구조를 갖고 있다는 점이다. 그러나 최근에는 무노조 및 단일노조가 상대적으로 증가하여 복수노동조합이 눈에 띄게 감소하는 추세를 보인다.

둘째, 노동자는 취업하기 전(pre-entry) 또는 취업 직후(post-entry)에 노동조합에 가입해야만 하는 '클로즈드 숍'(closed shop)제도를 인정하고 있다는 점이 영국의 고용관계 특징 중의 하나이다. 대부분의 생산직 노동조합은 가능한 한 클로즈드 숍 제도를 선호하며 일부 사용자도 안정적인 고용관계를 구축하기 위하여 클로즈드 숍 제도를 호의적으로 인식하였다. 그러나 1990년에 클로즈드 숍에 대한 법적 보호가 철폐됨으로써 적용대상이 급격히 감소하고 있다.

영국노동조합회의(Trade Union Congress: TUC)가 유일한 전국노동조직

셋째, 대부분의 유럽국가에서는 복수의 전국노동조직이 있으나 영국에서는 영국노동조합회의(Trade Union Congress: TUC)가 유일한 전국노동조직으로 노동계를 대표하고 있다. 2020년 현재 영국 조합원 550만명을 포괄하는 48개의 노조가 TUC에 가입해 있다. TUC는 정책수립, 로비와 교육홍보 등을 담당하며 단체교섭에 직접 참여하지 않고 직접 파업을 하지도 않는다.[3] 영국의 노동조합은 1980년대 이후 지속적으로 조합원이 감소하여 침체기를 겪고 있다. 영국의 노동조합은 조직률 하락 및 신자유주의 정책으로 인한 노조의 정치영향력 약화 및 비노조경영 기업이 늘어남에 따라서 비정규직, 여성을 대상으로 한 조직화 노력을 강구하고 있다.

② **사용자 및 그 단체**　　　　　　1965년 탄생한 영국산업연맹(Confederation of British Industry: CBI)은 영국의 중앙사용자단체로서 영국 정부는 물론 유럽연합에 대해 중요한 로비스트 역할을 한다. CBI는 TUC와 마찬가지로 단체교섭에는 참여하지

영국산업연맹(Conferation of British Industry: CBI)

3 Mich Marchington, John Goodman, and John Berridge, "영국의 고용관계," *International and Comparative Employment Relations: Globalisation and the Developed Market Economies*, 4th. Ed., 박영범·우석훈 공역, 「국제비교 고용관계」(서울: 한국노동연구원, 2005), pp. 42-43.

않는다. 한편 CBI가 대기업을 대변하는 반면에 중소업체의 이익을 대변하는 중소기업을 위한 사용자단체로서 경영자협의회(Institute of Directors)가 존재한다.

경영자 협의회(Institute of Directors)

1980년대 초반 이후 상품시장에서의 경쟁격화와 신자유주의의 확산, 그리고 노동조합의 쇠퇴 등으로 인하여 사용자의 영향력과 고용관계에 있어서의 행동의 자유는 크게 신장되었다. 고용관계부문에 있어서 사용자들은 노동조합을 도외시하고 개별 노동자와 직접 접촉하는 미국식 인적자원관리시스템(human resource management system)의 도입을 추진하고 있다. 즉, 생산성 향상과 비용절감을 달성하기 위하여 개별 노동자와의 직접적인 의사소통, 팀제도입, 성과급체계 등을 도입하였다.[4]

③ 정부의 역할　　　　입헌군주제를 실시하는 영국은 자본가와 지주를 대표하는 보수당과 노동자 계급을 대변하는 노동당에 의한 양당체제를 가지고 있다. 노동당은 영국의 노동조합의 지원을 받아 설립되었으며, 오늘날에도 영국의 노동조합과 밀접한 관련을 맺고 상호 지원관계를 유지하고 있다.

보수당과 노동당의 양당체제

영국은 가능한 민간부문의 고용관계에 있어서 국가의 개입을 최소화하는 노사자율주의(voluntarism)의 대표적인 국가이다. 영국식 노사자율주의의 특징은 다음과 같다. 첫째, 1906년 제정된 「거래분규법」(Trade Dispute Act) 이래 영국 노동법의 전통은 적극적으로 피고용인이나 노조의 권리를 천명하는 것이 아니라 형법이나 민법의 여러 조항이 노동조합이나 노동운동에 적용되는 것을 배제함으로써 노조에 대해 면책특권을 주는 것이다. 둘째, 단체협약은 법적으로 양 당사자를 구속하는 강제력이 없으며 신사협정에 불과하다는 것이다. 따라서 단체협약을 위반하더라도 이의 이행을 법적으로 강제할 방법은 없다. 그러나 어느 일방이 이를 어길 때에는 큰 불명예가 되므로 사실상 위반하는 경우는 거의 없다. 셋째, 사용자가 노조를 인정하는 것은 자발적인 의사에 의하며 노조가 법적으로 인정받을 수 있는 행정적이거나 사법적인 절차가 없다는 점이다. 마지막으로, 국가에 의해 제공되는 보조적인 분쟁조정절차가 있으나 강도가 약하고 본질적으로 분쟁조정은 자발적 성격이며 정부는 파업을 중지시키거나 냉각기간을 설정할 권한을 가지고 있지 않다는 점 등이다. 이러한 노사자율주의는 영국 고용관계의 큰 특징으로 널리 알려져 있다.

국가의 개입을 최소화하는 노사자율주의(Voluntarism)

(3) 주요 당면과제

세계화는 영국 고용관계에도 영향을 주어 탈산업화, 서비스 및 지식부문 고용의 증가, 비정규직 고용의 증가 등의 현상이 노동시장에서 발생하고 있다. 최근 영국 고용관계는 노동조합의 조합원수, 노동조합 조직률, 쟁의행위 발생건수 등이 전

4 상게서, pp. 47-49.

연도	임금 노동자의 주당 노동시간 (시간)	노동생산성* (USD)	조합원수 (천명)	노동조합 조직률 (%)** (임금근로자 기준)	쟁의행위 발생건수 (건)	쟁의행위 참가자수 (천명)	노동손실일수 (천일)
1995	38.4	45.1	7,113	32.4	235	174	415
2000	37.7	51.0	7,119	29.8	226	183	499
2001	37.9	51.5	7,044	29.3	207	180	525
2002	37.6	52.8	7,030	28.8	162	943	1323
2003	37.4	54.2	7,119	29.3	138	151	499
2004	37.2	54.8	7,080	28.8	135	293	905
2005	37.2	55.3	7,083	28.6	116	93	224
2006	37.1	56.4	7,059	28.3	158	713	755
2007	37.1	57.1	7,051	28.0	152	745	1041
2008	37.1	57.0	6,928	27.4	144	511	759
2009	36.7	55.8	6,770	27.4	98	209	455
2010	36.6	57.2	6,589	26.6	92	133	365
2011	36.5	57.4	6,447	26.0	149	1530	1390
2012	36.5	57.1	6,507	26.0	131	237	249
2013	36.6	57.4	6,490	25.6	114	395	444
2014	36.8	57.4	6,458	25.0	155	733	788
2015	36.9	58.6	6,497	24.7	106	81	170
2016	36.8	58.4	6,230	23.5	101	154	322
2017	36.8	59.3	6,247	23.3	79	33	276
2018	36.7	59.5	6,350	23.4	81	39	273
2019	36.8	59.8	6,440	23.5	96	40	206
2020	36.6	61.7	6,558	23.7	-	-	-
2021	36.7	60.6	6,453	20.9	-	-	-
2022	36.5	60.3	6,253	20.9	749	328	2518
2023	36.4	60.1	-	-	-	-	-

자료: 한국노동연구원, 「각 연도 KLI 해외노동통계」(서울: 한국노동연구원, 각 연도).
* 노동생산성 = 전산업 GDP/총노동시간 - 2015년 구매력평가기준(USD PPPs)의 불변가격(constant prices) 기준임 -
** 조직률은 임금노동자 수를 기준으로 한 조직률임. 영국의 경우 취업자 (In employment)를 기준으로 한 조직률임.

반적으로 하락하고 있어서(<도표 10-3> 참조) 노동조합의 위축현상이 일어남과 동시에 노사파트너십이 확산되는 경향을 보인다.

① 노동시장의 변화　　　최근 영국의 노동시장에서는 전문직·공학기술직·개인서비스업 등을 중심으로 한 일자리가 증가하고 있다. 또한, 노동시장에 진입하는 여성 노동자 수의 증가에 따라서 여성의 경제활동참가율이 지속적으로 높아질 것으로 예상된다. 향후 고용성장의 상당부문은 파트타임 일자리가 채우게 되지만 상대적으로 고용률은 높게 유지될 것으로 전망된다. 한편 정부는 실업자에 대한 사

회보장지출보다는 적극적으로 노동시장에 개입하여 실업자들에 대한 재교육이나 취업유인책을 실시하고 있다. 그 결과 2006년도 이래로 실업률이 4%를 유지하고 있지만 신규취업자의 낮은 임금, 낮은 직업안정성 및 공공부문의 도덕성 상실과 같은 고질적인 문제를 여전히 안고 있다.[5]

② 노사파트너십의 확산　　　　　　영국은 노사자율주의의 대표적인 국가였으나 최근 들어 사용자와 노조가 파트너십에 대하여 합의를 하는 사례가 늘어나고 있다. 이는 2000년대 이후 정부가 직업훈련과 같은 지원금을 적립하여 파트너십기금을 설립하고 참여연합(Involvement and Participation Association: IPA)이 자문활동을 적극적으로 수행하였기 때문이다. CBI와 TUC가 파트너십 발전에 긍정적인 태도를 보이는 것도 한 원인이다. 한편 영국의 대기업이 자발적으로 작업장평의회(Work Council)를 설치하는등 경영참가제도를 활성화하고 있는 것으로 나타났다. 노조쇠퇴와 노사협력이 동시에 발생하는 현상은 오늘날 영국노사관계의 가장 큰 특징이다.[6]

<aside>노조쇠퇴와 노사협력이 동시에 발생</aside>

1.2　미국의 고용관계

미국은 영국과 함께 대표적으로 노사자율주의(Voluntarism) 성격을 가지고 있는 미국 노동조합은 전통적으로 실리지향적인 경제주의를 표방하면서 사측과 대립적인 노사관계를 유지하고 있다. 미국에서는 미국 노동운동의 침체로 조직률이 하락하면서 비노조경영에 대한 관심도 높아지고 있다. 이에 비노조경영 사업장의 고성과작업조직의 도입이 우량노조기업과 우량비노조기업 사이에서 확산되면서 미국의 초우량기업이 세계적인 벤치마킹의 대상이 되고 있다.

<aside>실리지향적 경제주의</aside>

(1) 고용관계의 환경

코로나19 팬데믹 이후 2021년부터 노동시장이 점차 회복세를 보여 실업률 기준으로 2021년 5.4%에서 2023년에는 3.7%를 유지하고 있다. 파트타임 취업자 비중도 11.7~11.9%를 유지하고 있으며, 제조업 취업자 비중도 2021년 이래로 17%대를 유지하고 있다. 시간당 임금 지수는 꾸준하게 향상하여 2023년에는 영국, 프랑스, 독일과 비교하여 가장 높은 132.5달러를 기록하고 있다. 노동생산성 또한 가장 높은 77.9를 기록하고 있다.

---

5 상게서, pp. 64-66.
6 상게서, pp. 68-70.

연도	국내총생산 (10억 달러)*	경제성장률 (%)	경제활동 참가율 (%)	제조업 취업자비중 (%)**	파트타임 취업자비중 (%)	실업률 (%)	생산직 노동자 시간당 임금(%)***
1995	7,639.70	2.7	76.9	22.4	14	5.6	62
2000	10,252.30	4.1	77.2	22	12.6	4	71.9
2001	10,581.90	1	76.8	21.3	12.8	4.8	74.2
2002	10,929.10	1.7	76.4	20.3	13.1	5.9	76.8
2003	11,456.50	2.8	75.8	20	13.2	6.1	79.1
2004	12,217.20	3.9	75.4	20	13.2	5.6	81.1
2005	13,039.20	3.5	75.4	19.8	12.8	5.1	83.2
2006	13,815.60	2.8	75.5	19.9	12.6	4.7	84.5
2007	14,474.20	2	75.3	19.8	12.6	4.7	86.7
2008	14,769.90	0.1	75.3	19.1	12.8	5.8	89.2
2009	14,478.10	-2.6	74.6	17.6	14.1	9.4	91.6
2010	15,049.00	2.7	73.9	17.2	14.1	9.8	93.5
2011	15,599.70	1.5	73.3	17.3	14.1	9.1	95.1
2012	16,254.00	2.3	73.1	17.3	14	8.2	95.9
2013	16,843.20	1.8	72.8	17.5	13.7	7.5	96.9
2014	17,550.70	2.3	72.7	17.8	13.6	6.3	98.3
2015	18,206.00	2.7	72.6	17.6	13.3	5.4	100
2016	18,695.10	1.7	73	17.5	13.4	4.9	102.7
2017	19,479.60	2.3	73.3	17.5	12.9	4.4	105
2018	20,527.20	2.9	73.6	17.7	12.7	3.9	108.2
2019	21,372.60	2.3	73.6	17.7	12.4	3.7	111.3
2020	20,893.70	-3.4	74.1	20.5	11.7	8.1	114.5
2021	22,996.10	5.7	73.4	17.4	11.7	5.4	119.6
2022	25,744.10	1.9	73.6	17.5	11.7	3.7	125.9
2023	27,348.00	2.6	73.9	17.4	11.9	3.7	132.5

자료: 한국노동연구원, 「각 연도 KLI 해외노동통계」(서울: 한국노동연구원, 각 연도).

* 국내총생산은 구매력평가(PPP: Purchasing Power Parity) 기준임.

** 제조업 취업자 비중에 포함된 제조업에는 광업, 제조업, 건설업, 수도, 전기사업을 포함함.

*** 제조업 시간당 임금지수는 2015년도 임금을 기준임금(100%)일 때 각 연도 임금을 %로 환산한 지수임.

주별로 비교적 독립적인 산업정책을 시행

　　미국은 국가의 규모가 크고 주별로 비교적 독립적인 산업정책을 펴는 국가이다. 따라서 고용관계도 분권화된 경향을 보이고 주의 성격에 따라 고용관계도 큰 차

이를 보인다. 예를 들어서 자동차산업이 왕성한 미시건주는 노동조합원이 많고 노동조합의 영향력이 크지만, 1차 산업이 주를 이루는 미시시피, 알라바마 등 남부의 소득이 낮은 주들(Deep South라고 불림)은 노동조합원도 적고 노조의 영향력도 거의 없다.

다른 국가들과 마찬가지로 미국의 고용형태는 서비스부문이 1차 산업에 비하여 매우 높은 비중을 차지하고 있으며 제조업 취업자비중은 2023년 17.4%에 불과하다. 실업률은 팬데믹의 여파로 2021년도 5.4%를 기록하였다가 다시 안정적으로 들어서 2022년과 2023년 동안 3.7%를 유지하고 있다. 경제활동참가율 또한 2023년 73.9%를 나타내면서 안정적인 것으로 나타나고 있다. 2020년 팬데믹으로 인하여 일자리 축소 및 (Great resignation 혹은 big quit)으로 명명되는 대규모의 자발적 퇴직이 높아지면서 실업률이 8.1%까지 기록하였으나, 이후 2023년에 다시 3.7%를 나타내면서 영국, 프랑스, 독일 중에서 독일 다음으로 가장 낮은 실업률을 나타내고 있다.

미국 고용관계제도는 두 개의 상이한 부문, 즉 노동조합이 결성된 노조부문과 결성되지 않은 무노조부문으로 이루어져 있다. 이들 두 부문은 여러 측면에서 서로 연계되고 공통적인 법적·사회적 토대를 공유하고 있으나 여러 측면에서 아주 다르다. 무노조부문(non-union sector)은 민간 화이트칼라, 전자산업, 소기업, 대부분의 섬유산업 및 서비스업 부문 등 여러 업종의 제조업 노동자들로서 고용관계상의 제조건을 결정함에 있어서 사용자의 광범위한 재량권과 통제권을 인정하고 있다. 최근에는 무노조부문의 고용이 증가하는 추세를 보이고 있다.[7] 반면, 자동차, 철강 등 전통적인 제조업부문에서는 대부분 노동조합이 결성되어 있다. 노조부문(unionized sector)은 역사적으로 노사간의 공개적인 대립관계를 특징으로 하며 경영에 대한 노동조합의 통제가 아주 강한 분야이다. 최근 미국 노조의 쇠퇴와 더불어 노조부문의 영향력도 줄어드는 추세를 보인다.

무노조 부문

(2) 고용관계 당사자

미국에서 고용관계 제도의 노사정의 당사자들이 중요한 역할을 한다. 그러나 당사자들 중에서 사용자들이 일반적으로 가장 큰 힘을 가지고 있으며 그 주도권은 점차 증대되고 있다.

---

7 Harry C. Katz, and Hoyt N. Wheeler, "미국의 고용관계," *International and Comparative Employment Relations: Globalisation and the Developed Market Economies*, 4th. Ed., 박영범·우석훈 공역, 「국제비교 고용관계」(서울: 한국노동연구원, 2005), p. 98.

① **노동조합**　　　　　　　　미국의 노동조합은 노동조합연맹, 직종별·산별 노동조합 및 노동조합지부의 삼층구조로 구성되어 있다. 미국의 노동조합은 파업의 위협을 배경으로 한 단체교섭에 의존하는 대립적인 전략을 펴고 있다. 미국 노동조합은 국가의 크기만큼이나 지극히 분권화된 구조를 유지하고 있다. 즉, 노동운동의 실질적인 권한은 노동조합연맹보다는 직종별·산별 노동조합에 있다. 반면, 대부분의 단체협상과 파업은 사업장별·지역별 노동조합지부에서 이루어진다.[8] 미국 노동조합의 특징을 다음과 같이 요약할 수 있다(<도표 10-5> 참조). 첫째, 주로 실리주의적인

● 노동조합은 분권화된 구조로 사용자와 대립적 관계를 유지

도표 10-5　미국의 연도별 고용관계 일반 지표

연도	임금 노동자의 주당 노동시간 (시간)	노동생산성*	조합원수 (천명)	노동조합 조직률 (%)**	쟁의행위 발생건수 (건)	쟁의행위 참가자수 (천명)	노동손실일수 (천일)***
1995	38.7	48.5	16,360	14.9	31	192	5,771
2000	39	54.5	16,258	13.5	39	394	20,419
2001	38.9	55.7	16,275	12.9	29	99	1151
2002	38.7	57.2	16,145	12.8	19	46	660
2003	38.6	59	15,776	12.4	14	129	4077
2004	38.6	60.5	15,472	12.0	17	171	3344
2005	38.7	61.8	15,685	12.0	22	100	1736
2006	38.9	62.4	15,359	11.5	23	70	2688
2007	38.8	63.2	15,670	11.6	23	189	1265
2008	38.7	64	16,098	11.9	16	72	1954
2009	38.2	66.1	15,327	11.8	5	13	124
2010	38.2	67.8	14,715	11.4	11	45	302
2011	38.3	67.9	14,764	11.3	19	113	1020
2012	38.4	68.1	14,366	10.8	19	148	1131
2013	38.4	68.4	14,528	10.8	15	55	290
2014	38.6	68.7	14,576	10.7	11	34	200
2015	38.6	69	14,795	10.6	12	47	740
2016	38.6	69.3	14,555	10.3	15	102	1543
2017	38.6	69.9	14,817	10.3	7	25	96
2018	38.7	70.7	14,744	10.1	20	487	2815
2019	38.8	71.5	14,574	10.3	25	429	3244
2020	38.8	73.4	14,253	10.8	8	31	966
2021	38.8	74.1	14,012	10.3	16	80.7	1,104
2022	38.8	75.5	14,285	10	24	123	2,423
2023	38.6	77.9	-				-

자료: 한국노동연구원, 「각 연도 KLI 해외노동통계」(서울: 한국노동연구원, 각 연도).
　　　* 노동생산성 = 전산업 GDP/총노동시간 - 2005년 구매력평가기준(USD PPPs)의 불변가격(constant prices) 기준임 -
　　** 조직률은 임금노동자 수를 기준으로 한 조직률임.
　*** 노동손실일수는 2003년부터 2005년은 미국 노동통계국에서 발표한 수치이며, 이 외는 ILO 기준임.

8 김동원, "미국의 노사관계와 한국에의 시사점," 노사포럼, 1997, 제7호, p. 18.

노동운동에 노조합의 목적을 두며, 단체교섭이 잘 발달되어 있다. 전통적으로 미국의 노사는 근본적으로 서로 상반된 이익을 대변하는 기능을 수행하는 대립적인 관계인 것으로 인식되어 왔다. 둘째, 미국의 노동조합은 경제적 조합주의를 채택하고 있다. 즉, 노동조합의 '단순하고 소박한'(pure and simple) 목표, 즉 보다 나은 임금, 노동시간과 노동조건에 주안점을 두고 정치나 경영에는 깊이 관여하지 않는 전통을 가지고 있다. 미국에는 노동조합이 주축이 되어 결성한 영국의 노동당이나 스웨덴의 사민당과 같은 노동자정당이 없고, 경영에 대한 노동조합의 참여도 제한적이다.[9] 셋째, 미국은 노조조직률이 2022년 10% 정도로서 주요 국가들 중 상대적으로 낮은 조직률을 보인다. 하지만 단체교섭이 발달하여 사업장에서의 노사의 역할을 단체협약에 세밀히 규정해 놓아서 사용자의 권한을 견제하는 역할을 한다. 이를 미국의 직무통제조합주의(Job Control Unionism)라고 부른다.[10]

경제적 조합주의

직무통제조합주의

전통적으로 AFL-CIO가 주도하던 미국의 노동운동은 2000년대 들어서 큰 변화를 보이고 있다. 노조조직률의 하락에 대한 AFL-CIO의 무기력한 대처에 불만을 가진 거대 산별 노조들은 2005년 7월 AFL-CIO를 탈퇴하고 '승리혁신동맹'(the Change to Win Coalition: CWC 혹은 CTW)이라는 새로운 노동조합총연맹을 결성하였다. CWC는 국제서비스노조연맹(SEIU), 전미트럭운송노조(IBT), 전미농업노조(UFW) 및 전미통신노조(CWA) 등 기존 AFL-CIO에서 가장 규모가 큰 4개 거대노조를 주력으로 한다. 2020년 현재 AFL-CIO는 총 조합원 1,250만명을 조직하고 있으며, CTW는 2020년 현재 450만명을 조직하고 있다. 이와 같은 미국 노동조합의 분열은 지난 수년간의 조직률 감소에 따른 내분과 노조 집행부간의 노선갈등 등에서 그 원인을 찾을 수 있다.[11] 미국 노동운동은 조직원 감소에다 조직분열까지 겹쳐 최대 위기를 맞고 있지만, 일부에서는 양쪽의 경쟁이 조직 활성화에 도움을 줄 것이란 전망도 한다.

승리혁신동맹(The Change to Win Coalition: CWC 혹은 CTW)의 분리

② **사용자와 그 단체**　　　　다른 나라와 구분되는 미국 고용관계의 큰 특징 중의 하나는 사용자단체가 상대적으로 중요하지 않다는 점이다. 한국의 경영자총협회처럼 고용관계에 있어서 한 국가의 모든 사용자들을 대변하는 전국 규모의 사용자단체는 미국에서는 결성된 적이 없다. 따라서 AFL-CIO의 공식적인 상대역은 존재하지 않는다고 볼 수 있다. 다만, 전국제조업협회(American National Association of Manufacturing)나 상공회의소(Chamber of Commerce)의 전국본부 혹은 지부가 필요에 따라 사용자의 대변역할을 할 경우가 있을 뿐이다. 이는 미국의 고용관계가 지극히 분권화된 형

AFL-CIO의 공식적인 상대역은 존재하지 않음

9 Hoyt N. Wheeler, and John A. McClendon, 전게서, pp. 78-81.

10 상게서, pp. 82-87.

11 한국노동연구원, "팀스터, SEIU 탈퇴로 미국노총 AFL-CIO 분열," 「해외노동동향」, assessed on 2007/04/07 http://www.kli.re.kr

태로 이루어지고 전국규모의 노사정협의체가 가동된 적이 없으므로 중앙집권적인 사용자단체의 필요성이 크지 않음을 반영하는 것이다.[12]

③ 정부   미국의 정당은 공화당과 민주당의 양당체제이며, 노동자계층의 권익을 대변하는 정당이 존재하지 않는다. 다만, 공화당에 비하여 민주당이 상대적으로 친노동적인 정책을 펴고 있다. 미국 고용관계에서 정부의 역할은 크게 세 가지로 구분할 수 있다. 첫째, 개별적인 고용관계의 차원에서 고용조건에 대한 직접적인 규칙제정의 역할이다. 최근 개별적인 고용관계를 규제하는 법령들이 주로 고용차별,[13] 노동자의 산업안전보건,[14] 실업보험, 최저임금, 최장노동시간 및 퇴직[15] 등에 관하여 제정되었다.

둘째, 집단적인 노사관계의 차원에서 노동조합과 경영자 간의 상호관계의 규율 역할이다. 미국 연방정부의 고용관계에 대한 규율은 노사 양 당사자들이 고용관계를 설정하고 고용조건을 정하는 기본적인 규칙으로 이루어져 있다. 1935년의 「전국노동관계법」(National Labor Relations Act: NLRA, 와그너법이라고 부르며 1947년과 1959년 개정)을 통해 단체행동에 관한 노동자의 권리를 확립하는 규칙을 마련하였다. 와그너법은 노동자들의 비밀투표에 의해 노동조합 결성을 결정하도록 하는 제도와 부당노동행위제도를 도입하였으며 그 후 세계 각국의 집단적 고용관계법의 표준으로서의 역할을 하였다. 한편 정부는 민간부문의 단체협상과정에서 거의 개입을 하지 않는 노사자율주의(Voluntarism)의 전통을 지니고 있다. 이는 영국의 영향을 강하게 받은 것이다.

셋째, 정부는 사용자로서의 역할도 수행한다. 1960년대 이후 공공부문 노조조직률이 급속하게 확장됨에 따라 공공부문의 사용자로서의 정부의 역할도 부각되고 있다. 2020년 미국의 노동조합조직률은 10.8%이지만, 이 중 공공부문의 조직률이 민간부문에 비하여 매우 높은 편이다.[16] 미국의 경우 1990년대 이후 공공서비스의 재

공화당과 민주당의 양당체제

정부는 개별적인 고용관계의 직접적인 규칙제정의 역할을 담당

경영자와 노조 간 상호관계의 규율

노사자율주의의 전통

사용자로서의 역할

---

12 김동원, 전게논문, p. 22.

13 1964년 정부는 인종, 피부색, 성, 종교, 국적 또는 연령을 이유로 한 고용차별을 금지하는 법을 제정하였으며 1991년에 이 법은 강화되었다. 또한 정부는 신체장애자와 베트남 전쟁퇴역군인에 대한 차별도 금지하였다. 1992년 이후에는 장애노동자에 대한 차별도 포괄적으로 금지시키고 있다.

14 1970년에 제정한 연방산업안전보건법(Federal Occupational Safety and Health Act; OSHA), 州 산업안전보건법, 州 산업재해보상보험법을 통해 노동자의 안전문제에 대처하여 왔다. 산업안전보건법은 사용자에 대해 일반적인 안전의무를 부과하고 동시에 각 산업에 일련의 구체적인 안전보호조치사항을 규정함으로써 작업장의 안전을 의무화하고 있다. 사용자가 안전 및 보건 기준을 위반할 경우 벌금형과 시정명령을 받게 된다. 산업재해보상보험법은 작업중에 재해를 입은 노동자에 대한 요양보상과 휴업보상을 규정하고 있다. 또한 실업보험은 각 주마다 실시하고 있지만 일정부분은 연방정부가 관리하고 재정을 지원하고 있다.

15 퇴직연금은 사회보장제도에 의해 사용자와 노동자는 임금의 일정률(1995년에는 각각 7.65%)을 정부기금에 각각 납부하여야 한다. 또한 1974년에 제정된 종업원퇴직소득보장법(Employee Retirement Income Security Act; ERISA)은 퇴직금 계획이 재정적으로 건전해야 하고 이러한 계획을 확실하게 수행할 것을 요구하고 있다.

16 Hoyt N. Wheeler, and John A. McClendon, 전게서, pp. 88-92.

정부담을 줄이고 서비스 질을 향상시키기 위한 공공부문의 효율화와 민영화가 일어나기 시작하면서 공공부문의 노동조합조직률은 다소 하락하였다. 대부분의 주에서 공공부문 노동자에 대하여 단결권과 교섭권을 법적으로 허용하고 있다. 다만, 공익성을 중시하여 공공부문에서는 단체행동권을 제한하고 대신 조정과 중재기능을 강화하였다.

(3) 주요 당면과제

미국의 고용관계가 당면하고 있는 문제로 노동조합의 쇠퇴 및 경영권 강화와 경영참여와 노사협조의 확산의 두 가지를 살펴보고자 한다.[17]

① **노동조합의 위축과 사용자 권한의 증가**　　　　　1980년 이후 노동조합 조직률이 지속적으로 하락하고 있으며, 쟁의발생건수와 파업 참가자수, 손실일수 등도 하락하고 있다(<도표 10-5> 참조). 노동조합조직률이 하락하는 이유는 다음과 같다. 첫째, 지난 수십년간 미국의 경제와 고용구조가 전통적으로 노조가 강세인 분야(즉, 제조업, 중서부, 백인, 남성, 정규직)에서 노조가 약한 분야(서비스업, 남부와 서부, 흑인과 히스패닉 등 소수인종, 여성, 비정규직)로 중심이 옮겨갔기 때문이다. 둘째, 노조에 우호적이던 1930년대 New Deal시대의 여론이 일부 노조의 부패상이 폭로되던 1960년대와 1970년대를 거치면서 서서히 노동조합에 적대적인 쪽으로 이동한 점을 들 수 있다. 이러한 여론을 등에 업고 1980년대를 거쳐 2020년대에 이르기까지 노동조합활동에 대한 사용자측의 적극 반대 움직임도 노조의 쇠퇴를 가져온 한 원인이다. 셋째, 이 기간 중 사회보장법, 실업보험법 등 피고용인을 보호하는 정부법안이 연속적으로 등장함으로써 노동조합에 대한 피고용인의 흥미와 수요가 감소한 점 역시 노동운동을 위축시킨 요인으로 간주된다.[18]

그동안 비노조 우량기업인 Google, Apple 등에서 코로나19 이후 노조가 결성되면서 노사갈등이 증가하고 있다.

② **경영참여운동 및 노사협조**　　　　　노조의 침체와 더불어 미국의 기업 사이에서 경영참여와 노사협조의 움직임이 대두되고 있다. 미국에서는 역사적으로 노조가 약화되던 시기에(예를 들면 1920년대) 노조의 생존을 위하여 사용자와 협조하는 경향이 강하였는데, 21세기에 접어든 지금도 노조침체와 노사협조가 동시에 진행되고 있다. 노사협조가 진행되면서 노사협조의 도구로서 경영참가를 도입하는 기업도 늘고 있다. 미국의 기업들은 일본식의 '린(Lean) 생산방식'(사용자주도의 top-down식

---

17 상계서, pp. 95-98.
18 김동원, 전게논문, pp. 73-75.

노동조합 조직률 하락의 원인

CHAPTER 10 주요국의 고용관계 **331**

경영참가방식으로서 품질관리에 초점을 둠)과 스웨덴식의 '팀(Team) 생산방식'(노동자의 목소리를 반영하는 bottom−up식 경영참가방식으로서 노동의 인간화에 초점을 둠)을 도입하고 있다. 이러한 경영참가는 직원들의 전문적 지식과 창의성을 활용하고 분권화된 의사결정방식을 통해 생산성이 증대를 도모하고자 하는 방안이다. 또한, 경영참가, 성과배분, 인적자원개발의 세 요소를 고성과작업조직(High Performance Work Organization, HPWO)이 Xerox, AT&T, 코닝, 카이저 퍼머넌트 등의 노조우량기업에 의하여 도입되었다. 미국의 기업들은 경영참가의 도입과 동시에 시장의 경쟁적 압력에 대응하기 위한 비용절감의 방안으로 다운사이징, 임시직 직원의 사용, 그리고 작업의 아웃소싱 등 고용유연화 정책을 동시에 진전하고 있다.[19]

고성과작업조직(High Performance Work Organization: HPWO)의 도입

1.3 프랑스의 고용관계

프랑스는 노조조직률이 낮고 단체교섭의 제도화가 덜 이루어진 탓에 좌파성향의 급진적인 노조와 권위주의적이고 가부장적인 사용자는 적대적인 관계를 형성하고 있으며 이탈리아 함께 대표적인 정치적 조합주의(Political unionism) 국가이다. 프랑스는 노동운동의 정치적인 지향성이 강하여 정치적인 이슈를 이유로 한 총파업이 빈발하는 국가이다.

좌파성향의 급진적 노조와 권위주의적인 사용자가 적대적 관계를 형성

정치적 조합주의

(1) 고용관계의 환경

프랑스는 2023년 기준으로 전체 인구 중 약 73.9%가 경제활동에 참여하고 있다. 프랑스의 경제는 2006년 이래로 2016년까지 10년간 0.9%의 낮은 성장률을 보였으나 2017년부터 회복세로 돌아섰으나 다시 2018년부터 하락세로 돌아섰다. 이후 2020년 팬데믹으로 인하여 경제성장률이 −7.8%로 하락하였다. 2021년 6.8%로 회복 후 다시 2022년 2.6%와 2023년 0.9%를 기록하면서 다시 하락 국면으로 전환되었다. 실업률은 2023년 현재 약 7.4%로서 OECD 평균을 상회하고 있어 프랑스는 OECD 회원국 중 전통적으로 실업률이 비교적 높은 특징을 지니고 있다. 1973년 석유파동 이후 지속적으로 실업률이 증가하다가 2000년대 들어서 10% 이하로 하락하는 추세를 보였으나 2013년 다시 10%대로 높아졌고, 다시 2017년 들어서 다시 하락하는 추세를 보였다. 2020년 팬데믹 시기에 8.1%, 그리고 연이은 2021년에는 8%를 기록하

낮은 성장률과 높은 실업률

---

19 Paula Voos, "An Economic Perspective on Contemporary Trends in Collective Bargaining," Paula Voos, ed. *Contemporary Collective Bargaining* (Madison, Wisconsin: Industrial Relations Research Association, 1994), p. 16.

였으나, 이후 2022년과 2023년 7.4%를 기록하면서 실업률이 낮아졌다. (<도표 10-6> 참조). 실업률 하락의 긍정적인 고용지표에도 불구하고 프랑스는 여전히 낮은 성장률과 상대적으로 높은 실업률이 지속되고 있어 경제침체가 쉽게 개선되지 않아 보인다.

도표 10-6 프랑스의 연도별 경제일반 지표

연도 연도	국내총생산 (10억 달러)*	경제성장률 (%)	경제활동 참가율 (%)	제조업 취업자비중 (%)**	파트타임 취업자비중 (%)	실업률 (%)	제조업 노동자 시간당 임금 (단위: 2015= 100, %)
1995	1,235.2	2.1	66.9	-	14.2	11.6	59.1
2000	1,589.5	3.9	68.0	-	14.2	10.1	68.4
2001	1686.7	2.0	76.8	-	13.8	8.8	71.4
2002	1762.9	1.1	76.4	-	13.8	8.9	73.8
2003	1753.6	0.8	75.8	24.3	13.0	8.2	75.8
2004	1822.2	2.8	75.4	24.0	13.3	8.5	77.8
2005	1926.9	1.7	70.5	23.7	13.2	8.9	80.0
2006	2065.7	2.4	70.4	23.7	13.2	8.9	82.3
2007	2184.3	2.4	70.4	23.2	13.3	8.0	84.6
2008	2259.3	0.3	70.6	23.1	13.0	7.4	87.3
2009	2243.9	-2.9	70.9	22.5	13.5	9.1	89.1
2010	2334.7	1.9	71.0	22.1	13.7	9.3	90.7
2011	2446.5	2.2	70.9	22.0	13.7	9.3	93.0
2012	2474.0	0.3	71.4	21.7	13.9	9.8	95.3
2013	2608.5	0.6	71.9	21.1	14.0	10.4	97.2
2014	2662.0	1.0	72.0	20.3	14.3	10.3	98.7
2015	2718.5	1.1	72.2	20.1	14.4	10.4	100.0
2016	2864.1	1.1	72.4	20.0	14.3	10.1	101.3
2017	2983.0	2.3	72.4	20.2	14.3	9.5	102.6
2018	3125.4	1.9	72.8	20.0	14.0	8.8	104.3
2019	3300.1	1.8	72.6	20.1	13.4	8.5	106.3
2020	3176.7	-7.8	72.0	19.7	13.1	8.1	-
2021	3447.9	6.8	73.0	18.9	13.8	8.0	109.7
2022	3,939.00	2.6	73.6	19.0	13.1	7.4	113.7
2023	4,197.90	0.9	73.9	19.1	13.3	7.4	119.3

자료: 한국노동연구원, 「각 연도 KLI 해외노동통계」(서울: 한국노동연구원, 각 연도).
　　* 국내총생산은 구매력평가(PPP: Purchasing Power Parity) 기준임.
　　** 제조업 취업자 비중에 포함된 제조업에는 광업, 제조업, 건설업, 수도, 전기사업을 포함함 .
　　*** 제조업 시간당 임금지수는 2015년도 임금을 기준임금(100%)일 때 각 년도 임금을 %로 환산한 지수임.

(2) 고용관계 당사자

① 노동조합

노조간의 경쟁과 분열, 재정 및 소식자원의 결핍

프랑스의 노동운동은 한편으로는 노조간의 경쟁과 분열 그리고 다른 한편으로는 재정 및 조직자원이 결핍이라는 특징을 갖고 있다. 프랑스의 노조조직률은 전통적으로 낮았으며 1970년대 중반의 조직률은 약 23%였으나, 1985년에는 약 16%까지 떨어졌다. 그 후 1990년대 중반에 더 하락하여 11%를 기록하였으며, 2000년대에는 평균 10.5% 정도를 유지하고 있다. 2018년에 8.9%이다. 한편 임금근로자 1,000인당 근로손실일수가 2020년에 1,500일에서 2022년 1,904일로 급증하면서 상대적으로 불안정한 노사관계를 나타내고 있다.

프랑스에는 5개의 전국노동조합연맹, 즉 프랑스노동총동맹(Confederation generale du travail: CGT), 프랑스민주노동총동맹(Confederation francaise democratique du travail: CFDT), 프랑스의 노동자의 힘(Force ouvriere: FO), 프랑스교원노동연맹(Federation de l'education nationale: FEN), 프랑스기독교노동총동맹(Confederation francaise des trav-ailleurs chretiens: CFTC) 및 프랑스간부직원동맹-간부직원노동총동맹(Confederation francaise de l'encaerement: CFE-CGC) 등이 있다. 프랑스 노조연맹 중 가장 역사가 길고 대표적인 CGT는 공산주의 및 무정부주의 강령을 지니고 있으며 제도권 내에서의 노동자 지위향상을 거부하고 파업과 봉기를 통한 사회개혁을 추구한다. 공산당과 역사적으로 깊은 관련을 지니고 있는데 아직도 중앙위원회 간부의 절반이 공산당원이다. 반면, FO는 온건한 경제적 조합주의를 표방하고 있다. CFTC는 가톨릭과 관련된 노조연맹이다. 이들 5개의 노동조합연맹은 모두 전국수준에서의 '대표권을 가진 조합'으로 알려져 있는데, '대표권을 가진 조합'이란 5개의 기준(이 중 가장 중요한 것은 노동조합이 사용자로부터 완전히 독립적이라는 것을 입증하는 것임)에 근거하여 인정되는 법적 성격이다. 이에 따라 노동조합연맹들은 몇 가지의 독점적 권리를 부여받는데, 그 권리란 단체교섭권, 기업 내 종업원대표제에 있어서 후보자 지명권, 다수의 정부 및 협의기구에 대표를 선정하는 권리 등이다.[20]

전통적으로 노사분규가 많음

프랑스는 전통적으로 파업권을 노조가 아닌 개인에게 부여하며 노사분규가 많은 국가 중에 하나이다. 노동조합 조직률의 지속적인 하락에도 불구하고 파업건수와 참가자수, 손실일수 등은 2000년까지 증가하였다가 그 이후 다소 감소하는 경향을 보인다(<도표 10-7> 참조).

---

[20] Janine Goetschy, and Annette Jobert, "프랑스의 고용관계," *International and Comparative Employment Relations: Globalisation and the Developed Market Economies*, 4th. Ed., 박영범·우석훈 공역, 「국제비교 고용관계」(서울: 한국노동연구원, 2005), pp. 198-206.

연도	임금 노동자의 주당 노동시간 (시간)	노동생산성*	조합원수	노동조합 조직률 (%)**	쟁의행위 발생건수 (건)***	쟁의행위 참가자수 (천명)***	노동손실일수 (천일)***
1995	36.4	52.1		9.4 (1998년)		43.0	
2000	35.8	57.2		9.5	1,427	211.0	
2001	35.4	58.2	1,992	10.8	1,105	119.0	-
2002	35.2	59.9	2,032	10.8	745	67.0	-
2003	34.8	60.3	2,004	10.8	785	63.0	-
2004	34.8	60.9	1,951	10.5	699	60.0	-
2005	34.6	61.5	1,911	10.5	-	-	1997
2006	34.6	63.0	1,923	-	-	-	1421
2007	34.5	62.7	1,936	-	-	-	1553
2008	34.6	62.3	1,978	10.6	-	-	1419
2009	34.7	61.7	2,013	-	-	-	942
2010	34.7	62.5	2,046	10.8	-	-	1851
2011	34.7	63.1	2,075	9.1	-	-	649
2012	34.7	63.3	2,086	9.1	-	-	237
2013	34.6	64.2	2,070	11.3	-	-	261
2014	34.6	64.8	2,062	9.0	-	-	345
2015	34.5	65.3	2,067	9.0	-	-	869
2016	34.6	65.5	2,075	10.8	-	-	1739
2017	34.5	66.9	2,074	9.0	-	-	-
2018	34.5	67.2	2,071	8.9	-	-	-
2019	34.4	67.4	-	-	-	-	-
2020	34.5	67.8	-	-	-	-	1,500
2021	34.6	66.7	-	-	-	-	1,165
2022	37.1	65.7	-	-	-	-	1,904
2023	37.1	65.8	-	-	-	-	-

자료: 한국노동연구원, 「각 연도 KLI 해외노동통계」(서울: 한국노동연구원, 각 연도).
　* 노동생산성 = 전산업 GDP/총노동시간 - 2005년 구매력평가기준(USD PPPs)의 불변가격(constant prices) 기준임.
　** 노동조합 조직률은 OECD data: stats.oecd.org
　*** 쟁의행위 발생건수, 쟁위행위 참가자 수는 ILO www.ilo.org/ilostat

② 사용자와 그 단체　　　　　　다양한 노동조합연맹을 가진 노동운동과는 대조적으로 사용자측은 전국수준에서 단일조직을 유지하고 있다. 프랑스의 전국규모의 사용자단체인 MEDEF(Mouvement des entrepreses de France)는 프랑스 전체기업의 4분의 3 이상이 포함하고 있다. 또한 중소기업총동맹(Confédération générale des petites et moyennes enterprises: CGPME)은 고용관계에 있어서 중소기업의 이해를 대변하는데 MEDEF와 공통의 뿌리를 갖고 협력하지만 개별사안에 대하여는 서로의 의견이

전국규모의 사용자 단체인 MEDEF

일치하지 않는 경우도 흔히 있다.[21]

프랑스의 사용자는 기업의 자유 경쟁 체제를 주장하며 경영권을 수호하려는 보수적인 태도를 보인다. 좌파적인 노조의 존재를 인정하지 않고 우파적인 경영이념과 경영권에 대한 집착이 강한 사용자들은 노동운동에 적대적인 태도를 가지는데, 특히 프랑스노동총연맹(CGT)으로 대표되는 좌파적인 프랑스 노동계의 성향과 정반대의 이념을 가지고 있어서 노동조합을 수용하고 대화하려는 노사간의 대화와 협조가 어려운 편이다. 노사가 서로 융합되지 않는 적대적인 고용관계는 노사간의 협상을 통한 문제해결을 어렵게 만들었고, 프랑스 정부가 고용관계 및 사회문제에 대해 직접 간여하는 개입주의적 역할을 취하도록 하는 배경이 되었다.

우파적인 경영이념과 경영권에 대한 집착이 강함

③ 정부   프랑스는 적대적인 노사관계로 인해 단체교섭이 제도화되지 못한 고용관계의 비효율성을 개선하기 위하여 정부가 고용관계에 개입하는 경향을 강하게 보이고 있다. 예를 들면, 노조조직률이 낮아서 단체협약의 적용률이 저조한 상황이 되자 프랑스의 정부는 단체협약의 효력을 산업전반으로 확장하는 것을 폭넓게 인정하는 법을 시행하고 있다. 따라서 프랑스는 노조조직률이 8% 정도임에 반하여 단체협약 적용률은 90%를 넘는 상반된 경향을 보인다. 또한, 국가의 각종 고용관련 위원회에 노조대표가 참석하여 의사결정을 하도록 하여 조직률이 낮고 대표성이 약한 노조의 위상을 강화하고자 시도하고 있다. 고용관계에 있어서 단체교섭의 역할을 강화하기 위하여, 정부는 단체교섭이 활성화되도록 법적 구조를 바꿈으로써 노사간의 자율적인 협상을 유도하여 왔다. 최근 정부는 증가하는 실업에 대처하기 위하여 적극적인 노동시장정책을 펴고 있다.[22] 이러한 점들은 프랑스정부 노동정책의 개입주의적인 성격을 보여준다.

정부는 고용관계에 개입하려는 경향이 강함

한편, 프랑스는 정부가 사용자의 입장이 되는 공공부문의 규모가 OECD 국가 중 상대적으로 큰 편에 속한다. 따라서 사용자로서 프랑스 정부의 노동조합에 대한 정책은 프랑스 민간부문의 고용관계에 큰 영향을 미치고 있다.

(3) 주요 당면과제

프랑스 고용관계의 당면과제로는 유럽연합의 정책에 따른 고용관계제도의 변화, 고용관계의 분권화현상에 따른 기업별 교섭의 확산 등을 들 수 있다. 그중 가장 중요한 것은 노조의 지속적인 쇠퇴경향이다. 2020년대 들어 프랑스의 노동조합조직

---

21 상게서, pp. 206-208.
22 상게서, pp. 208-212.

률은 8% 정도로서 OECD 국가 중 터키와 함께 가장 낮은 편에 속한다. 프랑스 노동조합조직률은 1970년대 이후 하락하고 있는 데 그 이유는 다음과 같다. 첫째, 프랑스 경제와 고용구조의 변화 때문이다. 즉 과거 조직화가 잘 되어 있던 전통적 산업부문에서 새로운 산업부문으로, 공업부문에서 서비스부문으로 노동력의 이동이 있었기 때문이다. 또한 소규모 기업의 증가도 노동조합원의 감소를 초래한 결과로 풀이된다.

둘째, 실업률의 상승과 임시직 및 파트타임 직원을 선호하는 고용관행과 고용계약이 증가하였기 때문이다. 임시직 및 파트타임 직원의 경우 노조를 조직하는 것이 정규직 직원에 비하여 어렵기 때문에 조직률을 감소시키게 된다. 셋째, 청년층의 노동조합에 대한 태도가 소극적으로 변화하였기 때문이다. 청년층 노동자는 노동조합의 효과성에 대해서는 점점 더 회의적으로 되는 반면, 그들 자신의 개인적인 협상능력을 중시하는 경향을 보이고 있다.

넷째, 1997년 이후 사용자들의 인적자원관리정책이 개별 고용관계를 중시하는 방향으로 바뀌었기 때문이다. 예를 들어 사용자단체는 노조를 무시하고 중간관리자들을 동원하여 개별 직원들과의 직접적인 대화를 추진하고 있다. 이에 따라 노동조합이 회사의 주요 결정에 도외시되는 경우가 많으며, 이것은 노동조합의 역할을 더욱 감소시키는 계기가 되었다. 다섯째, 장기간에 걸친 노동조합세력의 분열은 노조의 약화를 불러왔다. 즉, 노조의 분열과 약화는 노조 지도부와 일반조합원 사이의 괴리를 확대시키고 노동조합연맹 내부의 갈등과 노동조합들 사이의 갈등도 심화시키는 결과를 가져왔다.[23]

1.4 | 독일의 고용관계

독일은 스웨덴과 함께 민주적(사회적) 조합주의의 대표적인 국가로서 참여적 고용관계를 유지하고 있다. 민주적 조합주의는 산업민주주의 사상에 근거하여 피고용인의 경영참여를 노동이사제도나 작업장평의회를 통하여 법으로 보장하고, 노사정이 고용관계의 주요현안을 논의하는 노사정협의체를 활발히 운영하는 고용관계시스템이다.

민주적(사회적) 조합주의에 근거하여 피고용인의 경영참여를 법으로 보장

(1) 고용관계의 환경

독일은 정치체제는 대통령과 총리를 모두 두고 있는데 대통령의 권한은 형식적

23 상게서, pp. 224-228.

이고 실질적인 권한은 총리가 가지고 있다. 독일의 주요 정당 중 사회민주당(사민당)은 독일에서 가장 오래되고 가장 규모가 큰 단일정당으로서 노동자계급에 우호적이고 대기업에 대한 규제와 동유럽과의 화해를 주요 강령으로 삼고 있다. 사민당은 독일의 노동조합과 긴밀한 관계를 유지하고 있다. 독일기독교민주당연합(기민당)과 독일기독교사회당연합(기사당)은 그리스도교 정신을 기조로 하는 중도 보수정당으로, 대자본가층에서부터 중간계급에 이르는 보수층을 기반으로 자유경제를 정책 기조로 하고 있다. 한편, 녹색당은 생태계의 평형을 지향하는 세계 최초의 환경정당이다.

2023년 독일의 국내총생산(GDP)은 5조 9494억 달러이며 경제성장률도 2010년부터 팬데믹 이전인 2019년까지 평균 2%대를 기록하고 있는 건전한 성장률이 보여왔다. 2020년 팬데믹 기간에도 타국에 비하여 경제성장률 하락세가 상대적으로 낮은 −3.7%를 기록하였다. 이후 2021년 2.6% 급 상승세를 보였으나, 2023년 다시 하락하여 −0.3%를 기록하였다. 제조업의 취업자 비중은 2021년 27.5%에서 2023년 26.5%로 소폭 하락하였으나, 그럼에도 불구하고 OECD 국가 중 높은 편에 속하며 독일산업의 주된 경쟁력이 제조업이라는 점을 반영하고 있다(<도표 10−8> 참조).

이중적 고용관계

독일의 고용관계는 이중구조이다. 첫째, 노동조합과 사용자연맹 간에는 산업 및 지역수준에서 교섭이 이루어지는데, 그 결과로 산별 단체협약이 체결된다. 파업은 산별이나 지역별 수준에서 발생한다. 둘째, 작업장과 공장차원에서는 노동조합과 사용자 간에 직접 교섭을 하지 않고 대신 종업원평의회(Works Council)와 사용자가 법에 근거하여 협의를 한다. 작업장평의회는 법적으로 파업을 할 수 없다.

노사간의 공동결정

독일에서는 작업장에서 노사간의 공동결정(Co−determination)을 집행하는 작업장평의회, 노동자가 기업의 이사로 임명되도록 강제한 노동자이사제도, 노사정이 국가차원 고용관계의 주요사항을 합의하에 결정하는 민주적 조합주의(democratic corporatism) 등이 독일의 참여적 고용관계를 구성하는 주요 주춧돌이다.

노동법원

독일에서는 단체협약의 이행 여부나 위반에 따른 권리분쟁의 경우 노동법원을 통해 해결하고 있다. 노동법원은 지방노동법원(Arbeitsgericht: AG)과 주노동법원(Landesarbeitsgericht: LAG) 및 연방노동법원(Bundesarbeitsgericht: BAG)의 세 단계로 나누어져 있고 지방법원의 각 재판부는 재판장인 직업판사 1명과 노동조합과 사용자측이 각각 지명한 2명의 비상임판사로 이루어져 있다.[24]

24 Friedrich Füerstenberg, "독일의 고용관계," *International and Comparative Employment Relations*, 3rd. Ed., 박영범·우석훈 공역, 「국제비교 고용관계」(서울: 한국노동연구원, 2000), pp. 232-239; Berndt K. Keller, "독일의 고용관계," *International and Comparative Employment Relations: Globalisation and the Developed Market Economies*, 4th. Ed., 박영범·우석훈 공역, 「국제비교 고용관계」, (서울: 한국노동연구원, 2005), pp. 198-206.

연도	국내총생산 (10억 달러)*	경제성장률 (%)	경제활동 참가율 (%)	제조업 취업자비중 (%)**	파트타임 취업자비중 (%)	실업률 (%)	제조업 노동자 시간당 임금 ($)***
1995	1,926.10	1.7	70.4	36.3	14.2	8.2	64.8
2000	2,244.20	3.0	71.1	33.7	17.6	7.8	73.0
2001	2,336.10	1.7	76.8	33.0	18.3	7.9	73.8
2002	2,406.90	-0.2	76.4	32.4	18.8	8.7	75.3
2003	2,468.40	-0.7	75.8	31.6	19.6	9.4	77.1
2004	2,585.60	1.2	75.4	31.0	20.1	10.4	78.6
2005	2,622.00	0.7	73.8	29.8	21.5	11.3	79.6
2006	2,814.00	3.8	75.0	29.7	21.8	10.4	81.5
2007	2,985.20	3.0	75.6	29.9	22.0	8.8	83.5
2008	3,104.00	1.0	75.9	29.3	21.8	7.6	86.2
2009	3,015.30	-5.7	75.0	28.8	21.9	7.4	87.5
2010	3,185.40	4.2	75.4	28.3	21.8	6.7	87.7
2011	3,415.00	3.9	76.0	28.2	22.3	5.6	90.7
2012	3,487.20	0.4	76.0	28.2	22.2	5.2	92.9
2013	3,628.60	0.4	76.4	27.8	22.6	5.0	94.7
2014	3,807.10	2.2	76.5	28.1	22.3	4.8	97.2
2015	3,889.10	1.5	76.4	27.7	22.4	4.5	100.0
2016	4,165.20	2.2	76.7	27.4	22.1	4.0	102.2
2017	4,386.70	2.7	77.1	27.4	22.2	3.6	104.6
2018	4,576.10	1.0	77.5	27.3	22.0	3.3	107.7
2019	4,624.20	1.1	78.1	27.2	22.0	3.0	110.1
2020	4,612.20	-3.7	77.3	-	22.5	3.7	111.8
2021	4,857.50	2.6	78.7	27.5	22.2	3.7	112.4
2022	5,693.20	1.4	79.3	26.9	22.2	3.2	115.6
2023	5,949.40	-0.3	79.7	26.5	22.6	3.2	120.4

자료: 한국노동연구원, 「각 연도 KLI 해외노동통계」(서울: 한국노동연구원, 각 연도).
　* 국내총생산은 구매력평가(PPP: Purchasing Power Parity) 기준임.
　** 제조업 취업자 비중에 포함된 제조업에는 광업, 제조업, 건설업, 수도, 전기사업을 포함함.
　*** 제조업 시간당 임금지수는 2015년 임금을 기준임금(100%)일 때 각 연도 임금을 %로 환산한 지수임.

(2) 고용관계 당사자

① **노동조합**　　　　독일에는 4개의 주요 노동조합연맹이 있다. 이 중 독일노
동조합총연맹(DGB)은 가장 크고 영향력이 강한 노조연맹이며, 그 밖에 독일공무원

네 개의 주요 노동조합 연맹

총동맹(DBB), 독일직원노조(DAG) 및 독일기독교노동조합동맹(CGB) 등이 있다. 독일의 노동조합은 1990년 중반 이후 조합원의 감소, 재정위기, 노동시장의 유연화 및 탈규제화 등과 같은 문제를 극복하기 위하여 노동조합간의 합병과 인수가 촉진되어 소수의 노조로 집중화되는 경향을 보이게 되었다. 예를 들어 DGB는 1990년 이전에 17개 산별 또는 직업별 조합으로 구성되었다가 최근에는 8개로 통합되었다.[25] 2018년 기준, 독일의 총노동조합원수는 622만명을 상회하고, 조직률은 16%대로서 미국이나 프랑스에 비하여 높은 수준이다. 그러나 과거 수십년간 노조조직률이 35%를 상회하였던 것을 고려하여 볼 때 지금의 조직률은 독일 역사상 낮은 수준이다(<도표 10-9> 참조).[26]

산별노조가 주축을 형성

독일의 노동조합은 산별 노조가 주축을 이루고 있다. 대표적인 산별 노조로는 독일금속노동조합(IG Metall)이 있다. 독일의 노동조합과 함께 독일의 고용관계에서 중요한 역할을 하는 것은 작업장평의회이다. 작업장평의회의 대표는 조합원 여부에 관계없이 그 회사의 전체 종업원에서 선출되고 명시된 법적 근거 위에서 활동하는데, 작업장평의회위원은 대개 조합간부와 긴밀히 협력하거나 위원이 조합간부를 겸임한다. 작업장평의회는 파업할 수 없지만 계약상 권리가 파기된 경우에는 경영자를 제소할 권리가 있다.

독일의 사용자단체는 광범위한 산업과 부문을 대표하여 국가차원의 노사정협의체의 사용자 대표로 참석

② **사용자**   독일의 대표적인 사용자단체로는 독일산업연맹(BDI)과 독일경영자단체연맹(BDA)이 있다. 이들 단체는 고용관계의 측면에서 광범위한 산업과 부문을 대표하며, 국가차원의 노사정협의체의 사용자대표로 참석한다.[27] 독일의 전통적인 산별 교섭에서는 산별 노조의 상대역으로 산업별 사용자대표체가 구성되어 협상을 담당한다. 예를 들면, 독일 금속산업의 경우 금속산별 노조(IG Metall)의 상대역으로 금속사용자단체가 구성되어 협상을 한다. 최근 들어 독일의 산별 교섭의 전통이 다소 약화되고 자동차기업인 폭스 바겐(VW) 등 일부 기업에서는 회사별 교섭이 진행되는 단체협상의 분권화현상이 지속되고 있다.[28]

독일의 사용자들은 전통적으로 가부장적인 경영관행을 유지하여 왔으나 제2차 세계대전 이후 공동결정법안의 영향으로 노동자의 경영참가를 용인하는 경영방식을 유지하고 있다. 1990년 이후 독일 기업은 세계 최고수준의 인건비와 기업운영에 대한 과도한 규제를 피하여 중국, 브라질 등의 국가로 사업장을 이전하는 등 산업공동

25 Till Mueller-Schoell, "산별차원에서의 사회적 파트너십 구축: 독일 광산화학에너지노조(IG BCE)의 사례," 「국제노동브리프」 2006년 9월 Vol. 4, No. 9, p. 4.
26 한국노동연구원, 「2019 해외노동통계」, KLI 노동통계 Archive; Berndt K. Keller, 전게서, pp. 243-244.
27 Berndt K. Keller, 전게서, pp. 238-239.
28 Friedrich Füerstenberg, 전게서, pp. 230-231.

연도	임금 노동자의 주당 노동시간 (시간)	노동생산성 *	조합원수 (천명)	노동조합 조직률 (%)**	쟁의행위 발생건수 (건)	쟁의행위 참가자수 (천명)	노동손실일수 (천일)***
1995	36.4	51.4		25.9 (1998년)		183	247
2000	35.8	56.1	`	-		7	11
2001	35.4	57.5	7,670	23.7		61	27
2002	35.2	58	7,520	23.5		428	310
2003	34.8	58.4	7,260	23.0		40	163
2004	34.8	59	6,936	22.2	`	101	51
2005	34.6	59.9	6,856	21.5		17	19
2006	34.6	60.9	6,720	20.6		169	429
2007	34.5	61.6	6,604	19.8		106	286
2008	34.6	61.6	6,476	19.0		154	132
2009	34.7	59.7	6,400	18.8	455	12	67
2010	34.7	61.1	6,330	18.9	131	12	25
2011	34.7	62.7	6,300	18.4	158	11	70
2012	34.7	63.1	6,310	18.3	367	22	86
2013	34.6	63.4	6,298	18.0	1384	67	150
2014	34.6	64	6,281	17.7	637	58	155
2015	34.5	64.4	6,290	17.6	1618	230	109
2016	34.6	65.2	6,268	17.0	718	215	209
2017	34.5	66.4	6,246	16.7	1170	61	129
2018	34.5	66.5	6,222	16.6	1528	682	571
2019	34.4	67.1	-	16.3	1252	88	162
2020	34.5	67.7	-	-	1265	140	195
2021	34.6	68.3	-	-	1,251	381	373
2022	34.9	68.5	-	-	1,532	285	267
2023	34.6	68.1	-	-	-	-	-

자료: 한국노동연구원, 「각 연도 KLI 해외노동통계」(서울: 한국노동연구원, 각 연도).
* 노동생산성 = 전산업 GDP/총노동시간 - 2005년 구매력평가기준(USD PPPs)의 불변가격(constant prices) 기준임.
** 노동조합 조직률은 OECD data: stats.oecd.org
*** 쟁의행위 발생건수, 쟁위행위 참가자 수는 ILO www.ilo.org/ilostat

화의 현상을 보였다. 그후 2002년 하르츠개혁이 진행되면서 인건비의 과도한 인상 억제, 고용의 유연화 등이 이루어지면서 독일기업의 경쟁력이 되살아나서 경제 활성화에 기여했지만, 미니잡(mini job), 미디잡(midi job) 등으로 불리는 파트타임 노동자와 비정규직이 크게 늘어나면서 독일 사회의 양극화를 초래했다는 비판도 함께 받고 있다.

③ 정부　　　　　　　독일의 정부는 법률을 통하여 산업민주주의를 위한 제도를 도입해왔다. 즉, 독일정부는 참여적 노사관계의 정립을 위하여 작업장평의회, 노동이사제도 등을 강제하는 다양한 법률안을 제정하였다. 예를 들면, 「경영조직법」(Betriebsverfassunggesetz: 1952, 1972), 1951년 「공동결징법」, 1976년 「공동결정법」 및 1974년의 「직원대표법」 등을 통하여 노사가 고용관계의 중요한 결정을 함께 하도록 한 공동결정제도가 확립되었다. 또한, 독일의 정부는 민주적 조합주의를 채택하여 정부가 노사정간의 합의를 통하여 고용관계의 주요 정책사항을 결정하도록 함으로써 참여적 고용관계의 틀을 유지해오고 있다.

이외에도, 정부 주도하에 노동자보호를 위한 광범위한 사회정책의 시행을 통해 노사간의 교섭항목 범위를 줄게 하였으며, 사회전체의 교섭비용을 줄이기 위하여 기업차원에서의 교섭보다는 산업 및 지역단위의 교섭을 정착시키도록 정부가 유도하였고, 법적으로 교섭절차를 표준화하여 기업단위의 노사간 갈등의 소지를 미연에 방지하였다.[29]

(3) 주요 당면과제

최근 독일의 고용관계는 독일식 고용관계가 변화와 사회 양극화의 이슈를 안고 있다. 1990년 동서독의 통일 이후 계속적인 고실업현상과 노조조직률의 하락, 그리고 노사분규의 증가는 전후 수십년간 세계 고용관계의 모범이 되어 온 독일모형의 변화를 의미한다는 지적이 있다. 독일은 전통적으로 노동조합 조직률이 높으면서 안정된 고용관계를 유지하는 고용관계의 모범국가였다. 실제로 독일은 1980년대까지는 노사분규로 인한 손실일수가 세계에서 가장 적은 나라 중의 하나였다. 즉, 세계에서 가장 강력하다는 평을 듣는 독일의 노동조합은 사용자와 최소한의 분규를 겪으면서 노동자의 이해를 잘 대변해왔던 것이다. 안정된 고용관계를 바탕으로 경쟁력 있는 제조업이 육성되었고 기업들은 세계최고 수준의 고임금을 피고용인들에게 지불하였다. 그러나 1990년 독일통일 직후 노사분규는 급격히 늘고 동시에 노동조합 조직률은 하락하는 현상을 보였다. 노사분규는 팬데믹 이후 다소 증가하는 추세를 보이며 노동조합조직률은 계속 하락하고 있다. 또한, 노동시장에서 무노조 기업과 비노조원의 비중이 갈수록 커지면서 양극화현상이 심각해지고 있다.

독일은 전통적으로 산별교섭에서 산업별, 지역별 임금이 정해지므로 연방차원의 최저임금이 별도로 존재하지 않았지만, 2002년 하르츠개혁이후 비정규직과 저임노동자가 크게 증가하면서 이로 인한 사회 양극화현상에 대응하여 2015년 연방차원

---

29 김황조, 「세계 각국의 노사관계: 그 변신과 몰락」(서울: 세경사, 1996), p. 164.

의 최저임금제도를 최초로 도입하였다. 양극화의 진행과 최저임금의 도입은 강력한 산별협상을 통하여 두터운 중산층을 형성하고 안정적인 고용관계를 누려온 전통적인 독일 모형에서의 이탈을 의미하는 현상이다. 제2차 세계대전 이후 성장과 분배, 경영참여와 기업경쟁력강화를 동시에 성취한 독일식 고용관계 모형의 최근 변화하는 현상은 이론적으로 실무적으로 많은 관심을 불러일으키고 있다.

1.5 일본의 고용관계

일본은 협조적 고용관계를 유지하는 대표적인 국가이다. 가족주의를 근간으로 하여 노사화합을 중시하는 고용관계를 유지하고 있다. 기업단위에서 노사가 협력하여 고용관계를 이끌어 가는 일본의 시스템을 기업조합주의(Micro-corporatism)라고 부른다. 하지만 1990년대 말 아시아 금융위기 이후, 기업이 고용유연성을 추구하면서 장기고용, 기업별 노조, 연공서열임금제 등 일본 고용관계의 전통적인 특징들이 서서히 약화되어 2020년대에 이르러서는 이러한 특징들이 제조업에만 존재하는 현상이 되었다.

<aside>
기업조합주의
</aside>

<aside>
일본의 대기업 중심으로 장기고용, 기업별 노조, 연공서열임금제 등 일본 고용관계의 전통적 특징 등이 서서히 약화되는 추세임
</aside>

(1) 고용관계의 환경

일본은 입헌군주체제를 갖고 있으며 자유민주당(자민당)이 장기간 집권하고 있다. 1955년에 일본민주당과 자유당이 합당하여 창당한 자민당은 온건보수정당으로서 '잃어버린 10년 도래'로 1993년 야당연합에 1년간, 2009년 민주당 정권교체기를 제외하고, 2012년 아베 신조 정권 출범 이래 지금까지 계속 집권하고 있다. 이외의 정당으로는 사회민주당, 일본공산당, 공명당 등이 있다. 일본의 경제는 1960년대 이후 1980년까지 고도성장을 거듭하다가 1990년대 초반부터 현재까지 부침을 겪으면서 장기 침체되는 과정에서 30년 이상 임금인상이 정체되는 특징을 보인다. 실업률은 1997년까지는 3% 미만을 유지하다가, 1998년부터 증가하여 4~5%에 도달하였으나, 2014~17년에 3%대, 2018년 이후 2%대로 최저 수준을 보인다. 최근, 일본의 사회적·경제적 환경은 급격히 변하고 있다. 2021년에 '정년 70세 권고안' 국회 통과가 말해주는 인구의 고령화, 고학력 피고용인의 비율 증가, 여성의 노동시장 참여 증대, 외국인 노동자의 이주 증대 등이 발생하면서 일본의 고용관계에도 큰 영향을 미치고 있다.

<aside>
자민당의 장기간 집권
</aside>

<aside>
인구의 고령화, 고학력 노동자의 비율 증가, 여성의 노동시장참여 증가, 외국인 노동자의 이주 증대
</aside>

연도	국내총생산 (10억 달러)*	경제성장률 (%)	경제활동 참가율 (%)	제조업 취업자비중 (%)**	파트타임 취업자비중 (%)	실업률 (%)	제조업 시간당 임금지수 (%)***
1995	2,937.3	2.7	71.5	33.6	14.2	3.2	93.7
2000	3,398.8	2.8	72.5	31.2	15.9	4.8	99.0
2001	3,493.7	0.4	72.6	30.5	17.6	5.2	98.8
2002	3,588.9	0.1	72.3	29.7	17.7	5.6	97.9
2003	3,753.9	1.5	72.6	28.8	18.2	5.4	97.0
2004	3,939.0	2.2	72.7	28.0	18.1	4.9	98.9
2005	4,110.4	1.8	72.4	27.5	18.3	4.6	99.5
2006	4,300.3	1.4	72.4	27.5	18.0	4.3	100.5
2007	4,482.1	1.5	72.4	27.3	18.9	4.0	100.3
2008	4,517.3	-1.2	72.7	26.8	19.6	4.2	100.5
2009	4,295.6	-5.7	73.2	25.8	20.3	5.3	93.5
2010	4,525.4	4.1	73.7	25.1	20.2	5.3	97.3
2011	4,629.4	0.0	73.9	24.5	20.6	4.6	99.0
2012	4,799.6	1.4	74.1	25.0	20.5	4.6	98.4
2013	5,021.6	2.0	74.2	24.9	21.9	4.2	98.2
2014	5,034.5	0.3	74.4	24.8	22.7	3.7	99.7
2015	5,199.9	1.6	74.0	24.5	22.7	3.6	100.0
2016	5,158.9	0.8	74.9	24.3	22.8	3.3	100.7
2017	5,262.3	1.7	75.6	24.2	22.4	3.0	101.9
2018	5,344.1	0.6	76.1	23.9	23.9	2.6	103.3
2019	5,404.5	-0.4	77.0	23.6	25.2	2.5	103.8
2020	5,358.3	-4.1	77.6	23.5	25.8	2.9	100.1
2021	5,599.0	2.6	78.9	23.2	25.6	3.0	102.1
2022	5,895.7	1.0	79.7	23.2	25.1	2.8	103.3
2023	6,251.6	1.9	79.7	23.3	24.8	2.7	105.5

자료: 한국노동연구원, 「KLI 해외노동통계」 (서울: 한국노동연구원, 각 연도). http://stats.oecd.org, OECD Employment Outlook.
　* 국내총생산은 구매력평가(PPP: Purchasing Power Parity)기준임.
　** 제조업 취업자 비중에 포함된 제조업에는 광업, 제조업, 건설업, 수도, 전기사업을 포함함.
　*** 파트타임 취업자는 OECD「https://stats.oecd.org/Labour Force Statistics」 2024.10.
　**** 제조업 시간당 임금지수는 2015년 임금을 기준임금(100%)일 때 각 년도 임금을 %로 환산한 지수임.

(2) 고용관계 당사자

① 노동조합　　　　일본 노동조합은 조직형태별로 보면 기업별 노조가 조합
수 및 조합원수 면에서 압도적으로 많고 상대적으로 산업별 노조나 직업별 노조는

연도	임금 노동자의 주당 실노동시간 (시간)*	노동생산성**	조합원수 (천명)	노동조합 조직률 (%)***	쟁의행위 발생건수 (건)	쟁의행위 참가자수 (천명)	노동손실일수 (천일)
1995	-	31.4	12,614	-	-	-	77.0
2000	43.0	35.2	11,539	21.5	118	15	35
2001	42.0	35.7	11,212	20.7	90	12	29
2002	42.0	36.4	10,801	20.2	74	7	12
2003	42.0	36.9	10,531	19.6	47	4	6
2004	42.0	37.8	10,309	19.2	51	7	9
2005	42.0	42.5	10,138	18.7	50	4	6
2006	42.0	42.6	10,041	18.2	46	6	8
2007	41.0	42.9	10,080	18.1	54	21	33
2008	41.0	42.7	10,065	18.0	52	8	11
2009	40.0	42.1	10,078	18.4	92	21	7
2010	40.0	43.4	10,054	18.3	85	21	23
2011	40.0	43.7	9,961	18.0	57	9	4
2012	40.2	44.2	9,892	17.9	79	12	4
2013	39.6	45.2	9,875	17.7	71	13	7
2014	39.2	45.3	9,849	17.5	80	28	20
2015	39.1	46.2	9,825	17.4	86	23	15
2016	38.9	46.2	9,981	17.3	55	16	3
2017	39.0	46.6	9,940	17.1	68	18	15
2018	38.2	46.9	10,070	17.0	58	10	1
2019	37.8	47.3	10,016	16.7	-	-	-
2020	36.6	46.9	10,044	17.1	-	-	-
2021	36.6	47.9	10,078	16.9	55	8	1
2022	36.8	48.3	9,992	16.5	-	-	-
2023	36.8	49.1	9,938	16.3	-	-	-

자료: 한국노동연구원, 「각 연도 해외노동통계」(서울: 한국노동연구원, 각 연도).

* 임금노동자의 주당 노동시간은 2009년 이후부터는 Japan Statistics Bureau(http://www.e-stat.go.jp)의 자료임. 비농업부문 임금 노동자 주당 노동시간임.

** 노동생산성 = 전산업 GDP/총노동시간 – 2015년 구매력평가 기준(USD PPPs)의 불변가격(constant prices) 기준임.

*** 조직률은 임금 노동자 수를 기준으로 한 조직률임.

극소수에 불과하다. 1사 1노조의 원칙이 지켜져서 대부분의 기업에 1개의 노조만이 존재한다. 기업별 노조는 상호 협상력을 보완하기 위하여 매년 봄 동시에 임금인상 협상과 투쟁을 전개하는 춘투(순토, 春鬪)의 관행을 유지하고 있다.

일본 노동조합의 전국적 중앙조직으로 1989년 '렌고'(連合)[30]가 출범하였는데, 민간부문 및 공공부문을 포함하는 중앙노동조합단체이다. 2022년 현재, 전체 노조 수는 47,495개, 조합원 수는 9,927천명에 이른다. 렌고는 약 600만명의 노동자를 포용하는 조직으로 미국의 AFL-CIO, 영국의 TUC 다음으로 큰 규모의 노동조합이다. 또한 같은 해 48만명의 조합원을 갖는 '젠로렌'(全勞聯)과 약 9만명의 조합원을 갖는 '젠로코'(全勞協), 기타 270만명 등이 결성되었다.[31]

일본의 노동조합은 외국인이 보면 독립적이지 않다고 할 정도로 기업에 밀착되어 있으며 기업의 정책에 협조적인 성격을 띠고 있다. 그러나 노조나 노동자의 경영참여는 제한적으로 허용된다. 즉, 노측이 사용자에게 의견을 제시하고 노사간의 다양한 협의회를 통하여 자문에 응하고 있으나 일반적으로 최종 결정권은 사용자가 갖는다.

② 사용자   일본의 경영자단체로는 '케이단렌'(日本經濟團體連合)이 있다. 과거의 '니케이렌'(日經連)과 '케이단렌'(經團連)이 2002년 통합되어 탄생하였다.[32] 케이단렌은 직접 협상에 참여하지 않고 정부에 대한 로비, 산하기업에 대한 교육과 자문 등의 역할을 한다. 기업별 노조를 유지하고 있는 일본에서 단체협상은 기업단위에서 이루어진다.

일본의 사용자는 1940년대 전시체제 이후 직원에 대하여 가부장적 온정주의에 입각하여 처우를 하고 이에 대해 종업원은 개인의 이해보다는 집단의 이익을 우선시하는 가치의식에 기초한 행동을 하는 것이 관행으로 자리잡고 있다. 일본의 사용자는 전통적으로 정규직 직원에 대하여 장기고용과 연공서열임금제(연공급)를 유지해왔다. 우선, 일본의 사용자는 직원을 해고시키는 것을 극히 꺼리는 기업문화를 가지고 있다. 따라서 한번 입사하면 특별한 일이 없는 한 장기고용을 원칙으로 한다. 또한, 직원의 봉급은 연공서열로 지급되는 것이 일반적이다. 즉, 한 직장에서의 근무연수에 비례하여 임금이 결정된다. 연공급하에서는 한 직장에서 근무 도중 다른 직장으로 이직을 하는 것은 임금의 손실을 의미하므로 연공서열임금제는 이직보다는 장기근속을 장려하는 제도이다. 따라서 장기고용과 연공서열임금제는 상호보완적인 성격을 갖는다. 그러나 일본의 모든 기업이 장기고용과 연공급을 준수하는 것은 아니다. 장기고용과 연공급의 관행은 주로 대기업의 정규직 직원에게만 적용되고, 중소기업이나 비정규직 직원에게는 지켜지지 않는 경우도 많다.

---

30 1989년 몇몇 중앙노동조합이 합류하여 만든 단체로서 초기에는 '일본노동조합총엽합회(신연합)'라고 하였으나 그 후 '신'을 빼고 연합으로 호칭함.: 김황조, 전게서, p. 248.
31 https://www.stat.go.jp/english/data/nenkan/73nenkan/1431-19.html
32 http://www.keidanren.or.jp/english/profile/pro001.html

연공급하에서는 매년 임금이 자동적으로 올라가므로 임금이 준고정비용화하고 기업의 인건비가 갈수록 커지는 경직성을 띠고 있다. 일본에서는 연공급제도의 경직성을 보완하기 위하여 1970년대 오일쇼크 이후에는 인력사용을 효율화하기 위하여 직능급(職能給, 직원의 직무수행능력에 따라 직능등급을 설정하여 이에 따라 차등급여를 지급하는 임금형태)을 도입하였고, 1990년대부터는 성과급(직원의 업무성과에 따라 차등급여를 지급하는 임금형태)을 도입하였다. 직능급과 성과급의 도입에도 불구하고 제조업에서는 여전히 임금에서 연공급이 차지하는 비중은 아주 높은 편이지만, 일본 기업들 가운데 경직된 연공급을 탈피하고자 하는 노력은 지속되고 있다. 또한, 1990년대 이후 경쟁이 치열해지면서 인력의 유연한 활용이 요구되면서 여러 대기업에서 많은 수의 정규직 직원을 일시에 명예퇴직을 시키는 등 장기고용의 원칙이 지켜지지 않는 사례도 많아졌다. 이로 인한 고용유연화 현상은 갈수록 심화되어 일본기업의 전통적인 장기고용과 연공급의 관행은 2020년대에 와서는 현저히 약화되었다.

③ 정부　　　　제2차 세계대전 패망 후에 일본을 점령한 연합군 최고사령부(Supreme Commander of Allied Powers: SCAP)는 미국식 고용관계를 모델로 하여 고용관계의 틀을 형성하고자 하였다. 즉, 연합군 최고사령부가 재벌을 견제하기 위하여 노동조합의 결성을 촉구하였고 이 이후의 일본 정부가 그 뒤를 이어 비슷한 정책적 기조를 이어왔다. 특히, 전후에 입안된 일본의 노동법은 미국의 와그너법과 유사한 특징을 지니게 된다. 그 후 몇 번의 개정을 거쳐서 일본의 노동법은 미국의 영향에서 벗어나 보다 일본적인 색채를 띠게 된다.

일본 정부는 고용관계를 분권적이며 기업중심의 형태로 유지하고자 유도하는 한편, 개별기업의 고용관계에는 거의 개입하지 않는다. 고용문제에 대한 주요 의사결정은 노·사·정 3자로 구성되는 여러 위원회에서 결정하는 협조적인 전통을 유지하고 있다.[33] 한편, 일본의 고용관계 특징이 기업조합주의(Micro-Corporatism)로 명명되는 이유는 정부가 개별기업의 고용관계에 거의 개입하지 않는 반면, 기업 내부에서는 노사가 합의와 협조에 의한 의사결정을 하는 전통이 있기 때문이며 이를 기업수준에서의 노사협의주의(Corporatism)로 간주하기 때문이다.

(3) 주요 당면과제

일본 고용관계의 주요 당면과제로는 노조조직률의 하락과 외국인 노동자와 비정규직의 증가 문제가 있다. 첫째, 일본도 주요 선진국과 마찬가지로 노조조직률의 하락 현상이 두드러져, 1949년 노동조합조직률이 35%였으나 2023년 현재 16.3%로

일본 정부는 고용관계를 분권적이며 기업중심의 형태로 유지하고자 유도

노조조직률의 하락

---

33 김황조, 전게서, pp. 252-253.

감소하였다(<도표 10-11> 참조). 노동조합조직률의 하락 원인은 제조업의 침체와 서비스산업의 확대, 유노조부문 정년퇴직 증가와 비정규직의 확산, 젊은 층이 노동조합에 매력을 느끼지 못하는 점 등을 들 수 있다. 노사관계의 주요 쟁점은 취업자 수 증가가 비정규직 확대에 따른 깃으로 동일노동 동일임금 법제 시행, 비정규직 처우 개선 이슈, 배달 플랫폼 종사자의 종사상 지위 이슈 등이 있다.[34]

둘째, 1990년대 초반부터 노동력 부족현상이 많은 산업으로 확산되었다. 노동력 부족현상은 제조업부문의 기계 및 금속업과 건설업, 소매업 및 기타 서비스업 부문에서 심각하였다. 이러한 산업들 대부분은 학교를 갓 졸업한 젊은 노동자들이 좋아하지 않는 열악한 근무조건을 제공하기 때문에 많은 기업이 젊은 노동자의 극심한 부족으로 인한 어려움에 직면하였다. 심각한 노동력 부족에 직면하자 많은 경영자가 외국인 노동자들을 고용하여 외국인 노동자의 숫자가 급증하게 되었다. 일본은 외국인 노동에 대하여 연수생제도를 실시하고 있으므로 합법적인 취업이 법적으로는 허용되지 않는다. 현재 취업 중인 외국인 노동자들은 대부분 법으로 취업이 금지된 '불법노동자'들이며 합법적인 이민노동자는 소수에 불과하다. 최근 일본 정부는 불법노동자의 양산을 억제하기 위하여 관련 법령을 개정하였으나 그 취지를 살리지 못하고 있다.[35]

셋째, 일본에서는 1970년대 후반 이후 시간제 노동자의 고용과 파견 노동자 수가 현저히 증가하고 있다. 또한, 한 기업에 머무르길 원하지 않고 여러 개의 파트타임 일을 해서 생계를 유지하는 젊은 노동자들(일명 freeters)의 숫자가 증가하였다. 반면 '핵심직원들'의 평균 근속기간은 점점 더 길어지고 있다. 즉 일본의 노동시장이 장기근속자와 단기 비정규직으로 나누어지는 양극화현상이 뚜렷해지고 있는 것이다.[36] 일본은 2020년 '동일노동 동일임금 규칙'을 법제화하여 같은 기업 내에서 동일한 업무를 수행하는 비정규직에게 불합리한 차별적 처우를 금지하였으나, 많은 기업들이 정규직과 처우 격차의 내용 및 이유를 를 명시하거나 설명하는 데 그치고 있다.[37]

일본 노동시장의 양극화

---

34 오학수. "2020년 일본 노동시장 및 노사관계 전망" 국제노동브리프 2020년 2월호. pp. 38-53.
35 Yasuo Kuwahara(2005), 전게서, p. 328.
36 상게서, p. 299.
37 박준희(2022), "일본의 동일노동 동일임금 규칙의 도입과 시행 현황", 국제노동브리프 2022년 5월호 pp.78-83. 한국노동연구원.

1.6 싱가포르의 고용관계

싱가포르는 국가조합주의(State corporatism) 국가 중의 하나이다. 국가조합주의 혹은 강제적 조합주의는 노사의 자유 의사에 반하여 국가가 민간부문의 고용관계에 깊이 개입하는 특징을 지니고 있다. 고용관계에 있어서 국가가 주도적인 역할을 담당하며 주요 고용관계정책에 대하여 표면적으로 노사정이 합의하는 형태를 강제하기 위하여 사용자단체와 노동운동을 통제하는 특징이 있다. 주로 경제개발기의 국가에서 많이 관찰되는 형태인데, 프랑코 치하의 스페인, 무솔리니 치하의 이탈리아, 과거의 남미국가, 싱가포르 등이 대표적인 사례이다.

국가조합주의

경제성장을 위해 국가가 민간부문의 노사관계에 깊이 개입하는 특징을 가짐

(1) 고용관계의 환경

2024년 싱가포르는 인구는 약 603만명(거주자 기준 418만명)이고, 국토 크기가 682.3㎢에 불과한 소국이다. 따라서 싱가포르 경제는 작은 국토, 부존자원 및 인력 등으로 인해 무역의존도가 극도로 높은, 가장 전형적인 소국 개방경제 중의 하나이다. 그러나 2024년 1인당 GDP는 세계 제5위인 선진통상국이다. 1959년부터 집권한 인민행동당(People's Action Party)은 1968년 이후에는 싱가포르의 유일한 정당이며 집권당이다. 인민행동당은 전국노동조합회의(National Trade Union Congress: NTUC)를 유일한 노동조합연맹으로 인정하였고 지금까지 NTUC는 유일노총으로서 기능하고 있다. 1960년대 후반부터 2020년대에 이르기까지 NTUC는 피고용인을 대변하는 역할과 국가발전을 위한 생산을 독려하는 역할을 동시에 수행하고 있다.

인민행동당이 거의 유일한 정당임

싱가포르의 정치에서 인민행동당은 거의 유일한 정당이다. 실질적인 야당이 존재하지 않는 상태에서 국회의 거의 모든 의석을 차지한 인민행동당은 일당독재체제를 확립하고 국정에 대한 전권을 행사한다. 도시국가로서 자원과 자본이 부족한 싱가포르는 전자산업과 외국기업에 대한 의존도가 극히 높은 의존형 경제체제를 유지하고 있다. 싱가포르는 1960년대부터 1990년대에 이르기까지 높은 경제성장률을 유지하여 왔다(<도표 10-12> 참조). 싱가포르는 아시아 외환위기와 2001년 '닷컴' 거품 위기, 2008~09년 글로벌 금융위기, 2020년 코로나19 직후 경제성장률이 비교적 크게 하락하였지만, 최근 금융업과 서비스업이 경제성장을 더욱 주도한다. 2023년 경제활동참가율은 68.6%로서 비교적 높은 편이고, 실업률은 코로나19 사태 이후 2020년대 들어 대체로 3~4% 수준을 보이고 있다.

1997년 아시아 경제위기를 겪은 후 싱가포르 정부는 노동부의 명칭을 인력기획부(Ministry of Manpower)로 바꾸고, 그 사명을 세계화에 대응하여 노동자들을 세계적

	국내 총생산 (10억 달러)*	경제 성장률 (%)*	경제활동 참가율 (15세 이상) (%)	제조업 취업자비중 (%)**	실업률(%) ILO (Aged from 15-64)	노조 조직률 (%)***	주간 노동시간 (시간)	쟁의행위 발생거수 (건)
2000	96.1	8.9	52.5	19.5	3.8	16.1	47.0	-
2001	89.8	-1.0	64.4	19.4	3.8	16.5	46.2	-
2002	92.5	4.2	63.6	19.0	5.7	19.3	46.0	-
2003	97.6	4.4	63.2	18.8	6.0	20.5	46.0	-
2004	115.0	9.5	63.3	18.2	5.9	20.1	46.3	-
2005	127.8	7.5	63.0	16.6	4.5	19.4	46.5	-
2006	148.6	8.9	65.0	16.8	4.5	18.6	46.2	-
2007	180.9	9.1	65.1	16.9	3.9	18.1	46.3	-
2008	193.6	1.8	65.6	16.8	4.0	17.5	46.3	-
2009	194.2	-0.6	65.4	15.7	5.9	17.6	46.0	-
2010	239.8	15.2	66.2	14.8	4.2	18.0	46.2	-
2011	279.4	6.4	66.1	14.6	3.9	18.9	46.2	-
2012	295.1	4.1	66.6	14.1	3.7	19.4	46.2	1.0
2013	307.6	5.1	66.7	13.6	3.9	20.4	46.2	-
2014	314.9	3.9	67.0	11.9	3.8	20.8	46.0	-
2015	308.0	3.0	68.3	11.1	3.8	21.2	45.6	-
2016	318.7	3.2	68.0	10.5	4.1	20.2	45.5	-
2017	341.9	4.7	67.7	10.3	4.2	20.6	45.1	-
2018	373.2	3.7	67.7	10.3	3.9	20.5	44.8	-
2019	375.5	1.3	68.0	9.6	4.2	21.6	44.7	-
2020	345.3	-3.9	68.1	9.6	5.2	21.9	44.0	-
2021	434.1	9.7	70.5	9.3	4.6	22.5	44.2	-
2022	498.5	3.8	70.0	9.6	3.6	21.9	44.1	-
2023	501.4	1.1	68.6	9.0	3.4	21.2	43.6	-

자료: Singapore Department of Statistics, 「Yearbook of Statistics Singapore, 각 연도」
* 경제활동참가율은 15세 이상, GDP와 경제성장률, 제조업 주간 노동시간, 쟁의행위 발생 건수는 Yearbook of Statistics Singapore(각 연도)임.
** 노조 조직률 1980~1995년 노조 조직률: Singapore Department of Statistics, 「Yearbook of Statistics Singapore, 각연도」, http://www.singstat.gov.sg/pubn/reference.html, 2000-2015년 ILO 자료, 2016년 이후 Yearbook of Statistics Singapore를 사용하여 필자가 계산(조합원 수÷피고용인 수×100).
*** 제조업 취업자 비중과 실업률은 Yearbook of Statistics Singapore(각 연도)에서 15세 이상 거주자 기준임.

으로 경쟁력 있는 인력으로 육성하고, 지속적 경제성장을 달성하는 데 용이한 작업
장을 육성하는 것으로 정의했다. 21세기에 들어서서도 정부가 주도하는 싱가포르의

고용관계의 전통적인 특징은 여전히 유지되고 있다.[38] 싱가포르 고용관계는 고용안정, 능력개발, 복지제공 등의 긍정적인 측면이 있는 반면에 노동3권의 제한과 국가의 임금억제 등 노사의 자율성을 허용하지 않는다는 특징을 갖고 있다. 싱가포르의 고용관계는 국가의 강력한 주도하에 이루어진다.

싱가포르 고용관계는 국가의 강력한 주도 아래 능력개발, 복지제공 등의 긍정적인 측면이 있지만 노동 3권의 제한과 국가의 임금상승억제 등 노사의 자율성을 제약하고 있다는 점이 특징임

싱가포르 정부는 노조의 목적을 ① 노동조건을 개선하며 노동자의 경제적 지위를 증진하는 한편, ② 노동자, 사용자, 싱가포르 경제에 이익이 되도록 생산성을 증진하는 것으로 규정하고 있다. 따라서 싱가포르에서는 노동조합은 노동자의 이해를 대변함과 동시에 경제개발의 역할도 함께 가지고 있다. 또한 노조가 노동자들을 대표할 권리를 인정하지만 이에 대한 사용자의 권리도 강하게 인정하고 있다. 예를 들어 사용자는 노조가 직원 과반수를 대표하지 못하거나 동일 직업집단 내에 하나 이상의 노조가 있을 경우 사업장 내의 노조를 인정하지 않을 수 있다.

(2) 고용관계 당사자

① 노동조합　　　　　싱가포르의 노조 조직형태는 직업별 노조, 산별 노조, 일반노조, 기업별 노조(house union) 등 4가지 형태가 가능하다. 1980년대 정부 주도로 일본식의 기업별 노조가 확산되었지만, 최근에는 기업별 노조가 조직통합을 통해 산별 노조로 강화되는 경향을 보이고 있다. 싱가포르에서는 노조를 등록할 때 동일 산업이나 직업에서의 유사한 노조를 허용하지 않기 때문에 사실상 복수노조가 허용되지 않는다.

복수노조가 불허됨

싱가포르 정부가 인정하는 유일한 전국단위 노조인 전국노동조합회의(NTUC)는 2023년 현재, 전체 가맹 노조 수가 61개, 조합원 수가 81만명에 이른다. NTUC 출신 간부들이 현 집권당인 인민행동당(PAP)에 주요 당직을 맡고 있을 정도로 정당과 노동조합이 긴밀한 관계를 맺어 왔다. NTUC는 싱가포르의 노조조직률을 높이기 위하여 일반지부(general branch)회원제와 계속 회원제(seamless membership) 등을 활용하고 있다. 일반지부회원제는 조합원이 무노조기업으로 이직하는 경우에도 조합원 자격을 유지하는 제도로 이 경우 조합원은 단체협약은 적용될 수 없으나 노조가 제공하는 복지서비스 등을 계속 제공받을 수 있다. 한편, 계속 회원제는 조합원이 유노조기업으로 이직하는 경우에 조합원 자격의 갱신 없이 조합원 자격을 유지하는 제도이다.[39] NTUC의 적극적인 활동의 영향으로 싱가포르의 노조조직률은 1990년의

---

38 C. Legatt, The Fourth Transformation of Singapore Industrial Relations (2005), On-line at www. airaanz.econ.usyd.edu.au/papers/Leggett.pdf(accessed on 20 August 2005).

39 장영철, "싱가포르의 최근 노사관계 변화"「세계의 노사관계 변화와 전망」, 김동원 편, pp. 265-294.

사상 최저치인 15.5%에 도달한 후 상승하여 2023년에는 21.2%이다.

NTUC 활동의 특징 중 하나로 싱가포르노동재단(SLF) 활동을 들 수 있다. SLF는 노조가 설립한 공익재단으로 조합비와 각종 사회단체로부터의 기부금으로 기금을 조성하여 산업재해자들에 대한 구호, 장학금 지급, 신장병 노동자 치료비, 사회서비스 제공, 휴양시설 제공 등의 서비스를 제공하고 있다. 이는 NTUC의 복지주의 (welfarism)적 경향을 표현하는 대표적인 제도로 볼 수 있을 것이다.[40]

한편, NTUC에 가맹하지 않은 독립노조들도 일부 존재하는데, 예를 들면 항공 파일럿, 케이터링(catering), 자동차, 인쇄 및 미디어 노동조합들이다. NWC 등의 공식적인 노사정협의기구에는 정부가 인정한 NTUC만이 참가가 허용되므로 이러한 독립노조들은 노사정협의기구에서 조합원들을 대변할 수 없다.

싱가포르에서는 1987년 이후 2012년 한 건의 파업 이외에 파업이 한 건도 발생하지 않았다(<도표 10-12> 참조).[41] 이는 싱가포르 고용관계에서 강력한 국가개입주의와 파업에 대한 법률적 제한(예를 들면, 조합원 2/3 이상이 비밀투표를 통하여 파업에 찬성할 때만 파업이 가능함), 그리고 노조의 생산주의적이고 협력주의적인 특성을 반영하고 있다.

② 사용자   싱가포르에서 전국적 사용자단체의 역할을 수행하는 조직은 싱가포르전국사용자연맹(Singapore National Employers Federation; SNEF)이다. SNEF는 1948년 창립되었고 1980년 전국사용자회의(National Employers Council)와 통합하여 오늘날에서는 사실상의 유일 사용자단체 역할을 하고 있다. 2024년 SNEF는 약 3,500여명의 사용자가 가맹한 공식적 사용자단체[42]로 등록되어 있어서 NTUC의 주된 상대역을 맡고 있다. SNEF는 직접 단체교섭에 참여하지는 않으며, 가맹회원에게 자문, 훈련 및 개발, 정보제공 등의 서비스를 제공하며, 노동법에 대한 자문, 노사관계에 대한 지침, 단체교섭에 대한 권고, 인력기획부(MOM)와 산업중재재판소(IAC)에서의 조정시 사용자 대변 등을 담당한다. 또한 산업안전 및 보건과 인적자원관리, 훈련 및 개발 등에 대한 자문도 제공하며, NWC와 같은 노사정기구에 참여하여 기업들을 대변하고 있다. 한편, SNEF 외의 산별 사용자단체로는 싱가포르해운사용자연맹 (Singapore Maritime Employers Federation), 싱가포르인쇄미디어협회(Singapore Print & Media Association) 등이 있다.[43]

1987년 이후 파업이 2012년 한 건을 제외하고 한 건도 발생하지 않음

---

40 Tan Ern-Ser, "Singapore Industrial Relations: From Colonial Tutelage to Corporatist Paternalism in a New Economy(1945 to 2003)", 「산업관계연구」(2003) 13(2), pp. 137-156.

41 S. Frost, and C. C. H. Chiu, "Labour Relations and Regulation in Singapore: Theory and Practice", Southeast Asia Research Centre Working Paper Series (2003), No. 55.

42 SNEF (2024), Annual Report 2023/2024.

③ 정부   싱가포르 고용관계에서 정부의 역할은 절대적이다. 우선, 정부 정부의 역할이 절대적
는 경영과 종업원 간의 관계를 결정하는 기본 규칙이나 법률적 프레임워크를 설정
한다. 예를 들어 분쟁조정 규칙, 산업중재재판소(IAC)의 역할과 권한, 인력기획부
(Ministry of Manpower)의 기능 등을 법률로 제정하고 협상 당사자간의 관계를 결정
한다. 특히, 싱가포르 정부는 노조의 역할을 노사간의 건전한 고용관계를 촉진하
는 것으로 설정하여 노동3권을 제한하고 노사간 갈등의 표출을 억제하고 있다. 또
한, 싱가포르에서 정부는 분쟁해결을 위해 설계된 서비스제도를 감독한다. 인력기
획부는 제3자적 조정자 역할을 하며, 산업중재재판소는 법률적으로 구속력 있는
결정을 내린다.

정부는 민간의 단체교섭에도 깊이 개입한다. 싱가포르의 단체교섭은 전국, 산 민간의 단체교섭에도 깊이
개입
업, 기업수준 모두에서 이루어지지만 지배적인 교섭수준은 기업별 교섭이다.[44] 1980
년대 중반까지는 NWC에서 발표하는 임금 가이드라인이 임금을 결정하는 데에 가
장 중요한 역할을 했으나, 그 후 정부가 임금가이드라인의 분권화를 결정함으로써
사업장 수준에서의 교섭이 임금결정에 있어서 일차적인 중요성을 띠게 되었다. 단
체교섭 의제는 일반적으로 임금과 고용조건을 다룰 수 있지만, 채용, 과업할당, 배치
전환, 승진, 계약의 종료, 해고와 복직 등은 경영권으로서 단체교섭의 의제에서 제외
된다. 단체협약이 합의되면 산업중재재판소(IAC)에 보고되어 인증(certification)을 받
아야 한다. 노사가 단체협약의 합의에 실패할 경우 노사는 인력기획부에 의한 조정
을 받을 수 있다. 그러나 조정을 통해서도 해결이 되지 않을 경우 인력기획부장관은
산업중재재판소(IAC)의 중재를 요청할 수 있다. 중재재판소의 결정은 최종적인 집행
력을 갖는다. 또한, 사안에 따라서 대통령이 직접 공공이익에 필수적임을 이유로 산
업중재재판소의 중재를 요구할 수도 있다.

한편, 정부는 총 고용의 13% 정도를 차지하는 공공부문 전체를 관장하는 주요
사용자이다. 이와 관련한 정부의 역할은 규칙 제정에 한정된 것이 아니라 고용관계
의 모범사례를 보임으로써 싱가포르 고용관계를 선도하는 역할을 한다. 공공부문의
노동조건은 민간부문의 협상에 있어서도 중요한 역할을 한다.

마지막으로 NWC를 통해 싱가포르 정부는 임금을 규율한다. 3자주의 고용관계 정부의 임금규율
구조의 주요 행위자로써 정부는 개입 역할을 수행하며 장기간의 고용관계 안정의
주요 기여자로 행동해 왔다. NWC는 노사정합의를 통한 임금조정을 수행했던 3자기

43 S. Frost, and C. C. H. Chiu, 전게논문.
44 Kuruvilla, Das, Kwon and Kwon, "Trade union growth and decline in Asia," *British Journal of Industrial Relations* (2002), 40, pp. 431–461.

구로 매년 임금가이드라인을 정하고 임금체계에 대한 권고도 수행하였다. 이를 통해 정부는 경제목표에 부합하는 수준으로 임금수준을 조정해 나갈 수 있었다.[45] 싱가포르 고용관계에서 정부의 절대적인 권한과 역할은 국가 조합주의의 특징을 잘 보여준다.

(3) 주요 당면과제

싱가포르는 소규모 도시국가로서의 열악한 환경 속에서 단기간 동안 정치적 안정과 산업화, 그리고 복지사회를 이룩하였다. 싱가포르는 1993년부터 1인당 국민소득이 2만 달러가 넘어서 아시아에서는 일본에 뒤이어 선진국의 대열에 진입에 성공하였다. 그러나 사실상 일당독재체제에서 국민들은 정치적 선택의 자유를 충분히 누리지 못하고 있으며, 노동조합에의 가입도 정부에 협조적인 NTUC계열 노동조합 외에는 선택권이 없고 복수노조를 불허하고 파업에 엄격한 제한을 두는 등 노동3권이 충분히 보장받지 못하고 있다.

민주적 가치의 희생에 대해서 싱가포르 정부의 입장은 확고하다. 싱가포르의 독립과 개발을 이끌어 온 리콴유 전 수상에 의하면, 싱가포르가 속한 아시아의 고도성장은 서구식의 민주적 시스템을 사용하여야만 가능한 것이 아니고, 개인을 다소 희생시키더라도 전체를 발전시키는 아시아의 유교전통, 즉 선공후사 등의 가치가 아시아에 적합한 경제발전을 이끌어 낼 수 있다는 것이다. 전문가들은 싱가포르 고용관계의 앞날은 상대적으로 높은 국민소득으로 대변되는 물질적인 풍요가 정치적 민주주의와 산업민주주의에 대한 피고용인들의 욕구를 대체할 수 있는지에 달려 있다고 보고 있다.

1.7 　중국의 고용관계

중국은 공산권 고용관계의 대표적인 형태를 보여준다. 즉, 노조가 당의 한 기구로서 존재하며, 국가에서 기업으로 하여금 노조를 설립하도록 강제하는 법률체계를 가지고 있다. 또한, 노동조합은 당의 우위를 인정하고 당의 지도를 받는다. 노조는 노동자의 대변기구라기보다는 정부의 지시에 충실한 생산독려자의 역할을 수행하는 것이다. 중국, 베트남, 러시아 등은 계획경제에서 시장경제로 경제체제가 전환하는 과정에 있지만 고용관계에 있어서는 아직도 북한 등 공산국가의 고용관계 특징을 그대로 유지하고 있다.

아직 공산국가의 고용관계 특징을 그대로 유지

45 S. Frost, and C. C. H. Chiu, 전게논문.

중국	국내총생산 (10억 달러)* World bank	경제성장률 (%) World bank	경제활동 참가율(15세 이상) (%) ILO	임금 노동자의 평균 주당 노동시간 (시간) ILO	노동조합 조직률 (%)ILO
2003	5,075.0	-	75.0	-	20.5
2004	5,738.6	-	74.2	-	20.1
2005	6,592.9	-	74.2	48	19.4
2006	7,660.8	-	73.7	47	18.6
2007	8,988.0	-	73.2	46	18.1
2008	10,045.3	9.7	72.8	45	30.4
2009	11,057.2	9.4	72.5	45	32.7
2010	12,381.9	10.6	71.3	47.0	34.7
2011	13,844.4	9.5	70.8	46.2	37.8
2012	15,212.9	7.9	70.7	46.3	41.2
2013	16,374.8	7.8	70.7	46.7	42.6
2014	17,423.2	7.4	70.6	46.6	43.2
2015	18,216.5	7.0	70.7	-	43.9
2016	19,265.3	6.9	70.9	46.1	44.6
2017	20,594.7	6.9	69.0		44.3
2018	22,453.9	6.7	68.5	-	-
2019	24,300.7	6.0	-	-	-
2020	25,246.7	2.2	-	-	-
2021	28,821.6	8.1	-	-	-
2022	31,773.2	4.7	-	-	-
2023	34,643.7	4.6	-	-	-

* 국내총생산, 경제성장률, 경제활동참가율은 World Bank 자료임. 국내총생산은 구매력평가(PPP: Purchasing Power Parity) 기준임.

** 평균 주당노동시간, 노동조합 조직률은 ILO 자료임.

(1) 고용관계의 환경

중국은 공산당 일당독재국가이다. 위성정당을 제외하고 야당의 존재는 허용되지 않는다. 중국은 세계 최대의 인구를 보유하고 있으며, 국토의 면적도 세계 3위로서 한반도의 44배에 해당하는 거대 국가이다. 2000년부터 2010년까지 연평균 경제성장률이 10.3%에 달하였다(<도표 10-13> 참조). 경제성장률은 2011년부터 하락 추세를 보이면서 2016~19년에 6%대를 보이다가 2020년에 코로나19 영향으로 2.2%로 하락하였다.

중국의 정치체계는 공산당 일당 독재이고 야당의 존재가 허용되지 않음

중국은 1978년 이전에는 계획경제체제를 고수하는 전형적인 공산주의국가였다. 1978년 이전의 고용시스템은 '3가지 철제시스템'(the 'three irons')으로 특징지을 수 있다. 즉, 철밥통(the iron rice bowl, 종신고용의 보장), 철의자(the iron chair, 능력보다는 당성에 의하여 발탁되고 승진하는 관리자들), 철임금(iron wages, 정부가 지정하는 비탄력적, 저임금시스템)이 그 당시 제도의 특징이다. 중국은 1978년부터 시작된 개혁개방정책의 일환으로 "3가지 철제시스템"을 붕괴시키고 새로운 3가지의 고용시스템을 도입하였다. 새로운 3가지의 고용시스템은 노동계약시스템(모든 피고용인이 일정한 기간을 두고 계약을 하는 제도), 유연한 임금제도(임금이 성과나 업적에 따라 바뀔 수 있도록 한 제도), 관리자책임제도(권한이양이 되어 관리자들이 실질적인 책임과 권한을 가지게 하는 제도)이다. 새로운 3가지 고용시스템의 도입은 중국의 고용시스템이 시장경제에 일치하는 제도로 서서히 전환하고 있다는 점을 의미한다. 그러나 2008년부터 신노동법(노동계약법)이 발효되면서 고용안정 강화와 임금상승을 목적으로 하였으며 궁극적으로는 내수경기 진작을 목표로 하고 있다.

새로운 세 가지의 고용시스템은 노동계약시스템, 유연한 임금제도, 관리자 책임제도임

중국의 고용시스템은 시장경제와 일치하는 제도로 서서히 전환하고 있는 중임

(2) 고용관계 당사자

① 노동조합(공회)　　　　노동조합을 중국에서는 공회라고 부르며, 당으로부터 통제를 받고 있다. 공회는 자율권은 거의 없기 때문에 공산당의 지시와 통제를 받는 전통적인 레닌스타일의 노동조합주의에 익숙하다.[46] 또한 중국은 1982년 제정된 헌법에서 파업권을 인정하고 있지 않아 공식적으로 단체결성권과 단체교섭권의 노동2권만을 허용하고 있다. 공회는 기업, 산업 및 지역단위로 구성할 수 있으며 반드시 중앙조직인 중국총공회(All-China Federation of Trade Unions; ACFTU)에 가입하도록 하고 있다.

헌법에서 단체결성권과 단체교섭권의 노동 2권만을 허용, 파업권을 인정하고 있지 않음

1994년에 통합된 노동법에 의하면 일정 규모 이상의 모든 기업이 공회를 설립하도록 되어 있다. 예를 들면, 2005년 7월 현재 외상투자기업의 경우 300인 이상의 노동자를 고용하고 있으면 반드시 공회를 설립하여야 한다. 그 결과 약 90%에 달하는 공식적인 노동조합 조직률을 보이고 있으며[47] 최근 10년간 노동조합 조직률은

일정규모 이상의 모든 기업이 공회를 설립해야 함

---

46 Leung, T. W. -Y., "Trade Unions and Labor Relations under Market Socialism in China," in *Industrial Relations Between Command and Market: A Comparative Analysis of Eastern Europe and China*, ed. by G. Schienstock, P. Thompson, and F. Traxler, (New York: Nova Science Publishers, Inc., 1997).

47 이 공식적인 노동조합조직률은 공회조직이 있는 기업체의 모든 공회회원수를 공회조직이 있는 기업체의 전체 노동자수로 나눈 것으로서, 공회조직이 없는 기업체를 아예 계산에서 제외함으로써 실제 조직률보다 과대평가된 비율이다. 최근에는 전체 공회회원수를 공식등록된 전체 노동자수로 나눈 실질적인 노동조합조직률을 쓰기도 하는데 이 비율에 따르면 2004년 현재의 중국 노동조합조직률은 63%정도이다. 이 실질적인 노동조합조직률은 ILO나 OECD의 계산방식과 유사한 방식으로 산출된 것이다.

거의 변동을 보이지 않고 있다. 공회의 회원은 최고경영자(총경리)를 제외한 모든 구성원이 가입할 수 있고 한국이나 미국과는 달리 관리감독직도 노조에 가입할 수 있어서 노조의 가입범위가 넓다. 공회 간부들이 당이나 정부의 직위를 겸직하는 일도 흔하다. 예를 들어 중국총공회의 현 주석은 중국전인대 제1부주석(한국의 국회부의장에 해당)을 겸직하는 당고위간부이다. 중국총공회는 당의 지시를 노조원들에게 전달하는 전달벨트(transmission belt)의 역할을 주로 수행하고 있다. 구체적으로 당의 이데올로기와 정책을 노동자들에게 전달하여 노동자들의 지지를 이끌어내고, 당의 방침에 의하여 생산을 독려하고(상의하달의 역할), 노동자들의 이해를 사용자에게 전달하여 이를 대변하는 역할(하의상달의 역할)을 한다. 중국총공회는 이 두 가지의 역할 중 하의상달(노동자대변)보다는 상의하달(당의 선전기구, 생산독려자)의 역할을 충실히 수행하고 있다. 또한 공회의 재정은 공회 회원이 매월 일정 금액의 회비를 내고, 또한 회사가 노동자 급여의 일정 부분(예를 들면 2%)에 해당하는 금액을 공회에 전달하여 충당하고 있다. 사업장의 공회는 이 중 일정 부분(예를 들면, 40%)을 상부단체에 납부한다.

중국총공회는 당의 지시를 노조원에게 전달하는 전달 벨트의 역할을 주로 수행

공회의 경우 일반적인 시장경제 체제 하에서 존재하는 대립적인 고용관계를 추구하지 않으며 한국의 노사협의회정도의 기능을 수행하고 있다. 공회가 주도하여 생산성이나 품질향상운동을 벌이는 일도 자주 있다. 당의 방침과 노동자들의 이해가 충돌되는 경우 공회는 전자의 입장을 대변해 왔으며, 따라서 노동자들의 진정한 지지를 받지 못하고 있는 것으로 나타난다. 즉, 공회는 노동자의 대변인(Employee Advocate) 역할보다 당의 방침에 더 따르는 생산독려자(Productionist)의 역할에 충실해 온 것이다.

노사협의회 정도의 기능을 수행

중국 고용관계에 있어서 단체교섭은 기업별, 지역별 및 업종별로 실시할 수 있는데 이 중 기업별 단위에서 가장 많이 실시되고 있다. 다만, 중국 노동자들이 아직 시장경제 체제에 익숙하지 않아 임금인상률의 결정을 단체교섭에 의하기보다는 정부의 지침에 의존하여 사용자가 정하는 경우도 흔히 있다.

최근 중국 공회와는 별도로 독립적인 지하노조가 태동하고 있다. 이들 독립적인 노조는 불법노조로서 최근의 많은 노동쟁의를 주도해왔다. 중국의 공회가 노동자들의 이해를 강력히 대변하지 못하는 점이 이러한 지하노조의 등장은 촉발한 것으로 보는 시각도 있다. 전통적으로 온건한 노선을 고수해 온 중국의 공회는 시장경제 체제의 가속화에도 불구하고 시진핑 장기집권 체제 하에서 노동자 보호보다는 정부에 협력하는 입장을 보이고 있다.

② **사용자**　　　　중국에는 공식적인 사용자단체가 없다. 중국 고용관계에

공식적인 사용자 단체가 없음

있어서 사용자로는 국가가 운영하는 국유기업, 지방정부가 운영에 참가하는 집체기업(향진기업은 집체기업에 포함됨), 그리고 사영기업과 외상투자기업을 들 수가 있다. 고용관계에 있어서 당과 정부가 주도적인 역할을 하므로 이들 사용자들은 고용관계에 있어서는 비교적 수동적인 자세를 취하고 있다. 중국의 공식적이 노동자단체인 공회가 비교적 온건한 노동운동을 함에 따라 사용자들은 공회에 대하여 적대적인 태도를 가지고 있지 않은 편이다. 그러나 투쟁적인 지하노조를 상대하는 사용자들은 지하노조에 대한 강경대응을 위하여 공안 등 정부조직의 강제력에 의존한다.

중국의 기업에서는 경영참가제도는 본격적으로 도입되고 있지 않다. 일부 기업에서는 제안제도, QC 등을 실시하고 있으나, 아직은 상명하복식 기업문화에 익숙한 중국 노동자들의 소극적인 자세로 그 활동이 활발하지 않은 것으로 알려져 있다. 이러한 상명하복(Top-down)식 기업문화의 영향으로 대부분의 의사결정권이 상층부로 집중되어 중간간부나 일선 직원들에 대한 권한위양도 제한적으로만 이루어지고 있다.

③ 정부　　　　　　중국은 아직 전통적인 공산주의국가의 특징이 남아 있어서 공산당과 정부가 고용시스템과 고용관계에 있어서 절대적인 영향력을 행사하고 있다. 즉, 중국의 노동조합인 공회가 전국적인 단체인 중국총공회에 소속되어 있고 이 중국총공회는 당의 철저한 지배를 받고 있기 때문이다. 중국 정부는 중국총공회를 통하여 노동자들의 불만을 대변하기보다는 당의 정책을 현장에 전파하는 데에 주력하고 있다. 중국정부는 노동자의 이해관계보다는 당의 지시를 충실히 이행하는 중국총공회를 인정하고 지원하고 있는 반면, 정부의 정책에 대항하는 지하독립노조들은 불법단체로서 탄압하고 있다.

중국 고용정책의 이슈는 계획경제에서 시장경제로 전환하면서 노동자들에 대한 국가의 보호가 갈수록 약화되고 있지만 이 노동자들의 이해관계를 실질적으로 대변할 효과적인 조직이 미비하다는 점이다. 즉 개혁개방 이후 새롭게 개별 고용시스템이 도입되었지만 이로 인해 발생할 수 있는 문제점들(예, 종신고용 붕괴에 따른 고용불안 및 불만, 대량실업 등)을 해소할 수 있는 고용관계시스템이 미흡한 점이다. 시장경제체제로의 전환과정에서 희생양이 된 다수의 중국 노동자들이 합법적으로 고충을 호소할 창구가 부재하였다. 이러한 고충처리기구의 부재가 최근 수년간의 노동쟁의의 급증현상을 불러일으키는 한 원인이었다. 2008년 글로벌 금융위기 이후 중국에서는 노사갈등의 억제를 위하여 노동자권익보호를 목표로 한 신노동법을 실시하였다. 또한, 2008년 12월 인력자원 및 사회보장부는 노동인사분쟁 중재처리규칙을 공포하여 시행하기 시작하였다. 이러한 시책들은 노사관계의 안정을 위한 중국 정부의 노력을 반영하면서 학생운동과 지하노조의 연대를 철저히 봉쇄하고 있다.

(3) 주요 당면과제

중국의 경제시스템은 독특한 제3의 길을 선택하고 있는데 이는 계획경제와 시장경제 사이에 위치한 사회주의 시장경제(socialist market economy)를 의미한다. 공산당 일당독재 체제 하에서 시장경제가 작동하는 체제를 운영하는 것이다. 중국의 경제는 현재까지는 이데올로기와 시장메커니즘 사이에서 균형을 잘 이루면서 제3의 길을 추구하고 있으며, 그 결과 대규모 실업자군과 빈부격차 등 여러 문제점에도 불구하고 지속적인 경제성장을 이루고 있다. 향후 개혁의 가장 중요한 과제는 아직도 일부 존재하는 방만한 국유기업의 효율화와 민영화, 중국기업의 경쟁력 강화, 빈부격차의 완화, 농민공(농촌의 농민에서 도시의 공장 노동자가 된 사람을 지칭) 문제의 원만한 해결 등이며, 궁극적으로는 중앙집중의 계획경제에서 사회주의 시장경제체제로 성공적인 연착륙을 하는 것이다.

한편 중국에서는 최근 노동쟁의가 급증하고 있다. 노동쟁의건수는 1995년 이후 지속적으로 증가하였다.[48] 1995년에는 노동쟁의수가 2,588건이었으나, 거의 매년 노동쟁의가 증가하여 8년 이후인 2003년에는 10,823건으로 급격한 증가를 보였고 2021년에 파업 등 단체행동이 1,093건 발생하였다. 노동쟁의의 양상도 파업, 집단행진, 피케팅 등에서 점거농성이나 폭력시위 등으로 발전하여 갈수록 극렬화한 양상을 띠고 있다. 특히, 2000년부터는 국유기업의 개혁에 따라 대규모 구조조정에 따른 대량실업이 발생하면서, 노동자 집단이 정부와 사용자에게 집단적으로 항의하고 폭력적으로 대응하는 양상이 갈수록 치열해지고 있다.[49] 2014~2019년 발생한 노동쟁의는 미중무역 갈등에 따른 경제의 불확실성이 확대되며 제조업에서 감소하고 서비스업에서 증가하였다. 2021년 단체행동의 원인은 건설업, 부동산업과 배달대행 플랫폼업체의 임금체불 등이 원인으로 분석된다. 중국 노동자들의 단체행동은 공회(노조) 개입으로 해소되는 사례는 극소수이며, 절반 이상은 단체교섭, 37%는 정부가 개입하여 조정 및 중재로 마무리되었다.[50]

제3의 길, 사회주의 시장경제

최근 노동쟁의의 급증

---

48 이 노동쟁의 통계는 중국정부가 노동통계를 공개하는 방식대로 파업, 직장폐쇄 및 협상결렬을 모두 포함하고 있는 수치이다. 참고로 중국정부는 파업을 공식적으로 금지함에 따라 파업 통계를 별도로 공표하지 않고 있다. 저자 주.

49 Cheng, Y. "The Development of Labour Disputes and the Regulation of Industrial Relations in China," *International Journal of Comparative Labour Law &Industrial Relations*, 20(2), 2004. pp. 277-295; J. S. Siegel, "Labor Relations in the Emerging Chinese Economy," Paper presented at the IIRA 5th Asian Regional Congress, Seoul, 2004.

50 황경진(2022), 2021년 중국 노동시장 및 노사관계 평가와 2022년 전망, 국제노동브리프, 2022년 2월호 pp. 35-48. 한국노동연구원.

또한, 중국총공회는 최근 대두되는 독립노조들에 의하여 도전받고 있다(중국총 공회는 지하노동단체나 비밀결사체로 활동하고 있는 독립노조에 의해 도전을 받고 있음). 독 립노조들은 1989년 이후부터 등장하기 시작하여 1994년에는 800개 이상의 독립노 조들이 활동하고 있는 것으로 알려지고 있다. 독립노조들은 주로 지하노동단체나 비밀결사단체로 활동하고 있다. 독립노조의 발전은 공식적인 총공회가 당에 의존하 여 노동자들의 진정한 이해관계를 대변하지 못함에 따라 일부 노동자들은 보다 자 주적인 노동자조직으로서 독립노조에 의존하게 된 점을 반영하는 것으로 보인다. 현재 중국에서 벌어지는 상당수의 파업이 독립노조에 의하여 이루어지고 있다. 독 립노조에 동조적인 노동자들은 중국총공회를 불신하고 있으며, 중국 총공회를 중국 고용관계개혁에 대한 장애물로 파악하고 있다고 한다.[51]

1.8 국가별 고용관계 비교의 종합분석

지금까지 살펴본 고용관계의 국가별 비교를 통하여 다음과 같은 결론을 내릴 수 있다. 첫째, 어느 국가나 자본주의의 초기에는 노동운동을 탄압하였고 노동운동 은 지하로 잠적하거나 급진적인 성격을 띠었음을 알 수 있다. 그러나 시간이 지남에 따라 노동법의 개정 등을 통하여 노동운동을 국가와 사용자가 수용하게 되고, 일부 예외는 있지만 대체로 노동운동이 제도권 내로 진입하고 고용관계가 안정되는 공통 현상을 보이게 된다. 자본주의 사회에서 노동조합이 제도화된 후 고용관계가 안정 되는 현상은 비제도화되고 불안정한 고용관계를 유지하고 있는 우리에게도 시사점 을 제공하고 있다. 즉, 한국 고용관계의 안정을 위해서는 노동운동의 제도화가 이루 어져야 한다는 점을 시사하고 있다.

둘째, 고용관계의 성격은 국가별로 큰 차이점을 보인다. 미국·영국의 대립적인 고용관계, 프랑스의 적대적 고용관계, 독일·스웨덴의 참여적인 고용관계, 프랑스· 이탈리아의 정치적 고용관계, 일본의 협조적 고용관계는 각 국가 고용관계의 고유 한 특징이며 시간이 흘러도 쉽게 변하지 않는다는 점이다. 이는 각 국가의 역사와 문화가 고용관계에 투영되어 있기 때문일 것이다. 셋째, 그러나 각국 모두 공통적인 추세를 보이는 측면도 있다. 노조가 위축되고 비노조경영에 대한 관심이 고조되며, 사용자와 정부의 역할이 확대되는 현상과 고용의 불안정현상이 심화되고 비정규직 과 플랫폼 경제종사자들이 급증하는 경향은 거의 모든 국가에서 경험하는 공통적인

대체로 자본주의 초기 단계 에서 노동운동이 탄압을 받 지만 시간이 지남에 따라 노동운동을 국가나 사용자 가 수용하고 제도화권 내로 포용하는 경향을 보임

고용관계의 성격은 국가별 로 큰 차이를 보임

노조가 위축되고 비노조 경 영에 대한 관심이 고조되는 현상은 공통적임

51 G. White, "Chinese Trade Unions in the Transition from Socialism: Towards Corporatism or Civil Society?" *British Journal of Industrial Relations*, 34(3), 1996, pp. 433-457.

현상이다. 이러한 공통점은 경쟁의 격화 등 세계적 시장상황의 공통된 변화에 기인하는 것으로 볼 수 있다.

 ## 국제기구

2.1 국제노동조합조직

19세기 이래로 노동조합은 자본의 국제화에 대응하기 위한 시도로서 국경을 초월한 연대활동을 벌였다. 현재 주요 국제노동조합총연합단체로는 ① 국제노동조합총연맹(International Trade Union Confederation: ITUC), ② 세계노동조합연맹(World Federation of Trade Union: WFTU) 등 2개가 존재한다. 이 단체들의 차이는 주로 정치적 이념과 연관되어 있다. ITUC는 미국과 영국의 주도하에 온건한 노동조합주의를 기본노선으로 추구하면서 성장을 거듭하였다. 반면, WFTU는 공산주의 체제에 호의적인 노동운동의 단체이다. 1980년대 말 소련과 동구권의 몰락과 함께 WFTU 가맹조직들이 대거 이탈하면서 ITUC의 조직적인 우위가 확연해졌으며 실질적으로 최대조직으로서 국제노동운동을 주도해 왔다. 또한, 경제협력개발기구(OECD)에 속해 있는 노동조합자문회의(Trade Union Advisory Committee to the OECD)도 국제노동조합조직의 역할을 수행한다.[52]

2.2 국제사용자단체

국제적 노동조합단체의 본부 및 지역본부에 대응하는 국제사용자단체는 ① 국제사용자기구(International Organisation of Employers: IOE), ② 유럽산업연맹(Union des Industries del la Communaute Europeenne: UNICE), 그리고 ③ OECD 내의 기업·산업자문위원회(Business and Industry Advisory Committee to the OECD: BIAC) 등이 있다. 개별국가 수준의 사용자단체와는 달리 국제적 수준의 사용자단체는 노동조합의 성장에 대한 반응이라기보다는 ILO 등 국제적 정부기관의 발전에 대한 대응으로서 창설되었다. 국제사용자단체는 국제노동조합단체보다 일반적으로 역사가 일천하고 역

---

52 박영범·우석훈 공역, 전게서, pp. 349-351.

할이 상대적으로 미미하다.[53]

<table>
<tr><td>2.3</td><td>국제 노사정기구</td></tr>
</table>

국제노동기구(ILO)는 정부·사용자·노동조합의 고용관계에 대한 국제적 활동을 하는 중요한 기구임

국제노동기구(International Labor Organization: ILO)는 UN 산하 국제기구이며, 정부·사용자·노동조합의 고용관계에 대한 국제 규범을 결정한다. ILO는 제1차 세계대전 후 1919년 베르사이유 평화조약에 의하여 설립된 국제기구로 제2차 세계대전 후에는 국제연합(UN)과 협정을 맺고 노동문제에 관한 국제연합의 전문기관으로 활동하게 되었다. ILO는 노동은 상품이 아니라고 선포한 필라델피아 선언과 1998년 노동자 기본권 선언을 모든 회원국이 지키도록 독려한다. 현재 회원국은 187개국이다.[54]

ILO는 국제적 노동기준의 발전에 있어서 중요한 기관으로서 다음의 역할을 한다. ILO는 인권과 노동권 향상을 통한 사회적 정의 실현을 위한 목표에 따라서 ILO 모델 법규를 제시하고 이를 회원국들의 자발적 비준을 통해 해당국의 국내 법적 효력을 가지도록 고무하는 활동을 한다. 그 중요성에 따라서 협약은 2024년 말 기준 핵심협약(10개 협약)과 우선협약(4개 협약), 일반협약(176개 협약) 등 그동안 총 191개 협약과 208개의 권고를 채택하였다.[55]

도표 10-14 ILO 100년 기념 공식 webpage

출처: https://www.ilo.org/100/en/

53 상게서, pp. 351-352.
54 https://www.ilo.org/about-ilo
55 https://www.ilo.org

핵심협약(Fundamental Convention)은 노동자의 가장 기본적인 권리를 다루는 5개 분야 10개 협약으로 구성되어 있다. 따라서 모든 회원국이 비준하고 이행하도록 무언의 압력을 받는 협약이라고 할 수 있다. 또한 우선협약(Priority Convention)은 노동관련 제도 및 정책에 본질적으로 중요한 문제를 다루는 4개 협약으로 구성된다.[56] 각 협약별 비준현황을 보면 2024년 말 현재, 핵심협약의 경우 187개 회원국 중 아동노동 금지 협약(182호)을 체결한 회원국이 187개국이며 2006년에 핵심협약에 포함된 산업안전보건 증진체계 협약(187호)을 비준한 국가 수는 69개로 가장 낮았다. 우선협약의 경우 3자 협의 (국제노동기준) 협약인 144호를 체결한 회원국 수가 158개국으로 가장 높게 나타났다.

ILO는 국제기준을 이식하는 데에 많은 노력을 기울이고 있으나 대부분의 다른 국제기구와 마찬가지로 회원국의 권리를 침해하지 않도록 권고는 외교적으로 조심스럽게 작성된다. ILO는 특정기준을 준수하도록 회원국에 강요할 수 없으며 기준의 비준 여부는 정부에 위임되어 있다. 더욱이 정부의 ILO협약의 비준은 정부가 협약을 시행할 것을 반드시 의미하지 않으며 또한 정부는 후에 이를 폐기할 수 있다.[57]

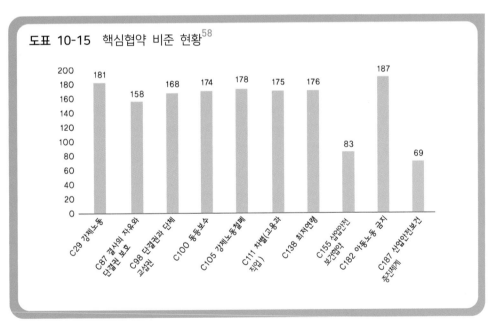

도표 10-15 핵심협약 비준 현황[58]

출처: https://www.ilo.org/

56 https://www.ilo.org
57 박영범·우석훈 공역, 전게서, pp. 352-353.
58 https://www.ilo.org

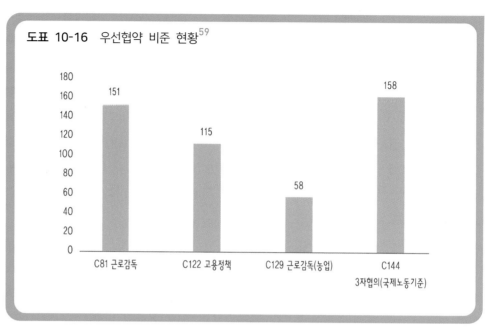

도표 10-16 우선협약 비준 현황[59]

출처: https://www.ilo.org/100/en/

　　우리나라는 1991년 12월 9일 ILO헌장 수락서를 제출함으로써 152번째 ILO회원 국이 되었다. 2024년 12월 현재, 우리나라는 ILO의 비준대상 협약 중 핵심협약 9 개,[60] 우선협약 3개,[61] 기타 일반협약 중 20개 협약 등 총 32개를 비준하였다.[62] ILO 가입 30년 만인 2021년 4월에 국회는 정부가 제출한 ILO 핵심협약 제87호, 98호, 29 호를 비준하였다. 그러나 핵심협약 중 강제노동 분야(105호)를 여전히 비준하지 않 고 있어 국제노동단체로부터 권고와 압력을 받고 있다.

> **KEYWORD**
>
> 노사자율주의, 사회(민주)조합주의, 정치적 조합주의, 기업조합주의, 국가 조합주의,
> 공산권 국가의 고용관계, 국제노동기구(ILO), 핵심협약, 우선협약, 비준장려협약

---

59 assessed on 2018/10/22 https://www.ilo.org/dyn/normlex/en/f?p=1000:10001:::NO:::
60 제138호(취업상 최저연령), 제182호(가혹 아동노동 철폐), 제100호(남녀동일노동·동일임금), 제111호(고용 및 직업상 차별금지)
61 제81호(근무감독), 제122호(고용정책), 제144호(3자협의)
62 https://normlex.ilo.org/dyn/nrmlx_en/f?p=1000:11200:0::NO:11200:P11200_COUNTRY_ID:103123

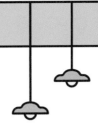

한국의 ILO 핵심협약비준[63]

ILO 핵심협약은 결사의 자유, 강제노동금지, 차별금지, 아동노동금지 등 4개 분야의 8개 협약을 말한다. 187개 회원국 중에서 76%가 8개 협약을 모두 비준하는 동안에 우리나라는 그동안 결사의 자유 협약과 강제노동금지협약을 비준하지 않아서 국제적으로 비난을 받은 측면이 있다.

대한민국 정부는 100대 국정과제의 63번째 과제로 노동존중사회실현이라는 과제를 설정했고, 그 주요내용에 ILO 핵심협약 비준을 포함했다. 국정운영 5개년 계획에도 ILO 핵심 협약 비준을 통한 노동기본권 보장이라는 항목으로 포함했다. 2017년 9월 4일에는 문재인 대통령이 방한한 가이 라이더 ILO 사무총장을 만나 핵심협약 비준 의사를 밝혔다.

2018년 11월 22일에 경제사회노동위원회(이하 경사노위)가 출범했다. 경사노위는 현정부에서 노사정 합의로 탄생한 새로운 사회적 대화기구로 한국노총 위원장, 민주노총 위원장, 한국경총 회장, 대한상공회의소 회장, 고용노동부 장관, 경제사회노동위원회 위원장 등으로 구성됐다. 2019년 3월 7일 경제사회노동위원회 '노사관계 제도·관행 개선위원회'(이하 '위원회') 공익위원 일동의 'ILO 기본협약 비준 등에 대한 제언'을 발표했다. 위원회는 지난 2018년 7월부터 노사정 및 공익위원 사이에 23차례에 걸쳐 ILO 핵심협약 비준과 법 개정방안에 대한 협의를 진행했다. 논의과정에서 두 차례의 공익위원안이 마련되기는 했으나 최종적으로 노사간에 합의를 도출하지 못하고, 5월 20일 논의가 종료됐다. 노사간 합의가 이뤄지지 못함에 따라 ILO 핵심협약 비준은 정부를 중심으로 추진되게 됐다.

이에 따라 고용노동부는 2019년 5월 'ILO 핵심협약 비준' 관련 정부입장을 발표했다(5.22). 비준하지 않은 3개 협약 비준을 위해 9월 정기국회에 비준동의안을 제출하고, 이후 비준에 따른 법과 제도개선을 단계적으로 추진하는 방향을 제시했다. 이어서, 결사의 자유 협약 비준을 위한 △ 노조법 △ 공무원노조법 △ 교원노조법 등 3개 법률의 개정안은 2019년 10월 1일 국무회의에서 다음과 같이 심의·의결했다.

· (노조법 개정안) ▲ 실업자·해고자도 기업별 노동조합 가입 허용 ▲ 노조 임원자격은 노동조합 규약으로 자율적으로 결정 ▲ 노조 전임자 급여 지급금지 규정 삭제 등

---

63 https://www.korea.kr/special/policyCurationView.do?newsId=148862514 를 참고하여 저자가 작성함.

- (공무원노조법 개정안) ▲ 가입범위 6급이히 제한 직급기준 삭세, 시위·감독자 업무총괄자 등 직무에 따른 가입제한은 유지 ▲ 소방공무원의 노조가입 허용 ▲ 퇴직 공무원의 공무원 노조가 입 허용
- (교원노조법 개정안) ▲ 교원노조 가입대상 범위 확대 ▲ 고등교육법에 따른 교원은 개별학교 단위로도 노조설립과 교섭가능 ▲ 교원노조 교섭창구 단일화 절차 규정 마련

마침내, 대한민국 국회는 2021년 4월 20일 결사의 자유(제87호, 제98호)와 강제노동 금지(제 29호) 협약을 비준하였다.

토의과제

1. ILO 핵심협약 비준에 대한 찬성하는 주장을 소개하라.
2. ILO 핵심협약 비준에 대한 반대하는 주장을 소개하라.
3. ILO 핵심협약 비준 여부에 대한 본인의 의견을 서술하고 그렇게 생각하는 이유를 설명하라.

EMPLOYMENT RELATIONS
인명색인

EMPLOYMENT RELATIONS
사항색인

황견계약   159, 160, 163

회피전략(escaping strategy)   121

효율성   13, 22, 65, 70, 184, 210, 211

효율성지향 경영참가   180

휴게시간   258, 264, 265

휴직   160, 264

AFL－CIO   62, 67, 329, 346

BATNA   121

buy   197

Chrysler   117, 192

East Airlines   192

FedEx   189

high road식 인사정책   252

ILO   85, 159, 175, 298, 305, 361, 362,
   363, 364

IMF   44, 55, 56, 266

Improshare   229

LG전자   190

low road식 인사정책   252

make   197

MEDEF(Mouvement des entrepreses de
   France)   335

New Deal시대   331

off－line 참가형   178, 180

on－line 참가형   178, 180

P&G   189

Pan American Airlines   192

QC   178, 180, 183, 187, 358

Rucker plan   229

Scanlon plan   228, 229

Tailored Technology Corporation   188

TRW   189

Wagner법   159

Western Airlines   188

Xerox   188, 189, 332

YH노동쟁의사건   40

YH무역   54

공저자 약력

김동원
고려대학교 경영대학 졸업
미국 위스콘신대학교(매디슨) 대학원 졸업(노사관계학 박사, 1993)
현재 고려대학교 총장
역임 고려대학교 경영대학 학장, 노동대학원장, 총무처장, 기획예산처장, 뉴욕주립대학교 경영대
학 교수, 국제노동고용관계학회(ILERA) 회장, 한국고용노사관계학회 회장, 국민경제자문회
의 민간위원, 중앙노동위원회 공익위원, 경제인문사회연구회 이사, Social Asia Forum 한국대
표, 행정고등고시 출제위원, 공무원 7급공채 출제위원, 공기업입사시험출제위원
저서 「노조전임자 임금제도 외국사례연구」(박영사, 2014), 「한국의 노사관계: 산업별 동향과 전망」
(박영사, 2013), 「Gainsharing and Goalsharing」(Praeger, 2004), 「Employment Relations and HRM
in Korea」(Ashgate, 2004) 등

이규용
고려대학교 경영대학 졸업
고려대학교 대학원 경영학 석사, 경영학 박사
서남대학교 경영학과 교수
현재 공공경영연구원 선임컨설턴트
역임 행정안전부 정부혁신평가단 위원, 지방공기업 경영평가위원, 남원시 공동체지원센터 센터장
저서 「인사노무관리론」(공저, 박문각, 2000), 「한국 우량기업의 노사관계 DNA」(공저, 박영사, 2009)

권순식
고려대학교 정경대학 경제학과 졸업
고려대학교 경영대학원 경영학 석사
고려대학교 대학원 경영학 박사
현재 국립창원대학교 경영대학 교수, 한국인적자원관리학회 이사 및 학술지 편집위원, 경남지방
노동위원회 위원
역임 주식회사 럭키(LG화학), 고려대학교 직원으로 근무, 한국노총 연구원 연구위원, 한국연구재단
파견, 미국 Rutgers University 연구 교수
저서 공저로서 7권의 학술연구도서, 2편의 SSCI 해외 학술지 게재 논문, 40여 편의 국내 학술지 게재
논문 등

김동주
고려대학교 법과대학 법학과 졸업
한국외국어대학교 경영대학원 석사
고려대학교 대학원 경영학 박사
현재 수원대학교 경영학과 겸임교수
역임 한국기업경영학회 상임이사, 수원대학교 경영학과 초빙교수
저서 「한국 우량기업의 노사관계 DNA」(공저, 박영사), 「현대조직의 리더십 로드맵」(공저, 북코리아),
「창업경영론」(다원북스)

김승호

고려대학교 대학원 경영학 박사
현재 노사미래연구소 소장
역임 현대자동차 노동자문역, 산업노동학회 운영위원, 고려대학교 노동문제연구소 연구교수
한국노동사회연구소 부소장, 민주노총 정책연구원 연구위원, 금속노조 정책국장
저서 금속산업에서의 노조민주주의가 노사관계 성과에 미치는 효과(2016, 한국고용노사관계학회
최우수논문상), 한국의 노사관계: 산업별 동향과 전망(공저), 박영사(2013), 한국우량기업의
노사관계 DNA(공저), 박영사(2008) 등

김윤호

명지대학교 경영무역학부 졸업
고려대학교 대학원 경영학 박사
현재 고려대학교 노동대학원 겸임교수, 호인사노무법인 대표노무사
역임 한국기술교육대학교 대우교수, Visiting scholar, School of Management and Labor Relations, Rutgers
University
저서 한국과 OECD국가의 노사관계 비교연구(2012, 박영사) 외, 3편의 SSCI 등재 영문 연구논문을
비롯해, 다수의 KCI 등재 연구논문 저술

김주희

미국 미시간 주립대 사회학과 졸업
고려대학교 노동대학원 석사
고려대학교 경영학 박사
현재 Anahuac University Mexico(멕시코 아나후악 대학교) 경영 경제대학교 교수
역임 『스페인라틴아메리카연구』(등재 학술지) 편집위원, 고려대 스페인 라틴 아메리카 연구소 연
구 교수, 노동대학원 연구교수, Tecnológico de Monterrey(멕시코 몬테레이 공대) 경영관리학
과 교수
저서 「디지털 환경에서의 인적 재능의 유치 및 개발」(단독, 멕시코), 「한국 우량기업의 노사관계
DNA」(공저, 박영사), 「한국 대기업의 사회적 책임에 관한 연구」(공저, 한국노동연구원), 및
동아비즈니스리뷰, 국제경영연구, 산업관계연구 등에 다수의 논문 게재

손동희

동아대학교 경영학 학사
동아대학교 대학원 경영학 석사
고려대학교 대학원 경영학 박사
현재 한국고용노동교육원 교수
역임 경제사회노동위원회 전문위원, 정책기획위원회 한국판 뉴딜 국정자문단 위원, 기아자동차
미래발전위원회 자문위원 등
저서 「공무원 근무시간면제제도 도입 관련 현황 및 쟁점에 관한 연구」(공저, 한국노동연구원, 2024),
「한국의 사회적 협의화 정치행정제도」(공저, 경제사회노동위원회, 2020), 「한국우량기업의
노사관계 DNA」(공저, 박영사, 2009) 등

송민수

한국외국어대학교 졸업(일문학사, 영문학사)
고려대학교 대학원 경영학 박사
현재 한국노동연구원 전문위원
역임 연세대학교 강사, 고려대학교 겸임교수, 충남지방노동위원회 조정담당 공익위원
저서 「장기분규사업장 특성 연구」(한국노동연구원, 2014), The Palgrave Handbook of Workers'
Participation at Plant Level」(공저, Palgrave Macmillan, 2019) 등

유병홍
고려대학교 정경대학 경제학과 졸업
고려대학교 노동대학원 석사
고려대학교 대학원 경영학 박사
현재　고려대학교 노동대학원 겸임교수
역임　전국공공운수노동조합(현재 명칭) 채용 상근자: 연맹 정책실장, 민주노총 정책실장 등 역임
저서　「한국우량기업의 노사관계 DNA」(공저, 박영사, 2009), 「한국의 노사관계: 산업별 동향과 전망」
　　　(공저, 박영사, 2013)

이수영
고려대학교 경영대학 졸업
서울대학교 행정대학원 행정학 석사
코넬대학교 노사관계대학원 노사관계학 석사
고려대학교 대학원 경영학 박사
현재　고려대학교 특임교수
역임　한국폴리텍I대학장, 중앙노동위원회 사무처장, 고용노동부 고령사회인력심의관, 대구지방고
　　　용노동청장, 대통령실 고용노사비서관실 선임행정관, 대통령비서실 삶의질향상기획단 행정
　　　관, 노동부 혁신성과관리단장, 노사협력복지팀장, 신노사문화추진기획단장
저서　「개별 노동관계법: 인사노무관리 실무」(공저, 중앙경제, 2024), 「노사관계법 실무」(공저, 박영사,
　　　2022), 국가와 기업의 초고령사회 성공전략」(공저, 박영사, 2021), 「백세시대 생애설계」(공저, 박영
　　　사, 2021)」

이원희
연세대학교 사회학과 졸업
University of Bath Social & Business 석사
고려대학교 대학원 경영학 박사
현재　고려대학교 노동대학원 겸임교수, 하이에치알노무법인 책임노무사
역임　중앙노동위원회 조정위원, 산재재심사위원회 심사위원,
　　　경제사회발전노사정위원회 공익위원, 한국공인노무사회 부회장 등
저서　청소년노동인권실태조사, 한국우량기업의 노사관계 DNA 등

정경은
동국대학교 사학과 졸업
고려대학교 노동대학원 행정학 석사, 고려대학교 대학원 경영학 박사
현재　전국민주노동조합총연맹 부설 민주노동연구원 연구위원, 고려대학교 노동대학원 강사
역임　전국민주노동조합총연맹 정책국장, 정의당 국회정책연구위원, 한국노동사회연구소 선임연
　　　구위원
저서　「한국의 노사관계 산업별 동향과 전망」(공저, 박영사, 2013), 「서비스산업의 원·하청 관계와
　　　노사관계: 통신업종·전자제품수리업 중심으로」(공저, 한국노동연구원, 2015), 「새로운 노조:
　　　민주노총 신규조직현황 연구(2017-2019)」(공저, 민주노동연구원, 2020)

정흥준
성균관대학교 전기공학과 졸업
고려대학교 대학원 경영학 박사
현재　서울과학기술대학교 경영학과 부교수
역임　한국고용노사관계학회 부회장, 한국인사조직학회 이사, 산업노동연구 편집위원장 등
저서　국내외 저널 40편, 공저 5편 등 다수

제5판
고용관계론

초판발행	2016년 8월 30일
제2판발행	2019년 2월 20일
제3판발행	2021년 2월 20일
제4판발행	2023년 2월 20일
제5판발행	2025년 2월 20일

지은이   김동원·이규용·권순식·김동주·김승호·김윤호·김주희
          정경은·손동희·송민수·유병홍·이수영·정흥준·이원희
펴낸이   안종만·안상준

편 집   조보나
기획/마케팅 김한유
표지디자인   권아린
제 작   고철민·김원표

펴낸곳   (주) **박영사**
          서울특별시 금천구 가산디지털2로 53, 210호(가산동, 한라시그마밸리)
          등록 1959. 3. 11. 제300-1959-1호(倫)

전 화   02)733-6771
f a x   02)736-4818
e-mail   pys@pybook.co.kr
homepage www.pybook.co.kr
ISBN   979-11-303-2244-5   93320

copyright©김동원 외, 2025, Printed in Korea

정 가   30,000원